Über dieses Buch Steinerts Studie befaßt sich mit einem für die Kritische Theorie bedeutsamen, bisher aber wenig beachteten Zusammenhang: dem zwischen Adornos gesellschaftskritischer Position und seinen musiktheoretischen Interessen. Über den biographischen Kontext, in dem sich diese Interessen objektivierten, ist bisher nur recht wenig bekannt geworden: Adornos Vorliebe für die Wiener Kultur der Jahrhundertwende, seine Versuche Mitte der zwanziger Jahre, in Wien Fuß zu fassen, seine Kontakte zu Schönberg, Berg und Webern. All dies hat Steinert mit großer Präzision und mit Hilfe zahlreicher Zeitzeugen recherchiert.

Dabei wird deutlich, in welchem Maße der spätere Soziologe Adorno sich theoretischer Kategorien bediente, die ursprünglich der Sphäre des Ästhetischen angehörten. Adorno, der um eine Generation »zu spät« nach Wien kam, um Schönbergs musikalische »Revolution« in ihren Ursprüngen mitzuerleben, erhob diese gleichwohl zum Modell einer gesellschaftlichen Befreiung: Im autonomen Künstler sah er den Repräsentanten des autonomen Individuums. Steinert zeigt indessen, daß auch der Befreiungsschlag der Wiener Avantgarde und deren Habitus der »öffentlichen Einsamkeit« an ganz bestimmte Produktionsbedingungen gebunden war, die Adorno, dem es vor allem um das »Werk« ging, nur unzureichend wahrgenommen hat. Für das Modell von Autonomie, wie es dann etwa die *Dialektik der Aufklärung* verwendet, hatte dies entscheidende Konsequenzen.

Der Autor Heinz Steinert, geboren 1942, ist Professor für Soziologie in Frankfurt am Main sowie wissenschaftlicher Leiter des von ihm begründeten Instituts für Rechts- und Kriminalsoziologie in Wien. Wichtige Veröffentlichungen: *Die Strategien sozialen Handelns* (1972), *Symbolische Interaktion* (Hg., 1973), *Der Prozeß der Kriminalisierung* (Hg., 1973), *Die Fabrikation des zuverlässigen Menschen* (mit H. Treiber, 1980), *Protest und Reaktion* (mit F. Sack, 1984), *Ärgernisse und Lebenskatastrophen* (mit G. Hanak und J. Stehr, 1989).

Heinz Steinert

Adorno in Wien

Über die (Un-)Möglichkeit von Kunst, Kultur und Befreiung

Fischer
Taschenbuch
Verlag

Ungekürzte Ausgabe
Veröffentlicht im Fischer Taschenbuch Verlag GmbH,
Frankfurt am Main, April 1993

Lizenzausgabe mit freundlicher Genehmigung des
Verlags für Gesellschaftskritik Ges.m.b.H., Wien

Umschlaggestaltung: Buchholz/Hinsch/Hensinger
Gesamtherstellung: Clausen & Bosse, Leck
Printed in Germany
ISBN 3-596-11468-3

Gedruckt auf chlor- und säurefreiem Papier

Inhalt

Einleitung

»Adorno in Wien»: Das Buch handelt von dem Philosophen und Sozialwissenschaftler Theodor W. Adorno, einem der zentralen Exponenten der »Frankfurter Schule«, und es handelt von Wien als der Stadt, von deren Kultur er entscheidende Impulse empfing, indem er sie idealisierte und mißverstand.

Wien war für Adorno wichtig als die Stadt, in der die »große Revolution« – in der Musik – stattgefunden hatte. Adorno war, was manchmal vernachlässigt wird, bis zu seiner Vertreibung durch die Nationalsozialisten in erster Linie Musiktheoretiker und Komponist. Sein wichtigster Bezugspunkt dabei waren Schönberg und die »Wiener Schule«. 1925 kam er nach Wien, um bei Alban Berg Komposition zu studieren. Die Errungenschaften der »Revolution«, die Schönberg schon zur Jahrhundertwende in der Musik bewirkt hatte, wurden aber außerhalb eines begrenzten Kreises nicht akzeptiert. Zuletzt fiel sogar Schönberg selbst hinter sie zurück, indem er es zuließ, daß daraus ein neuer Regelkanon gemacht wurde. Diese »große musikalische Revolution«, und wie sie von der »Reaktion« wieder aufgehoben wurde, bestimmte Adornos Vorstellung von der (Un-)Möglichkeit auch einer grundlegenden gesellschaftlichen Umwälzung. Die scharfsichtige Absage an die Hoffnung auf Befreiung durch den Fortschritt der Naturbeherrschung in der »Dialektik der Aufklärung«, dem trotz seines fragmentarischen Charakters zentralen Buch der »Frankfurter Schule«, beruht nicht auf einer Enttäuschung durch die Arbeiterbewegung und ihre Niederlagen (in Deutschland wie in der Sowjetunion), sondern auf einer Enttäuschung durch Schönberg.

Adorno hat allerdings Wien nicht wirklich verstanden: Er hat während seines ohnehin nur halbjährigen Aufenthalts 1925 das damalige »Rote Wien« gar nicht wahrgenommen. Es hat ihn auch wenig interessiert, welche Anstrengungen, »sozialen Erfindungen« und gelegentlich auch glücklichen Umstände es den Intellektuellen und besonders Schönberg im Wien der Jahrhundertwende ermöglicht hatten, ein Stück Autonomie für ihre Produktion zu erringen. Er hat vernachlässigt, daß gerade in dieser Stadt seit dem ausgehenden 19. Jahrhundert ein Antisemitismus herrschte, der die Intellektuellen in die Kaffeehaus-Bohème, in selbst organisierte Zirkel und Gruppen oder aber in eine elitäre Einsamkeit trieb. Das waren die sozialen Grundlagen für jene erstaunliche Blüte einer bürgerlichen Hochkultur, die um die Jahrhundertwende in Wien entstanden war.

Adorno hat nur mehr den Ausklang und Untergang dieser Kultur miterlebt. Seine Beziehung zu Schönberg war von Anfang an schwierig, in Wien war er unglücklich, seine Wiener Projekte schlugen fehl – die Freundschaft Alban Bergs war der große Lichtblick. Adorno hat – nachgeboren und zu spät gekommen – ein vergangenes Wien und eine vergangene »Revolution« idealisiert, deren höchst handfeste materielle Bedingungen er nicht untersucht hat.

Diese Wiener Zustände – die Subkulturen, die Kämpfe der Intellektuellen um den Zugang zu ihren »Produktionsmitteln«, der Elitismus, in den sie getrieben wurden – werden in dieser Untersuchung ausführlich dargestellt. Der mit Wien verbundene Abschnitt in der Biographie Adornos hat vielschichtige Beziehungen zu den Phantasien von einem vergangenen Wien und seiner (musikalischen) Kultur, zu Adornos selbst wieder begrenzter Erfahrung von deren Restbeständen und zu einer Wirklichkeit, die er nur zum Teil wahrgenommen hat. »Adorno in Wien« ist die Gelegenheit, zugleich einige Punkte im Denken Adornos zu klären, dessen Voraussetzungen zu untersuchen und das geschönte Bild vom Wien der Jahrhundertwende und der Zwischenkriegszeit zurechtzurücken, in dem die menschlichen und gesellschaftlichen Kosten fehlen, die jene kulturelle Produktivität hatte.

Zu diesen Kosten zählt auch der einsame und elitäre Individualismus, den Schönberg entwickelte und pflegte, eine enorme Aufwertung der Kunst zu Lasten des Lebens, das jener zu widmen sei. Die Autonomie, die damit gewonnen wurde, enthält den Anspruch, das unverständige Publikum an die Neue Musik heranführen – oder aber jedenfalls auf ein »breites« Publikum verzichten zu können. Von dem »Werk« selbst ist man überzeugt, sofern damit eine »Wahrheit« gesagt wird – und dafür existieren Maßstäbe, die von der Publikumsreaktion unabhängig sind. Adorno teilt diese Haltung, in seinen Kompositionen wie in seinen gesellschaftstheoretischen Vorstellungen.

Auf der Grundlage solcher Analysen wird zuletzt der Theorie-Faden der »Frankfurter Schule« ein Stück zurückgespult und neu aufgenommen. Die Theorie der Befreiung, deren *Ende* gemeinhin in der »Dialektik der Aufklärung« gesehen wird, kann durchaus an Adorno und seinen an der Tätigkeit des Komponisten gewonnenen Begriff von »Arbeit« anknüpfen: Sie muß dazu in Weiterführung von Adornos Denken und in Kritik an ihm auch nach den gesellschaftlichen und organisatorischen Bedingungen für Autonomie in dieser »Auseinandersetzung mit Natur« fragen und damit nach den Bedingungen für eine Erfahrung, die sich den Verblendungen und Deformationen im Gefolge von instrumenteller Natur*beherrschung*, die auch am Menschen stattfindet, entgegenstellt. Es werden die Umrisse einer Befreiungstheorie sichtbar, in deren Mittelpunkt eine Vernunft der Verschiedenheit und Vielfalt steht.

Zur Taschenbuchausgabe

Diese Neuausgabe wurde gegenüber der ersten sparsam überarbeitet. Ich habe ein paar Fehler korrigiert, gelegentlich stilistisch geglättet, vor allem aber verschiedene Fußnoten hinzugefügt. Keine der Erfahrungen, die mir das Buch seit seinem Erscheinen vermittelt hat, läßt jetzt eine grundsätzliche Überarbeitung nötig erscheinen.

Die (bei genauer Lektüre überflüssige) Abwehrreaktion des einen oder anderen Adorniten kam mir nicht überraschend. Erstaunlicher fand ich eine andere Erfahrung, die ich bei Vorträgen außerhalb von Frankfurt machen konnte: wie wenig Adorno in weiten Teilen der Soziologie auch nur überhaupt bekannt ist. Auch kann man gewöhnlich bei Soziologen Adornos philosophischen, künstlerischen und historischen Hintergrund nicht voraussetzen. Der Vortragende gerät entsprechend in die Position des Geschichtenerzählers. Ihr wird das Buch, denke ich, fürs Künstlerische und Historische einigermaßen gerecht und jedenfalls besser als fürs Philosophische: Es wird hier nur das Gröbste über Hegel und Marx angedeutet, nichts über Nietzsche, Kierkegaard, den Neu-Kantianismus oder Lukács. Der Zugang ist einseitig: Ich will Adornos Gesellschaftstheorie aus seiner Beziehung zu Wien und damit zur Musik interpretieren und ich will an diesem Beispiel Wiens etwas über die Entfaltung der »Dialektik der Aufklärung« im Verhängnis dieses Jahrhunderts lernen.

Wir haben es in der Kritischen Theorie, wie sie entscheidend von Adorno geprägt wurde, mit einer der, wie ich meine, scharfsichtigsten und konsequentesten Diagnosen der Barbarei zu tun, in der wir (abgepolstert) noch leben. Aber was hat Adorno (und Horkheimer) zu dieser Scharfsichtigkeit befähigt? Und wie können wir, sie nützend, weiterdenken? Dazu ist es jedenfalls nötig, sich der Erfahrungen und Selbstverständlichkeiten zu vergewissern, von denen dieses Denken ausgeht. (Denn wir können es nicht »übernehmen« oder »nachahmen«, ohne uns lächerlich und aus Adorno eine Karikatur zu machen.) Wir können an Adorno nur anschließen, indem wir zu seinen Erfahrungen zurückgehen und dort neu ansetzen – unter Verarbeitung unserer eigenen. Auch der größte Dialektiker und Ideologiekritiker ist historisch befangen (wie denn nicht?) und muß von späteren Generationen durch Kritik zum Ausgangspunkt für Weiterarbeiten gemacht werden – wenn er nicht nur museal ausgestopft bestaunt werden, sondern lebendig bleiben soll.

Die seit Erscheinen des Buchs nachgewachsene Literatur zum Wien des fin de siècle hat mich in beachtlichen Teilen gefreut, weil ich mich von ihr bestätigt fühlen konnte. Die rassistische und antisemitische Kehrseite des Glanzes der Kultur der Jahrhundertwende wurde seither auch in anderen Arbeiten stärker herausgearbeitet. Das hervorragendste Beispiel dafür ist bestimmt das Wien-Buch von Jacques LeRider (1990) – ein neues Standardwerk, das die Bedeutung übernehmen wird, die bisher das von Schorske hatte. Verallgemeinert können wir heute über die Modernität, die sich im fin de siècle herausbildete, sagen: Sie entstand aus dem Versuch, mit der Härte der sozialen Ausschließungen fertigzuwerden, die zur Wirtschaftsform und Kultur des Kapitalismus gehören – und sie war auch ein untauglicher Versuch, wie die Geschichte dieses Jahrhunderts gezeigt hat.

Andere neuere Arbeiten zum Wien der Jahrhundertwende sind hingegen über Ansätze nicht hinausgekommen. Zum Beispiel ist der interessante Versuch von Scott Lash (1989), verschiedene Typen von »Moderne« anhand der verschiedenen Städte zu unterscheiden, in denen sie entstanden sind, für den Typus »Wien« leider mißlungen. Lash unterscheidet eine »barocke« Wiener Moderne, in der sich Bürgerlichkeit im Verhältnis zur Aristokratie definierte, eine Pariser Moderne, in der das Verhältnis zu den kleinbürgerlichen, proto-proletarischen Massen entscheidend sei, und eine Berliner Moderne mit einem Bezug der Bürger vor allem auf den Staat. »Modernität« bedeutet in jedem Fall die Herstellung einer autonomen Sphäre der Kultur als Ergebnis eines Bruchs des (als zunächst intakt angenommenen) bürgerlichen Selbstbewußtseins. Die Konstruktion jener »barocken« Wiener Moderne wird dann aber dadurch versucht, daß sie in der Secession und der Wiener Werkstätte und sogar im Stil der Ringstraße identifiziert werden soll. Genau die Intellektuellen wie Freud, Schnitzler, Kraus, Mahler, Schönberg, Kokoschka, Schiele, Wittgenstein und Loos, die jene Autonomie der Kunst und Wissenschaft hergestellt und benützt, die das bürgerliche Selbstbewußtsein aufgebrochen und kritisiert haben, werden ausgeklammert. Damit spricht Lash überhaupt nicht von der Wiener *Moderne*, sondern von den durch die »modernen« Intellektuellen kritisierten Formen, die in der Tat Ausdruck der Wiener Bürgerlichkeit in ihrem zugleich Unterwerfungs-, Koalitions- und Konkurrenz-Verhältnis zur (nach 1848 restaurierten) Monarchie und Aristokratie sind.[1] Lash hat in seiner Empirie eine interessante Idee leider uneingelöst gelassen.

Immerhin werden wir aber nachdrücklich darauf aufmerksam gemacht, daß in der »Wiener Moderne« intellektuelle Autonomie nicht in einer Koalition mit der sich formierenden Arbeiterbewegung und den von ihr repräsentierten Klassenfraktionen zu erreichen versucht wurde, sondern vielmehr in einem heroisch einzelkämpferischen Individualismus. Die Intellektuellen versuchten nicht, sich in beweglichen Bereichskoalitionen mit den Gegnern des Bürgertums einen kritischen Standpunkt zu sichern. Bei einem Teil dieser Gegner ging das nicht, denn die waren Rassisten und Antisemiten. Gelegentliche Übereinstimmung der bürgerlichen Intellektuellen mit einem Österreich- oder Deutsch-Nationalismus einerseits, mit einem Monarchismus als Garant des über-nationalen Prinzips andererseits, trug zur Verwirrung der Auseinandersetzungen bei. Einen entwickelten und ausformulierten Anti-Kapitalismus hingegen findet man bei den Intellektuellen der Jahrhundertwende nicht so häufig. Sie ziehen sich lieber in eine »öffentliche Einsamkeit« zurück, in eine Autonomie des strengen und höchst angespannten Dienstes an der Sache. Es entstehen keine Champions der Unterdrückten und Beleidigten, vielmehr anti-bürgerliche Bürger – als Ironiker oder Bußprediger. Sie empören sich über den Ausverkauf des Bürgertums, nicht über das schlechte Leben der Ausgebeuteten; sie halten der verrotteten Bürgerlichkeit ihre eigenen besseren Möglichkeiten vor, nicht das (mögliche) bessere Leben unter den Bedingungen allseitiger proletarischer Solidarität. Es ist also schon eine sehr spezifische Form von »Modernität«, die hier entsteht – und es ist genau die Haltung, die auch Adorno gepflegt hat. (Zu ihr paßt später eine besondere Nähe zum – entmachteten – Adel, der eben nicht bürgerlich ist. Adornos manchmal belächelter Hang zu den Aristokraten ist daher auch keine bedeutungslose Marotte, sondern logischer Bestandteil dieser intellektuellen Haltung.) Adornos besondere Affinität zu Wien ist kein biographischer Zufall. »Adorno in Wien« erschließt uns von beiden Seiten her einen bestimmten intellektuellen Habitus.

Es ist ein Habitus, der aus vielerlei Gründen nicht mehr zur Verfügung steht, und auch er war ein zuletzt hoffnungsloser Versuch, in diesem Jahrhundert »nach Verdun«, »nach den Moskauer Prozessen«, dann besonders »nach Auschwitz« weiter die Möglichkeit von Befreiung zu denken – und danach zu handeln.[2] Aber gibt es »taugliche« Versuche? Wenn Befreiung daran erkennbar sein soll, daß wir, auch die Schwachen und aus Rücksicht Wehrlosen, »ohne Angst leben« können, dann suchen wir immer noch nach einem Denken, das den Drohungen des sozialen Ausschlusses, der abstrakten, instrumentellen Behandlung von Menschen als statistische Einheiten abzuhelfen imstande ist – müssen wir uns in jeder neuen historischen Situation auch neu darum bemühen.

Die Arbeiterbewegung jedenfalls hat sich nicht in allen ihren politischen Organisationen in dieser Frage besonders ausgezeichnet. Sie hat in der revolutionären Avantgarde- und Kader-Partei mit ihren Loyalitätsansprüchen und Ausschlußrechten und damit in der real-sozialistischen Variante von Politik und Herrschaft auch eine zusätzliche Form von Systematisierung und Legitimation von sozialem Ausschluß hervorgebracht. Die Arbeiterbewegung ist nicht in allen ihren politischen Organisationsformen als Befreiungsbewegung anzusprechen. Seit das sowjetkommunistische Experiment – tatsächlich ein zentralistisch verfaßter Staatskapitalismus – aufgegeben wurde, wissen das auch die, die sich bis dahin von der realen Macht beeindruckt gezeigt hatten.[3]

Es geht also gewiß nicht an, der Kritischen Theorie irgendeine Variante von Arbeiterbewegungs-Orthodoxie und womöglich einen Avantgarde-Anspruch entgegenzuhalten. Vielmehr werden wir gut daran tun, genau von jener distanzierten Haltung Adornos, die nicht mehr zur Verfügung steht, lernen zu wollen. Wir haben allen Grund, nach Rat bei denen zu suchen, die so pessimistisch wie möglich sind. Von den optimistischen Fortschrittsfreunden haben wir nur den Fortschritt in der Barbarei zu erwarten.

Seit Adorno ist es noch einmal schwieriger geworden, eine kritische intellektuelle Haltung zu finden. Die »öffentliche Einsamkeit« schloß immerhin an Traditionsbestände der Jahrhundertwende (und davor) an.

Sie sind aufgebraucht. Der Dialektiker zeichnet sich dadurch aus, daß er aus der Bewegung agiert. Der Dialektiker Adorno hat dazu eine Infrastruktur von stabilisierter und ringsum abgestützter »öffentlicher Einsamkeit« verwendet, die heute, in der Kulturindustrie, zur Verkaufsmasche geworden ist. Kritik heute ist gezwungen, noch radikaler in Bewegung zu bleiben. Sie muß *in* der Kulturindustrie stattfinden, kann sich ihr nicht gegenüberstellen, sondern muß ihr von innen opponieren.

Was hier in Kritik an Adorno und Wiederaufnahme seiner Denkmotive gegen die Auswirkungen der »kommunikativen Wende« entwickelt wird, setzt sich fort im zweiten Band meiner Adorno-Auseinandersetzung: »Warum Professor Adorno Jazz-Musik nicht ausstehen konnte«, der gleichzeitig mit dieser Taschenbuchausgabe erscheint. Er handelt davon, daß Adorno aus seiner intellektuellen Haltung zwar die Kulturindustrie entdecken, seine eigene Position in ihr aber nicht mehr selbst bestimmen konnte. In Kritik an der in ihrem Stellenwert unterschätzten Jazz-Theorie Adornos wird dort versucht, gerade am Beispiel des Jazz die Bedingungen der Möglichkeit von Autonomie heute, mitten in der Kulturindustrie, zu identifizieren.

Wanddekoration im Restaurant Santo Spirito, Wien I

Adorno in Wien: Themen und Motive

Die »Frankfurter Schule«, soweit sie durch Theodor W. Adorno geprägt wurde, ist zur guten Hälfte eine »Wiener Schule«. Daß Adorno sich der Wiener Schule der Musik zurechnete und sich in seinen eigenen Kompositionen an ihren Errungenschaften orientierte,[1] daß ein guter Teil seines Lebenswerks darin bestand, die Errungenschaften dieser Komponisten-Gruppe theoretisch darzustellen, zu verteidigen und zu propagieren,[2] daß er daneben fast nichts der damals zeitgenössischen Musik gelten ließ,[3] liegt ja in den Schriften offen zutage und ist bekannt. Wenig bearbeitet ist allerdings die Frage, wie diese intensive Beschäftigung und Identifikation Adornos mit der Zweiten Wiener Schule der Musik mit seiner Gesellschaftstheorie zusammenhängt.[4] In den akademischen Spezialisierungen haben sich Philosophie, Soziologie, Musik- und Literaturwissenschaft weitgehend jeweils »ihren« Adorno herausgegriffen und damit jener instrumentellen Vernunft entsprochen, die Adorno kritisiert hat und die gar nicht anders kann, als den Anspruch auf Gesellschaftstheorie zugunsten von Theorien »mittlerer Reichweite« aufzugeben. Damit verschließt sich zugleich mit der Möglichkeit eines adäquaten Verstehens von Adornos Denken auch die, es zu kritisieren.

Freilich sind die Schwierigkeiten groß, vor allem deshalb, weil dank der Spezialisierung der Wissenschaften niemand dort zu dilettieren wagt, wo er nicht »Experte« ist.[5] Sicher ist es riskant, sich in Bereiche am Rand der eigenen Kompetenz vorzuwagen, aber jedenfalls kann (und muß) man jene »kritische Selbstreflexion auf die Halbbildung«[6] in Anspruch nehmen – und der Fachidiot ist auch keine besonders verehrungswürdige Figur, vielmehr für ziemlich viel Dummheit und Unheil verantwortlich. Hinzu kam ganz praktisch, daß vor Erscheinen der Bände 18 und 19 der Gesammelten Schriften besonders die frühen musiktheoretischen Arbeiten Adornos unübersichtlich verstreut und nur nach mühsamen bibliographischen und Bibliotheksarbeiten zugänglich, zum Teil auch im Nachlaß verborgen waren. Bei allen Hindernissen und Hemmungen: Es führt kein Weg darum herum. Schließlich hat sich Adorno in den ersten zwanzig Jahren seiner intellektuellen Produktion fast ausschließlich mit Musik beschäftigt, Arbeiten zur Musik machen den größeren Teil seines Gesamtwerkes aus,[7] Soziologe im fachlichen Sinn ist er, wenn überhaupt, dann aus äußerem Anlaß (nämlich aus den begrenzten Einkommensmöglichkeiten, die sich ihm in der Emigration boten) und durchaus widerwillig geworden. Und in seiner Haltung zur Musik hat ihn entscheidend der Mythos von Wien, haben ihn die Erfahrungen in Wien geprägt. Daher bietet es sich an, dem Zusammenhang zwischen Frankfurter und Wiener Schule auch in der Biographie Adornos nachzugehen – auch deshalb, weil über diese Biographie ohnehin nur das Gröbste bekannt ist und weil sie zugleich eine Chance bietet, sich die Bedeutung Wiens und »jener zwanziger Jahre« (über die Adorno 1962 rückblickend geschrieben hat) etwas klarer zu machen.[8]

Dabei interessiert Adorno zwar auch als Person, aber mindestens ebenso als die Verkörperung eines Typs von Intellektualität, den es fast nicht mehr gibt. Immerhin war Theodor W. Adorno noch eine jener Sozialwissenschaftler-Persönlichkeiten, einer von denen, die noch ein »Gesamtwerk« hinterlassen haben, einen umfangreichen Briefwechsel, der gesammelt und katalogisiert wird, einer von denen, die sich noch eine Biographie leisten konnten, deren »private« Einzelheiten (besonders die Tagebücher) zwar vorläufig für die Öffentlichkeit gesperrt bleiben, was aber zugleich die Annahme impliziert, sie würden dann später noch jemanden interessieren. Adorno hat uns selbst gelehrt, daß dergleichen in Zukunft nicht mehr der Fall sein wird: Die Zeit dieser (bürgerlichen) »Persönlichkeiten« ist vorbei. Wir Nachgeborenen werden, wenn überhaupt, mit statistischen Methoden erforscht werden, die Ergebnisse unserer Arbeit werden, wenn überhaupt, computerisiert als »abstracts« in Informationssystemen und Daten-Banken aufbewahrt werden, individualisiert überliefern wird unsere Lebensläufe allenfalls der Verfassungsschutz (und auch das nur, weil seine Lösch-Programme nicht perfekt sind oder die Information über das Todesdatum das Amt nicht systematisch genug erreicht), Briefwechsel von nennenswertem Umfang und Inhalt produzieren wir gleich gar nicht, das Telefon hinterläßt keine Spuren.

Diese Entwicklung ist zwar kränkend, aber nicht unbedingt bedauerlich: Jene »Persönlichkeiten«, die eigentlich verspätet aus dem 19. Jahrhundert herüberragen,[9] hatten besonders für die, die unmittelbar mit ihnen zu tun hatten, ihre unerfreulichen Züge. Die Schilderungen, die man von Adornos Seminaren in Frankfurt noch zahlreich sammeln kann, zittern immer noch nach von der Aufregung, die eine lang vorbereitete Wortmeldung dort bedeutete – oder aber sie geben das semesterlange Nicht-Verstehen wieder, auf dem die Bewunderung für den druckreif Formulierenden mit beruhte. Über die sprachlichen Manierismen konnte und kann man wenigstens noch lächeln, wenn man auch damit zu tun hat, sie nicht zu übernehmen.[10] Bedauerlich ist freilich, daß jener Zerfall der »Persönlichkeit«, der nichtsdestoweniger die meisten Wissenschaftler nach wie vor kontrafaktisch anhängen, diese der Technokratie in die Arme treibt. Wer keinen Halt an sich selber und seiner eigenständigen Intellektuellen-Persönlichkeit hat, hängt sich leicht an die Verwaltung an. Oder er wird, indem er das zeitgenössische Surrogat jener bürgerlichen »Persönlichkeit«, Prominenz nämlich, für die eigentliche Sache nimmt, zum »Öffentlichkeitsarbeiter in eigener Sache«. Und natürlich geht beides, Technokratie und Öffentlichkeitsarbeit, gut zusammen. Prominenz bringt Forschungsaufträge, Forschungsaufträge bringen Ergebnisse, Ergebnisse müssen der staunenden, aber etwas übersättigten Öffentlichkeit mitgeteilt werden – das Rad des Wissenschaftsbetriebs dreht sich weiter. Zuletzt, als Institutsdirektor, fing Adorno wohl auch schon an, in diese Rolle des Wissenschaftsunternehmers zu rutschen, wie sehr er sich auch querstellte zu den Zeitläuften. Die ihn näher kannten, und Habermas hat das überliefert, haben hingegen besonders die Verletzlichkeit und die gewisse Weltfremdheit Adornos wahrgenommen und sie als die Grundlage seiner Sensibilität identifiziert. Diese beiden Züge – selbst verletzt sein und anderen Respekt einjagen – schließen sich bekanntlich auch nicht aus.[11]

Es wurde mir erzählt, daß Adorno seine Abneigung gegen Amerika unter anderem mit folgender Episode begründete und illustrierte: Im Gespräch mit einem Verleger über eine geplante Veröffentlichung habe dieser, statt auf den Inhalt einzugehen, zuerst einmal gefragt: Which public are you aiming at? Daraufhin habe er, Adorno, sein Manuskript zusammengepackt und sei gegangen. Ein Adorno stellt keine Marktüberlegungen an, teilt er uns mit. Tatsächlich war es wohl nicht ganz und nicht immer so. Aus dem Briefwechsel mit Lotte Tobisch, Burgschauspielerin, die ihm Vertraute und »Künstleragentur« zugleich war, letzteres, indem sie seine Reisen nach Wien mit Vortrags- und Interviewterminen koordinierte, wird sichtbar, wie Adorno sich z. B. um französische Ausgaben seiner Werke bemühte oder wie er über den Absatz seines Berg-Buches besorgt und ärgerlich war, wie er auch immer wieder den

Verlag auf Trab zu bringen versuchte, wie er auch darauf bedacht war, in Wien genügend »nachgefragt« zu bleiben. Bemerkenswert ist auch, daß er, der Linke, der, wie mir erzählt wurde, dem Wien der zwanziger Jahre rückblickend eine »revolutionäre Aufbruchstimmung« attestierte, das gleichzeitig stattfindende »Rote Wien« offenbar überhaupt nicht wahrnahm.[12] Überhaupt sind sich alle, die ich danach fragen konnte, darüber einig, daß man dem »privaten« Adorno sein Leben lang den »Linken« oder gar den »Marxisten« in keiner Weise hätte anmerken können. Er war in der persönlichen Lebensführung sehr ungebrochen Bürger und hatte dazu den viel belächelten Hang zu den »besseren Ständen«. Ich finde dergleichen Diskrepanzen überhaupt nicht vorwerfbar (eher im Gegenteil), aber sie lassen doch fragen, warum sich das in der Theorie nicht niedergeschlagen hat – oder wie es das doch getan hat.

Es gehört ja mit zu den billigsten Anwürfen der Plattköpfe, daß man einem Gesellschaftstheoretiker, der etwas darüber zu sagen hat, wie trist »das Leben« heute aussieht, hämisch nachweist, er hätte sich in seiner Lebensführung auch nicht an das zu halten gewußt, was er in seinen theoretischen Äußerungen sagte oder für seinen Kritiker implizierte. Das ergibt dann die hübschen mehr oder weniger Skandal-Geschichten etwa über Karl Marx, der auf weite Strecken von den Zuwendungen seines Freundes Friedrich Engels, bezogen aus den Profiten der Fabrik in Manchester, lebte und es mit Lenchen Demuth trieb. Womöglich wird noch so getan, als wäre damit etwas über die Triftigkeit der Theorie gesagt, die so entstand. Umgekehrt wird gelegentlich ein Konsequenz-Zwang hergeleitet, der den Gesellschaftskritiker darauf verpflichten will, selbst in Elendsvierteln zu wohnen und sein Brot als Hilfsarbeiter zu verdienen oder sich dem »bewaffneten Kampf« anzuschließen und die Bombe zu werfen oder aber »nach drüben« zu gehen. Tatsächlich sind das alles Versuche, dem Kritiker das Maul zu verbieten. So einfach ist das Verhältnis von Theorie und Praxis nicht. Man muß nicht sagen können, wie es besser ginge, um feststellen zu dürfen, daß es so, wie es ist, nicht gut ist, noch viel weniger muß man imstande sein, im Alleingang das richtige Leben (mitten im falschen) vorzuexerzieren. Dazu kann es keine Verpflichtung geben, schon gar nicht aus dem Titel, daß man andernfalls die herrschenden Zustände für die besten aller möglichen zu halten habe.

Was aus dem Konsequenz-Zwang bei hinreichender Härte sich selbst und anderen gegenüber allenfalls entsteht, der Heilige und der Terrorist, sind beides vergleichbar asoziale Figuren. Und wer schreibt, hat ohnehin schon genug damit zu tun, Reden und Tun, Handlungsweisen und Geschriebenes halbwegs in der Reihe zu halten, auch ohne daß ihm tatsächliche oder selbsternannte Verfassungsschützer, Polit-Kommissare oder Schwiegermütter während der Arbeit über die Schulter aufs Blatt schauen und den Inhalt am möglichen Wohl oder Wehe des Staats, der Partei oder der Tochter prüfen. Aber eines würde ich dem Theoretiker immerhin zumuten, die Umkehrung des Konsequenz-Zwangs: Die Unordentlichkeit der Zustände, die Schlampigkeit des Verhältnisses zwischen Reden und Tun sollte in der Theorie Platz haben. Er soll sich auch im Geschriebenen gefälligst nicht als Heiliger oder Terrorist aufspielen (obwohl das noch immer besser ist, als man tut es lebenspraktisch).

Die Kritische Theorie fällt gegenüber diesem bescheidenen Wunsch etwas ab. Und sie tut das auch in der Variante Adornos, obwohl hier »das Nichtidentische«, das Individuelle und Abweichende den Fluchtpunkt bildet und das Fragmentarische des Philosophierens gegenüber allen Systemansprüchen verteidigt wird. Trotzdem wird die Erstarrung der Welt in Herrschaft und Warenförmigkeit als »total« entworfen und ebenso jede mögliche Durchbrechung dieser Herrschaft als »total oder gar nicht« – daher (so gut wie) unmöglich. Das macht freilich auch jene Unerbittlichkeit von Adornos Denken aus, die seinerzeit unserem jugendlichen Rigorismus so imponierte, die aber auch dazu führte, daß man in seinen Seminaren »vor dem sechzehnten Semester sich ohnehin nicht den Mund aufzumachen traute« und was sonst an Geschichten darüber in Umlauf sein mag, wie manche von dem Kritiker der Autorität eingeschüchtert wurden, daß er, der Jazz und Kommerzmusik in Grund und Boden kritisierte und für reaktionär erklärte, »privat« in Sils Maria doch die Schlager der zwanziger Jahre zur Unterhaltung seiner Freunde auf dem Klavier klimperte, von welcher Verwendungsweise man in der Theorie nichts merkt, daß er zwar schrieb: »Aus jedem Besuch des Kinos komme ich bei aller Wachsamkeit dümmer und schlechter wieder heraus«,[13] aber eine schöne Freundin begeistert komplimentierend mit Sophia Loren verglich, daß er seine Liebe zu Wien und den dortigen Grafen und Baronessen abspalten mußte mit Hilfe der Redeweise »Mein Gartenzwerg steht in Wien«. Daß wir uns recht verstehen: Nicht solche Widersprüchlichkeit der Lebensweise und der Haltung zum Wissenschaftsbetrieb macht mich nachdenklich, sondern daß man davon in den Schriften nichts merkt. Bei Adorno ist »Wahrheit« gesellschaftlichen Sonderbereichen zugeordnet, der »avancierten Kunst« und der kritischen Gesellschaftstheorie, kleinen Enklaven in der Gesellschaft, natürlich von dieser hergestellt, dann aber in dieser ausgezeichneten Position, während überall sonst Verblendung herrscht. So sehr die Kritische Theorie an Reflektiertheit allem überlegen ist, was sich heute in der Soziologie der beherrschten Gesellschaft einpaßt, wenn nicht den Technokraten als Herrschaftsinstrument andient – diese Haltung scheint mir einer neuerlichen Überprüfung bedürftig zu sein. Vor allem interessiert mich ihre gesellschaftliche Grundlage.

Zu bedenken ist dabei, daß wohl nur aus dieser Haltung ein Werk wie die »Dialektik der Aufklärung« geschrieben werden konnte, daß nur aus ihr der Pessimismus bezogen werden konnte, der dieses Buch besonders prägt und es uns heute noch irritierend macht. Wir finden in ihm eine scharfsinnige Analyse von Herrschaft, deren zentraler Gesichtspunkt, die Verknüpfung von Naturbeherrschung mit der Unterdrückung und (Selbst-)Beherrschung der Menschen sich heute, vierzig Jahre später, mit der sichtbar werdenden Überforderung durch riskante Hochtechnologien[14] und dem in der Genmanipulation sich anbahnenden technischen Zugriff auf das biologische Substrat,[15] erneut und mit damals nicht gegebener Evidenz als relevant erweist. Die Ausweglosigkeit, die damals die Analyse prägte, scheint heute noch eine Dimension zugelegt zu haben. Wenn damals das Denken im Grauen vor dem industrialisierten Völkermord als Konsequenz einer wildgewordenen »instrumentellen Vernunft« erstarrte, so hat man heute zusätzlich damit zu tun, mit einer »Natur« fertigzuwerden, die unter der »Naturbeherrschung« ihre eigene Selbstregulation verliert und besonders ihre Auffang-Funktion für menschliche Fehlleistungen. Hungerkatastrophen durch Klimaveränderungen, die zuletzt auf technische Großprojekte oder die internationale Arbeitsteilung zurückgehen mögen, sind nicht einmal mehr so zurechenbar, wie es die Massentötungen in den KZs waren (wo die persönliche Zurechnung sich auch schon als schwierig und als relativ hilflos erwies). Und um nicht nur von den menschheitsgeschichtlichen Katastrophen zu reden, sondern auch von den »alltäglichen»: Wer »verantwortet« auch nur das System und Chaos des Straßenverkehrs? Und wodurch wurde eigentlich »Natur als Regulativ«, z. B. in Form von Angst davor, sich hilflos übermächtigen Kräften etwa im Flugzeug oder gegenüber einem Atomkraftwerk auszusetzen, so außer Wirksamkeit gesetzt?

Die »Dialektik der Aufklärung«, die seinerzeit als Abgesang auf die Möglichkeit der Befreiung, wie sie seit der bürgerlichen Revolution und dann besonders seit Marx gedacht und umkämpft wurde, zu verstehen war, hat in der Zwischenzeit eher »mehr recht« bekommen, als sie damals hatte. Trotzdem ist das Bild von der Selbstzerstörung der Aufklärung in ihrem Widerspruch durchaus nicht als quietistische Endzeitvision angelegt – eher steht es, soweit es sich überhaupt auf eine mögliche Zukunft bezieht, in der Tradition der »Dystopien« des 20. Jahrhunderts, von denen die von Huxley und Orwell am bekanntesten sind: Darstellung einer möglichen Zukunft, damit alles getan werde, um sie abzuwenden. Natürlich ist die Methode völlig anders (es wird *nicht*, wie im Roman, ein »Szenario« entworfen), und auch die Art der Kritik unterscheidet sich grundsätzlich,[16] aber jedenfalls handelt es sich auch *nicht* um die Vorhersage einer ausweglosen Zukunft.

Es wird ja schon in der »Vorrede« zur »Dialektik der Aufklärung« deutlich genug gesagt: »Wir hegen keinen Zweifel – und darin liegt unsere petitio principii –, daß die Freiheit in der Gesellschaft vom aufklärenden Denken unabtrennbar ist. Jedoch glauben wir, genauso deutlich erkannt zu haben, daß der Begriff eben dieses Denkens, nicht weniger als die konkreten historischen Formen, die Institutionen der Gesellschaft, in die es verflochten ist, schon den Keim zu jenem Rückschritt enthalten, der heute überall sich ereignet. *Nimmt Aufklärung die Reflexion auf jenes rückläufige Moment nicht in sich auf, so besiegelt sie ihr eigenes Schicksal.*« Und kurz darauf nochmals: »... die Aufklärung muß sich auf sich selbst besinnen, wenn die Menschen nicht vollends verraten werden sollen.«[17] Berühmt ist auch die Passage gegen Ende des ersten Essays, »Begriff der Aufklärung»: »Der mythische wissenschaftliche Respekt der Völker vor dem Gegebenen, das sie doch immerzu schaffen, wird schließlich selbst zur positiven Tatsache, zur Zwingburg, der gegenüber noch die revolutionäre Phantasie sich als Utopismus vor sich selber schämt und zum fügsamen Vertrauen auf die objektive Tendenz der Geschichte entartet. Als Organ solcher Anpassung, als bloße Konstruktion von Mitteln ist Aufklärung so destruktiv, wie ihre romantischen Feinde es ihr nachsagen. Sie kommt erst zu sich selbst, wenn sie dem letzten Einverständnis mit diesen absagt und das falsche Absolute, das Prinzip der blinden Herrschaft, aufzuheben wagt. Der Geist solcher unnachgiebigen Theorie vermöchte den des erbarmungslosen Fortschritts selber an seinem Ziel umzuwenden.«[18] Zur Selbstreflexion wird also aufgefordert, und es wird auch angedeutet, daß eine Chance besteht, aufzuhalten, umzukehren, einer besseren Vernunft zum Durchbruch zu verhelfen,

Adorno im Jahr 1925[19]

einer Vernunft, die konsequent Herrschaftskritik ist, was heißen mag: die sich für den historischen Prozeß der Disziplinierung interessiert, für die jeweils neuen Tendenzen zu weiterer Arbeitsteilung und die Formen des sozialen Ausschlusses, für die methodische Lebensführung, die restringierte politische Beteiligung und die Funktionalisierung von Kulturproduktion, die vor allem – und dazu hat Adorno nicht so viel im einzelnen beigetragen – die Kritik der Naturwissenschaften und der Technik vorantreibt. Es gibt also genügend Hinweise, daß die Dialektik der Aufklärung – mit der Möglichkeit der Befreiung wächst zugleich das Ausmaß der Herrschaft – nicht unaufhebbar ist.[20]

Dazu kommt nun freilich die Frage nach dem berühmten »Subjekt« der Befreiung, das einstmals das Proletariat sein sollte – wovon Adorno nie viel gehalten hat. Daß man ein solches »Subjekt« nirgends mehr sehen kann, trägt viel zum pessimistischen Charakter der »Dialektik der Aufklärung« bei. An diesem Punkt wird es wichtig, Adornos musiktheoretische Schriften einzubeziehen, sich die Denkmodelle klarzumachen, mit denen er in den Jahren bis zur »Dialektik der Aufklärung« gearbeitet hatte. Hier findet man nämlich noch ziemlich viel von »Befreiung«, auch hier von Anfang an mit einem skeptischen Beiklang, aber durchaus nicht hoffnungslos. Zunächst einmal sah Adorno das, was Schönberg und sein Kreis taten, als modellhaftes Ergebnis einer geglückten Revolution. Bei allem sonstigen Verhängnis und allem Bedrängtsein durch die Reaktion: Hier, in der Musik, in Schönbergs Durchbruch zur »Emanzipation der Dissonanz«, hatte die Revolution stattgefunden, die Freiheit war erreicht. Sie verallgemeinerte sich nur nicht, sondern blieb auf einige wenige beschränkt. Weit entfernt von dem Pessimismus der »Dialektik der Aufklärung« ist hier die Revolution nicht nur möglich, sie hat sich real ereignet. Daher hat Adorno auch nicht das traditionelle gesellschaftstheoretische Problem, die Niederlagen der Revolution zu erklären, sondern zu erklären ist, warum die Revolution gerade hier gelingen konnte und anderswo nicht, und warum sie sich nicht ausgebreitet hat. Man kann außerdem am Modell untersuchen, wie die Revolution zustande kommt und wie Freiheit gelingt.

Diese Vorstellung der erreichten »Befreiung in einem Bereich« zieht aber auch eine Polarisierung nach sich: hier befreite Musik – hier Reaktion. Es gibt dann keine Widersprüchlichkeit der Dinge mehr, wie man sich einen vor-revolutionären Zustand vorzustellen geneigt ist. In Adornos Haltung zu den Produkten der Kulturindustrie wird das sehr deutlich, besonders im Kontrast zu der Benjamins, Blochs und Kracauers – von Brecht gar nicht zu reden. Der Widerspruch hat sich zwar historisch entfaltet, aber aktuell besteht er nicht mehr, sondern er hat sich aufgelöst in einen kleinen befreiten Bereich und einen großen total beherrschten. Befreiung ist damit auch Sache einer kleinen Elite, die ihr Produkt und sich selbst befreit. Die Befreiung der anderen könnte jedenfalls einen großen Schritt vorwärts machen, wenn sie nur wenigstens anfingen, dieses Produkt – die avancierte Musik – zu verstehen oder auch nur anzuhören, statt sich von den verkommenen Produkten der Kulturindustrie einlullen zu lassen. Aber unter gegebenen Verhältnissen gibt es dafür keine Chance.

Mir scheint, wir haben in der sozialwissenschaftlichen Rezeption der Kritischen Theorie deren pessimistische Seite überbetont – wozu Adorno in seinen sozialwissenschaftlichen Arbeiten beigetragen hat. Es gibt für ihn eben kein weiteres Beispiel der gelungenen »Befreiung«, es sei denn Beckett in der Literatur. Zugleich zeigt sich in der Vorstellung darüber, wie diese Befreiung in einem Bereich geschah, eine verschwiegene Orthodoxie: Sie ist nämlich der Erfolg von *Arbeit*, von harter, geduldiger und kompromißloser Auseinandersetzung mit »Natur«, mit einem Material.[21] Andererseits ist die Vorstellung eine zuhöchst unorthodoxe: Diese Revolution war in keinem Sinn Ergebnis irgendeines Klassenkampfs, das Proletariat hat damit aber schon gar nichts zu tun, sie ist im Bürgertum und durch das Bürgertum erfolgt. Und diametral gegen die Orthodoxie ist die Vorstellung gerichtet, daß diese Revolution nicht Ergebnis einer Vergesellschaftung (der Produktionsmittel), sondern der höchsten Individualisierung war. In der Tat geht es um die *bürgerliche* Revolution, um das endliche Einbringen dessen, was infolge der »Dialektik der Aufklärung« bislang in der bürgerlichen Revolution versäumt und unterdrückt worden war.[22]

Irgendwelcher »Sozialismus« wird damit entweder zur Vollendung der bürgerlichen Revolution, oder er rückt in eine unüberschaubare Ferne, von der sich noch gar nichts sagen läßt. Die Alternative in der Gegenwart ist aber jedenfalls nicht »Sozialismus oder Barbarei«, sondern »Bürgerlichkeit oder bürgerliche Barbarei«. Der »Klassenkampf« spielt sich innerhalb des Bürgertums ab, zwischen Wirtschafts- und Bildungsbürgertum und innerhalb des Bildungsbürgertums zwischen den Fraktionen, die sich der Warenförmigkeit unterwerfen, sie per instrumenteller Vernunft noch befördern, und denen, die sich durch radikale Hingabe an die »Sache« in einer besonderen Situation, nämlich der einer als »zweckfrei« ausgegrenzten Kunst, von dem Verstricktsein in diese Warenförmigkeit befreien konnten. Das Proletariat hingegen ist nicht beteiligt, läßt sich im Zweifel eher für die andere Seite, die der Reaktion, organisieren.

Ein wenig hat sich die Einschätzung dieser Revolution über die Jahre geändert: Adorno sah später die Reihenkomposition doch zu einem »Rechenverfahren« verkommen, durch ihre Aufrichtung als Norm zu einer neuerlichen Fessel der Produktivkraft werden, nicht unbedingt bei Schönberg selbst, aber jedenfalls bei seinen unkritischen, vor allem wohl amerikanischen Adepten. In der »Philosophie der neuen Musik«, deren Schönberg-Teil 1940/41 geschrieben wurde, herrscht jedenfalls schon ein höchst ambivalentes Verhältnis zu Schönbergs Errungenschaften, die auch bereits der »Dialektik der Aufklärung« unterworfen sind, daß Befreiung in Herrschaft umschlägt. Diese Einschätzung mag auch persönliche Hintergründe haben.[23]

Ich habe noch vor einigen Semestern in einem Seminar über die »Dialektik der Aufklärung« unwidersprochen die Äußerung durchgehen lassen, daß Adorno vom Proletariat zutiefst enttäuscht gewesen sei. Das will korrigiert sein: Vom Proletariat hat Adorno nie groß was erwartet. Es konnte ihn daher gar nicht enttäuschen. Wenn die »Dialektik der Aufklärung« auf einer Enttäuschung beruht, dann ist es nicht die durch das Proletariat, sondern durch Arnold Schönberg.

»Die große musikalische Revolution in Wien«

Als Adorno 1925 nach Wien kam und bei Alban Berg Komposition studierte, war schon alles gelaufen. Die »große musikalische Revolution«[1] hatte in der »expressionistischen« Phase Arnold Schönbergs im ersten Jahrzehnt des 20. Jahrhunderts stattgefunden. Sie hatte sich in der »Kammersymphonie« (1906) vorbereitet und im II. Streichquartett, den George-Liedern (1908) und in den Bühnenwerken »Erwartung« (1909) und »Die glückliche Hand« (1908–1913; beide Werke erlebten ihre Erstaufführungen erst 1924 in Prag und in Wien) vollendet. Die »Revolution« bestand in der Auflösung der harmonischen Bindungen, des durchgehenden Bezugs auf eine Tonart in der harmonischen Abfolge, in dem, was zunächst von außen und kritisch als »Atonalität«, von Schönberg lieber als »Emanzipation der Dissonanz«[2] benannt wurde. Dazu kam die Auflösung der Sonatenform, also der Unterscheidung von Exposition des Themas und Durchführung, zugunsten einer durchgehenden Form der Entwicklung und Variation thematischer und motivischer Materialien. Erst später wurde aus diesem »Kompositionsstil der Freiheit« die Technik der »Komposition mit zwölf Tönen«, eine für Adorno bereits prekäre Verfestigung der errungenen Freiheit zu einem neuen Regelwerk.

Wie Adorno 1928 konstatierte, hatte sich dieser Revolution gegenüber eine ebenso gesellschaftliche wie musikalische »Stabilisierung« durchgesetzt, von der in der Musik nur Schönberg, Berg und Webern, die aber dezidiert, ausgenommen blieben.

> »Denn die Flut der musikalischen Geschichte, die die Dämme der Gesellschaft überflutet hatte, ebbt von jenen Dämmen zurück, nachdem sie ihre exponiertesten Werke dort draußen abgesetzt hat, wo sie nun einsam bleiben; der Strom aber hat ins alte Bett zurückgefunden.«[3]

Dort, wo der Kampf um die Errungenschaften dieser Revolution immerhin noch stattfand, wollte Adorno dabeisein.

Adorno kam im März 1925 nach Wien, um sich von Alban Berg unterrichten zu lassen. Mit seinem Frankfurter Privatlehrer Bernhard Sekles, dem Leiter des Hoch'schen Konservatoriums, der auch Hindemith unterrichtet hatte, war er nicht mehr zufrieden.[4] Wie er es selbst darstellt, hatte er Alban Berg 1924 in Frankfurt, hingerissen von der Aufführung der Wozzeck-Bruchstücke, kennengelernt und auf der Stelle das Kompositionsstudium bei ihm vereinbart, das dann allerdings bis zum Abschluß der Promotion warten mußte. In seinem Brief an Berg vom 5.2.1925,[5] in dem er sich und das vereinbarte Arrangement in Erinnerung brachte, konnte er sich außer durch seine Kompositionen, mit denen er freilich selbst nicht mehr zufrieden sei, auch schon durch eine breite Tätigkeit als Musikkritiker empfehlen.

Adorno quartierte sich in der »Pension Louisenheim« in der Eisengasse 2 (später umbenannt in Wilhelm-Exner-Gasse) ein – ein repräsentatives Gründerzeit-Haus, dessen Fassade offenbar irgendwann auf »sachlich« bereinigt wurde, dessen Portal und die Innenausstattung mit Marmorverkleidung, einem fast eleganten Stiegenhaus mit Bleiglas-Jugendstil-Fenstern und dem Altwiener Aufzug noch Spuren von solidem Hausherrn-Stolz zeigen. Die Gasse im toten Winkel neben dem Allgemeinen Krankenhaus im 9. Bezirk muß damals idyllisch ruhig gewesen sein. Die Pension war nicht ganz, aber einigermaßen zentral gelegen. Bis nach Hietzing zur Wohnung Bergs gibt und gab es von dort eine günstige Verkehrsverbindung mit der Stadtbahn, Haltestelle »Volksoper« bis »Hietzing« ohne Umsteigen, mit etwas Glück in einer dreiviertel Stunde bis in die Trauttmansdorffgasse zu machen.

Adornos längster kontinuierlicher Aufenthalt in Wien betrug knapp ein halbes Jahr, vom 6. 3. bis zum 25. 8. 1925. (Und auch der war noch von zumindest einer Reise nach Marienbad und Prag im Juni 1925 unterbrochen.) 1926 gab es nochmals zwei Wien-Aufenthalte von jeweils etwas mehr als zwei Wochen im April/Mai und im Dezember. Mehr als Besuchsaufenthalte etwa dieses Umfangs gab es auch später nicht mehr. Adorno weigerte sich aber standhaft, als »Tourist« nach Wien zu kommen oder sich hier so zu fühlen.[6] Er wollte hier zugehörig, »gebraucht« und eingeladen sein.

Zum »Schönberg-Kreis«, den er 1925 in Wien suchte, fand er freilich nur schwer Zugang. Vielmehr mußte er als erstes feststellen, daß dieser Kreis, den er sich »einigermaßen fest gefügt..., etwa wie die Georgianer«[7] vorgestellt hatte, in dieser Form gar nicht existierte. Es gab da ein lockeres Netz von Freundschaften, von Leuten, die sich als grundsätzlich an derselben Sache, der der neuen Musik, beteiligt erlebten, und es gab

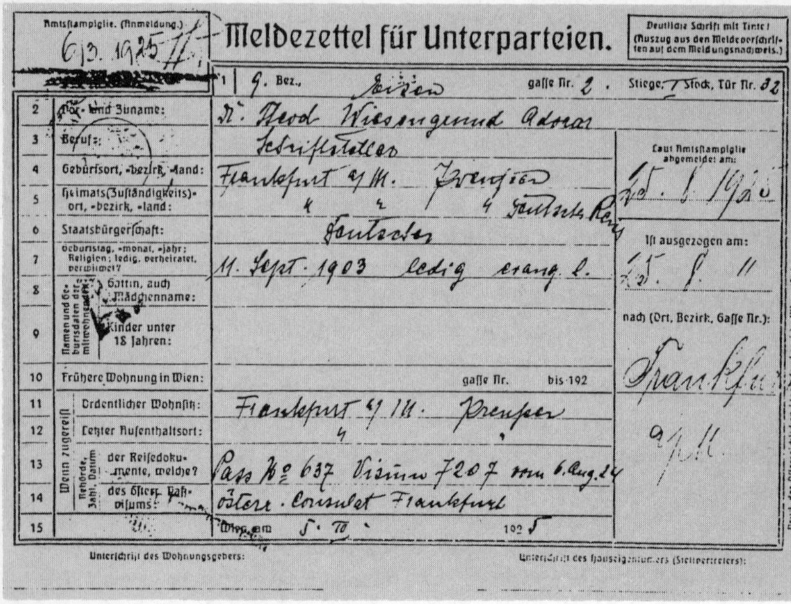

Polizeiliche An- und Abmeldung Adornos in der Pension Louisenheim, Wien 9., Eisengasse (heute Wilhelm-Exner-Gasse) 2, im Jahr 1925

die alten Schüler-Verhältnisse, besonders von Berg und Webern, zu Schönberg, die von einer aus heutiger Sicht nicht mehr so recht nachvollziehbaren Macht blieben, aber es gab keine regelmäßigen Treffen und zu dieser Zeit auch keine gemeinsamen Unternehmungen.

Diese engen persönlichen Verflechtungen und gemeinsamen Unternehmungen hatte es früher intensiver und häufiger gegeben. Und es war gewiß für jene Wiener Kultur des fin de siècle bedeutsam, daß die Söhne und Töchter des gerade hochgekommenen Bürgertums, der Industriellen, mehr oder weniger Groß-Unternehmer, Zeitungs-Herausgeber, eine Orientierung auf Kunst und Wissenschaft kultivierten, Mäzenatentum selbst übten oder vermitteln konnten – und insgesamt eine Öffentlichkeit, ein Publikum darstellten, nicht nur anonym als Konsumenten, sondern auch persönlich mit den Künstlern bekannt und verbunden. Es gab damit eine »Kultur-Szene«, in der das wichtig war, was die einzelnen Künstler produzierten, in der Resonanz erfolgte, in der die intellektuellen Produkte für das Selbst- und Zeitverständnis etwas bedeuteten. In dieser »Subkultur« lassen sich vertikal zwei Schichten, die der Salons und der relativ etablierten, »großen« Künstler und sonstigen Intellektuellen einerseits und die der Cafés mit ihren auch materiell schlechter gestellten Literaten, Journalisten, Kunst-Adepten, aufstrebenden Publizisten, Bohème-Radikalen andererseits unterscheiden, zwischen denen es gelegentlich Verbindungen gab und in denen dieselben Themen diskutiert wurden.[8] Die Subkultur gliedert sich aber auch horizontal nach Kunst und Wissenschaft und nach den verschiedenen Sparten der Kunst.

Das Vorhandensein einer solchen bürgerlich-subkulturellen Öffentlichkeit war gewiß eine wichtige Bedingung für die kulturelle Produktivität dieser Zeit. Man sollte darüber freilich nicht vergessen, daß es erstens innerhalb dieser Subkultur mit ihrer relativen Enge auch Spaltungen, Rivalitäten und Feindschaften gab und daß sie zweitens als ganze einem Kultur-Establishment gegenüberstand, das anfangs sogar noch einen verknöcherten »Hof« mit seinen autoritären Eingriffen umfaßte – die Affäre um die (verhinderte) Berufung Gustav Klimts an die Akademie deutet vielleicht an, was das heißen konnte. Dazu kommt, daß diese bürgerliche und intellektuelle Schicht als zu einem großen Anteil jüdisch all die Zeit dem Antisemitismus zwischen Lueger und den Nazis ausgesetzt war – wie konservativ, national und sogar kaisertreu sie sich selbst auch verstehen und geben mochte. So wichtig und interessant es also sein mag, sich über diese bürgerlich-intellektuelle Subkultur, ihre Zusammensetzung und ihre Spaltungen einige Klarheit zu verschaffen – für entscheidender halte ich eine wirklich spezifische Eigenschaft, die sie zeigte: Sie wurde offensiv. Verschiedene dieser Außenseiter-Gruppen, vom Publikum und dem »Establishment« in ihrem jeweiligen Bereich zurückgewiesen, organisierten sich (technisch gesprochen) ihre Produktionsmittel selbst. Sie konnten damit, ohne Kompromisse machen zu müssen, ihre zunächst abgelehnten Produkte doch veröffentlichen und sich auf lange Sicht durchsetzen. Karl Kraus, der den Journalismus kritisieren wollte, produzierte und schrieb seine eigene Zeitschrift, die »Fackel«. Die Maler, die im »Künstlerhaus« nicht ankamen, schafften es als »Secession« sogar, zu einer eigenen Ausstellungshalle zu kommen, in der sie ihre Veranstaltungen nach ihren Ideen organisieren konnten. Freud und sein Kreis schufen sich eine eigene Zeitschrift und einen eigenen Verlag, veranstalteten Kongresse und sorgten für die Tradierung der Lehre. Eben das tat später in der Philosopie der »Wiener Kreis«. In der Literatur war es für den österreichischen Expressionismus bedeutsam, daß der Kreis um Ludwig von Ficker die Zeitschrift »Brenner« herausbrachte, in der Trakl veröffentlicht wurde und von der es eine (beidseitig unterstützende) Verbindung zur »Fackel« gab. Für Vorträge und Diskussionen sowie Konzerte wurde der »Akademische Verband für Literatur und Musik« wichtig. Über Österreich hinaus war es dann vor allem die »Internationale Gesellschaft für neue Musik« mit ihren jährlichen Festspielen, die der »neuen Musik« einen organisatorischen Rahmen und ein Forum schufen. In diesen Zusammenhang gehören auch die Unternehmungen Arnold Schönbergs und seiner Schüler.

Kennzeichnend für die Zeit ist also, daß sich die (bürgerliche) Avantgarde selbständig machte. Sie schaffte eine Befreiung in dem sehr handfesten Sinn einer Unabhängigkeit von den Einrichtungen und Personen, die ihr den Zugang zum Publikum erschwerten (von Konzert- und Ausstellungsveranstaltern also, von Verlagen, Kunstkritikern usw.), einer Befreiung damit auch vom Druck der Anpassung an eine vorweggenommene oder tatsächlich erfahrene Publikumsreaktion. Das war die eigentlich »materielle« Grundlage jener »großen Revolution« in der Kunst der Jahrhundertwende.[9]

Ich will daher, bevor ich darauf eingehe, wie Adorno jene »Revolution« in der Musik verstand, mich einigermaßen ausführlich mit der intellektuellen Subkultur und ihrer Zusammensetzung und mit ihrem Kampf um die Verfügung über die »intellektuellen Produktionsmittel« beschäftigen.

Intellektuelle Subkulturen – Netzwerke und Abschottungen

Bekanntschaften und Freundschaften zwischen Künstlern, auch Cliquen von Intellektuellen hat es wohl immer gegeben. Aber erst im 19. Jahrhundert bildete sich das zur eigenständigen Subkultur, zur »Bohème« aus. Historisch war der erste Schritt dazu wohl ein unfreiwilliger: Die nicht etablierten und das heißt: nicht entweder selbst wohlhabenden oder in klientelären Beziehungen von gewöhnlich adeligen Gönnern unterhaltenen Intellektuellen sammelten sich quasi naturwüchsig in bestimmten Stadtvierteln (wo die Mieten erschwinglich waren) und um bestimmte Treffpunkte. Cafés haben dabei schon lang eine wichtige Rolle gespielt.[10] Die Kultur der intellektuellen und künstlerischen Salons im 19. Jahrhundert war dagegen eher ein feudaler Rest, der dann bürgerlich neu aufgelegt wurde, eher den Arrivierten zugänglich, zugleich von unten her der Ort eines möglichen Einstiegs ins Arriviert-Werden, die Gelegenheit, um in ein Klientel-Verhältnis aufgenommen zu werden. Mit der nachrevolutionären Demoralisierung bestimmter Teile des Adels und der Entstehung einer »frivolen« Oberschicht-Kultur von Dandys, Kurtisanen, neureichvergnügungssüchtigen Bürgern und zynischen Libertins[11] kamen sich diese beiden Kulturen näher, wurde wohl auch der Übergang zur zweiten Phase, der von Bohème als selbstbewußt gewählter, der Bürgerlichkeit kontrastierter Lebensform befördert. Der damit verbundene dritte Schritt ist die Abkehr vom Publikum und von der etablierten Kunst (und Wissenschaft), die eigenständige Organisation der Verfügung über die künstlerischen und intellektuellen Produktionsmittel.[12] Diese Selbständigkeit hielt nicht lange: Die Kunst wurde industrialisiert.

In der Wiener Kultur nach der Jahrhundertwende, die uns hier beschäftigt, ist von einem Bohème-Elend und der zugehörigen politischen Radikalität wenig zu merken. Von Randfiguren wie Altenberg oder Hugo Wolf oder Trakl abgesehen, finden wir keine durchgehende Armut,[13] vielmehr im großen und ganzen wohlsituierte bürgerliche Lebensverhältnisse. Es sind die Söhne und Töchter eines wirtschaftlich durchaus erfolgreichen Bürgertums, mit denen wir es hier zu tun haben, die zum Teil mit Hilfe ihrer Familien unabhängig leben konnten, zum Teil eine eigene bürgerliche Existenz aufbauten (wie Freud oder Schönberg). Es war auch keineswegs eine »frivole« Kultur, sondern eine von tiefem kritischem Ernst. Es ging nicht um eine Veränderung der Lebensweise, sondern um eine der künstlerischen und intellektuellen Produktion, getragen von einem bürgerlich-rechtschaffenen Ethos des Dienstes an der Sache und der strengen persönlichen Konsequenz, besonders deutlich bei Kraus, Loos und Schönberg, den Kritikern von Jugendstil und Expressionismus, aber auch bei Wittgenstein oder Freud. Das stellt einen deutlichen Gegensatz etwa zur Münchner Bohème dar. Es war eine bürgerliche Intellektualität im Kampf gegen ermüdeten Adel und schwaches Bürgertum, die Bürgerlichkeit ernster nahm als das Bürgertum selbst. An Freud wird das exemplarisch sichtbar: Er analysierte streng und unbeirrt die Bedeutung von Sexualität, aber er war kein Sexual-Revolutionär – wie etwa Otto Groß,[14] der folgerichtig nach München abwanderte.

Was immer wieder frappiert und die Suche nach einem für die Zeit und den Ort Gemeinsamen und Spezifischen veranlaßt, ist die große Zahl der künstlerisch und intellektuell bemerkenswerten Personen und die Vielfältigkeit der Gebiete, auf denen es zu entscheidenden Neuerungen kam – Literatur, Malerei, Architektur, Philosophie, Psychologie, Musik usw. Man kann das personell angehen: Hatten diese Leute eigentlich miteinander zu tun? Tatsächlich gibt es da ein Netz von Beziehungen, dichter innerhalb der einzelnen Sparten kultureller Produktion, aber auch zwischen ihnen, und mit bemerkenswerten Abschottungen von Philosophie und Psychoanalyse – und weitgehend fehlenden Verbindungen dieser ganzen künstlerisch-intellektuellen Kultur zur Politik, speziell auch zur Arbeiterbewegung.

Solche persönlichen Verflechtungen innerhalb der Subkultur der Intellektuellen gab es in der Zeit auch sonstwo, etwa den von Adorno erwähnten George-Kreis in Berlin oder die Münchner Bohème, in Deutschland übrigens unter Beteiligung von Wissenschaftlern: Georg Simmel hatte in Berlin Verbindungen zu Stefan George, und von Max Webers Heidelberger Kreis führen über Else Richthofen-Jaffé und ihre Schwester Frieda Verbindungslinien nach München und von dort über Otto Groß nach Wien zu Freuds Psychoanalytischer Vereinigung. Stefan George hatte zu allen drei Orten Kontakte, ebenso nach Wien, hier zu Hugo von Hofmannsthal.[15]

Für die Entstehung und Aufrechterhaltung solcher Verflechtungen spielen organisatorische Gegebenheiten oder Bemühungen eine wahrscheinlich ausschlaggebende Rolle. Auffällig für die Zeit und für Wien sind, weil es sie heute in dieser Funktion jedenfalls kaum mehr gibt, die gesellschaftlichen Veranstaltungen des »Salons« und des »Kaffeehauses«, heute nostalgisch verklärt und gelegentlich sogar wiederherzustellen versucht, was sich im Fall des »Wiener Kaffeehauses« als besonders absurd und geschichtsblind erweist. Der äußere Rahmen (so erfreulich seine Erhaltung und Wiederherstellung im Vergleich zu den Bankfilialen und Supermärkten ist, die – finanzkräftiger – in diese Lokale drängen) genügt eben nicht, wenn die Art der Intelligenz, auf die sich der Mythos des Kaffeehauses bezieht, inzwischen physisch ausgerottet und vertrieben wurde, unter den Bedingungen der Kulturindustrie sich auch nicht wiederherstellen konnte. Heute sind die verbliebenen Cafés alten Stils hauptsächlich Stützpunkte für ältere Herrschaften und Touristen, und in den vielen gerade in den letzten Jahren in der Wiener Innenstadt entstandenen Lokalen der neuen Subkultur wird schon durch den Geräuschpegel (dazu zähle ich auch die inzwischen obligate Musikberieselung) Intellektualität wirksam verhindert.

In Wien gab es also damals noch (oder wieder) den »Salon« als gesellschaftliche Einrichtung. Vier Namen werden in dem Zusammenhang immer genannt: Lina Loos (1882–1950), Alma Mahler (1879–1964), Berta Zuckerkandl (1864–1945) und Eugenie Schwarzwald (1872–1940).[16] Alle vier konnten auf einem ziemlich soliden bürgerlichen Wohlstand aufbauen, am solidesten Berta Zuckerkandl als Tochter des Zeitungszaren Moriz Szeps (der freilich auch seine Abschwünge durchmachte), zeitweise Berater und Vertrauter von Kronprinz Rudolf, bekannt und verschwägert mit Georges Clemenceau, und Frau des wohlbestallten Universitätsprofessors Zuckerkandl. Sie war selbst eine bekannte Journalistin und mischte auch immer wieder, vor und hinter den Kulissen, in der »großen Politik« mit. Eugenie Schwarzwald war Lehrerin und machte sich einen Namen in der Förderung der Mädchenbildung mit ihrer »Schwarzwald-Schule« und mit philanthropischen Projekten wie einer Gemeinschaftsküche in Wien, Erholungsheimen für Kinder in der Umgebung Wiens, immer mit ihrem »Hausarchitekten« Adolf Loos. Dazu kam eine Art »Volkshochschulbetrieb« in der Schwarzwald-Schule, der unter anderem Loos und Schönberg die Möglichkeit zu Vorträgen, Kursen und Aufführungen gab. Um Lina Loos und Alma Mahler sammelten sich die am deutlichsten »künstlerischen« Kreise. (Lina Loos war Schauspielerin, Alma Mahler hatte selbst komponiert.) Bei Lina Loos sieht man auch etwas wie den Übergang vom Bürgerlichen zur Bohème: Sie war mehr der Kristallisationspunkt verschiedener »Stammtische«, als daß sie einen »Salon« führte.

Das leitet über zum Kaffeehaus als damals noch funktionierender Institution, wie sie von Kraus, Altenberg und Kuh zeitgenössisch, Weigel, Torberg und neuerdings Dubrovic nostalgisch beschrieben wurde – dem Kaffeehaus, dessen heute glamouröse Schauseite der intellektuelle Dauer-Treffpunkt und die zugehörige spezifische Geistreichelei, dessen prosaische Rückseite unerfreuliche Wohn- und sonstige Verhältnisse und ungeheizte Junggesellen-Buden waren.[17] Wichtig daran ist aber in jedem Fall die lockere Runde mit ihrer »freischwebenden Solidarität«, dazu angetan, den Kristallisations- und Ausgangspunkt auch für allerlei Projekte abzugeben. Hier ist viel eher der Ort eines intellektuellen »Untergrunds«, für Intellektuelle am Rande der Not und in abenteuerlichen Lebensumständen, wohin sich die »Etablierten« nur selten verirrten, auch des politischen und sexuellen Radikalismus eines Otto Groß oder Franz Jung.[18] Insgesamt auch für diese Kultur in Wien bezeichnend dürfte aber die Beschreibung sein, die Milan Dubrovic gibt, daß nämlich in der politisch polarisierten Situation das Kaffeehaus »von Haß und Feindschaft unberührt« blieb:

> »Es war, wollte man es soziologisch definieren, ein Milieu der fließenden Übergänge, der existentiellen Mischformen und relativierenden Individualitäten, demnach ein besonders geeignetes Forum für das freie Gespräch, die impulsive Auseinandersetzung, die systematische Pflege von Querverbindungen zwischen politisch divergierenden Gruppen und Clans.«

Und weiter:

> »Wir diskutierten über Kunst, Literatur, Philosophie, über Einsteins Realtivitätstheorie, die Psychoanalyse, die Individualpsychologie, über Franz Kafka und Karl Kraus, über Joyce und Robert Musil und selbstverständlich auch über Politik, aber wir fühlten uns über die aktuelle, pragmatische Politik erhaben, spotteten über sie meist mit dünkelhafter Blasiertheit und bewegten uns lieber in realitätsfernen Denkbereichen, in Abstraktionen und Spekulationen.«[19]

Diese Abgehobenheit gilt sicher nicht nur für die Wiener Kaffeehaus-Intelligenz, sondern für die Wiener Kultur jener Zeit insgesamt. Hanns Eisler hat 1927 zornig, allerdings eingeschränkt auf die Musik, konstatiert:

»1918–1923, zur Zeit der Inflation, der Spartakuskämpfe, Räterepublik München, Budapest, die rote Armee vor Warschau, rauften sich die Musiker nur wegen rein technischer Dinge. Keinen gab es, der auch nur einen Hauch vom Atem dieser Zeit verspürt hätte. Die Folge dieser ›Zeitlosigkeit‹ und Borniertheit der Musik ist: Die moderne Musik hat kein Publikum; niemand will sie.«[20]

Diese Wiener Kultur war die kurze Blüte einer bürgerlichen Intellektualität, die schon damals keine Chance mehr hatte.

Solche geselligen Verbindungen haben eine Vielzahl von Funktionen: Sie haben zunächst Eigenwert, indem man sich unterhält, lacht, witzig ist (oder langweilig), indem man Information über die Anwesenden und per Tratsch über Abwesende bekommt. Zugleich wird damit bestimmt, welche Fragen wem wichtig sind und welche Art von Antworten zu suchen ist. Auch ein Stück Identität wird festgelegt: indem man überhaupt einer ist, der bei solchen Anlässen und bei diesen Beteiligten anwesend ist und indem man sich dazugehörig oder fremd, angezogen oder abgestoßen fühlt. Darüber hinaus sind das aber auch Gelegenheiten. Man kann Unternehmungen in die Wege leiten, die über die Situation hinausgehen: gegenseitige kleinere und größere Hilfen (von Mächtigen ausgehend auch »Protektion« genannt), gemeinsame Aktionen gegen jemanden, ein gemeinsames Arbeitsprojekt, eine Liebesbeziehung. Das muß sich alles nicht realisieren. Zu einem bestimmten Verkehrskreis zu gehören bedeutet nur, daß man diesen Personen gegenüber diese Möglichkeit hat, daß man, besonders wenn es »bedeutende Persönlichkeiten« sind, »Beziehungen« hat. Salon und Kaffeehaus sind Formen der (wenn auch eingegrenzten) Öffentlichkeit und daher persönlich nicht so verpflichtend, dafür aber relativ offen in Richtung auf die »große« Öffentlichkeit, etwas wie ihr Vorfeld: Hier werden die Themen erörtert, die auch in dieser eine Rolle spielen, und unter geeigneten Teilnehmern bestimmt sich hier ein Stück weit, welche Themen wie in die »große« Öffentlichkeit kommen werden. Dieses »Vorfeld« kann einiges an Definitionsmacht haben.

Die engeren und persönlich stärker verpflichtenden Verbindungen wirken anders. Sie können zwar die einzelne Person tiefer beeinflussen, bleiben dafür aber öffentlich unverbindlich. Und sie können intellektuell durchaus unverbindlich auch für die direkt Involvierten bleiben, wie das bei Liebesverhältnissen oder gemeinsamer Haushaltsführung gelegentlich der Fall zu sein scheint. In jedem Fall muß für das, was da auch an intensiver Beeinflussung stattfindet, öffentliche Wirksamkeit erst hergestellt werden. Damit dergleichen kulturelle Definitionsmacht bekommt, muß entweder ein sehr direkter Zugang zur Öffentlichkeit bestehen, oder es muß sich doch erst in einem Netzwerk von Verbindungen, in einem Vorfeld der Öffentlichkeit ausbreiten können. Die »persönlicheren« Verbindungen, mit denen ich mich im folgenden beschäftigen will, wären daher jeweils einzeln erst auf ihre Bedeutsamkeit zu überprüfen. Immerhin lassen sie aber nach Art eines Soziogramms einige Rückschlüsse zu, wer wem nahe- oder fernstand – auch wenn dieses »Soziogramm« nicht ganz eindimensional ist.[21]

Adorno stellte, davon sind wir ausgegangen, mit Enttäuschung fest, daß es einen »Schönberg-Kreis« im Sinn einer festgefügten Gruppe 1925 nicht mehr gab. Aber die früheren Gemeinsamkeiten wirkten nach. Vor allem die Meister-Schüler-Verhältnisse zu Schönberg blieben »intakt«. Besonders Berg und Webern haben sich daraus nie völlig gelöst. Aber auch die anderen Schönberg-Schüler – Heinrich Jalowetz, Erwin Stein, Egon Wellesz, Josef Polnauer, Karl Horwitz u. a. – haben sich ihr Leben lang als solche verstanden. (Hanns Eisler scheint daraus, zumindest damals, nicht soviel gemacht zu haben, aber er wurde umgekehrt von Adorno in dieser Eigenschaft verstanden und geschätzt.) Schönberg hat ansonsten beide Male die Schwester eines ihm auch musikalisch verbundenen Freundes geheiratet: 1901 Mathilde von Zemlinsky, die Schwester seines Lehrers und Freundes Alexander von Zemlinsky, und 1924 Gertrud Kolisch, die Schwester von Rudolf Kolisch, dem Leiter des Kolisch-Quartetts, das allgemein, auch für Adorno, als die Gruppe galt, die als eine der wenigen authentische Aufführungen der neuen Musik zustande brachte. Zemlinsky wiederum war der verehrte Klavierlehrer von Alma Schindler (später Mahler). Mit Kolisch befreundet war der Pianist Eduard Steuermann, bei dem Adorno in seiner Wiener Zeit Klavierunterricht nahm. Schönberg war mit Mahler befreundet, der sich wiederum für die »Secession« engagierte und damit eine Beziehung zu den bildenden Künstlern der Zeit herstellte. Eine persönliche Verbindung von Arnold wie auch von Mathilde Schönberg gab es zu dem Maler Richard Gerstl. Wichtig für Schönberg war auch die lange Freundschaft mit Adolf Loos, mit dem er die »Richtlinien für ein Kunstamt« (1919) verfaßte, der gelegentlich zur Einleitung von Schönberg-Konzerten sprach, etwa »Die kranken Ohren Beethovens« vor der »Kammersymphonie« 1918,[22] und der die Verbindung zu Karl Kraus darstellte. Wohl ebenfalls über Loos vermittelt, war Schönberg auch in Kontakt mit Eugenie Schwarzwald, in deren Schule er 1905 den ersten Kompositionskurs ankündigte.

Alban Berg heiratete 1919 Helene Nahowski, eine heimliche Tochter Kaiser Franz Josephs, die vorher von Peter Altenberg verehrt worden war, der sie in dem Gedicht »H. N.« in »Neues Altes« (1911) »gewürdigt hat«.[23] Bergs »Altenberg-Lieder« wiederum waren der eigentliche Auslöser des Skandals in dem berühmten »Skandal-Konzert« von 1913, in dem nach Oskar Straus' gerichtlicher Aussage »das einzig Klangvolle die Watschn des Herrn Buschbeck war«.[24] Gemeinsame Bekannte von Schönberg und Berg waren auch Kokoschka und Mahler, wobei die Kontinuität hergestellt wird durch Alma Mahler, die bekanntlich als »heimliche Verlobte« Gustav Klimts galt und nach Mahler (den sie bei Berta Zuckerkandl kennengelernt hatte) und der Zeit als Kokoschkas »Windsbraut«[25] auch mit Walter Gropius und Franz Werfel verheiratet war. Hanna Fuchs-Robetin in Prag, die Berg um 1925 verehrte, wobei er Adorno als »postillon d'amour« einsetzte, war eine Schwester Werfels. Dieses emotionale Drama wurde von Berg in der »Lyrischen Suite« verarbeitet, im »Violinkonzert« von 1935 der Tod von Manon Gropius, der Tochter Alma Mahlers. Bergs waren auch mit der älteren Tochter, Anna Mahler, die Bildhauerin war, gut befreundet. Mit Anna Mahler wiederum hat Ernst Krenek zusammengelebt.[26] Berg und Webern, die beide 1908 ihre »Lehre« bei Schönberg beendet hatten, blieben zeitlebens befreundet.

Anton von Webern hat Kunstgeschichte studiert und wurde 1912 von Kokoschka und 1918 von Schiele porträtiert. Er hatte auch insofern mit Psychoanalyse zu tun, als er 1913 bei Adler in Therapie war, noch dazu mit Erfolg, wie berichtet wird. Er hatte wohl auch die stärksten Beziehungen des Kreises (Eisler einmal ausgenommen) zur Arbeiterbewegung, unter anderem als Dirigent bei den Arbeitersymphoniekonzerten. Daß Beziehungen zwischen Musik und bildender Kunst überhaupt eng waren, wird am deutlichsten ausgedrückt in der Person Arnold Schönbergs, der selbst malte und im Briefwechsel mit Kandinsky kunsttheoretische Fragen erörterte. Eine augenfällige Darstellung dieser Verbindung war auch die Beethoven-Ausstellung der Secession von 1902 mit der Beethoven-Statue Max Klingers, dem Beethoven-Fries von Gustav Klimt und der Zelebration von Beethovens Neunter Symphonie unter der Leitung Gustav Mahlers. In dieser Ausstellung werden auch die Komponisten zusammengebracht, mit denen Adorno sich in seinen großen Musiker-Monographien befaßt hat[27]: Die Ausstellung bezog sich – auch in der Idee des Gesamtkunstwerks – auf Richard Wagner als den großen Ver-

Oskar Kokoschka, Die Windsbraut, 1914

mittler zur Moderne, Mahler war beteiligt, und Beethoven, über den Adorno ebenfalls eine Monographie plante, die er allerdings nicht mehr beenden konnte, stand im Mittelpunkt. Was Adorno in der europäischen Musik-Geschichte wichtig war, wurde auch schon von der Secession mit diesem Stellenwert versehen. Zu den großen Gemeinsamkeiten des ganzen Kreises gehörte die regelmäßige Lektüre der »Fackel« und eine uneingeschränkte Verehrung für Karl Kraus. Eine nähere persönliche Beziehung zu diesem hatten Schönberg über Loos und später Ernst Krenek, der wiederum, mit von Berg veranlaßt, die Zeitschrift »23« herausgab,[28] die eine »musikalische Fackel« sein sollte. Krenek hat mit Adorno einen umfänglichen Briefwechsel gepflegt und war auch sonst mit ihm (wechselnd) befreundet. In der »Fackel« Nr. 272–273, Februar 1909, S. 34f., wurde ein offener Brief Schönbergs an den Journalisten Karpath veröffentlicht, der sich seinerzeit um die Berufung Mahlers nach Wien verdient gemacht und sich jetzt in einer Kritik dazu bekannt hatte, in einem Schönberg-Konzert mit zu den lärmenden Störern gehört zu haben.[29] In der »Fackel« Nr. 300, März 1910, S. 9, wird der Autograph eines Lieds aus Schönbergs »Buch der hängenden Gärten« (nach Texten von George) reproduziert. Und die Aufregung war groß, als 1929 Paul A. Pisk, ein Schönberg-Schüler, in der »Arbeiter-Zeitung« die Jacques-Offenbach-Vorträge von Kraus als musikalisch mißglückt kritisierte und Kraus sich dagegen mit »Verklungen und vertan« zur Wehr setzte.[30] Eduard Steuermann schrieb daraufhin (»auch im Namen von Alban Berg und Rudolf Kolisch, die mehrere Ihrer Vorlesungen gehört haben«) einen Brief an Karl Kraus, dem er versichert, daß gerade sie, als die »radikalsten und absolutesten heutigen Musiker«, sehr wohl die »innere Stimme« der Musik hören könnten, »durch welche Klangmittel immer sie entsteht«, und daß zu prüfen wäre, »ob nicht Ihre Übertragung in den Rahmen Ihrer Vorlesungen die einzige Möglichkeit ist, ihn (Offenbach) lebendig zu machen«.[31] An Karl Kraus scheiden sich die Geister, löst sich sogar der Zusammenhalt der Schönberg-Schüler.[32]

Aus dem Schönberg-Kreis gab es zahlreiche musikalische Beziehungen ins Ausland, nicht zuletzt über die »Internationale Gesellschaft für neue Musik«, aber auch über einzelne Personen, wie etwa den Dirigenten Hermann Scherchen, der als bedeutender Interpret der neuen Musik galt, etliche Uraufführungen besorgte und von dem im übrigen Adorno 1924 in Frankfurt Alban Berg vorgestellt wurde. Ein anderes, ganz kurioses Beispiel ist die Beziehung des Pianisten und Komponisten Erwin Schulhoff, der in Prag 1922–24 einen »Verein für musikalische Privataufführungen« nach Wiener Muster organisierte, zu Schönberg, der allerdings sehr rasch den Brief-Kontakt zu ihm abbrach, indem er ihm Mangel an sittlicher Reife attestierte. (Der Brief von Schulhoff, der Schönberg so enragierte, ist leider nicht erhalten.) Der Briefwechsel wurde dann von Berg weitergeführt.[33] Über Ernst Krenek gab es eine von Adorno unabhängige Beziehung nach Frankfurt, und zwar zur »Frankfurter Zeitung« und ihrem Feuilleton, für das er Beiträge schrieb, damit – vermittelt über Friedrich Gubler, den Krenek aus der Schweiz kannte – auch zu Siegfried Kracauer, damals noch Freund Adornos, eine Verbindung, die allerdings unpersönlich blieb. Sie drückte sich immerhin in gegenseitigen Buchbesprechungen aus: Krenek über Kracauers »Offenbach« in der »Wiener Zeitung« und Kracauer über Kreneks »Neue Musik« in der »23«. Beide schreiben mit großer gegenseitiger Hochachtung.[34]

Es fällt auf, daß sich kaum personelle Beziehungen von der Künstler-Subkultur zum Zirkel der Psychoanalytiker herstellen lassen. Freud etwa hielt sich von der zeitgenössischen Literatur fern, persönlich kannte er, und das flüchtig, eine Randfigur der Literaten-Szene, J. J. David, und bezeichnend ist sein Gratulationsbrief an Arthur Schnitzler zum 60. Geburtstag, in dem er diesem mitteilt, er habe aus »Doppelgängerscheu« nie Kontakt zu ihm gesucht.[35] Mit Musik hatte er gar nicht zu tun. Jones berichtet, daß er nur wenige Male in seinem Leben in der Oper war, und dann mußte es Mozart sein.[36] Im »Moses des Michelangelo« von 1914 faßt Freud seinen Zugang zur Kunst so zusammen: »Ich habe oft bemerkt, daß mich der Inhalt eines Kunstwerkes stärker anzieht als dessen formale und technische Eigenschaften, auf welche doch der Künstler in erster Linie Wert legt... Aber Kunstwerke üben eine starke Wirkung auf mich aus, insbesondere Dichtungen und Werke der Plastik, seltener Malereien. Ich bin so veranlaßt worden, bei den entsprechenden Gelegenheiten lange vor ihnen zu verweilen, und wollte sie auf meine Weise erfassen, d. h. mir begreiflich machen, wodurch sie wirken. Wo ich das nicht kann, z. B. in der Musik, bin ich fast genußunfähig. Eine rationalistische oder vielleicht analytische Anlage sträubt sich in mir dagegen, daß ich ergriffen sein und dabei nicht wissen solle, warum ich es bin, und was mich ergreift.«[37]

Bekannt ist die höchst negative Beziehung zur Psychoanalyse, die Karl Kraus hatte. Eine sorgfältige Auswertung der verfügbaren Dokumente zeigt, daß Kraus erst durch den Versuch von Fritz Wittels, ihn »psychoanalytisch zu erledigen«,[38] verärgert und so von einer grundsätzlich positiven Einschätzung abgebracht wurde. Während dieser frühen Phase hat sich Freud in der Auseinandersetzung mit Fließ um Weininger, um den Plagiatsvorwurf an diesen und die Frage, ob Freud ihm die Gedanken von Fließ zugänglich gemacht habe, an Kraus und die »Fackel« als die geeignete Öffentlichkeit gewandt. Kraus wie Freud waren bekannt genug, um Einfluß auch dort zu haben, wo eine persönliche Bekanntschaft nicht bestand. Dubrovic berichtet von intensiveren Kontakten anderer Psychoanalytiker zur »Kaffeehaus-Szene«, so etwa von Alfred Adler und dessen Frau Raissa und besonders von Adolf Josef Storfer, dem Leiter des Psychoanalytischen Verlags.[39] Insgesamt aber war der Kreis der Psychoanalytiker deutlich von den anderen Intellektuellen-Zirkeln abgegrenzt. Das wird besonders unterstrichen durch eine so bewegliche Figur wie Lou Andreas-Salomé, der es, selbst Literatin und Freundin von Nietzsche und Rilke, an Beziehung zu Philosophie und Literatur gewiß nicht mangelte, für die sich aber während ihrer Wiener Aufenthalte intensivere Kontakte nur innerhalb psychoanalytischer und ärztlicher Kreise zeigen lassen, nur oberflächliche hingegen zu den Wiener Literaten, bildenden Künstlern und Musikern.

Was die Musiker betrifft, so erwähnt Adorno zwar eine Begegnung zwischen Freud und Berg, die aber nur als Anekdote Witz hat, und behauptet eine vage Beziehung zu Adler, von der man vermuten kann, daß sie mit Weberns Therapie bei diesem zu tun haben könnte, über die Adorno aber nichts Näheres weiß.[40] Eine mögliche Verbindung findet sich über Alma Mahler, die mit Schnitzlers befreundet war. Auch berichtet sie, daß Gustav Mahler 1911 einmal Freud konsultierte.[41] Über diese Konsultation kann man auch bei Ernest Jones nachlesen. Danach konnte Freud Almas Vaterprojektion auf Gustav an der Tatsache deutlich machen, daß sie, die Tochter eines *Malers*, einen *Mahler* geheiratet hatte, und Gustavs Mutterprojektion auf Alma daran, daß er, dessen Mutter *Marie* geheißen hatte, Alma gegenüber gern deren zweiten Vornamen – *Marie* – gebrauchte. Daß die Ehekrise, deretwegen Mahler Freud aufsuchte, etwas mit dem Verhältnis Alma Mahlers mit Gropius[42] zu tun gehabt haben könnte, wird von Jones jedenfalls nicht erwähnt. Vielmehr stellt er triumphierend fest, daß Mahler durch diese psychoanalytische Aufklärung seine Potenz wiedergewonnen hätte und die Ehe wieder glücklich geworden sei. Freilich sei Mahler bald darauf gestorben.[43] So einfach war damals Psychotherapie – jedenfalls in der ergebenen Erinnerung des Haus-Biographen.[44]

Querverbindungen von der Musik gibt es auch zur Philosophie, und zwar besonders zu Ludwig Wittgenstein und zu Karl Popper. Karl Wittgenstein, der Vater (1847–1913), hatte sich als junger Mann zwei Jahre in Amerika umgesehen und anschließend, motiviert von der Einsicht, daß ein gut verdienender Arbeiter ein guter Arbeiter und ein rationalisierter Betrieb ein effizienter Betrieb ist, in Vorwegnahme von etwas wie »Fordismus« also, ein Industrie-Imperium aufgebaut, indem er erfolglose Betriebe aufkaufte und sie mit seinen Methoden zum Blühen brachte.[45] Er war ein großer Kunst- und vor allem Musik-Liebhaber, der auch auf Geschäftsreisen seine Violine mit sich führte (auch auf seiner Flucht vor dem Vater nach Amerika war sie eines seiner wenigen Gepäckstücke gewesen), der Salon seiner Frau war ein wichtiger Treffpunkt vor allem von Musikern (darunter Mahler), und er betätigte sich als großzügiger Mäzen. Das bedeutendste Beispiel dieses Mäzenatentums war, daß der Bau des Secessionsgebäudes in Wien zu einen großen Teil aus seiner Zuwendung finanziert wurde. Seine Frau Poldi war eine begabte Pianistin, ebenso sein Sohn Paul, Ludwig Wittgensteins Bruder, dessen (etwas zweifelhafter) Nachruhm vor allem darauf beruht, daß er Konzertpianist blieb, obwohl er im Krieg einen Arm verlor und also sein Repertoire aus Stücken »für die linke Hand« aufbauen mußte, die er sich unter anderem von Richard Strauss und Maurice Ravel schreiben ließ. Auch personelle Beziehungen zur Musik-Szene bestanden also für Wittgenstein ganz selbstverständlich.

Von eigener Art ist die Verbindung von Ludwig Wittgenstein zur Literatur. Als Ludwig Wittgenstein sein beträchtliches Erbe verschenkte, überließ er 100000 Kronen davon auch Ludwig von Ficker, damit er sie an bedürftige Literaten verteile. Rilke und Trakl erhielten die größten Summen.[46] Wittgenstein konnte freilich mit Trakls Gedichten nur bedingt etwas anfangen. Er schreibt dazu an Ficker: »Ich danke Ihnen für die Zusendung der Gedichte Trakls. Ich verstehe sie nicht, aber ihr *Ton* beglückt mich. Es ist der Ton der wahrhaft genialen Menschen.«[47] Ludwig von Ficker beschreibt seinen ersten Besuch bei Wittgenstein in Wien am 26. 7. 1914 und seinen Eindruck von Wittgenstein als »ein Bild ergreifender Einsamkeit auf den ersten Blick (an Aljoscha etwa oder Fürst Myschkin bei Dostojewski erinnernd)«.[48] Er hat Wittgenstein auch am Tag darauf mit Adolf Loos bekannt gemacht, den sie im Café Imperial trafen, wo sich ein ob der Schwerhörigkeit von Loos etwas mühsames, aber angeregtes Gespräch über Architektur entwickelt habe. Dieser Kon-

Gustav Klimt, Margarethe Stonborough-Wittgenstein, 1905

takt zu Loos blieb auch bestehen, verstärkt durch Wittgensteins Freund Paul Engelmann, selbst Architekt und Loos-Schüler, Kraus nahestehend und mit Wittgenstein seit 1916 bekannt.[49] Mit ihm gemeinsam wurde das Wittgenstein-Haus in der Kundmanngasse für die Schwester, Margarethe Stonborough, 1926 entworfen. Für die Plangenehmigung traten Engelmann und Wittgenstein gemeinsam als Architekten auf. Der Einfluß von Loos auf den Entwurf dieses Hauses ist unverkennbar.

Mit Ludwig von Ficker verhandelte Wittgenstein nach dem Krieg auch über eine Herausgabe des »Tractatus« im Verlag des »Brenner«, die Fikker ablehnte. Das Verhältnis zu ihm war danach nicht mehr so gut. Jedenfalls schrieb Wittgenstein an Engelmann am 5.8.1921, also nicht sehr lange nach dem Mißerfolg: »Immer wieder schickt Ficker mir den *Brenner* zu und immer wieder nehme ich mir vor, ihm zu schreiben, er soll es bleiben lassen, weil ich den *Brenner* für einen Unsinn halte (eine christliche Zeitschrift ist eine Schmockerei).«[50] Adorno hatte erst nach dem Krieg mit Ludwig von Ficker zu tun, vermittelt durch Lotte Tobisch. Sie berichtet, daß sie Adorno zu einem kleinen Essay über Ficker veranlaßt habe.[51] Es wurden auch ein paar Briefe gewechselt. Persönlich getroffen haben sich die beiden wohl nicht.

Ansonsten sind in Sachen Musik und Philosophie noch zwei Namen zu erwähnen, von denen der erste gar nicht mit Musik, dafür aber mit Adorno zu tun hat: Heinrich Gomperz, Professor der Philosophie an der Universität Wien, und wie sein Vater, Theodor Gomperz, ebenfalls Philosophie-Professor, hervorragender Kenner der griechischen Philosophie. Karl Popper kannte und schätzte Heinrich Gomperz seit etwa 1927 und legte ihm seine Manuskripte zur Kritik vor. Ende 1932 erhielt er zu seinem Manuskript der späteren »Logik der Forschung« einen voller Hochachtung gehaltenen Brief von Gomperz, der ihn offenbar sehr ermutigte.[52] Adorno hingegen scheiterte an einem negativen Votum von Gomperz über sein Kierkegaard-Buch, als er sich 1934, nach der Aufhebung seiner Frankfurter venia legendi durch die Nazis, um eine Umhabilitation nach Wien bemühte.[53] Gomperz wieder hatte, wie Popper berichtet, Otto Weininger gekannt und schrieb auch in »Imago«, der Zeitschrift der Psychoanalytischen Vereinigung. Freud zitiert ihn in »Jenseits des Lustprinzips« mit einer dankend zur Kenntnis genommenen »persönlichen Mitteilung«.[54]

Bleibt noch über Karl Popper und Arnold Schönberg zu berichten und über die so vermittelte überraschende Parallele zwischen Popper und

Adorno. (Die beiden haben sich in jener Zeit, soweit sich das feststellen läßt, überhaupt nicht gekannt.) Diese Parallele ist einen Exkurs wert.

Kleiner Exkurs über die Bedeutung Arnold Schönbergs für Karl R. Popper, den Freunden und Förderern des »Positivismusstreits in der deutschen Soziologie« gewidmet

Karl R. Popper, nachmals der große Kontrahent Adornos im »Positivismusstreit in der deutschen Soziologie«,[55] berichtet in seiner »Intellektuellen Autobiographie« (Popper, 1976) ausführlich über seine frühe Liebe zur Musik, seine lebenslangen Kompositionsversuche, die er freilich als Freizeitbeschäftigung verstand, und über den Einfluß, den die frühe Bemühung um Musik auf die Entwicklung auch seiner philosophischen Haltungen hatte. Dabei ist er persönlich in derselben Beziehung zum Schönberg-Kreis wie Adorno: Er wird Schüler eines Schönberg-Schülers, Erwin Steins nämlich, allerdings früher, als Adorno zu Berg kommt, in der Zeit des »Vereins für musikalische Privataufführungen«, also um 1920. Popper kommt freilich mit großen Vorbehalten zum Schönberg-Kreis und verläßt ihn mit noch größeren:

> »Auf dem Gebiet der Musik war ich immer konservativ... Unter dem Einfluß der Musik Mahlers (dieser Einfluß war nicht von Dauer) und der Tatsache, daß Mahler Schönberg verteidigt hatte, glaubte ich, einen ernsthaften Versuch machen zu müssen, die zeitgenössische Musik kennen- und schätzenzulernen. So trat ich dem ›Verein für musikalische Privataufführungen‹ bei, dessen Präsident Arnold Schönberg war und der sich zum Ziel gesetzt hatte, Kompositionen von Schönberg, Alban Berg, Anton von Webern und von anderen ›fortschrittlichen‹ zeitgenössischen Komponisten, Ravel, Bartók und Strawinsky, aufzuführen. Eine Zeitlang wurde ich zum Schüler des Schönberg-Schülers Erwin Stein, aber ich hatte nur wenige Stunden bei ihm; statt dessen half ich ihm ein wenig bei seinen Proben für die Aufführungen des Vereins. Auf diese Weise lernte ich einige Kompositionen Schönbergs gut kennen, insbesondere die *Kammersymphonie* und den *Pierrot lunaire*. Ich besuchte auch Proben von Anton von Webern, besonders die seiner *Orchesterstücke*, und auch Proben von Alban Berg. Nach ungefähr zwei Jahren wußte ich, daß ich etwas gelernt hatte – über eine Musik, die ich jetzt noch weniger mochte als vorher.«[56]

Popper bleibt also »konservativ« in seinen musikalischen Präferenzen und beschäftigt sich mehr mit Bach und Beethoven. An ihnen entwickelt er eine Unterscheidung von »objektiver« und »subjektiver« Kunst, von Kunst, die im Werk selbst aufgeht, und Kunst, in der es um die Selbstdarstellung des Künstlers geht. Auch in der »objektiven« Musik drückt sich der Künstler aus – das geht gar nicht anders –, aber das ist nicht sein Ziel.

»Ähnlich wie der Wissenschaftler kann der Musiker durch sein Werk lernen, durch die Methode von Versuch und Irrtum. Und mit dem Wachstum seines Werkes kann auch sein musikalisches Urteilsvermögen wachsen und sein Geschmack – und vielleicht sogar seine schöpferische Phantasie. Aber dieses Wachstum wird nur erreicht durch Anstrengung, Fleiß, Hingabe an sein Werk; durch Einfühlung in die Arbeit anderer; und durch Selbstkritik. Das Verhältnis zwischen dem Künstler und seinem Werk wird ein beständiges Geben und Nehmen sein: nicht jenes einseitige ›Geben‹, das nichts wäre als ein Ausdruck seiner Persönlichkeit in seinem Werk.«[57]

»Beim Komponieren einer Fuge ist es das Problem des Komponisten, ein interessantes Thema und einen dazu im scharfen Gegensatz stehenden Kontrapunkt zu finden und dann dieses Material so vielseitig wie möglich zu gestalten. Vielleicht läßt er sich dabei von einem entwickelten Gefühl für die Angemessenheit oder die Ausgewogenheit des Ganzen leiten. Das Ergebnis mag immer noch ergreifend sein; aber wir schätzen es doch nicht so sehr wegen irgendeiner dargestellten (oder ausgedrückten) Emotion als vielmehr wegen der Ausgewogenheit des Kosmos, der sich aus dem Chaos entwickelt... In ähnlicher Weise stellt die Absicht, ein Menuett oder ein Trio zu verfassen, den Komponisten vor ein bestimmtes *Problem*; und das Problem kann näher bestimmt sein durch die Forderung, daß sich dieses Menuett in eine schon teilweise vorliegende, halbvollendete Suite einfügen soll. Es ist natürlich etwas ganz anderes, ob man den Komponisten als jemanden betrachtet, der sich bemüht, solche musikalischen Probleme zu lösen, oder als jemanden, der sich damit befaßt, seine Emotionen auszudrücken (was trivialerweise niemand vermeiden kann).«[58]

Der Schaden, den die »subjektive« Kunst, die »expressive« (um nicht zu sagen »expressionistische«) Theorie der Kunst für Popper gestiftet hat, liegt in der Einführung der Idee des musikalischen Fortschritts, die er mit »Historizismus« benennt und die sich für ihn konsequent fortsetzt in der Vorstellung, der Künstler müsse seiner Zeit voraus sein.

»Ich behaupte, daß die Theorie, die Kunst sei der Ausdruck der Persönlichkeit, trivial, verworren und nichtssagend ist – wenn auch nicht unbedingt schädlich, solange sie nicht ernst genommen wird. Wenn sie aber ernst genommen wird, so kann sie leicht zu egozentrischen Posen und zum Größenwahn führen. Aber die Theorie, daß das Genie seiner Zeit voraus sein muß, ist gänzlich verfehlt und immer schädlich. Sie läßt in die Welt der Kunst Bewertungen eindringen, die mit dem, was in der Kunst wirklich wertvoll ist, nichts zu tun haben.«[59]

Und diese schädliche Doktrin sieht Popper bei Schönberg und seinem Kreis extrem verwirklicht.

»Die Theorie, daß die Kunst fortschreitet, mit den Künstlern als Vorhut oder Avantgarde, ist kein harmloser Mythos: Sie hat zur Bildung von Cliquen und Interessengruppen geführt, die mit ihren Propagandaapparaten beinahe an politische Parteien oder an religiöse Sekten erinnern.

Ich gebe zu, daß es schon vor Wagner Cliquen in der Kunst gegeben hat. Aber gab es etwas, was im gleichen Maß wie die Wagnerianer (und später die Freudianer) einer Interessengruppe, einer Partei, einer Kirche mit Ritualen entsprach?... Einige dieser Dinge habe ich in Schönbergs Verein für musikalische Privataufführungen aus nächster Nähe beobachtet. Schönberg begann, wie so viele seiner Zeitgenossen, als Wagnerianer. Aber bald wurde ihm und vielen Mitgliedern seines Kreises, wie einer von ihnen bei einem Vortrag sagte, die Frage zum Problem: ›Wie können wir Wagner überwinden?‹ oder gar: ›Wie können wir die Spuren Wagners in uns überwinden?‹ Später hieß es: ›Wie können wir allen anderen voraus bleiben und sogar immer wieder uns selbst überflügeln?‹ Aber es ist klar, daß der Wunsch, seiner eigenen Zeit voraus zu sein, nichts mit Musik zu tun hat, und nichts mit wahrer Hingabe an das eigene Werk.

Anton von Webern war anders...

Der Ehrgeiz, ein großes Werk zu schreiben, mag etwas für sich haben, und es mag sein, daß er tatsächlich dazu beiträgt, ein großes Werk zu schaffen; obwohl viele große Werke entstanden sind, bei denen kein anderer Ehrgeiz im Spiel war, als der, gute Arbeit zu leisten. Der Ehrgeiz jedoch, ein Werk zu schreiben, das seiner Zeit voraus ist und das am besten nicht allzu bald verstanden wird – ein Werk, das möglichst viele Menschen vor den Kopf stoßen soll – hat nichts mit Kunst zu tun, obwohl viele Kunstkritiker diese Haltung unterstützen und verbreiten.«[60]

Die Theorie, wie sie Popper hier vorträgt, hat freilich einen Bruch: Der Übergang von der Idee des Kunstwerks als Selbstdarstellung des Künstlers zu der vom »unverstandenen Genie« ist alles andere als zwingend und logisch. Und noch weniger zwingend ist der Übergang vom »unverstandenen Genie« zur Bildung von »Kunst-Kirchen« und »Kunst-Parteien«. Und der Übergang von diesen zu politischen Bewegungen und Parteien, die sich an Fortschritt und Befreiung orientieren, und den zugehörigen philosophischen Systemen (Hegel, Marx), den Popper mit dem für beide verwendeten Wort »Historizismus« herstellt, ist auch nicht mehr als eine schlecht passende Analogie. Genau diese Assoziationskette, die er bei seinem »Elend des Historizismus« enden läßt und bei seiner Gegenvorstellung vom »Fortschritt in kleinen Schritten«, stellt Popper aber her. Bei genauer Lektüre wird auch sichtbar, daß Popper gar nicht versucht, diese Verbindungen als »logisch« darzustellen. Sie entstehen ihm vielmehr als über Personen vermittelt:

»Es war Wagner, der in die Musik jene Fortschrittsidee einführte, die ich (etwa um 1935) ›historizistisch‹ genannt habe, und der dadurch, was ich immer noch glaube, zum Hauptübeltäter in dieser Sache wurde. Zugleich förderte er den unkritischen und beinahe neurotischen Mythos vom unerkannten Genie: vom Genie, das nicht nur den Geist seiner Zeit ausdrückt, sondern in der Tat ›seiner Zeit voraus‹ ist; von einem Führer, der normalerweise von allen seinen Zeitgenossen mißverstanden wird, ausgenommen von einigen wenigen ›fortschrittlichen‹ Kennern, die ihn verstehen.«[61]

Die Verbindung zwischen den Ideen von Fortschritt in der Kunst und vom unverstandenen Genie besteht nur darin, daß sie beide Wagner zugeschrieben werden.

Popper hat sich hier einen (losen) Zusammenhang durchaus eindimensional zurechtgelegt: Die Idee des Fortschritts in der Musik wird auf einzelne Personen umgelegt, die sie aus sehr persönlichen (fast krankhaften) Gründen erfunden und gepflegt hätten. Um ihre (schlechte) Musik als solchen »Fortschritt« und als Errungenschaft behaupten zu können, werden Cliquen gebildet, die sich um den »Meister« scharen – und dann das Problem bekommen, über sich selbst hinauswachsen zu müssen, um weiteren »Fortschritt« zu erreichen. Das alles wird der Sache, nämlich der Musik, nicht gerecht und führt zu einer Geringschätzung der überwundenen »alten Meister«, der Tradition. Vorausgesetzt ist dabei auch, daß diese persönlichen Träger des »Fortschritts« diesen als unbedingte und rücksichtslose Selbstdarstellung zustande brachten, nicht aber durch Arbeit und Auseinandersetzung mit den Problemen der Musik. Man kann das auch anders sehen.

Die Einseitigkeit der Position wird im Vergleich zu Adorno besonders deutlich, der nicht müde wurde zu betonen, wie sich die »Revolution« Schönbergs aus der konsequenten und strengen Arbeit am Material ergab, dessen gesellschaftliche Geformtheit Schönberg nicht zerstörte, sondern dessen Zerstörung durch die Gesellschaft er zur Kenntnis nahm. Adorno sieht Fortschritt in der Befreiung von gesellschaftlichen Konventionen, die das Material verformen und damit die Möglichkeiten des freien Umgangs mit ihm einengen, er sieht in diesem Sinn Fortschritt in einer zunehmend souveränen Beherrschung des Materials durch den Komponisten, die es diesem erst ermöglicht, umgekehrt dem Material voll und unbehindert von Konventionen, die immer auf von außen kommender Herrschaft beruhen, gerecht zu werden.

Popper hingegen ist nicht sicher, ob es sich dabei wirklich um Fortschritt handelt, und hält ihn jedenfalls für geringfügig:

»Natürlich ist in der Kunst so etwas wie Fortschritt möglich, in dem Sinne, daß gewisse neue Möglichkeiten und auch neue Probleme entdeckt werden können. In der Musik haben solche Erfindungen wie der Kontrapunkt eine nahezu unbegrenzte Zahl von neuen Möglichkeiten und Problemen aufgedeckt. Außerdem gibt es den rein technischen Fortschritt, zum Beispiel in der Konstruktion neuer Instrumente, wie des Klaviers. Das ist aber, auch wenn sich dadurch neue Möglichkeiten eröffnen, nicht von grundlegender Bedeutung... Es ist sogar ein Fortschritt in dem Sinne denkbar, daß das musikalische Wissen wächst; dann nämlich, wenn ein Komponist die Entdeckungen seiner großen Vorgänger beherrscht. Ich glaube aber nicht, daß irgendeinem Musiker etwas Derartiges gelungen ist... Auch besteht immer die Gefahr, daß neuerkannte Möglichkeiten alte Möglichkeiten zerstören: Dynamische Effekte, die Dissonanz, ja sogar der Wechsel der Tonart können, wenn sie zu viel verwendet werden, unsere Empfänglichkeit für die nicht so offenkundigen Effekte des Kontrapunkts oder zum Beispiel für eine Anspielung an die alten Tonarten abstumpfen.«

Mit diesen Gefahren des Fortschritts beschäftigt sich Popper dann weiter, wobei er auch Schönberg als Beispiel heranzieht.

»Schönberg erkannte, daß Konsonanzen in einem dissonanten Rahmen sorgfältig vorbereitet, eingeführt und vielleicht sogar aufgelöst werden müssen. Das bedeutet aber den Verlust ihrer alten Funktion.«[62]

Insgesamt ist es mehr ein Begriff von »Veränderung«, der hier vorgestellt wird, der Entstehung neuer Möglichkeiten und des Verschwindens alter, als einer von Fortschritt. Man kann dann fragen, woher solche »Veränderung« kommen mag, aber darüber gibt Popper keine Auskunft. Nur der falsche, der scheinbare Fortschritt, der läßt sich an einem Schuldigen festmachen: an dem Drang der Musiker zur Selbstdarstellung und am Personenkult. Aber das sind eben von Cliquen getragene Moden mit unguten bis gefährlichen Auswirkungen.

In Übertragung auf die spätere Kritik des Historizismus wäre zu erwarten, daß auch Hegel und Marx so interpretiert werden: Wichtigtuer, denen es nur darum ging, ihre eigenen Größenideen anerkannt zu bekommen und sich damit anderen aufzudrängen. In der Tat findet man für Hegel, der ohnehin Poppers bête noir ist, in »Die offene Gesellschaft und ihre Feinde« eine voll entwickelte Mode-, Gekauftsein-, Cliquen- und Verschwörungstheorie:

»Hegels Erfolg... war der Beginn einer Periode zunächst intellektueller und später, als eine der Folgen, sittlicher Unredlichkeit; er war der Beginn eines neuen Zeitalters, das durch die Magie hochtönender Worte und die Macht des Jargons beherrscht wird... Trotzdem ist es unwahrscheinlich, daß Hegel ohne Unterstützung von seiten des preußischen Staates je zu der einflußreichsten Gestalt der deutschen Philosophie hätte emporsteigen können. Wie die Dinge lagen, wurde er der erste offizielle Philosoph des Preußentums, ernannt in einer Periode feudaler ›Restauration‹ nach den napoleonischen Kriegen. Später half der Staat auch seinen Schülern..., und diese halfen einander. Und obgleich der Hegelianismus von den meisten seiner Anhänger offiziell verleugnet wurde, haben doch Philosophen der Hegelschen Schule seit je den Lehrbetrieb und dadurch indirekt sogar die Mittelschulen Deutschlands kontrolliert.«[63]

Im Vergleich dazu kommt Marx überraschend gut weg. Er war immerhin moralisch in Ordnung, nur durch Hegel irregeleitet.

»Man kann Marx nicht gerecht werden, ohne seine Aufrichtigkeit zuzugestehen. Seine Aufgeschlossenheit, sein Wirklichkeitssinn, sein Mißtrauen vor leerem Wortschwall und insbesondere vor moralisierendem Wortschwall machten ihn zu einem der größten und einflußreichsten Kämpfer gegen Heuchelei und Pharisäertum. Marx hatte ein brennendes Verlangen, den Unterdrückten zu helfen... Er war ein echter Wahrheitssucher, und seine intellektuelle Redlichkeit unterscheidet ihn, wie ich glaube, von vielen seiner Anhänger (wenn er sich auch leider selbst von dem verderblichen Einfluß einer Erziehung in der Atmosphäre Hegelscher Dialektik nicht ganz befreien konnte...)«.[64]

Nochmals ähnlich und zusammengefaßt in dem Aufsatz »What is dialectic?« von 1937:

»Marx, ein junger Mann, der in seinem Denken fortschrittlich und auf Veränderung, sogar Revolution orientiert war, geriet unter den Einfluß Hegels, des damals berühmtesten deutschen Philosophen. Hegel war der Vertreter der Preußischen Reaktion gewesen. Er hatte sein Prinzip der Identität von Vernunft und Wirklichkeit dazu benützt, die bestehenden Mächte zu unterstützen – denn was existiert, ist vernünftig – und die Idee des Absoluten Staates zu verteidigen (eine Idee, die man heute als ›Totalitarismus‹ bezeichnet). Marx, der ihn bewunderte, aber ein ganz anderes politisches Temperament hatte, benötigte eine Philosophie, auf die er seine eigenen politischen Meinungen gründen konnte. Man kann sich gut vorstellen, wie ihn die Entdeckung freute, daß sich die Hegelsche Dialektik ganz leicht gegen ihren Meister kehren ließ – daß sich aus der Dialektik viel eher eine revolutionäre politische Philosophie begründen ließ als eine konservative und apologetische... Diese Entdeckung mag unbestreitbar für einen Hegel-Schüler und zu einer Zeit, die von Hegels Denken beherrscht wurde, faszinierend gewesen sein. Heute hat sie, gemeinsam mit dem Hegelianismus, jede Bedeutung verloren und kann bestenfalls als kluger Kraftakt eines begabten jungen Studenten angesehen werden, mit dem eine Schwäche in den Spekulationen des unverdient berühmten Meisters aufgedeckt wurde. Aber sie wurde die theoretische Grundlage dessen, was ›Wissenschaftlicher Marxismus‹ genannt wird. Und sie war daran beteiligt, den Marxismus zu einem dogmatischen Gebäude zu machen, indem sie die wissenschaftliche Entwicklung verhinderte, zu der er imstande gewesen sein mochte.«[65]

»Historizismus«, in der Kunst wie in der Philosophie, beruht auf Cliquenwirtschaft, Dogmatismus, Unsachlichkeit oder zieht diese nach sich. Und das alles erklärt sich für Popper aus einem erstaunlich persönlichen Versagen der großen Denker, und zwar in erster Linie aus moralischem Versagen, Dummheit kommt noch hinzu. Das abstoßende Bild des

Schönberg-Kreises – egal, ob von Popper richtig wahrgenommen – findet sich in der Philosophiegeschichte auf der Suche nach Schuldigen wieder: Alles, was schlecht ist, bleibt an Hegel hängen. Marx war nicht, wie Hegel, moralisch korrupt, aber er konnte sich – auch in der Negativ-Wendung – von Hegel nicht befreien: voll guter Absichten, aber schwach und ein bißchen naiv und abhängig.

Interessant ist, daß die Positionen Poppers und Adornos ein Element ganz emphatisch gemeinsam haben: die Betonung der konsequenten und geduldigen Arbeit am Material, der Versenkung in die Sache. Bei Adorno freilich ist dieses Material von gesellschaftlichen Konventionen, von Herrschaft vorgeformt, bei Popper ist es ganz naiv »Natur«. Dementsprechend geht es bei Adorno zuerst um die Kritik dieser Verformtheit, erst dann kann man »frei« mit dem Material umgehen, bei Popper wird in Versuch und Irrtum mit dem Material experimentiert, und grundsätzlich ist dabei alles möglich. (Extrem gesagt: Es gibt bei ihm keine Abhängigkeit der Atonalität davon, daß zuerst die kontrapunktische und thematische Durchführung oder die Chromatik »erfunden« wurden. Es hätte auch schon Bach die Atonalität entwickeln können. Hinzu kommt, daß ihm die Atonalität nicht als »freier« erscheint als Bachs Kontrapunktik, weil er einen solchen Begriff von Freiheit des Materials von den gesellschaftlichen Konventionen nicht hat.) Popper braucht den emphatischen Begriff von »Freiheit« und »Befreiung« nicht, weil er keinen Begriff von Herrschaft hat. Für ihn sind die Gedanken frei und betätigen sich an der Welt mit der Unbefangenheit des Ingenieurs, instrumentell. Als guter Sozialdemokrat hat Popper nie ernsthaft an eine »befreite Gesellschaft« geglaubt, ebensowenig eine Herrschaft bis in die Köpfe, die Denkformen hinein wahrgenommen. Hier liegt wohl der Hauptunterschied: Popper ist vergleichsweise wenig mißtrauisch dagegen, wie schwer es ist, »der Sache gerecht zu werden«.

Auffallend ist auch, wie verschieden Popper und Adorno dieselbe Erfahrung: die der relativ genauen Bekanntschaft mit Schönbergs Musik, verarbeiten. Für Popper ist da Geniekult und ein Drang zum Anderssein um jeden Preis, für Adorno eine Revolution in der Musik. Tatsächlich sind die Erfahrungen freilich verschieden: Popper hat den Schönberg-Kreis in Aktion erlebt, Adorno hauptsächlich Alban Berg nach dem relativen Auseinanderfallen des Kreises. Berg war vermutlich und besonders zu der Zeit, als Adorno ihn kannte, eigenständiger als Stein fünf Jahre früher. Popper hatte eine Abneigung gegen die neue Musik und bekam sie noch verstärkt, Adorno wurde einer der wichtigsten Propagandisten ihrer Errungenschaften. Popper erhob den Vorwurf, in der neuen Musik würde aus Originalitätssucht die ältere Musik verachtet, Adorno erlebte, wie sehr sich die »Revolution« aus der Tradition entwickelte. Adorno blieb an den Kompositionen selbst orientiert, Popper war von dem sozialen und organisatorischen Drumherum beeindruckt. Beide haben den jeweils komplementären Aspekt vernachlässigt, Popper das Kompositorische, Adorno das Organisatorische. Aus dem Erlebnis derselben Sache wurden entgegengesetzte Erfahrungen gemacht. Sie hatten ihre »Scheinwerfer« (um Poppers Bild zu verwenden) höchst verschieden eingestellt, und im Gegensatz zu Adorno, dessen Haltung zu Schönberg in seinen Schriften eine Entwicklung durchmachte, war Popper, der auf Falsifikation so großen Wert legte, nie imstande (oder auch nur motiviert), das resultierende Bild zu verändern (oder auch nur zu überprüfen) – selbst ein zumindest praktischer Beleg gegen seine eigene Theorie.

Wenn aus der gleichen Erfahrung Popper eine Unterscheidung ableitet zwischen den Dogmatikern, die sich in Cliquen und Parteien, wenn nicht Kirchen, um ein »Genie« gruppieren und eine Sicht der Welt stabilisieren – und den Erfahrungsoffenen, die sich unbefangen den Dingen der Welt nähern, Adorno aber eine zwischen den Verblendeten, die unbefangen die Welt in den gesellschaftlich/herrschaftlichen Kategorien wahrnehmen – und denen, die sich ein Stück weit gegen Herrschaft zu immunisieren versuchen und erst damit die Möglichkeit gewinnen, sich der »Sache« zu widmen; wenn das so ist, sind dann Erfahrungen geeignet, zwischen solchen grundsätzlichen Verständnissen der Welt zu entscheiden? Wie das Beispiel zeigt, sind es sehr umfassende Modelle der Position des Intellektuellen und der Geschichte dieser Position, die noch in die Interpretation der einzelnen Erfahrung eingehen, nicht nur isolierbare Theorien, sondern ganze »Weltbilder« – und zwar, damit da kein Mißverständnis entsteht, bei Popper ebenso wie bei Adorno.

Wenn man sich vor diesem Hintergrund die Referate wieder ansieht, die seinerzeit, 1961 beginnend, den »Positivismusstreit in der deutschen Soziologie« ausgemacht haben, wird vielleicht verständlicher, warum, wie Dahrendorf beklagt, »der Diskussion durchgängig jene Intensität (fehlte), die den tatsächlich vorhandenen Auffassungsunterschieden angemessen gewesen wäre«, warum es streckenweise scheinen konnte, »als seien Herr *Popper* und Herr *Adorno* sich in verblüffender Weise einig«, obwohl auch die »Ironie solcher Übereinstimmung« offensichtlich war.[66]

Was als erkenntnistheoretischer und Methodenstreit daherkam, war und ist tatsächlich ein Unterschied im Verständnis der Lage und der Aufgabe der Intellektuellen – und darüber wurde nicht gesprochen. Insofern war der wahrscheinlich wichtigste Beitrag zu der ganzen Auseinandersetzung die Diskussionsbemerkung Adornos, die Dahrendorf referiert:

> »Die gesellschaftliche Realität hat sich in einer Weise verändert, daß man fast zwangshaft auf den von Marx und Engels höhnisch kritisierten Standpunkt des Linkshegelianismus zurückgedrängt wird; einfach deshalb nämlich, weil erstens die von Marx und Engels entwickelte Theorie selber eine unterdessen vollkommen dogmatische Gestalt angenommen hat; zweitens, weil in dieser dogmatisierten und stillgestellten Form der Theorie der Gedanke an die Veränderung der Welt selbst zu einer scheußlichen Ideologie geworden ist, die dazu dient, die erbärmlichste Praxis der Unterdrückung der Menschen zu rechtfertigen. Drittens aber – und das ist vielleicht das Allerernsteste –, weil der Gedanke, daß man durch die Theorie und durch das Aussprechen der Theorie unmittelbar die Menschen ergreifen und zu einer Aktion veranlassen kann, doppelt unmöglich geworden ist durch die Verfassung der Menschen, die durch die Theorie bekanntlich dazu in keiner Weise mehr sich veranlassen lassen und durch die Gestalt der Wirklichkeit, die die Möglichkeit solcher Aktionen, wie sie bei Marx noch als am nächsten Tag bevorstehend erschienen sind, ausschließt. Wenn man heute also so tun wollte, als ob man morgen die Welt verändern kann, dann wäre man ein Lügner.«[67]

Popper hält dem seinen »bescheidenen Optimismus« entgegen, den Dahrendorf so darstellt:

> »Popper bezeichnete diese skeptische Haltung als einen ›Pessimismus‹, der aus Enttäuschung über das Scheitern allzu weit gespannter utopischer oder revolutionärer Hoffnungen notwendig entspringen müsse. Wer dagegen weniger wolle, wer sich mit kleinen Fortschritten, mit einem Fußgänger-Vorgehen, begnüge, der könne, wie er selbst, ›Optimist‹ sein. ›Ich bin ein alter Aufklärer und Liberaler – und zwar ein vorhegelischer.‹ Popper forderte dementsprechned, wir müßten hinter *Hegel* zurückgehen; denn ›Hegel hat den Liberalismus in Deutschland vernichtet‹. Der für die Verbesserung der Welt notwendige Dualismus von Seiendem und Seinsollendem sei in der ›nachhegelischen Aufklärung‹ verschwunden; doch läge in ihm eine Grundvoraussetzung der sinnvollen Aktion. ›Die Einbildung, daß wir so ungeheuer viel über die Welt wissen, ist das Falsche... Wir wissen nichts, darum müssen wir bescheiden sein; und weil wir bescheiden sind, können wir Optimisten sein.‹«[68]

Der Intellektuelle ist bei Popper ein geschichtsloser Geselle, der sich frisch, frei und unabhängig von den Cliquen, die die Festschreibung von einzelnen historischen Errungenschaften organisieren, immer wieder neu und unmittelbar an die »Sachen« heranmacht, die er beliebig aus den Kulturgütern auswählen kann. Für Adorno ist der Intellektuelle ein vom Gewicht der Geschichte beinahe erdrückter Rebell, der sich mühsam aus dem überkommenen und aktuell auf ihn gehäuften Wust einen kleinen

Spielraum freischaufelt, was nur gelingen kann, indem er die Chancen nützt, die in dieser historischen Entwicklung immerhin *auch* entstehen, Traditionalist in diesem Sinn und einzelgängerischer Rebell zugleich. Er ist bei Popper der frische, selbstbewußte Selfmademan in kritischem Einvernehmen mit seiner Zeit und ihrer verbesserbaren Zukunft, bei Adorno der bedrängte Bewohner einer Endzeit, der das Zuschütten von erkannten Möglichkeiten nicht aufhalten kann, sich aber trotzdem dagegen stemmt.

Es gibt wenig Möglichkeit, zwischen solchen Gesamteinschätzungen wissenschaftlich zu entscheiden, in denen sich immer noch die beiden historischen Formen der Aufklärung, die angelsächsisch-technokratische und die französisch-skeptische, wiederfinden. Man kann sich nur ansehen, welche Auswirkungen die beiden Grundhaltungen historisch jeweils hatten. Aber auch die Geschichte bleibt Projektionsfläche. Popper wie Adorno haben solche historischen Darstellungen geschrieben (»Die offene Gesellschaft und ihre Feinde« und die »Dialektik der Aufklärung«), so daß man den Streit allenfalls auf einen Vergleich dieser Rekonstruktionen und ihrer Plausibilität verlegen könnte. Ich hätte auch die Einschätzung, daß die »Dialektik der Aufklärung« einfach von der Qualität der wissenschaftlichen Arbeit besser wegkommt. *Und* ich hätte die Einschätzung, daß der Selfmademan in einer historischen Bilanz nicht so gut dasteht. Man kann auch die aktuelle Situation des Intellektuellen untersuchen, um solche Gesamteinschätzungen zu überprüfen. Auch da würde ich zu Adornos Meinung tendieren, daß diese Position durchaus bedrängt bis hoffnungslos (mit dem Krausschen Zusatz »aber nicht ernst«) ist. Aber kann man sicher sein, daß das nicht nur Verstimmungsprodukte sind?

Die Sezession in Wien, vernagelt und demontiert
(während der Restaurationsarbeiten 1985)

»Etablierter Skandal«, »öffentliche Einsamkeit« und berufsständische Organisation – der Kampf um die Verfügung über die künstlerischen Produktionsmittel

Die Produktion von »Kultur« ist zunächst einmal nicht so besonders aufwendig: Farbe und Pinsel kann man sich zu einem moderaten Preis besorgen, eine Trompete kann man sich zur Not ausleihen, ein Haiku läßt sich auf einen Bierdeckel notieren. Entsprechend findet ein Teil der kulturellen Produktion immer auch so vergleichsweise voraussetzungslos statt, in pubertären Gedichten und Romanentwürfen, Töpferei in der frei gewordenen Waschküche, nach kurzer Zeit wieder aufgegebenen Versuchen, ein Musikinstrument zu beherrschen. Ein Weniges davon mündet in den offiziellen Kulturbetrieb. Nur wenige dieser Produzenten fangen irgendwann in ihrem Leben an, sich als »Künstler« zu verstehen. Diese »beruflich« festgelegte Sozialfigur hat sich bei uns schon lange herausdifferenziert, aus dem Handwerker, dem mönchischen »Meister«, dem Hofkünstler, dem aristokratischen, dann dem bürgerlichen »Dilettanten«. Der sich wandelnde Kunstbedarf der Kirche, der politischen Herrscher, schließlich der wohlhabenden bürgerlichen »Privatleute«, neuerdings auch der Banken und Konzerne (eine Folge der »Dienstleistungsgesellschaft»; in der Fabrik ist Kunst nicht gefragt), hat die verschiedenen Organisationen der künstlerischen Produktion zwischen Gilde und kommerziellem Verlagssystem plus staatlichem Rundfunk sowie den Beruf des Kulturproduzenten hervorgebracht. Die künstlerischen Produktionsmittel werden im selben Vorgang aufwendiger und prekärer.

In dem Maß, in dem der Künstler einem anonym werdenden »Publikum« gegenübersteht, wird die Organisation des Zugangs zu ihm ein Teil seiner »Produktionsmittel«. In dem Maß, in dem er von seiner Kunst leben will, gehört auch die Gewinnung und Sicherstellung seines Einkommens dazu. In dem Maß, in dem Konkurrenz und Höchstleistung in die Kunst einziehen, wird auch aufwendige und teure Ausbildung Teil der künstlerischen Produktionsmittel. Das verschärft sich noch, wenn es nicht mehr genügt, die hergebrachten Techniken möglichst perfekt zu beherrschen, sondern gefordert wird, daß »Neues« entstehen, daß künstlerischer »Fortschritt« statthaben soll.[1]

Auch ist die Ansprüchlichkeit der Produktionsmittel verschieden zwischen den verschiedenen Kulturprodukten. Wie Ernst Krenek meint:

> »Ein Maler hat es gut. Wenn sein Bild fertig ist, hängt er es an die Wand und jeder, der will, kann es ansehen. Der Komponist hingegen braucht noch die Musiker, die es nie gut genug machen, womöglich gar den Riesenapparat einer Opernbühne. Freude hat er nur beim Komponieren selbst, was danach kommt, führt nur mehr abwärts.«[2]

Damit ist auch der Kampf um den Zugang zu diesen aufwendigen Produktionsmitteln festgelegt. Der »Apparat« verselbständigt sich, ein künstlerisches »Establishment« kann sich bilden, das nachrückenden oder »abweichenden« Künstlern diesen Zugang versperrt. Der »Kunstunternehmer« entsteht, teils in Personalunion mit dem Künstler, vor allem aber als verselbständigt ausdifferenzierte Sozialfigur, schließlich als einer, der inhaltlich den Kulturprodukten, mit denen er Geschäfte macht, ebenso gleichgültig gegenübersteht wie der Besitzer einer Fabrik für Kaugummi oder Plastikspielzeug den seinen. Gelegentlich hat der Kunstproduzent es noch gleich mit mehreren solcher Unternehmer zu tun, die über verschiedene Teile der Produktionsmittel verfügen: etwa mit seinem Verleger, mit dem Konzertveranstalter und mit dem Agenten des Orchesters. Dazu kommt mit der Bedeutung eines großen Publikums der Kritiker und sonstige Organisator von Publikumsinteresse. War es zuvor die Gunst und das »Kunstverständnis« eines potenten Förderers, von denen der Künstler abhängig war, so ist es jetzt ein ziemlich undurchschaubarer und unsteuerbarer verzweigter Apparat, in dem eine Vielzahl von Interessen koaliert und konkurriert, dem er sich ausgeliefert sieht.[3] Die Diskrepanz zwischen den hohen Anforderungen der Kunst und den oft »unsachlichen« Bedingungen ihrer Anerkennung, spätestens seit Goethes »Tasso« ihrerseits Thema der Kunst, wird notorisch. Wer nicht völlig naiv oder von Eitelkeit verblendet ist, kann in dieser Situation selbst einen Erfolg beim Publikum nicht als Bestätigung dafür nehmen, daß er bedeutende Kunst produziert hat: Er weiß, wie sehr dieser Erfolg ein geschäftlicher Erfolg ist (und das nur zum kleineren Teil für ihn) und wie dieser manipuliert wird. Das kann ziemlich mißtrauisch machen, bis zum Extrem, das Schönberg 1937 ausdrückte:

> »Aber sobald der Krieg vorüber war, kam eine andere Welle und trug mich zu einer Popularität empor, die seither nicht mehr übertroffen wurde. Meine Werke wurden überall gespielt und *derart beifällig aufgenommen, daß ich anfing, am Wert meiner Musik zu zweifeln.* Verzeihen Sie mir diesen Scherz, aber natürlich steckt ein Stückchen Wahrheit darin: vorher war meine Musik schwer zu verstehen gewesen wegen

> der Eigentümlichkeit meiner Gedanken und der Art, wie ich sie ausdrückte: wie konnte es geschehen, daß jetzt plötzlich jedermann meinen Gedanken folgen und sie verstehen konnte? Entweder war die Musik oder das Publikum nichts wert. Während die Musik sich als beständig erwies, waren die Hörer unbeständig.«[4]

Dazu kommen Staat und Kommune, die für die Kunst (wie für die Wissenschaft) ziemlich bald in die frühere Rolle der adeligen und bürgerlichen Mäzene eingetreten sind und auch auf diesem Gebiet entscheidende Teile der Infrastruktur finanzieren und organisieren: die Opernhäuser, Rundfunk und Fernsehen, die großen Orchester, viele Theater (und ohne Subventionen geht es bei kaum einem, jedenfalls hierzulande), die Museen und großen Ausstellungen, Literaturpreise und Stipendien, die Bibliotheken, die Ausbildung ohnehin weitestgehend, nicht zu vergessen die vielen damit verbundenen Posten, die hauptberuflich oder nebenher künstlerische Produktionen ermöglichen. Das bedeutet, daß sich der Kulturproduzent nicht nur durch einen wirtschaftlichen Dschungel, sondern auch durch bürokratischen Filz mit seinen Schwerfälligkeiten, mit Cliquen und politischen Eingriffen durchwurmeln muß. Und das alles mit einer »Kunst« auf dem Rücken, deren Eigenständigkeit und von den Produktions- und Verwertungsbedingungen losgelöste Bedeutung erstens besteht und zweitens verzweifelt behauptet werden muß, um die Reste von Autonomie und Selbstachtung verteidigen und durchsetzen zu können. »Kunst« ist ein Spiel zwischen vielen Einflußgrößen; das Publikum ist nur *eine*, ziemlich entfernte, darunter.

Die Kunst der Jahrhundertwende ist davon gekennzeichnet, daß auffallend viele Versuche gemacht werden, noch einmal Unabhängigkeit von diesem sich entwickelnden Apparat und – in einer notwendig ambivalenten Weise – vom Publikum zu gewinnen. Das geschah auf zwei grundsätzlich verschiedene Weisen: Die der allgemeinen Entwicklung angepaßte war die »gewerkschaftliche«, besser berufsständische, die der Verbandsbildung mit dem Ziel, die kollektive Markt- und Machtposition zu verbessern und dafür gegebenenfalls auch den Staat zu instrumentalisieren (mit Hilfe von Gesetzgebung zum Urheberrecht etwa). Interessanter und radikaler ist der andere Versuch, in dem es darum geht, die Produktionsmittel selbst in die Hand zu bekommen und zugleich das Konkurrenz-Problem und das der Unabhängigkeit vom Publikum zu lösen. Die Secession steht dafür als das bekannteste Beispiel, nicht unbedingt als das radikalste. Radikaler sind Bewegungen des völligen Rückzugs in elitäre Höhen wie der George-Kreis oder wie Unternehmungen des Schönberg-Kreises oder die völlige Solo-Autarkie wie bei Karl Kraus. Ihre Ironie besteht darin, daß gerade die elitäre Abschottung überdauerte und (Bereichs-)Popularität bewirkte – und das auch sollte.

Secession – der »etablierte Skandal«

»Secession« war in den 90er Jahren des letzten Jahrhunderts in Europa endemisch: 1892 bildete sich die Münchner, 1897 die Wiener, 1898 die Berliner Secession, »andere separatistische Bewegungen erfolgten in Düsseldorf, Weimar, Dresden und Karlsruhe, und gegen 1895 hatten sich die Künstlervereinigungen in jedem größeren Kulturzentrum Deutschlands außer in Berlin in zwei oder mehr Gruppen gespalten.«[5] Die Wiener Secession, um die es im folgenden geht, ist nur ein und ein nicht untypisches Beispiel dieser Bewegung.

Die »Secession« hatte eigentlich sehr harmlose Ziele: Diese Künstler kämpften um den Zugang zum Publikum und also in erster Linie gegen das Kunst-Establishment – und sie »kamen an«, sobald sie sich diesen Zugang geschaffen hatten. Die »Secession« begann in Wien mit Auseinandersetzungen zwischen dem »modernen« und dem »traditionalistischen« Flügel innerhalb des Künstlerhaus-Vereins, in dem die bildenden Künstler seit 1891 organisiert waren. Und diese Auseinandersetzungen hatten keinen anderen Charakter als die Vereinsquerelen, die man aus allen Vereinen kennt: wer in den Vereinsveranstaltungen wie repräsentiert wird, wie das Programm des Vereins aussieht, welche Gruppe den Präsidenten stellen kann. Dabei bezog sich das Gezerre natürlich auch darauf, wer welche Macht-Ressourcen von außerhalb mobilisieren und beeinflussen kann und wie man sich als Gruppe zu solchen Eingriffen von außen stellt. Gerade (aber nicht nur) in Wien ist in Kultur-Fragen der politische Eingriff immer sehr nahe. Gustav Klimt etwa wurde von der Akademie primo et unico loco für eine Professur vorgeschlagen. Erhalten hat sie im Jahr 1894 trotzdem ein anderer. »Eine Intervention des Allerhöchsten Hauses soll dafür entscheidend gewesen sein«.[6] Dergleichen setzt die Frage nach der Autonomie der Kunst recht nachdrücklich auf die Tagesordnung.

Das Establishment hatte seine »Verbindungen« – die »Modernisten« hatten ihren »Klub« in Form des Hagen-Bundes (benannt nach dem Wirt, in dessen Gasthaus sich die Gruppe traf) und eines Stammtisches im Café Sperl in der Gumpendorfer Straße. Und viel mehr als ein solcher »Klub« innerhalb des »Künstlerhauses« sollte auch die »Secession« zunächst nicht sein – freilich mit dem Ziel, eine zusätzliche und eigene Ausstellungsmöglichkeit zu schaffen. Erst weitere Vereinsquerelen (der Künstlerhaus-Präsident stellte einen Mißbilligungsantrag gegen Secessionsmitglieder, die eigenmächtig Exponate zu einer Ausstellung geschickt hatten, den er im Zug der Auseinandersetzungen sogar wieder zurückzunehmen bereit war) führten dann zum kollektiven Austritt, der die »Vereinigung bildender Künstler Österreichs ›Secession‹« dann wirklich selbständig machte.[7]

Die Gruppe beschloß, sich einen eigenständigen Zugang zum Publikum zu sichern. Sie gründete ihre Zeitschrift »Ver Sacrum« und initiierte und betrieb den Bau eines eigenen Ausstellungsgebäudes – kein übertrieben bescheidenes Projekt. Ludwig Hevesi, der Propagandist und Chronist der Secession, schrieb 1899:

> »Unter den engen künstlerischen Verhältnissen war das Unternehmen der Secession eine Tat des verwegenen, jugendlichen Idealismus. Opfermutig und arbeitsmutig stürzten sich die Neunzehn, aus denen die heutigen Siebzig geworden, in einen Kampf, dessen Ausgang höchst ungewiß war. Ein Glück noch, daß sie mehr Künstler als Geschäftsleute sind. Hätten sie z. B. geahnt, daß sie die erste Ausstellung in der Gartenbaugesellschaft 40000 Gulden kosten werde, so wäre ihnen vielleicht der Mut gesunken. Aber sie wußten es nicht, und das Wiener Publikum half. Selbst diese kostspielige Ausstellung erzielte einen Reingewinn. Immer günstiger gestaltete sich die wirtschaftliche Lage, Gelder, denen so von selbst der melancholische Charakter des ›fonds perdu‹ anhaftete, wurden erstaunten Förderern zurückgezahlt, ja selbst ein verhältnismäßig ansehnlicher Betriebsfonds sammelte sich an. Nur ein Jahr – und das anfangs so schwankende Gebilde steht auf festem Boden.«[8]

Der Rechnungsabschluß, der sich im »Ersten Jahresbericht der Vereinigung bildender Künstler Österreichs ›Secession‹« vom 1.7.1899 findet, sieht bereits sehr positiv aus.

Entscheidend wichtig für das Gelingen war das Mäzenatentum. Dem Maler Carl Moll und »seiner Geschicklichkeit war es in erster Linie zu verdanken, daß im Lauf einiger Wochen auch das erforderliche Kapital aufgebracht wurde«.[9] Diese Finanzierung gelang in einer Mischung aus privater Gönnerschaft (der kunstsinnige Großindustrielle Karl Wittgenstein hatte, wie erwähnt, daran einen entscheidenden Anteil), kommunaler Förderung (die Gemeinde Wien stellte das Grundstück zur Verfügung), Einnahmen aus der ersten Ausstellung (die Ausstellung von 1898 schloß mit einem kleinen Gewinn von 3858,37 Gulden) und Eigenarbeit.

»Beim Bau der Secession halfen viele Mitglieder unentgeltlich mit, und nicht zuletzt diesem Umstand ist es zuzuschreiben, daß er nur 60000 Gulden kostete.«[10]

Die Publikumsreaktion war also nicht so sehr für das finanzielle Gelingen wichtig (sie brachte gerade 6 % der Bausumme ein), aber für die Bestätigung und Ermutigung. Waissenberger schreibt über den Erfolg der ersten Ausstellung von 1898: »Das Interesse des Wiener Publikums war von Tag zu Tag gewachsen. Im Laufe der Ausstellung hatte sich ein Kreis von Freunden der neuen Richtung gebildet. Und schließlich war der Erfolg der Ausstellung noch in einer weiteren Hinsicht von Bedeutung: Eine am 19. April 1898 im Künstlerhaus eröffnete Ausstellung zeigte plötzlich auch diese Vereinigung von einer modernen Seite.«[11] Im übrigen hatte die Ausstellung nicht nur das Vereinsvermögen, sondern auch die individuellen Einkünfte der Beteiligten aufgebessert: Es wurden 218 Verkäufe zu einem Gesamtwert von 85000 Gulden dort abgeschlossen (das macht einen Schnitt von fast 400 Gulden), wie der erste Präsident der »Secession«, Gustav Klimt, auf der Generalversammlung am 13.5.1899 befriedigt berichten konnte.[12] Der Durchbruch zum Publikum und die Etablierung der Avantgarde-Gruppe gelang in diesem Fall also sofort und vergleichsweise reibungslos. Das bedeutet nicht, daß man ab diesem Zeitpunkt die herrschende Kunst-Richtung wird, aber man hat eine relevante Anhängerschaft und ist nicht mehr von der Szene zu vertreiben. Die Auseinandersetzung um Klimts »Fakultätsfresken« in den folgenden Jahren ist ein Beispiel für die Fortdauer der Kämpfe. Und tatsächlich lebt die Avantgarde, die sich unabhängig gemacht hat, auch mit davon, daß sie weiterhin und auf der Basis des Zugangs, den sie sich geschaffen hat, Skandale zu provozieren imstande ist. Es geht um den »etablierten Skandal«, der einen nicht umbringt, aber das Interesse wach hält.

Karl Kraus, der die »Secession« mit herbem Spott bedachte, hat damit auf diese neue Promotion-Technik des »etablierten Skandals« reagiert. In der »Fackel« schreibt Kraus über die Nach-Scharmützel zur Beethoven-Ausstellung:

»Klingers Beethoven verlässt Wien. Das ist nicht, wie uns die Herolde der Secession einreden wollen, ein Kunstscandal, sondern das ist nur einer der alljährlich wiederkehrenden Klimt-Scandale. Angewidert hat man sich von den grossmannssüchtigen Excessen der Allegoristerei, von jenen Verrenkungen der Körper und des Denkens abgewendet, zu denen wieder einmal begeisterungstaumelnde Schmöcke einen zweifellos hochstehenden und nur zu gern mit der Technik seines Handwerks spielenden Landschaftenmaler aufgestachelt haben. Aber das Publicum sollte nachgerade klüger werden... Man kann sogar angesichts der Klimtschen Fresken selbst die Fassung und bei der Lektüre des Katalogs, der sie erklärt, den Verstand behalten.«

Und er schließt sich zunächst ironisch Hermann Bahrs Forderung an, daß die Beethoven-Fresken erhalten bleiben sollten und das Haus der Secession nie mehr verändert werden dürfte, findet dann aber doch bei diesem selbst ein Gegenargument.

»Denn mindestens wären wir, wenn man die Umrahmung des Klinger'schen Beethoven intact erhalten hätte, vor allen weiteren Veranstaltungen der Secession bewahrt geblieben. Und man kann auch Herrn Bahrs Behauptung zustimmen, dass die verewigte Beethoven-Ausstellung ›ein Monument dieser sehnsüchtigen und *gequälten* Menschen (des heutigen Wien) für alle Nachkommen‹ gewesen wäre. Aber es ist sicherlich humaner, den Nachkommen unsere Qualen zu ersparen.«[13]

Die Wiener Secession spaltete sich 1905; die Gruppe um Gustav Klimt trennte sich, weil ihr die Sache zu kommerziell wurde. »Ein endgültiger Bruch innerhalb der Secession erfolgte nach einer Abstimmung über eine Beteilung der Secession an der Galerie Miethke. Diese Galerie, die von einem Mäzen gefördert und von Carl Moll geführt werden sollte, würde keine anderen Anliegen haben, so sagten die Künstler der Gruppe um Josef Engelhart, als Kunst und Geschäft wieder miteinander zu verquikken: Also genau das, was man bei Gründung der Secession so konsequent bekämpft und im Künstlerhaus unerträglich gefunden hatte.«[14] Diese Spaltung brachte die Secession nicht um. Sie existierte noch lange, hatte auch erfolgreiche Ausstellungen, änderte aber ihren Charakter und verlor an Bedeutung.

Berta Zuckerkandl, die Gustav Klimt nahestand und daher wahrscheinlich dessen Standpunkt wiedergibt, schreibt dazu 1907 in ihrem Aufsatz »Von Sezession zu Sezession«:

»Die Sezessionen sterben an der *Erfüllung ihrer Aufgabe.* Sie hatten ›bahnfrei‹ zu machen für die eingedämmten, unterdrückten, für die vergewaltigten Triebe der Zeitkunst. Ihr Zweck war weiter: Die Wucht der Persönlichkeit dem Publikum wieder fühlbar zu machen.

Individualität zu stützen, zu stärken, sie im Verharren zu kräftigen.

Die Kunst als Einheit wiederherzustellen und aus Spezialisten der Staffelei allgemein Menschliches fassende, dem Leben sich widmende Künstler zu bilden.

Den Bildermarkt auf ein künstlerisch haltbares Niveau zu bringen und auf Kosten des materiellen Vorteiles die ideelle Würde des Schaffenden dem Kaufenden gegenüber zu betonen...

Durch den gewaltsamen Akt der Abtrennung, durch die Kraft des Zusammenschlusses, durch die Kühnheit der Tat selbst war das Programm der Sezession zum grossen

Wittgenstein-Haus, 1928, Wien 3., Kundmanngasse

Teil schon im Augenblick ihrer Gründung erfüllt. Die Macht ihrer Impulse war aber gross genug, noch Jahre hindurch sich in Beispielsbeweisen edelster Art zu äussern. Das große Publikum ist dazu erzogen, Charakteristisches, unumwunden Persönliches wieder zu ertragen; einen kleinen Elitekreis hat man sogar zur verständnisvollen Hingabe an prophetische Kunstäusserungen erhoben. Die Kritik musste ihrer kunsthistorischen akademischen Lehrformeln sich begeben und hat teilweise wenigstens gelernt, Zusammenhänge zu erkennen und Evolutionen zu respektieren. Der *Künstler* aber ist frei geworden. So frei, dass er ein Feld seiner Tätigkeit, einen Boden für sein Schaffen, einen Ort für seine Aussprache nun *überall* zu finden vermag... Sie (die Sezessionen) waren aber nur das Schwungbrett für den Künstler, der den Sprung ins heisse, gärende, ins verlangende und zermalmende Leben wagte. Nun sind sie allmählich zu Vereinigungen geworden, die sich den herrschenden Sitten wieder anbequemen, ebenfalls etwas Kunstpolitik treiben, ebenfalls wieder Cliqueneinflüssen zugänglich werden, ebenfalls wieder Ausstellungskunst produzieren und ein wenig dem Tagesgeschmack entgegenkommen. All dies aber noch immer in mass- und geschmackvoller Art, noch immer Distanz wahrend, noch immer in gentlemanliker Weise die Errungenschaften ihrer Enthusiasmen vor brutaler Zerstörung schützend.«[15]

Der »Sprung ins heisse, gärende, ins verlangende und zermalmende Leben« deutet die Stimmung des Expressionismus an, die sich aus der des Jugendstils entwickelte. Mit dem Schwergewicht der einmal organisierten künstlerischen Produktionsmittel wandelte sich jedenfalls der etablierte *Skandal* immer mehr in einen *etablierten* Skandal – und schließlich fiel der Skandal weg. Diese neue Elite von Künstlern und ihr Elite-Publikum von wohlhabenden Bürgern und ihren Söhnen und Töchtern hatten sich durchgesetzt und widmeten sich ihren Salons mit der zugehörigen kunstgewerblichen Ausstattung.

Kleines Zwischenspiel: Ludwig Wittgensteins Publikationsproblem

Die Schwierigkeiten, die Ludwig Wittgenstein mit der Veröffentlichung des »Tractatus logico-philosophicus« hatte, sind eine gute Illustration der Gründe, die Künstler und Intellektuelle danach streben lassen, die Produktionsmittel selbst in die Hand zu bekommen. Sie demonstrieren aber auch die Gründe, die man dafür haben kann, das abzulehnen.

Den Tractatus hatte Wittgenstein während seiner Soldatenzeit im Ersten Weltkrieg geschrieben.[16] Für die Veröffentlichung heimste er zunächst von vier Verlagen Absagen ein: von Jahoda & Siegel, von Braumüller, vom »Brenner« und von Reclam. In einem Brief an Ludwig von Ficker, in dem er diesem die Veröffentlichung des Tractatus im Verlag des »Brenner« nahebringen will, beschreibt er das ausführlich. Er benennt dort auch seine Gründe dafür, warum er den Selbstverlag oder auch nur eine Kostenbeteiligung ablehnt:

> »Gleich nach Abschluß der Arbeit, als ich auf Urlaub in Wien war, wollte ich einen Verleger suchen. Aber damit hat es eine große Schwierigkeit: Die Arbeit ist von sehr geringem Umfang, etwa 60 Seiten stark. Wer schreibt 60 Seiten starke Broschüren über philosophische Dinge? Die Werke der großen Philosophen sind alle rund 1000 Seiten stark und die Werke der Philosophieprofessoren haben auch ungefähr diesen Umfang: Die Einzigen, die philosophische Werke von 50–100 Seiten schreiben, sind die gewissen ganz hoffnungslosen Schmierer, die weder den Geist der großen Herren noch die Erudition der Professoren haben und doch um jeden Preis einmal etwas gedruckt haben möchten. Solche Produkte erscheinen daher auch meistens im Selbstverlag. Aber ich kann doch nicht mein Lebenswerk – denn das ist es – unter diese Schriften mischen«.[17]

Braumüller bietet den Verlag bei Übernahme der Druck- und Papierkosten durch den Autor an. Auch das muß Wittgenstein ablehnen:

> »Zu diesem Fall muß ich noch eine Bemerkung machen: Erstens habe ich nicht das Geld, um den Verlag meiner Arbeit selbst zu zahlen, weil ich mich meines gesamten Vermögens entledigt habe... Zweitens aber könnte ich mir zwar das Geld dazu verschaffen, *will* es aber nicht; denn ich halte es für bürgerlich unanständig, ein Werk der Welt – zu welcher der Verleger gehört – in dieser Weise aufzudrängen: Das Schreiben war *meine* Sache; annehmen muß es aber die Welt auf die normale Art und Weise.«

Wittgenstein will sich nicht unter die »Spinner« mischen, und er will sich nicht aufdrängen. Dabei ist er freilich in einer absurden Situation, denn er weiß, daß sein Werk verlegerischen Konventionen nicht entspricht (schon vom Umfang her), und er kann auch nicht auf das Publikum hoffen, das sonst den Anlaß dazu gibt, sich den Zugang jedenfalls verschaffen zu wollen: Wenn man nur die etablierten »gate-keeper« überwindet, dann wird einem der Publikumserfolg schon recht geben. Er schreibt selbst: »Ich habe ihm (Braumüller) selbstverständlich ganz offen gesagt, daß er mit meinem Buch kein Geschäft machen werde, da es niemand lesen wird und noch weniger es verstehen werden.« Zugleich sagt er aber zur Wahl Braumüllers: »Ich verfiel auf ihn, weil er den Weininger verlegt« – einen ausgesprochenen Bestseller.[18] Die Logik des Arguments ist nicht ganz leicht nachzuvollziehen: Wittgenstein hat Weiningers Buch sehr geschätzt und meint dann wohl, daß ein Verleger, der seine Präferenzen teilt, auch für ihn und sein Buch richtig wäre. Aber das ist deutlich eine Projektion, die an der Situation des Verlegers vorbeigeht, diesen aber dafür zum Repräsentanten »der Welt« macht, die das Produkt, das hier angeboten wird, schätzen soll. Es geht nicht um das Publikum, das man erreichen will, und es geht nicht darum, dem Verleger etwas anzubieten, das für ihn vorteilhaft ist. Vielmehr soll der Verleger das Buch selbstlos und stellvertretend schätzen. Er soll Kenner und patriarchalischer Gönner sein. Wittgenstein hat die Kapital-Logik des Veröffentlichungsgewerbes nicht zur Kenntnis genommen.

Schließlich bleibt aber doch nichts übrig, als sich auf Freundschaften, »Beziehungen« und Verpflichtungen zu stützen. Schon bei Braumüller kommt Bertrand Russell ins Spiel, indem Wittgenstein eine »sehr heiße Empfehlung meines Freundes Prof. Russell aus Cambridge« beibringt. Beim »Brenner« ist es sicher die integre Persönlichkeit Ludwig von Fikkers, über die Verbindung zu Karl Kraus auch wieder mit Präferenzen, die man teilt, die angesprochen wird. Ein wenig steht vielleicht auch die Verpflichtung im Hintergrund, die sich aus der seinerzeitigen großzügigen Zuwendung (von der ja einiges auch für den »Brenner« abfiel) ergeben mag – selbstverständlich wird sie nobel nicht angesprochen. Und der Rest läuft dann ohnehin über den Freund Russell, ein Stück weit sogar so, daß Wittgenstein gar nichts davon merkt, wie bei der ersten Veröffentlichung in den »Annalen der Naturphilosophie« 1921, von der Wittgenstein später sagt: »Diesen Druck betrachte ich als Raubdruck, er ist voller Fehler.«[19] Letztlich führt die Unwilligkeit, sich selber um die Produktionsmittel zu bekümmern, dazu, daß man sich auf die »Beziehungen« verlassen muß, die man zu denen hat, die über sie verfügen. Und die Zurückhaltung wird nur möglich gemacht dadurch, daß Freunde (auch Schüler sind da sehr beliebt) sich für einen um diese Dinge kümmern.

Die Parallelen zu Schönberg, besonders in dem doppelten Problem, daß man von »Establishment« *und* Publikum abgelehnt wird, aber auch im Einspringen der Freunde als Organisatoren und Propagandisten, ist auffallend. Freilich hat Schönberg das alles viel aktiver in die Hand genommen und sich zumindest um die »Organisation« der Freunde und Schüler durchaus gezielt bemüht und in diesem »Verbund« dann für die Verfügung über die Produktionsmittel gesorgt.

Arnold Schönbergs »öffentliche Einsamkeit«[20]

Arnold Schönberg hätte (und hat) Erfolg beim Publikum durchaus zu schätzen gewußt. Er hat seine Verachtung des Publikums nicht aus einem vorweg elitären Programm bezogen, sondern aus für ihn bitteren Erfahrungen. Wir können seinen Rückblicken auf sich selbst durchaus glauben, daß er musikalische Probleme zu lösen hatte und versuchte, das konsequent und zugleich eigenständig zu tun. In einem Vortrag von 1937 sagt er etwa über seine eigene Reaktion auf seine »Kammersymphonie«, op. 9, von 1906, er hätte damals gedacht, damit alle Probleme gelöst zu haben, die ihn als jungen Komponisten beunruhigt hätten. Dabei geht es zwar um eine »persönliche« und »originelle«, aber auch um eine »verständliche« Art, mit den durch Wagner erweiterten »harmonischen, formalen, orchestralen und emotionalen« Möglichkeiten umzugehen.[21] Auch in seiner »Selbstanalyse« von 1948 sagt er:

> »So ist... mein erstes Streichquartett opus 7... von ungewöhnlicher Länge – ein großes Hindernis für die Erkennung mancher Schönheit, die man darin finden könnte.«[22]

Das Publikum soll also eine Chance haben, »manche Schönheit« in seinen Werken zu erkennen, und wenn zu große Länge der Stücke dem entgegensteht, dann muß man versuchen, dieses höchst oberflächliche Merkmal den Kapazitäten des Publikums anzupassen. In dem erwähnten Vortrag von 1937 ist auch auffällig, daß er auf »schöne Stellen« in seinen Werken hinweist und sich fragt, warum es für das Publikum keine Rolle spielt, »ob es zufällig neben einigen mehr oder weniger rauhen Partien auch glatte oder sogar wohlklingende gibt«, oder warum »jene Stellen von verständlichem glatten Fluß das Publikum nicht beruhigen konnten«.[23] Er wäre also schon zufrieden gewesen, hätten das Publikum und die Kritik nur anerkannt, daß seine Kompositionsweise immerhin *auch* im traditionellen Sinn Schönes hervorbringt. Und er war sich bewußt, daß er dem Publikum einiges zumutete: »Natürlich, wenn jemand, der nur die *Verklärte Nacht* kennt, plötzlich und ohne Vorbereitung mit Musik meines gegenwärtigen Stils konfrontiert wird, muß er ganz verblüfft sein«, heißt es in dem Vortrag von 1937 gleich zu Beginn. Oder: »Was das Streichquartett 1905 so schwer verständlich machte, war sein komplizierter kontrapunktischer Stil.«[24] Aber trotzdem und gerade deshalb möchte er seine kompositorischen Errungenschaften anerkannt sehen, und natürlich auch vom Publikum.

Arnold Schönberg, Porträtaufnahme Atelier Fayer, Wien, Frühjahr 1927

Aber eben diese Anerkennung blieb aus, Schönberg-Konzerte lösten immer wieder Skandale aus, regelmäßiger als die anderer Komponisten, und zwar nicht nur, aber doch besonders in Wien. Heute, wo Künstler gelegentlich auf die Provokation des Publikums und den Skandal aus sind (und weil man das inzwischen weiß, ihn per »repressiver Toleranz« nicht mehr kriegen), ist gar nicht mehr so leicht nachzuvollziehen, wie sich dieses Oberschicht-Publikum zu tumultuarischen Störungen mittels Pfeifen, Schlüsselklirren und Zwischenrufen hinreißen ließ, wie es immer wieder sogar zu Schlägereien kam. Daß es nicht einfach weggeblieben ist, heißt wohl, daß es zumindest zu den späteren Konzerten schon in der Erwartung auf eine solche »Hetz« hingegangen ist.

Den ersten Skandal dieser Art brachte die Uraufführung der »Verklärten Nacht« am 18.3.1902. Das nächste Ereignis waren die Uraufführungen des I. Streichquartetts, op. 7, und der Kammersymphonie, die kurz nacheinander, am 5. und am 8.2.1907 erfolgten.[25] Zur Uraufführung des I. Streichquartetts wird die Anekdote tradiert, daß der Hofoperndirektor Mahler einen der Störer angefahren habe: »Sie haben hier nicht zu zischen!«, und die Antwort bekommen habe: »Ich zische auch bei Ihren Symphonien.«[26] Das steigerte sich noch zum II. Streichquartett, op. 10, und seiner Uraufführung am 21.12.1908. Schönberg beschreibt das ausführlich:

> »Aber in meiner Erinnerung war eine der schlimmsten die Erregung nach meinem *zweiten Streichquartett*. Das Publikum lauschte dem ersten Satz ohne jegliche Reaktion, weder pro noch contra. Aber sobald der zweite Satz, das Scherzo begann, fing ein Teil des Publikums über einige Figuren, die ihm seltsam erschienen, zu lachen an, und es brach weiterhin an vielen Stellen während dieses Satzes ein schallendes Gelächter aus... Von jetzt ab wurde es schlimmer und schlimmer. Ich bin sicher, wenn das Rosé-Quartett ein Streichquartett von Haydn gespielt hätte, hätte man den Unterschied gar nicht gemerkt und hätte weiterhin sinnlos gelacht. Jahre später erfuhr ich, daß diese Reaktion des Publikums zum Teil auf eine Intrige zurückging, die ein mächtiger Feind von mir angestiftet hatte... Aber ich bin überzeugt, daß diese Intrige nicht der einzige Grund für die tumultartige Ablehnung meines Werkes war. Ich verstand nach und nach, daß sie auf meinen musikalischen Gedanken beruhte und auf der Art, wie ich sie ausdrückte.«[27]

Nicht einmal die Hofopern-Sängerin Marie Gutheil-Schoder wurde im dritten und vierten Satz geschont, und das will gerade in Wien mit seiner bis heute vorherrschenden Personen-Fixierung im Musikbetrieb einiges heißen. Sie »führte unter Tränen ihre Aufgabe durch«.[28] In die Musikgeschichte eingegangen ist dann das Konzert des »Akademischen Verbands für Literatur und Musik« am 31.3.1913, organisiert von dessen damaligem Leiter Erhard Buschbeck, dirigiert von Schönberg. Nach den Berichten gab es die ersten Störungen bei Schönbergs Kammersymphonie und ihren Höhepunkt bei Bergs Altenberg-Liedern. Mahlers »Kindertotenlieder« konnten nicht mehr aufgeführt werden.

Lotte Tobisch, die es aus erster Hand, nämlich von Buschbeck, weiß, schildert diesen Skandal und sein Nachspiel in einem Rundfunkgespräch mit Adorno wie folgt:

Adorno: ... Ja, vielleicht, wenn ich das anregen darf, Frau Tobisch, dann würden Sie vielleicht etwas über einen der großen Schönberg-Skandale erzählen, worüber Sie mehr wissen als sicher sehr viele andere Menschen heute.
Tobisch: Ja, das ist dieser berühmte, bekannte Skandal von dem Schönberg-Konzert vom 31. März 1913, an dem mein alter Freund Buschbeck bekanntlich sehr beteiligt war. Sie kennen ja die Geschichte, nicht? Das war eine Veranstaltung des Akademischen Verbandes für Literatur und Musik, dessen Leiter damals Erhard Buschbeck gewesen ist. Die haben also einen Abend veranstaltet, in dem Zemlinsky-Lieder und Stücke von Webern und die Ansichtskartenlieder von Berg mit den Texten von Altenberg und dann noch die Kindertotenlieder von Mahler aufgeführt werden sollten. Es war damals alles, was Rang und Namen hatte, von der Avantgarde da, also Schönberg und Berg und Webern, die waren alle anwesend, und natürlich auch die üblichen Wiener, das Publikum, das sogenannte, das a priori doch immer gegen alles, was neu ist, eingestellt ist. Und bei diesem Konzert kam es also zu einem furchtbaren Skandal, bei den Kindertotenliedern, nein, das heißt, nein, es war nicht bei den Kindertotenliedern, es war bei den Ansichtskartenliedern, da begann eigentlich der Skandal. Und als dann Buschbeck hinausging, aufs Podium trat und sagte, »also, wem's net paßt, der soll nach Haus' geh'n«, da hat dann ein Herr aus der ersten Reihe gerufen: »Rotzbub!« Und dann gab's eine entsetzliche Schlägerei und zu den Kindertotenliedern kam's dann gar nicht mehr. Und das ist vielleicht ganz lustig und interessant, wie die Sache dann weiter gegangen ist: Es kam dann eine Gerichtsverhandlung, und da stellte sich heraus, daß jener besagte Herr, der so ausfällig wurde und den Buschbeck dann auch geohrfeigt hatte, was also noch ein gerichtliches Nachspiel hatte, daß das der Komponist des Liedes ›Schorscherl, kauf mir ein Automobil‹ war. Und der Herr, der neben ihm saß, das war Oskar Straus und bei dieser Gerichtsverhandlung... wurde dann der Oskar Straus, der ein sehr bekannter Operettenkomponist war, als Experte für die dargebotene Musik konsultiert, und da gab's denn diesen herrlichen Ausspruch von Oskar Straus, daß er gesagt hat, »Naja, zur Qualität des Abends wäre zu sagen, daß das einzig Klangvolle die Watschen vom Herrn Buschbeck war«, nicht? Also, so hat sich der berühmte Skandal abgespielt. Es ist auch eine echt Wienerische G'schicht, daß es grad' so war.
Adorno: Ja, ich glaube, aus dieser Geschichte läßt sich eine ganze Menge entnehmen. Also, daß gerade ein Operettenkomponist derjenige war, der die Sache der traditionellen Kultur vertreten hat, ist ungemein charakteristisch. Mir ist es noch vor einigen Jahren passiert, übrigens gerade in Hamburg, daß nach einem Vortrag über Fragen der modernen Operninszenierung, den ich hielt, ein Mann auftrat und

mir entgegnete, Mozart hätte doch ganz sicher solche Erwägungen nicht angestellt, und ich entgegnete ihm darauf, daß es darauf nicht ankäm', sondern daß es auf die Sache ankäme, und daß derartige Erwägungen eigentlich die von Operettenkomponisten wären. Und da stellte sich dann heraus, daß der betreffende Herr zwar kein Operettenkomponist, aber ein ausgedienter Direktor eines Operettentheaters gewesen ist. Also die Operette, die der Ausverkauf der Kultur gewesen ist, die hat sich immer im besonderem Maß als qualifiziert dafür erwiesen, gegen die im Ernst zählende Kunst die sogenannten hohen Kulturgüter zu verteidigen, daran hat sich offenbar im Lauf der Jahrzehnte nicht das geringste geändert. Auch daß man einen Mann wie Oskar Straus, der selber als Operettenkomponist im höchsten Grade doch der Anwalt des kommerziellen Unwesens gewesen ist, daß man den dann als Experten herangezogen hat, beweist ja etwas über diese geistige Atmosphäre. Und man kann vielleicht sagen, daß die Wiener Atmosphäre, die gegen die Schönberg-Schule und gegen die radikale neue Musik und auch schon gegen Mahler sich am renitentesten gezeigt hat, daß das genau dieselbe Sphäre des Kommerziellen und mit dem Journalismus verfilzten Konformismus gewesen ist, gegen die das ganze Werk von Karl Kraus in Wien sich gerichtet hat.... Sie haben vorhin so einen schönen Satz von Buschbeck zitiert, was das für Gesichter gewesen wären, diese Leute, die diese Opposition gemacht haben...

Tobisch: Ja, das ist aus einem Brief, den Buschbeck nach diesem Konzert an Trakl geschrieben hat. Da hat er damals berichtet von dieser Ohrfeigengeschichte, die nebenbei natürlich in allen Zeitungen gestanden ist, und da schrieb er: »Ich werde nie vergessen, wie mir im Schönberg-Konzert vom Parkett herauf zugerufen wurde, wir sollen das Andenken Mahlers nicht durch die Aufführung seiner Kindertotenlieder schänden. Von Leuten geschah dies, deren Visagen allein schon eine Schändung Mahlers bedeuten. Ich hätte nie gedacht, daß eine öffentliche Ohrfeige dann eine so reinigende Wirkung ausüben könnte. Mir hat sie's jedenfalls getan...«[29]

Schönberg hat einerseits von diesen Skandalen profitiert. Er sieht das auch selbst so:

»Dieses *erste Streichquartett* spielte eine wichtige Rolle in meiner Lebensgeschichte. Einerseits verursachten die Skandale, die es hervorrief, eine solche Anzahl von Berichten in der ganzen Welt, daß mich mit einem Schlag ein beträchtlicher Teil der Öffentlichkeit kannte... andererseits fingen viele von den Fortschrittlichen unter den Musikern an, sich für meine Musik zu interessieren und wollten mehr darüber wissen.«[30]

Andererseits mußte ihn das alles sehr irritieren. Er hat es verarbeitet, indem er sich auf sich selbst und den Kreis von getreuen Schülern zurückzog.

»Aber sehen Sie: ein Künstler, der so behandelt wird, wird nicht nur mißtrauisch, er wird rebellisch. Da er sieht, daß selbst Stellen von unbezweifelbarer Schönheit ihn nicht schützen können, und da er weiß, daß diese Stellen, die für häßlich gehalten wurden, nicht falsch sein können, weil er sie nicht geschrieben haben würde, wenn sie ihm selber nicht gefallen hätten, und da er sich an das Urteil einiger sehr verständnisvoller Freunde und Musikexperten erinnert, die seinem Werk Beifall gespendet hatten, erkennt er, daß nicht ihm die Schuld zuzuschieben ist.«[31]

Er läßt sich nicht entmutigen, sondern wird trotzig. Gerade die Ablehnung durch das Publikum zwingt ihn, die »Sache«, seine Musik, besonders ernst zu nehmen, weil es außer an ihr und den wenigen Gleichgesinnten keinen Halt gibt. »... ich wußte, daß ich die Pflicht hatte, meine Vorstellungen um des Fortschritts in der Musik willen zu entwickeln, ob ich wollte oder nicht...«[32]

Aus dieser Haltung heraus macht Schönberg eine »Erfindung«, die des Privat-Konzerts, um sich dem Druck der Öffentlichkeit zu entziehen. Er organisiert zweimal, 1904 und 1918, Vereine mit dem Zweck, Konzerte von sonst abgelehnter Musik mit erstklassigen Musikern und nach hinreichend vielen Proben und, jedenfalls beim zweiten Mal, unter Neutralisierung des Publikums und der Kritik zu veranstalten. Grundlage dafür ist sicher der »Schönberg-Kreis«, denn so etwas bekommt man nicht allein auf die Beine. Grundlage ist ferner, daß zu diesem Kreis auch Musiker gehören, die sich von dieser Aufführungspraxis etwas versprechen und daher bereit sind, sich den Anforderungen zu stellen, nämlich das Rosé- und das Kolisch-Quartett. Grundlage ist ferner die Existenz einer Minorität von Interessierten, die groß genug ist, um per Vereinsmitgliedschaft den Aufwand (den man außerdem z. B. durch kleine Besetzungen möglichst gering halten kann) zu finanzieren. Mit dieser Erfindung versucht Schönberg, die neue Musik aus den alten und neuen Abhängigkeiten von einzelnen Gönnern, von uninteressierten Ausführenden, vom Konzertbetrieb und vom Publikum zu befreien.

Um diese Seite der Errungenschaften Schönbergs darzustellen, will ich historisch etwas ausholen. Jene »Befreiung« der Kunst war ja kein ganz plötzliches Ereignis, sondern das letzte in einer langen Geschichte von Emanzipationsversuchen der bürgerlichen Kunst. In der Musik sind ihre wichtigsten Stufen die »Erfindung« der Hausmusik, des (weltlichen) Konzerts und der Festspiele. Was um die Jahrhundertwende hinzukam, war die Idee der Selbstorganisation. Dabei verschob sich auch, wie in der Entwicklung der bürgerlichen Gesellschaft generell, *wovon* man sich emanzipieren mußte: zuerst von der feudalen Herrschaft, dann immer mehr von der bürgerlichen, über den Markt vermittelten.[33]

Man kann die Reihe mit Mozart, dem Komponisten, der am Übergang zur bürgerlichen Gesellschaft arbeitete, beginnen lassen. Der Vater, Leopold Mozart, stand noch ungebrochen in Diensten des Salzburger Fürsterzbischofs, wurde nur vorübergehend durch seine beiden Wunderkinder aus dieser Abhängigkeit gehebelt: Er nahm Urlaub (zum Teil unbezahlt), um diese Wunderkinder (das männliche natürlich mehr als das weibliche) in die große Welt (der Musik) einzuführen, in Wien, in Mannheim, in London, in Venedig. Aber schließlich landete auch das Wunderkind Wolfgang Amedé in den Diensten des Fürsterzbischofs. Der junge Hilfskapellmeister war wohl durch seine frühen Erfolge verdorben für den Dienst. Er traute es sich zu, andere, »bessere« Herren zu finden oder gar »frei« im beginnenden nicht-kirchlichen und nicht-höfischen Konzert- und Opernbetrieb durchzukommen. Er fuhr nach Paris (wo die Mutter starb) und ging schließlich nach Wien. Natürlich wurde auch eine Stellung bei Hofe angestrebt, wurden auch adlige Gönner gesucht, aber Symphonien und Konzerte hatten auch eine Chance als freie Aufführungen. Opern schrieb man besser für Hof- und Staats-Theater, aber die »Zauberflöte« wurde für das Theater an der Wien, also für den Publikumserfolg produziert. Mozart begann, sich und seine Musik aus der feudalen Abhängigkeit zu befreien, indem er sich einerseits international bewegte, indem er aber andererseits das »breite Publikum« gegen die Enge der feudalen Auftraggeber und Gönner zumindest als Ausweichmöglichkeit benutzte. Damit mußte das, was er schrieb, zumindest nicht mehr nur *einem* Herrn gefallen.

Zu Mozarts Zeiten entstand auch allmählich eine weitere Möglichkeit für die Komponisten, ihre Musik zu verbreiten und daran auch (ein wenig) zu verdienen: die von Verlagen gedruckten und verkauften Noten für Hausmusik-Ensembles, die der Form des »Quartetts«, später auch dem »Klavierauszug« ihren Aufschwung brachten. Das ist zwar eine erfreuliche Erfindung, die aber der Musik eine klare Restriktion auferlegt: Wie schon vorher die für fürstliche Dilettanten geschriebenen Stimmen, so durften auch diese Kompositionen nicht so schwierig zu spielen sein, daß nur hochgezüchtete Virtuosen mit ihnen zurechtkamen. Andererseits boten die kleine Besetzung und der intime Rahmen der »Kammermusik« die Möglichkeit zum Verzicht auf pompöse Effekte und zur Entwicklung musikalischer Feinheiten und eines kunstvoll verschlungenen musikalischen Geschehens, von denen im Fall von »repräsentativer« Musik ohnehin zu befürchten war, daß sie mehr oder weniger unbemerkt am Hörer vorbeigehen würden. Die Kammermusik hat damit sicher das Ideal des sachverständigen, auf die Subtilität der kompositorischen Technik eingehenden bürgerlichen Musikhörens mit gestiftet.

Mozart stand am Übergang zu einem bürgerlichen Bezug des Musikers zum Publikum, Haydn steckte noch ziemlich ungebrochen in der feudalen Abhängigkeit. Das Zwischen-Stadium dauerte lange, und die meisten bürgerlichen Komponisten blieben von aristokratischen Gönnern abhängig. Von Beethoven ist das bekannt und noch für Wagner offenkundig. Über dessen ökonomische Situation schreibt Adorno:

> »... nicht umsonst ist die Periode seines Aufstiegs jene ökonomisch prekäre, da die Opernproduktion ihre höfische Sekurität nicht mehr und ihren bürgerlichen Rechtsschutz, die geregelten Tantiemeneinnahmen, noch nicht besaß.«[34]

Die bürgerlichen Musiker waren die längste Zeit zwar nicht mehr in der unmittelbaren feudalen Abhängigkeit, aber trotzdem auf die Aristokraten angewiesen, in der Position von Bettlern (woraus Adorno bei Wagner einiges macht, aber auch Mozarts Bettelbriefe sind bekannt). Man kann in dem Zusammenhang vielleicht auch daran erinnern, daß es bei beiden, Mozart wie Wagner, auffällt, wie »aristokratisch« ihr Lebensstil blieb, was sie beide zeitlebens in Schulden stürzte, die sie aber wiederum nicht daran hinderten, den großspurigen Lebensstil beizubehalten.

Wagner machte aus der unbefriedigenden Zwischenposition der Komponisten einen großen Schritt ins Bürgerliche, indem er die »Festspiele« erfand. Er tat das nicht ganz freiwillig: Lieber wäre ihm ein »Fürst« gewesen, der ihm das alles, seine eigene Bühne, zur Verfügung gestellt hätte. Es fand sich nur keiner, der so weit ging, jedenfalls nicht auf Dauer. So mußte er das Projekt, sich von den Unzukömmlichkeiten der Hof- und Stadt-Theater frei zu machen, zuletzt selbst, auch finanziell, in die Hand nehmen. Das Verfahren, durchaus frühbürgerlich, bestand darin, die Gönnerschaft zu streuen: Es wurden »Patronatsscheine« zu 300 Taler ausgegeben. Diese Finanzierungsform erwies sich zwar als undurchführbar, und ohne das Einspringen des königlichen Gönners wäre das ganze Unternehmen im Rohbau steckengeblieben. Aber es entstand größere Unabhängigkeit, auch wenn die ersten Bayreuther Festspiele von 1876 mit einem Defizit abschlossen, das die nächsten Festspiele erst sechs Jahre später zuließ und an dem Wagner bis zu seinem Tod abzahlte. Bei diesem zweiten Mal stellte sich auch der finanzielle Erfolg ein. Hans Mayer spricht von der »trivialen Pragmatik eines Unternehmens, das freilich auch für Richard Wagner und seine Anhänger als kulturpolitische Erneuerung verstanden wurde, im übrigen aber auch... ein Finanzunternehmen darstellte, ein Organisationsproblem ganz ungewohnter Art, nicht zuletzt ein Projekt der Publizität und Propaganda«.[35]

Wirklich bürgerlich finanzierten sich erst Musikunternehmer wie Jacques Offenbach, dem daher auch das bürgerliche Schicksal des Konkurses nicht erspart blieb, der sich aber dementsprechend aus dieser Position einiges an Hohn und Spott über die Aristokratie leisten konnte. Aber das blieb eher die Ausnahme. Vielmehr ist dann bekanntlich in die frühere Funktion der Aristokratie der Staat eingetreten.

Am anderen Ende dieser Entwicklung steht sehr exemplarisch Schönberg mit seinen Versuchen, die Musik und ihre Aufführung von Financiers und zahlendem Publikum unabhängig zu machen, dem »Verein der schaffenden Tonkünstler« von 1904 und dem »Verein für musikalische Privataufführungen« von 1918. Mit dieser Befreiung geht es darum, einer Außenseiterkunst doch ein Publikum zu sichern, was heißt: sie nach Möglichkeit von einer Außenseiter- zu einer Elite-Sache zu machen.

Das Instrument der Bildung eines »Vereins« ist das klassisch bürgerliche, um zu solcher Durchsetzung zu kommen, beginnend mit den Zirkeln von Stammgästen bestimmter Lokale, den Lesezirkeln, die bürgerlichen (mehr oder weniger) Geheim-Gesellschaften nicht zu vergessen (schon für Mozart, um daran nochmals zu erinnern, haben die Freimaurer – auch finanziell – eine besondere Bedeutung gehabt). Dieses Mittel der Eliten-Bildung, um eine dominierende Elite bekämpfen zu können, ist also seit langem bewährt.[36] Es ist im übrigen natürlich auch ein Instrument, um dem bürgerlichen Mäzenatentum größere und dauerhaftere Projekte zu ermöglichen und die Belastung des einzelnen Mäzens in Grenzen zu halten.

Die Secession hatte vorgeführt, daß die Selbst-Stilisierung zum Außenseiter im Kunstbetrieb kein ganz unprobates Erfolgsvehikel sein kann. Schönberg allerdings hatte diese Art von Erfolg mit seinen Vereinen nicht: Der erste existierte nur eine Saison, der zweite bis 1921, dann mußte er aus wirtschaftlichen Schwierigkeiten aufgelöst werden. Immerhin hatte er in den drei Jahren 117 Konzerte veranstaltet.

Zwischen den beiden Vereinen Schönbergs zeigt sich eine deutliche Entwicklung, die man an den Gründungsmanifesten ablesen kann. Mit der Gründung des »Vereins der schaffenden Tonkünstler« 1904 ging es Schönberg und Zemlinsky noch darum,

> »das unmittelbare Verhältnis zwischen sich und dem Publikum zu schaffen, der Musik der Gegenwart in Wien eine ständige Pflegestätte zu bereiten und das Publikum in fortlaufender Kenntnis über den jeweiligen Stand des musikalischen Schaffens zu halten«.[37]

Hier soll also immerhin das Publikum gewonnen werden, wenn es auch nicht als Richter über das ihm Vorgesetzte anerkannt wird. Aber es soll ihm die moderne Musik, die ihm sonst überhaupt vorenthalten wird, erst einmal zugänglich gemacht werden, und zwar in kompetenten Aufführungen, die ihm das Verständnis dieser Werke ermöglichen. In dem Manifest heißt es weiter:

»Aller Fortschritt, alle Entwicklung führt vom Einfachen zum Komplizierten, und gerade die jüngste Entwicklung der Musik vergrößert noch all die Schwierigkeiten und Hindernisse, durch ihre vermehrte Kompliziertheit, durch ihre melodische und harmonische Konzentriertheit, und es bedarf zahlreicher wiederholter, erstklassiger Aufführungen, sollen diese vergrößerten und vermehrten Hindernissse der Aufnahmsfähigkeit und Aufnahmswilligkeit überwunden werden, Aufführungen, welche eine außerordentlich genaue und streng in den Intentionen des Komponisten gehaltene Vorbereitung erheischen.«[38]

Das Unternehmen richtet sich also auch gegen den herkömmlichen Konzertbetrieb, der vielleicht nicht nur, aber besonders diesen modernen Kompositionen nicht gewachsen ist. Und es will das Publikum erziehen und überzeugen, ihm die Kompliziertheit der zeitgenössischen Kompositionen so lange vorführen, bis es damit umgehen gelernt hat.

Anders beim »Verein für musikalische Privataufführungen« von 1918,[39] bei dessen Veranstaltungen Beifallsäußerungen untersagt waren und Journalisten ausgeschlossen wurden. (Mißfallenskundgebungen waren natürlich erst recht verboten.) Auch wurde das Programm nicht vorher bekanntgegeben, um selektiven Besuch unmöglich zu machen. Hier ging es also deutlich nicht mehr darum, ein Publikum zu gewinnen, sondern es auszuschließen. Zugelassen wurde nur ein Zirkel von Kennern und Enthusiasten, die zugleich das Mäzenatentum übernahmen. Erst als es finanziell zu Ende ging, wurde ein öffentliches Konzert mit Strauß-Walzer-Bearbeitungen veranstaltet, bei dem auch applaudiert werden durfte. Die Autographen der Instrumentierungen für Salonorchester von Schönberg, Berg und Webern wurden anschließend versteigert.[40] Sonst aber gab es auch nicht »Konzerte«, sondern Proben mit Zuhörern, die eigentliche »Aufführung« konnte dann auch unterbleiben. Die Musik, deren Aufführung ohnehin ein unzulängliches Hilfsmittel ist, wird zum Mitdenken vorgestellt, Genießerisches wird zu verhindern versucht. Das »große« Publikum ist aufgegeben.

In diesem Punkt, der Beziehung zum Publikum, liegt der entscheidende Unterschied zwischen dem »Verein für musikalische Privataufführungen« und der »Secession«. Die Secession wollte unabhängig vom künstlerischen Establishment das Publikum erreichen. Schönberg wollte sich sein Publikum selbst aussuchen können. Genauer gesagt: Er wollte das Verhältnis zwischen Künstler und Publikum herstellen, das er als das sachlich angemessene ansah. In seinem Beitrag zu den »Richtlinien für ein Kunstamt« von Adolf Loos hat er das in engem zeitlichem Zusammenhang mit der Gründung des Vereins knapp und klar so beschrieben: »Einer oder mehrere musizieren, dichten, singen; anderen, welche gerne davon mitbewegt sein wollen, wird gestattet zuzuhören.«[41] Der Künstler darf auf keine Art von diesen Zuhörern abhängig sein, schon gar nicht in der Finanzierung der Produktionsmittel.

Insgesamt entspricht das von Schönberg entwickelte Modell der autonomen Verfügung des Künstlers über seine Produktionsmittel sehr stark dem, das Stefan George zur selben Zeit für die Literatur aufgebaut hat. Nur ist das bei der Literatur in der Tat einfacher: Man gründet eine Zeitschrift, man veröffentlicht in Privatdrucken, man veranstaltet private Lesungen. Wenn man auf einen massenhaften Vertrieb keinen Wert legt, sind die Produktionsmittel für Literatur einfach weniger kostspielig. Man braucht sich für die Musik nur auszumalen, wie man auf dieser autonomen Basis eine Opern-Aufführung zustande bringen sollte. Ein weiteres Problem, auf das Schönberg ebenfalls in seinem Beitrag zu den »Richtlinien für ein Kunstamt« hinweist, besteht darin, daß die Musik-Aufführung einmalig, nicht von Dauer ist. Sie entspricht Lyrik, die man einmal vorgetragen bekommt, deren Text man nicht hat. Schönberg betont daher zu Recht, daß man Musik nach einmaligem Hören nicht kennt. Europäische Musik unter dem Primat des Komponisten und unter der Norm des Fortschritts hat sich aber darauf festgelegt, intensiv »gekannt« zu werden. Sie wird nicht auf unmittelbare Erfaßbarkeit bei erstmaligem Hören hin produziert. Außerdem setzt sie, gerade wieder unter der Norm des Fortschritts, die Kenntnis einer ganzen Tradition voraus. Beides läuft darauf hinaus, daß der unter diesen Voraussetzungen kompetente Hörer viel Musik wiederholt hören muß. Das macht die Organisation der musikalischen Produktionsmittel nochmals schwieriger und voraussetzungsvoller. Der Lyriker hingegen läßt sein Gedicht auf Papier drucken, womit es für den Leser auf hinreichende Dauer verfügbar ist. Auch das Verhältnis des Komponisten zum Musiker ist um einiges komplizierter als das des Lyrikers zum Setzer und Drucker. Die Werktreue, die Schönberg vom Musiker verlangt, erfordert dessen totale Unterord-

Benedikt F. Dolbin, Das Kolisch-Quartett mit Arnold Schönberg und Alban Berg, 1923

nung, die ihm aufgrund des Charakters seiner Tätigkeit schwerer fällt als dem Setzer die unter den Text des Lyrikers. Insgesamt wäre es für den Komponisten in der europäischen Tradition unter dem Aspekt der Autonomie konsequent, auf die Aufführung zu verzichten, »Musik zum Lesen« zu produzieren. So weit ist Schönberg nicht gegangen.

Damit bleibt das Projekt der Autonomie, bei Stefan George wie bei Arnold Schönberg, in sich widersprüchlich. Es ist, solange noch veröffentlicht und aufgeführt wird, eine demonstrative Autonomie, eine »*öffentliche* Einsamkeit«, eine Abwendung vom Publikum, die diesem zur Schau gestellt wird. Sie bleibt daher im Effekt eine Vorführung von Elitismus, entweder mit der Einladung, auch in diese Elite-Region aufzusteigen, oder mit der Mitteilung, daß man dort als »gewöhnlicher Sterblicher« nichts zu suchen hat. So oder so geht die Freiheit des Künstlers, die auf diese Weise gewonnen wird, auf Kosten aller anderen, die an ihr nicht teilnehmen können. Sie setzt eine enorme Hochstilisierung der »Kunst« und des »Künstlers« voraus, die beide völlig aus der Reichweite des Alltagsmenschen entfernt. Zugleich fordert sie aber von diesem, daß er sie als »besonders« und »wertvoll« anerkennt – ein »credo quia absurdum«, »ich anerkenne, weil ich nicht verstehen kann«. Schon eine gewisse Zumutung. Man muß dann freilich sehen: Von diesen »befreiten« Formen der Aufführung von Werken ließ sich nicht leben. Zum Teil war es auch nicht notwendig, wie etwa für Klimt, der auch vorher schon gute Aufträge hatte, oder für Berg, der als Rentier zwar mit den Sorgen eines solchen, aber doch unabhängig durchkam. Zum Teil blieb das »Betteln« nicht erspart, das für Schönberg, als es gar nicht mehr weiterging, 1911 von Berg organisiert wurde. Ansonsten mußte das Einkommen eben doch aus musikalischer Lohnarbeit gewonnen werden, die nicht im Komponieren bestand, sondern in Unterricht, in Tätigkeit als Dirigent – oder als Chorleiter, wodurch Schönberg 1895 Chormeister beim Metallarbeitersängerbund in Stockerau wurde (Stockerau ist eine Kleinstadt nordwestlich von Wien), was herkömmlich als Ausdruck von Schönbergs Engagement in der Arbeiterbewegung genommen wird.[42] Im übrigen hatte Schönberg auch im traditionellen Konzertbetrieb durchaus gelegentlich Erfolg, fand schon in den Jahren vor dem ersten Weltkrieg internationale Anerkennung, und sogar in Wien mit den 1913 aufgeführten Gurre-Liedern.[43] Er konnte sich nur nicht darauf verlassen: Bald danach kam das schon erwähnte »Skandal-Konzert« von 1913.

Für die theoretische Interpretation wird daran deutlich: Es kommt bei der »Befreiung« nicht unbedingt auf das Einkommen an, sondern in erster Linie auf die Verfügung über die Produktionsmittel. Wenn die unabhängig gegeben ist, trifft die Volksweisheit von »Wes Brot ich eß...« zumindest nicht zwingend zu. Freilich gibt es da eine Grenze: Wenn der entfremdete Broterwerb keine Kapazität mehr übrigläßt, hilft die schönste unabhängige Verfügung über die Produktionsmittel nicht weiter. Man soll den Zwang zum Erwerb des Unterhalts auch in der Kunst nicht unterschätzen. Auf ihn bezieht sich die dritte Form von Kampf um die Verfügung über die künstlerischen Produktionsmittel, die in jener Zeit ebenfalls eine Rolle spielte.

Berufsständische Organisation

Kunst ist auch insofern eine kuriose Ware, als ihr Produzent häufig von ihr nicht leben kann. Und die Schranke, die beim Lohnarbeiter das Absinken des Lohnes unter das Existenzminimum verhindert, gibt es hier nicht. Der Künstler ist, wenn man diese Einkommensform zum Vergleich heranzieht, in der Situation des Arbeitslosen. Die Nachfrage nach seiner Arbeitskraft *als Künstler* ist geringfügig, auf sein Produkt kann auch verzichtet werden, manchmal ist es sogar unerwünscht. Der Markt kann davon ausgehen, daß Kunst »ohnehin« entsteht, daß der Künstler selbst ein ganz hohes Interesse daran hat, sein Produkt unter die Leute zu bringen, daß er daher, so lange er nicht zum »Markenartikel« geworden ist, eine ganz schwache Marktposition hat. Es kann davon ausgegangen werden, daß das Produkt Kunstwerk, wenn es öffentlich angeboten wird, eh schon vorhanden, die in ihm objektivierte Arbeitskraft des Produzenten schon finanziert ist. Es wird angenommen, daß der Künstler, von Ausdruckszwängen geplagt, sich durchhungert und -schnorrt oder ein von dieser Produktion unabhängiges Einkommen hat. Er hat entweder Freizeit-Künstler oder Bohèmien oder Rentier zu sein.

Daher ist der elitäre Rückzug als Versuch, sich die Verfügung über die Produktionsmittel zu sichern, eine Reaktionsform, die man sich leisten können muß. Die »öffentliche Einsamkeit« setzt ein unabhängiges Einkommen voraus. Daß sie sich gewöhnlich in »Kreisen« und »Bünden«, in Meister-Schüler-Verhältnissen organisiert, stützt die »öffentliche Einsamkeit« nicht nur emotional ab, sondern auch lebenspraktisch, darunter finanziell. Schönberg hatte nicht wie andere, etwa Alban Berg, Hugo von

Hofmannsthal oder Karl Kraus, die Unabhängigkeit des Rentiers von der Familie mitbekommen. Er mußte daher selbst für sein Durchkommen sorgen und arbeitete zunächst in einer Bank, dann in verschiedenen musikalischen Lohnarbeitsverhältnissen, als Cellist, Chorleiter, Dirigent, Haus-Komponist (so beim Berliner »Überbrettl«), nicht zu vergessen als Lehrer. Diese letzte Tätigkeit führte zur Entstehung des »Schönberg-Kreises«, dessen Träger Schönbergs Schüler waren. Dazu kamen nur wenige Freunde und Förderer auf gleicher Ebene mit ihm, besonders Gustav Mahler und Adolf Loos, die aber nicht in dem Sinn zum »Kreis« gehörten. Seine Kompositionen brachten ihm anfangs nur wenig ein. In den Jahren 1913 bis 1915 machten die Tantiemen gerade 10 % seiner ohnehin nicht reichlichen Jahreseinkünfte aus, dazu kam etwa noch einmal dieser Anteil an Vorschüssen von seinem Verlag, der Wiener Universal-Edition.[44] Den größten Teil seines Einkommens machten Stipendien aus, die als »private Stipendien« und »Mahler-Stipendium« deklariert sind. Die »privaten Stipendien« hatte Alban Berg 1911 organisiert, indem er einen entsprechenden Schnorr-Brief an Leute mit Vermögen aussandte. Er hatte damit auch immerhin so viel Erfolg, daß ein »Schönberg-Fond« eingerichtet werden konnte, der zumindest für etliche Jahre Schönbergs Einkommen wesentlich ergänzte.[45] Die Mahler-Stiftung war 1911, nach dem Tod Gustav Mahlers, der Schönberg auch zu Lebzeiten schon finanziell unterstützt hatte, von Alma Mahler eingerichtet worden und diente, soweit sich das der Literatur entnehmen läßt, ausschließlich der Finanzierung Schönbergs.

Im eklatanten und prototypischen Parallel-Beispiel, dem George-Kreis, gab es einerseits ein kleines ererbtes Vermögen durchzubringen, aber ansonsten spielten auch hier wieder die »Jünger« eine wichtige Rolle in der Finanzierung des »Meisters«, zumindest indem sie ihm, der nie einen so richtig »ordentlichen« Wohnsitz hatte, die Wohnung zur Verfügung stellten (und zum Teil, wie Wolfskehl in München, auch »standesgemäß« einrichteten).[46]

Ein Teil des Kampfes um die Verfügung über die künstlerischen Produktionsmittel ist also auch darauf gerichtet, das Einkommen des Künstlers zu sichern, ihm die freie Zeit für künstlerische Tätigkeit zu finanzieren. Die Strategie der »öffentlichen Einsamkeit« enthält auch dieses Element. Die andere Strategie wäre, den Ertrag aus den Kunst-Produkten zu verbessern. Die Secession hat da, wie wir gesehen haben, für ihre Mitglieder den Umsatz angekurbelt, indem ihre Ausstellungen auch Verkaufsausstellungen waren. Außerdem hat sie durch die Selbstorganisation möglicherweise auch Vermittler-Honorare eingespart. Aber man kann auch, in gewerkschaftlich/berufsständischer Organisation, das System von Produktion und Distribution stehen lassen, wie es ist, und durch Zusammenschluß und Absprache die Marktposition kollektiv verbessern. Die aus dieser Sicht regelungsbedürftigen Probleme sind die der Verlagsverträge[47] und der Raubdrucke.[48]

Eine kollektive Regelung des Problems der Verlagsverträge ist im Zusammenschluß der Produzenten durch Musterverträge möglich, mit der Vereinbarung, daß schlechtere Verträge nicht eingegangen werden. Freilich ist das bei der Konkurrenz der Produzenten und ihrem hohen Drang, überhaupt an die Öffentlichkeit zu kommen, nicht ganz leicht durchzusetzen. Der berufsständischen Strategie entspricht eine der Verrechtlichung und der kollektivvertraglichen Verhandlungen und Abschlüsse.

Ein einheitliches Urheberrecht entwickelte sich in der zweiten Hälfte des 19. Jahrhunderts, aber die wirtschaftliche Lage der Künstler wurde dadurch nicht entscheidend verbessert. Sie wurde im Gegenteil gerade in dieser Zeit durch die Kommerzialisierung des Kunstbetriebes immer schlechter. Die Politik des Selbstwertgefühls wie des Statusmanagements machte es gerade in dieser Situation für die Kulturproduzenten notwendig, ein Genie-Bild des Künstlers aufzubauen. »In Anbetracht der schlechten Lage vieler Autoren jener Zeit ist die Entwicklung einer neuen Genie-Ideologie nur als Ersatzbefriedigung einzustufen. Je schlimmer die Tatsachen – in den zwei letzten Dekaden des Jahrhunderts sank vermutlich das Durchschnittshonorar um 50 Prozent – um so heroischer das Selbstverständnis des Schriftstellers.«[49] Diesem Genie-Bild wiederum entspricht am besten die Strategie der »öffentlichen Einsamkeit«. Trotzdem haben sich einige Künstler auch sehr aktiv um berufsständische Organisationsformen bemüht – und es kann nicht verwundern, daß gerade etablierte, die also nicht unmittelbar für sich selbst sprachen, dabei als Wortführer auftraten.

Der Lyriker Richard Dehmel[50] etwa war als Vorstandsmitglied an der Gründung des »Kartells lyrischer Autoren« 1902 beteiligt. Hier ging es genau darum, bessere Verträge und erst einmal überhaupt, dann höhere Tantiemen für die sicher besonders schwache Gruppe der Lyriker herauszuschlagen. Das »Kartell« war dadurch erfolgreich, daß es sich nicht auf eine Selbstverpflichtung seiner Mitglieder und deren individuelle Vereinbarungen mit den Verlegern verließ, sondern selbst (sozusagen kollektivvertragliche) Verhandlungen mit den Verlegern führte und auch die Einziehung der Tantiemen organisierte.[51] »Bis 1914 hatten fast alle namhaften Verlage Verträge mit ihm abgeschlossen.«[52] Richard Dehmel und andere haben sich also um eine Organisation des Verhältnisses der Künstler zu den Produktionsmitteln bemüht, in der es – im Gegensatz zur Strategie der »öffentlichen Einsamkeit« à la George oder Schönberg – nicht darum geht, die Produktionsmittel unmittelbar selbst in die Hand zu bekommen, in der auch das elitäre Element fehlt, in der es vielmehr um eine *Verallgemeinerung* des Zugangs zu den Produktionsmitteln geht.

Richard Dehmel war auch an einer anderen Aktivität mit demselben Ziel, diesmal im Detailproblem der Nachwuchs-Förderung beteiligt: Er hat 1911 den von dem Publizisten Fritz Engel und dem (1900 gegründeten) »Schutzverband deutscher Schriftsteller« angeregten Aufruf zur Gründung einer Kleist-Stiftung und damit verbunden eines »literarischen Jugendpreises« unterstützt, hat die Geschäftsordnung des Kleist-Preises entworfen und in den Gremien der Stiftung mitgearbeitet. An Elementen dieser Geschäftsordnung wird deutlich, daß er zwar die Hochschätzung der Autonomie des Kunstwerks und des Künstlers teilte, daß sich daraus aber noch nicht zwingend elitäre Formen ergeben. »Über Kunst stimmt man nicht ab«, soll er gesagt haben – und schrieb in die Geschäftsordnung eine Konstruktion, nach der jedes Jahr *ein* »Vertrauensmann« über die Vergabe des Preises entscheidet, nur sich selbst verantwortlich. Dieser »Vertrauensmann« wird jedes Jahr neu gewählt. Der Kleist-Preis entwickelte sich zum angesehensten deutschen Literatur-Preis, bis er von den Nazis aufgelöst wurde.[53]

Schönberg selbst waren, obwohl er für sich die »öffentliche Einsamkeit« gewählt hatte, Überlegungen zur kollektiven, speziell zur staatlichen Organisation der Kunst und des Zugangs zu ihren Produktionsmitteln nicht ganz fremd. Er war eben nicht selbstverständlich Rentier, sondern wußte durch Herkunft und frühe Erfahrungen etwas von (künstlerischer) Lohnarbeit, ebenso wie Dehmel, der übrigens wie Schönberg (nur viel länger als dieser) seine erste Anstellung in einer Bank hatte. Schönberg schrieb 1912 einen Artikel zu Fragen des Urheberrechts und 1919 den Teil über Musik in den von Adolf Loos verfaßten »Richtlinien für ein Kunstamt«.[54] In dem ersten Aufsatz plädiert Schönberg vehement gegen die urheberrechtliche Schutzfrist von nur 30 Jahren und für ein Verständnis der Autorenrechte als ganz gewöhnliches

Eigentum, das vererbbar sein muß und auch keine zeitliche Grenze haben kann. Es ist

> »unerhört, daß in einer Gesellschaft, die auf dem Privateigentum beruht, die Frage, ob ein Autor Anspruch auf die Erträgnisse seiner Werke habe, auch nur den leisesten Zweifel erwecken kann. Der Rechtszustand vor dem Bestehen des jetzigen Autorengesetzes, der es zuließ, daß die Künstler verhungerten, deren Werke den Händlern längst die größten Erträgnisse einbrachten, ist etwas... Ungeheuerliches... Weiter: es gibt kein Eigentum, das der Besitzer nicht seinen spätesten Nachkommen hinterlassen darf, ohne daß irgendein gesetzlicher Anspruch erhoben werden kann. Aber das Eigentumsrecht an künstlerischen Werken ist auf dreißig Jahre beschränkt. Hier tritt wieder jener sentimentale Nebel in Funktion und will glauben machen, die geistigen und künstlerischen Interessen der Gesamtheit fordern, daß die Ausgaben der Werke billiger werden. Aber wenn man genau hinsieht, handelt es sich um etwas anderes...: das Autorrecht erlischt nach 30 Jahren nicht deshalb, damit unbemittelten Kunstfreunden die Werke billig zugänglich gemacht werden, sondern weil die anderen Verleger nicht zuschauen wollen, wie bloß einer den Gewinn an einem gutgehenden Autor hat...«[55]

Man wird an dieser Analyse wenig aussetzen können. Es mag höchstens auffallen, wie total systemimmanent sie ist.[56]

Die »Richtlinien für ein Kunstamt« wurden ebenfalls mit einem pragmatischen Hintergrund geschrieben, allerdings in einer Situation, die Schönberg 1924 rückblickend als eine beschreibt, in der »der Besitz vernünftiger fünf Sinne rechts und links von Bolschewismus bedroht war«.[57] Es wurde damals, 1919, in der Tat die Einrichtung eines staatlichen Kunstamtes diskutiert. Dazu gekommen ist es freilich nicht und schon gar nicht in der von Loos und Schönberg konzipierten Form.

Schönberg wählt den oft zitierten nationalistischen Einstieg: »Die wichtigste Aufgabe der Sektion für Musik ist: die in der Volksbegabung wurzelnde Überlegenheit der deutschen Nation auf dem Gebiete der Musik zu sichern«, und fordert daher als erstes eine Intensivierung der musikalischen Allgemein-Ausbildung. Im zweiten Punkt fordert er: »Das Konzertwesen müßte allmählich aufhören, ein Geschäftsbetrieb zu sein«, gibt aber keine konkreten Vorschläge, wie das zu erreichen sei. Anschließend reproduziert er die bereits dargestellte Haltung zum Urheberrecht, fordert die Enteignung der Verlage und die Einrichtung einer »Selbstverlagsgenossenschaft« der Autoren. In Punkt V fordert er eine Hebung der sozialen Lage und des Ansehens der Musiker. Zum Musiktheater schließt er sich den Vorschlägen von Loos an, die heißen: Verstaatlichung von Hofburgtheater und Hofoper, Verpflichtung dieser beiden auf die möglichst perfektionierte Pflege des klassischen Repertoires,

Erhöhung der Preise für die vorderen, Verbilligung der hinteren Sitze, Versteigerung der Premierenkarten mit dem dreifachen Ausrufungspreis (als »Eitelkeitssteuer«); alle literarischen Experimente werden Privattheatern überlassen; Einrichtung von Wandertheatern, die in die Provinz bringen, was sonst nur die Großstadt bieten kann; Förderung von »Dilettantenvorstellungen«; Bau eines Stadions und Festspielhauses »im Wiener Walde« für »großzügige Aufführungen bei freiem Eintritt an besonderen Tagen«.

Loos hatte auch einen »Kunstrat« für die Vergabe staatlicher Aufträge vorgesehen: eine Kommission von drei auf Lebenszeit ernannten Personen, »die keine schaffenden Künstler sein dürfen«.[58] Schönberg modifiziert und entschärft diesen Vorschlag beträchtlich, indem er Entscheidungen gerade den Künstlern selbst überlassen will, unter denen er zwei Klassen unterscheidet: die international anerkannten und die nur im Inland anerkannten. Nur die ersteren sind auf Lebenszeit im Gremium und haben ein kollektives Vetorecht.

Es fällt auf: Schönbergs Vorschläge bleiben recht allgemein, fallen jedenfalls weit hinter die konkreten Phantasien zurück, die Adolf Loos entwickelt (was immer man von ihrem Inhalt denken mag). Eine starke Haltung hat er nur zum Urheberrecht: Hier will er einfach einen strikten Eigentumsbegriff durchgesetzt sehen. Der »Kunstrat«, der bei Loos fast diktatorisch auf höchste Unabhängigkeit hin konzipiert ist (Loos will, wie er an verschiedenen Stellen betont, den Staat aus dem direkten Eingriff in die Kunst und damit auch aus der unmittelbaren Kunstförderung möglichst heraushalten), wird von Schönberg zu einem ständischen Selbstverwaltungsgremium mit starker Hierarchisierung umgebaut. (Die heutige Selbstverwaltung der Universitäten sieht ähnlich aus.) Was Schönberg hier vorschlägt, ist ein hierarchisiertes, elitistisches Künstlerhaus im Zustand vor der Secession. Man könnte den Eindruck haben, daß Schönbergs Einfallsreichtum auf dem Gebiet der berufsständischen Organisation recht begrenzt war und vielleicht in der Situation auch noch durch die angesprochene Drohung des »Bolschewismus« eingeengt wurde. Sein Freund Adolf Loos hat ihn da wohl in ein ihm nicht ganz kongeniales Metier gedrängt und überfordert. Seine Sache war eben doch die »öffentliche Einsamkeit«, sein Hauptproblem damit, daß er sie sich nicht leisten konnte.

Schönberg war nicht nur der »dialektische Komponist«, der kompositorische Probleme technisch stimmig und ausdrucksstark löste und so einen Fortschritt der musikalischen Produktivkraft, der Verfügung über das Material und damit der Freiheit herbeiführte – Schönberg machte vielmehr auch soziale Erfindungen, erkämpfte sich ein gewisses Maß an Autonomie durch Rückzug auf ein ausgewähltes Publikum, einen »Kreis«, und auf einen elitären Individualismus, der ihn die Einsamkeit aushalten ließ, mit der jene Freiheit verbunden war. Diese gesellschaftlichen Arrangements machten die Art von Arbeit am »musikalischen Material« erst möglich, aus der die befreienden Erfahrungen und damit die kompositorischen Errungenschaften zustande kamen. Zusammenfassend läßt sich jedenfalls feststellen, daß die »große musikalische Revolution in Wien« eine von Adorno nicht beachtete materielle Grundlage hatte: die »Lösung« des Problems der Verfügung über die künstlerischen Produktionsmittel im Sinn der »öffentlichen Einsamkeit«.

Die Elite als Außenseiter und die erstaunliche kulturelle Produktivität im Wien der Jahrhundertwende

Adornos Erklärung dafür, warum die Neue Musik gerade in Wien entstanden ist und gerade hier am heftigsten abgelehnt wurde (und wird, wie er behauptet hat), findet sich vor allem in dem Aufsatz »Wien« von 1960 und in dem oben (S. 69ff.) erwähnten Rundfunkgespräch mit Lotte Tobisch von 1965. Diese Erklärung hat zwei Hauptkomponenten: Die erste ist eine Dialektik der Tradition, die andere eine Dialektik der Rückständigkeit. In Wien ist die Tradition der Musikalität so stark, daß die damit mögliche Steigerung der musikalischen Kräfte in eine Wendung gegen die Tradition umschlagen kann. Die zu dieser Tradition gehörige Sentimentalität führt zu einer Neuen Musik, die durchaus Ausdrucksmusik ist, aber eine, die von Klischees und Sentimentalität gereinigt ist. Das Ideal der Musik als Gefühlssprache wird gegen seine Erniedrigung durch das Kommerzielle verteidigt und »gerettet«. Und: Wien war und ist eine »feudale« Stadt, das bürgerliche Prinzip hat sich einfach nicht so durchgesetzt. Das konnte dazu führen, daß die Neuerer eine Toleranz, womöglich gar Unterstützung vorfanden, mit denen sich die Autonomie des Kunstwerks eher verwirklichen ließ als in der »Freiheit« des Marktes. Es fanden sich zumindest Nischen.

Als besonderes Beispiel erwähnt Adorno Gustav Mahler und die berühmte Episode mit dem ausgesperrten Erzherzog. Nachdem Mahler die Regel eingeführt hatte, daß in der Hofoper die Logen während der Ouvertüre oder der Szenen von Zuspätkommenden nicht betreten werden durften, gab es auch Beschwerden beim Kaiser. Der aber stellte sich hinter seinen neuen Hofoperndirektor: Die Anekdote besagt (in der Wiedergabe durch Adorno), daß

> »der Kaiser Franz Joseph, als der unerbittliche Mahler einem zu spät kommenden Erzherzog den Zugang zu seiner Loge verwehren ließ, zwar seinem Operndirektor das Recht solcher Strenge zuerkannte, aber den Oberhofmeister Montenuovo fragte, ob denn eine Oper etwas gar so Ernstes sei...«[1]

Adorno versteht das als »Liberalität« des Kaisers. »Sie unterscheidet sich jedoch gerade von der bürgerlichen Rationalität insofern, als sie zugunsten der Frage, ob etwas gut sei, die ignoriert, wozu es gut sei, ob es auch auf dem Markt sich ausweise.« Das ist freilich eine ziemlich bemerkenswerte Interpretation. Was in der Wiener Oper geschieht, war damals (und ist heute) in der Tat dem Ausweis vor dem Markt entzogen, und zwar deshalb, weil es sich um einen Staatsbetrieb handelte und handelt. Aber Mahlers Versuche, die Hofoper und was dort aufgeführt wurde, von einer Gelegenheit und einem Hintergrund für aristokratische Logen-Vergnügungen in einen Ort umzuwandeln, dem man sich mit Ernst und bürgerlicher Bildungsbeflissenheit, auch der demütigen Bereitschaft, sich bewegen und erschüttern lassen, zu nähern hatte, waren durchaus »marktkonform«. Jedenfalls kann man die Forderung, die störenden Zuspätkommer sollten wie im Konzert bis zur Pause im Foyer warten müssen, schon vor Mahlers Amtsantritt in den Zeitungen lesen. Und selbst in den antisemitischen Zeitungen, die Mahler mit allen Mitteln bekämpften, wurden diese Neueinführungen gutgeheißen und unterstützt. Es ging um die Durchsetzung einer bürgerlichen Auffassung vom Kunstwerk gegen die aristokratische Haltung.

Daß der Kaiser diesen Versuch unterstützte, hat aber auch nichts mit einer »Liberalität des Gestus« zu tun, sondern alles mit dem Autoritarismus des Kaisers. Wie Adorno selbst an dieser Stelle (und durchaus im Widerspruch zu der oben zitierten Passage) schreibt: »In der Hierarchie der Ämter war Mahler Operndirektor und Hausherr. Er duldete nicht, daß ein Erzherzog die Aufführung störe, und damit hatte es sein Bewenden.« Es mag hinzukommen, daß der Kaiser vielleicht ein boshaftes Vergnügen daran hatte, einen seiner Erzherzöge zu maßregeln. Adornos Beispiel ist nicht besonders glücklich gewählt und sagt mehr über seine Entschlossenheit aus, bei jeder Gelegenheit seinen Hang zur Aristokratie damit zu rechtfertigen, daß diese nicht bürgerlich sei, als über eine Möglichkeit, die erstaunliche kulturelle Produktivität im Wien der Jahrhundertwende zu erklären. Mahler war als Hofoperndirektor »Hofkünstler« und genoß als solcher die »Protektion«, die ihm aus dieser Eigenschaft zustand, aber er war ein Ausnahmefall. Wenn wir von der höchst indirekten kaiserlichen Förderung absehen, die Alban Berg genoß,[2] dann müssen wir doch festhalten, daß die Wiener Kultur der Jahrhundertwende der Aristokratie wenig bis nichts, hingegen dem Bürgertum viel bis alles verdankt.

Übrigens fällt Adorno mit dieser Anmerkung über die aristokratische Protektion, die bürgerliche Autonomie vom bürgerlichen Markt erst er-

Alban Berg mit dem Berg-Bildnis von Arnold Schönberg (1910)

mögliche, hinter seine sonstigen Einsichten über die Aristokratie zurück. (Oder sollten sie ihm zwischen 1960 und 1967 erst zugewachsen sein?) In seinem zweiten Essay über Wien, mehr eine Sammlung von Beobachtungen und Überlegungen, »Wien, nach Ostern 1967«, ist jedenfalls klar, daß die Liebenswürdigkeit der Aristokratie von deren Machtlosigkeit abhängig ist.

> »An der Attraktion aber, die von der Sphäre (des Aristokratischen; HSt) ausstrahlt, hat wahrscheinlich teil, daß sie keine politische, selten mehr wirtschaftliche Macht ausüben... Was einmal Macht war, wird entsühnt im Bild des Namens und einem Verhalten, das von der Macht die désinvolture bewahrt ohne das Schroffe des Befehls...«[3]

Zur Jahrhundertwende aber stand dem österreichischen Adel »das Schroffe des Befehls« durchaus zur Verfügung.

Die Wiener Kultur der Jahrhundertwende ist eine *bürgerliche*, und von einer aristokratischen »Protektion« ist wenig zu merken. Diese Kultur beruhte entscheidend auf Erfolgen im Kampf um die Verfügung über die künstlerischen Produktionsmittel, wobei dieser Kampf sich in gleicher Weise gegen die alten ständischen Strukturen richtete, wie es am Beispiel der Secession besonders deutlich wird, wie auch gegen die neuen bürgerlichen (Verlage, Journalismus und die damit verbundene Macht der Kritik, Massenpublikum). Die Erfolge in diesem Kampf beruhten nicht zuletzt auf der Existenz einer bildungsbürgerlichen Subkultur, die dem Neuen, auch dem Kritischen aufgeschlossen war und es intellektuell wie finanziell, letzteres im Weg von Mäzenatentum, befördern konnte. Die starke Konzentration auf Kulturelles ergab sich einerseits aus der Kulturbeflissenheit eines wirtschaftlich erfolgreichen Bürgertums, besonders in der zweiten Generation, andererseits aus dem politischen Ausgeschlossensein und der gesellschaftlichen Diskriminierung.

Die *politische* Ohnmacht des Bürgertums, dessen Söhne und Töchter sich der Wissenschaft und Kunst verschrieben, wird in dem Buch von Schorske (1980), dem zur Zeit wohl einflußreichsten in der Interpretation des Wien der Jahrhundertwende, besonders betont. Schorske macht das vor allem an den Verhältnissen im Reichsrat fest, wo die Liberalen gegenüber Nationalisten, Sozialisten und Christlichsozialen untergingen oder doch zurückgedrängt wurden. Die Liberalen wurden »aufgerieben« durch die nationalen Bewegungen in den verschiedenen Teilen der Monarchie, die proletarische Arbeiterbewegung und die kleinbürgerliche, antisemitische, deutsch-klerikale Bewegung. Das liberale Bürgertum mit seinem jüdischen Anteil, das sich mit keiner dieser Bewegungen identifizieren konnte, blieb zwischen ihnen auch *gesellschaftlich* isoliert. In Schorskes Darstellung wird immer wieder an den einzelnen Künstler- und Wissenschaftler-Figuren dieses Außenseitertum gezeigt, die Tatsache, daß dieses Bürgertum, schon gar das intellektuelle, sich in dieser Gesellschaft nicht zu Hause fühlen konnte, obwohl und auch wenn es über beträchtliche Mittel verfügte.[4]

Die politische Ohnmacht ist besonders auffallend. Ein gutes Beispiel ist Moriz Szeps, der Zeitungszar, wie wir ihn heute nennen würden, mit seinen internationalen Beziehungen besonders zu Clemenceau in Frankreich, der seinen politischen Einfluß als Berater von Kronprinz Rudolf in konspirativen Sitzungen geltend machen – und ansonsten mit dem Kronprinzen auf eine Situation der tatsächlichen Macht (wie man weiß, vergeblich) *warten* mußte. Seine Tochter Berta Zuckerkandl war an diesen Unternehmungen zwar interessiert und gelegentlich beteiligt, aber ihr Hauptinteresse galt dann doch Klimt und der Secession – wo auch realistisch etwas zu erreichen war. Das ist dann auch der Mechanismus, wie sich diese Ohnmacht in kulturelle Aktivität übersetzt: Man konzentriert sich auf den Bereich, in dem sich Projekte mit Aussicht auf Erfolg entwerfen und betreiben lassen, und zwar bürgerlich innovative, kritische, fortschrittliche, wobei dieser Fortschritt, versteht sich, durchaus darin bestehen kann, daß man vorführt, wie schal und verlogen und katastrophal der bisherige »Fortschritt« samt dem zugehörigen Optimismus war.

Sehr viel an Inhalt ist damit noch nicht festgelegt. Ein gewisser Elitismus wird sich in der Konstellation nahelegen. Er wird noch wahrscheinlicher, wenn man die gesellschaftliche Diskriminierung der Intellektuellen, am ausgeformtesten im Antisemitismus und dem bei uns damit verbundenen Anti-Intellektualismus mit berücksichtigt. Natürlich wird er, wie auch die zionistische Antwort Theodor Herzls, von Schorske ausführlich behandelt. Aber vielleicht sollte man das schärfer herausstellen: Vielleicht war es der spezifische Wiener Antisemitismus, in dem sich Deutsch-Nationales und Klerikales trafen, der sich hier zu der Zeit auch offener als Bewegung deklarierte als anderswo, von dem die kritische künstlerische und sonst intellektuelle Aktivität in ihren besonderen Elitismus gedrängt wurde. Die antisemitisch diskriminierten Intellektuellen wurden nicht nur beschimpft, sie hatten auch etwas zu beweisen und sich zu distanzieren. Freud hat es in seiner »Selbstdarstellung« von 1925 klar genug zusammengefaßt:

»Vor allem traf mich die Zumutung, daß ich mich als minderwertig und nicht volkszugehörig fühlen sollte, weil ich Jude war. Das erstere lehnte ich mit aller Entschiedenheit ab. Ich habe nie begriffen, warum ich mich meiner Abkunft, oder wie man zu sagen begann: Rasse, schämen sollte. Auf die mir verweigerte Volksgemeinschaft verzichtete ich ohne viel Bedauern. Ich meine, daß sich für einen eifrigen Mitarbeiter ein Plätzchen innerhalb des Rahmens des Menschentums auch ohne solche Einreihung finden müsse. Aber eine für mich später wichtige Folge dieser ersten Eindrücke von der Universität war, daß ich so frühzeitig mit dem Lose vertraut wurde, in der Opposition zu stehen und von der ›kompakten Majorität‹ in Bann getan zu werden. Eine gewisse Unabhängigkeit des Urteils wurde so vorbereitet.«[5]

Ein gutes Stück Elitismus ist in dieser Situation überlebensnotwendig, wenn man sich nicht knicken lassen will.

Es ist heute schon schwierig, sich die groben Formen, die Antisemitismus auch in sonst zivilisierten Zeiten annehmen konnte, anschaulich zu machen, trotz des Wissens um die Judenvernichtung im »Dritten Reich« und die Juden-Pogrome, die eine durch die Zeiten immer wiederkehrende Katastrophe sind. Vor allem ist der christlich-klerikale Antisemitismus etwas in Vergessenheit geraten. Ich will deshalb im folgenden konkret werden und am Beispiel der Behandlung Gustav Mahlers vor allem im »Deutschen Volksblatt«, einer Tageszeitung der Wiener Christlichsozialen des populären, populistischen und antisemitischen Bürgermeisters Lueger,[6] vorführen, was der jüdische Intellektuelle damals über sich und seinesgleichen beim Frühstück in der Zeitung lesen konnte.[7]

Gustav Mahler ist in vielfacher Hinsicht für diese Untersuchung interessant: Er hat Schönberg finanziert und beeinflußt, ihm durch seine Unterstützung wohl auch einiges an jenen Skandalen vermittelt, die sich an dem mächtigen Hofoperndirektor nicht ganz so austoben konnten wie an dem ungeschützten und exponierten jüngeren jüdischen Komponisten, er ist ein wichtiger Vermittler zu Wagner und zu der Hingabe an das autonome Kunstwerk. Und er ist vor allem auch ein starkes Beispiel dafür, wie in Wien damals mit jener Avantgarde umgesprungen wurde, die heute als »österreichische Tradition« in Anspruch genommen wird.[8] Genauer gesagt: Mahler kann exemplarisch für das stehen, was jenes Bürgertum, das sich künstlerisch engagierte, dem der politische Einfluß versperrt war und das dazu noch antisemitisch diskriminiert wurde, einstekken mußte, wenn es sich auch nur in die »große« Kulturpolitik vorwagte. Um so verständlicher wird die Neigung der Intellektuellen, sich (nach dem Typ »Secession«) in Zirkeln zu organisieren oder die »öffentliche Einsamkeit« zu pflegen.

Was heute leicht vergessen (wenn nicht verleugnet) wird: Um die Jahrhundertwende gab es in Europa einen gut entwickelten Antisemitismus, wie er sich z. B. auch in der französichen Dreyfus-Affäre äußerte, die Theodor Herzl so beeindruckte.[9] Dieser Antisemitismus war aber wohl nirgends ausgeprägter als in Wien mit seinen Deutschnationalen und Christlichsozialen, also gleich zwei antisemitischen Richtungen, verkörpert durch Georg Ritter von Schönerer und Bürgermeister Karl Lueger – und eine Reihe von unbekannteren und zum Teil noch merkwürdigeren Figuren. Die Antisemiten *herrschten* im Wien der Jahrhundertwende, fühlten sich aber, wie es zu dem Paranoia-System gehört, zugleich von allen Seiten bedrängt, und das nicht nur von den Juden, sondern auch von Tschechen, Ungarn, Polen, Ruthenen, Italienern – vom gesamten »nicht-deutschen« Kaiserreich, in dem es in der Tat gärte und rumorte. Bekanntlich konnte Hitler hier sein antisemitisches Wahnsystem voll ausgebaut aufnehmen, er mußte praktisch nichts selbst dazuerfinden, nur mit der Umsetzung Ernst machen.[10]

An dem, wenn auch katholisch getauften, böhmischen Juden Gustav Mahler, der es zum Hofoperndirektor brachte und dort noch dazu rigorose künstlerische Ideen zu verwirklichen versuchte, konnte sich das früh austoben. Andere Bildungsbürger konnten bei der Gelegenheit in der Zeitung mitverfolgen, daß und wie sie zu »Fremden« und zur Verkörperung der Ursache allen Übels erklärt wurden, daß ihnen ein Ort als Außenseiter in der Hauptstadt der Monarchie zukam. Ohne »Nation« im Hintergrund wie etwa die Tschechen, dafür aber mit dem Bewußtsein einer Geschichte von Pogromen einerseits, dem einer tiefen Integration in diese »deutsche« Kultur andererseits, war diese Morgenlektüre sicher nicht so richtig aufbauend. Ich halte es für notwendig, sich diese Diskriminierung auch im Ton zu vergegenwärtigen, wenn man jene vielgepriesene Jahrhundertwende verstehen und ein bißchen nachvollziehen will, was sie für die Intellektuellen bedeutet hat, die ihre Kultur schufen und trugen.

Der Skandal Gustav Mahler

Der Mythos von der Vertreibung Mahlers aus Wien

Praktisch alle Mahler-Biographien gehen in mehr oder weniger starker Form davon aus, daß Mahler 1907 durch eine Presse-Kampagne aus der Direktion des Wiener Hofoperntheaters und aus Wien vertrieben wurde. Für diese Deutung scheint vor allem Paul Stefan verantwortlich zu sein und später Alma Mahler.

Paul Stefan, Musikschriftsteller, Mahler- und Schönberg-Anhänger, Mitbegründer des Ansorge-Vereins, stabiler Redakteur der »Musikblätter des Anbruch«, veröffentlichte 1910 eine Studie über Mahlers »Persönlichkeit und Werk«, gab ebenfalls 1910 zu Mahlers 50. Geburtstag ein Buch der Widmungen heraus und hatte sich 1908 nach Mahlers Abgang aus Wien vor allem gegen seinen Nachfolger Weingartner und besonders dessen Neuinszenierung des »Fidelio« (eine Rücknahme und damit praktische Kritik der Mahler/Rollerschen Inszenierung) empört. In diesem Pamphlet »Gustav Mahlers Erbe«, das zugleich eine nützliche und auch heute noch verwendete Darstellung der zehn Hofopern-Jahre Mahlers ist, wird vor allem der Kritiker Robert Hirschfeld von der »Wiener Abendpost«[11] für die »Hetze gegen Mahler«, das »Preßtreiben«, die »Beschimpfungen und Verdächtigungen«[12] verantwortlich gemacht.

Robert Hirschfeld war, wie sich seinen Kritiken entnehmen läßt, in der Tat kein besonderer Mahler-Verehrer, aber diese Kritiken klingen andererseits auch nicht so, wie man sich eine »Hetz-Kampagne« vorstellt. Hirschfeld hält offenbar – womit er nicht allein stand – mehr von dem Dirigenten als dem Komponisten Mahler. Und er hat sehr deutlich etwas gegen die Inszenierungen Alfred Rollers, besonders gegen seinen »Fidelio«. Am 6.2.1907 (in der Rezension der »Walküre«-Inszenierung) schreibt er dazu in der »Abendpost« zusammenfassend:

> »Schon gegen die Rollersche Szenierung des ›Fidelio‹ und des ›Rheingold‹ wurde an dieser Stelle eingewendet, daß die dekorativen Elemente das Menschliche unterjochen. Der Hof der Gefangenen in ›Fidelio‹ hat gewiß ›Stimmung‹ – links oben das grüne Gartenlicht u.s.w. – doch an den hochragenden, finsteren Mauern kriechen die Menschlein herum, und es gelingt ihnen nicht wie dereinst, durch ihren Gesang, durch den Ausdruck, durch ihr persönliches Dasein Stimmung zu erzeugen. Wir erblicken schauernd die Mauern, und die Menschen sind nur wie Ornamente. Ein Ausgleich muß möglich sein.... Die Taten Rollers sind musikfeindlich oder doch musikfremd.«

Über diese merkwürdige Betonung des »Menschlichen« und der »Stimmung« mag man denken wie man will, eine *Kritik* ist das jedenfalls und keine »Hetze«, schon gar nicht eine gegen Mahler. Über ihn wird vielmehr am Tag davor in einer ersten Kurz-Kritik (5.2.1907, S. 3) nach der Mitteilung, daß Mahler sich entschlossen habe, doch selbst zu inszenieren und die Aufführung zu leiten, gesagt: »Diesem Entschlusse dankte man eine geniale Interpretation des Werkes, zugleich eine freie Mahler-Phantasie über Wagnersche Tempi.«

Und insgesamt heißt es über Mahler und die »Walküre« am 6.2.1907:

> »Die Aufführung als Ganzes glich einer genialen Improvisation, wie aus einem Momente der Begeisterung hervorgetrieben. Man merkte nichts von den Mühen der vorangegangenen Arbeit. Freiheit lebte in jedem Takte; das Tempo war in maßloser Beschleunigung und Zurückhaltung häufig von Willkür diktiert; die Dynamik des unsäglich fügsamen Orchesters bestimmte Direktor Mahler je nach der augenblicklichen Stärke oder Schwäche des Sängers. Dieses teils fühlig nachgleitende, teils energisch befeuernde Wesen der Aufführung ist untrennbar mit Mahlers Taktstock verbunden. Der Grundzug war Leidenschaftlichkeit und von so individueller Art, daß jede andere Führung das Bild sofort verändern müßte. Uns bangt vor dem Abend, da die ›Walküre‹, wie es mit den anderen Werken, die Gustav Mahler einstudierte, regelmäßig geschah, einem anderen Dirigenten zufallen wird.«

Das ist hohe Anerkennung, verbunden mit Einwänden im Detail – eine »Kampagne« sieht anders aus.

Hirschfeld hat allerdings eine Eigenschaft: Er verfügt über eine sarkastische Ironie – und die kann schon irritieren. In einem Totalverriß von Mahlers Sechster Symphonie schreibt er etwa am 10.1.1907, S. 1ff., in der »Wiener Abendpost«:

> »Man glaube nicht, daß der Tonsetzer Gustav Mahler durch seltsame Klänge und Schlager nur verblüffen will. Nein, er steht unter einem künstlerischen Zwang. Wenn er nichts anderes als dürftige, nichtssagende Themen findet und gleich im ersten Satze zu Brahms, Liszt und Bruckner sich wendet, um ihnen Motive abzunehmen, so kann er schließlich nur mit Trommeln und Ruten noch neue Wirkungen erzielen... Ihm mangelt aber die innere, wahre schöpferische Kraft. So greift er denn in der tragischen Sinfonie auf dem höchsten Punkte der Erregung zum Hammer. Er kann nicht anders. Versagen die Töne, so fällt ein Schlag...«

Und über Schönberg heißt es am 5.3.1907, S. 1f.:

> »Nur unmusikalische Menschen kommen durch die Schönbergschen Notenablagerungen in Erregung, denn sie glauben dabei an Kunst. Der Musiker weiß sofort, daß er keine Musik zu erwarten hat und ist völlig resigniert.«

Das ist schon alles ein bißchen von oben herab, als Kritikergestus aber eher Produkt eines bestimmten Stils als einer persönlichen Gehässigkeit.

Zudem ist Hirschfeld schlecht geeignet als Beleg für eine Kampagne gegen Mahler am *Ende* seiner Amtszeit. Einen deutlichen Clinch zwischen Mahler und Hirschfeld hatte es bereits im Februar 1900 im Anschluß an Mahlers Aufführung von Beethovens Neunter gegeben. Bei dieser Gelegenheit befand sich Hirschfeld freilich in Gesellschaft auch der antisemitischen Presse, die den deutschen Musiker Beethoven durch den jüdischen Dirigenten verschandelt und entweiht sah. Mahler sah sich durch das Kritiker-Echo zu einem Flugblatt veranlaßt, das er bei der nächsten Aufführung im Saal verteilen ließ und in dem er auf Beethovens Taubheit und Wagners Aufsatz über die Neunte hinwies und sein Bemühen um eine dementsprechend authentische Aufführung der Musik Beethovens betonte.[13]

Insgesamt hat Hirschfeld neben kritischen und abschätzigen immer wieder auch Worte der Hochachtung und der Bewunderung für Mahlersche Produktionen gefunden. Paul Stefans Polemik gegen Hirschfeld hat ein Gegen-Pamphlet von Paul Stauber »Das wahre Erbe Mahlers« (mit dem Übertitel »Vom Kriegsschauplatz der Wiener Hofoper«) ausgelöst, in dem eine Gegen-Bilanz der Ära Mahler gezogen wird. Dort wird auch einiges aus der Kontroverse Hirschfelds mit Mahler dokumentiert.[14] Ludwig Karpath zitiert eine Bemerkung Mahlers über Hirschfeld: »Hirschfelds Ausfälle gegen mich sind so sinnlos, daß sie mich nicht interessieren. Bloß seinen Ton finde ich unerhört. Wenn man mich auch tadelt, so muß man es ›mit dem Hut in der Hand‹ vor mir tun. Es vermehrt nicht den Ruhm Hirschfelds, daß er mich rüde behandelt. Im Übrigen möge er tun, was er nicht lassen kann. Ich gehe meinen geraden Weg weiter, mich kann nichts beirren.«[15] Paul Stefan war über Hirschfeld offenbar besonders erbost, weil dieser der Fidelio-Neuinszenierung durch Felix von Weingartner gleich nach der Amtsübernahme – der unmittelbarsten Zerstörung von »Gustav Mahlers Erbe«[16] applaudiert hatte. Insgesamt, so hat man den Eindruck, entstand jedenfalls der »Mahler-Skandal« sehr stark aus dieser nachträglichen Journalisten-Auseinandersetzung mit ihren Schuldzuschreibungen.

Paul Stefan ist ansonsten noch durch seine Kultur-Chronik »Das Grab in Wien« von 1913 für die Zeit definitionswirksam geworden. In diesem Buch schreibt er über Mahlers Abgang aus Wien:

> »Und Empörung auf Empörung, Affären, Sensationen, Meldungen. Immer wieder das Gerücht, daß er nun sicher gehe, die Hoffnung auf Befreiung, Erlösung von der Tyrannis der Kunst... Unruhe, Meldungen, Meldungen. Eine Adresse mit den be-

sten Namen Wiens bittet Mahler zu bleiben. Er geht, endlich, im Juni, wirklich. Das Spiel mit dem Nachfolger...« (S. 80)

Das im Titel des Buches genannte »Grab in Wien« ist das Mahlers: Mit ihm endet für Paul Stefan eine Epoche.

Alma Mahler wiederum macht in ihren Erinnerungen den Streit zwischen Mahlers Bühnenbildner Roller und dem Ballettmeister Haßreiter für den Rücktritt verantwortlich:

»Es ist selbstverständlich, daß ich, die ich kunstbesessen war von eh und je, nur den einen Wunsch hatte: Gustav Mahler aus der Opernfron in ein freies Leben zu bringen.
Mein Wunsch sollte durch eine kleine Unregelmäßigkeit erfüllt werden, die sich Alfred Roller, Chef des Bühnenwesens, hatte zuschulden kommen lassen, und die Gustav Mahler aus Freundschaft zu Roller deckte. Roller, um es kurz zu sagen, studierte ein Ballett ohne den Ballettmeister Haßreiter ein, der seinerseits eine Probe des Ensembles ausgeschrieben hatte, zu der aber kein einziges Mitglied kam, weil alle bei Roller waren. Und der Herr Haßreiter machte keine Umwege. Er ging direkt zum Kaiser. Montenuovo sprach lange mit Gustav Mahler und sagte zum Schluß: ›Es ist das erste Mal, daß ich Sie dabei ertappe, eine Unrechtmäßigkeit zu schützen‹, und Mahler wurde fallengelassen. Nur durch seine Freundschaft mit Alfred Roller scheiterte Gustav Mahlers Stellung als Direktor der Wiener Hofoper.«[17]

Wessling gegenüber, dessen Biografien von Gustav und Alma Mahler (1983) hauptsächlich auf Interviews mit Alma Mahler beruhen, die 1962, also mit der 83jährigen gemacht wurden, hat sie außer der Affäre Roller/Haßreiter vor allem Mahlers Eintreten für Schönberg, seine Zurücksetzung der Sängerin Foerster-Lauterer und den Kritiker Ludwig Karpath verantwortlich gemacht.

»Daß sich Mahler derart (für Schönberg und gegen das Publikum, das in seinen Konzerten die Skandale inszenierte; HSt) exponierte, konnte ihm Kopf und Kragen kosten. Natürlich hatte man den für die Oper zuständigen Fürsten Montenuovo, Obersthofmarschall, instruiert. Vor allem Karpath war tätig geworden. Die guten Freunde warnten, Alma flehte ihn an, dem Hof keine Handhabe zu einer ›Zwangs-Emeritierung‹ zu geben.«
»Die Zurücksetzung der Foerster-Lauterer wog sicherlich schwerer als die Mißachtung Haßreiters. Der Kaiser und seine Schranzen empfanden diese ›Anmaßung‹ als direkten Affront gegen die Apostolische Majestät. Die Schratt war machtlos und zeigte sich beim Besuch Almas, die hinter dem Rücken Mahlers die Dinge wieder ins Lot zu bringen trachtete, von ›primitiver Solidarität‹ gegenüber der ›Berthel‹, des verflossenen Kaiser-Liebchens. Auch der Einsatz Mahlers für Schönberg, dessen offene Reden dem Hof gründlich mißfielen, schadete mehr als der ›Fall‹ Roller... Anna Moll, die Mutter, hatte es ja ›immer schon‹ vorausgesehen: Die Arroganz Mahlers gegenüber seinen Feinden habe ihn ruiniert! Mit Karpath und Goldschmidt hätte man sich arrangieren müssen, statt ›ohne leisestes Gefühl für Diplomatie‹ mit

den Hanswursten vom Schlage Schönbergs zu sympathisieren, diesem ›Durchfresser‹, dem nichts anderes übrigblieb, als Partituren für Operettenkomponisten dritter Güte anzufertigen, um nicht zu verhungern.«[18]

Die Spekulationen darüber, was bei Hofe, gar noch in Kopf und Gemüt des alten Kaisers vorging, sind natürlich nicht mehr als Spekulationen. Immerhin, wenn es stimmt, daß Alma Mahler sogar Katharina Schratt, die Vertraute des Kaisers, zu der auch die Familie Moll Beziehungen hatte, aufsuchte, um beim Kaiser gutes Wetter machen zu lassen, dann gab es die Spekulationen jedenfalls schon damals im Hause Mahler. Ansonsten gehören Personal-Affären in der Hofoper zu den gesamten zehn Jahren von Mahlers Direktionszeit. Es lohnt sich wohl nicht, im Detail auf sie einzugehen. Nicht überprüfbar ist auch, wie »bei Hofe« Schönberg und gar »dessen offene Reden« (welche eigentlich?) zur Kenntnis genommen wurden. Deutlich ist hingegen, daß Alma Mahler von Schönberg nichts hielt. Man braucht nur die einschlägigen Passagen in ihren Memoiren zusammentragen. Und Wessling (1983) gibt seinen Eindruck so wieder:

»Zu den ›Tagwerkern‹, die in den Cafés Wagnersche Parolen mit Sozialkritik mischten, die von ›Zukunftsmusik‹ redeten und von einer demokratischen Gleichberechtigung der Kunst innerhalb des menschlichen Daseinsgefüges, gehörten Arnold Schönberg und Franz Schreker. Der Sproß des ärmlichen Faktors Samuel Schönberg und der Sohn eines in Monaco Kundschaft suchenden Straßenfotografen gehörten für die Molls zur ›plebs‹. Mit denen bemengte man sich nicht. Zwar umgab beide früh ein gewiser Nimbus, aber das machte sie noch lange nicht gesellschaftsfähig... Hinzu kam natürlich, daß Schönberg sich erdreistete, berühmt zu werden, daß man zeitweilig mehr über ihn sprach als über Mahler, den sie für den ›Vater der Moderne‹ hielt. Wenn sie über Arnold Schönberg sprach, schwang stets ein Hauch von Abgunst mit. Sie hielt ihn für überbewertet, ohne es jemals direkt auszusprechen: für zweitrangig. Für einen Aufsteiger aus dem Griensteidl, dem man über Gebühr Achtung schenkte.«[19]

Der Kritiker Ludwig Karpath schließlich war, wie man Mahlers Briefen und Karpaths Mahler-Erinnerungen (1934) entnehmen kann, eine entscheidene Hilfe dabei, Mahler nach Wien zu holen und zum Hofoperndirektor zu machen – und zeitweise etwas wie Mahlers Presse-Referent.[20] Auch gab es zwischen den beiden später Spannungen, die mit einer Personal-Affäre in der Oper,[21] Karpaths Ausflippen in einem Schönberg-Konzert[22] und schließlich Karpaths Kritik daran, daß sich Mahler 1907 von der Wiener Presse nicht verabschiedete, zusammenhingen. Was Wessling[23] über Karpaths Feindschaft zu vermelden weiß, beruht wohl auf einem Irrtum, den er von Alma Mahler übernommen hat: Karpath habe »überall herumerzählt«, er allein sei für Mahlers Berufung nach Wien verantwortlich. Mahler habe ihn als »frisch Ernannter« deswegen »gestellt«, und ab da hätte ihn Karpath gehaßt. In Karpaths Darstellung sieht das anders aus, nämlich so, daß er eine weit schwächere Bemerkung nichtsahnend einer gewissen Alma Schindler-Moll gegenüber machte, die sie wiederum Mahler dramatisiert weitererzählte, daß sich die beiden – Mahler und Karpath – darüber aber verständigen und aussöhnen konnten.[24] Danach muß sich diese Episode auch 1901 abgespielt haben und nicht kurz nach Mahlers Ernennung (1897). Karpath schildert den Auftritt, den er mit Mahler bei der Gelegenheit hatte, so detailreich, daß er schon sehr gut erfunden sein müßte, während Alma Mahler mit Karpath damals offenbar keinen Kontakt mehr hatte.[25] Mahlers Briefen kann man entnehmen, daß, wie die Herausgeberin Herta Blaukopf anmerkt, 1905 jedenfalls »das Verhältnis Mahlers zu Karpath allmählich erkaltet war«,[26] das anfangs sehr eng gewesen war, wie Mahler in dem bekannten Brief des Dankes für Hilfe beim Gewinnen des Hofopern-Postens in Wien unmittelbar nach Vertragsabschluß Karpath bestätigt.[27] Es finden sich aber nirgends Belege, daß Karpath zu irgendeinem Zeitpunkt besonders aktiv *gegen* Mahler »gehetzt« hätte. Er mag ihm freilich als »Presse-Referent« gefehlt haben, als er sich nicht mehr aktiv *für* ihn einsetzte. Allerdings hat Karpath 1907 sogar in dieser Funktion noch einmal für Mahler gewirkt, indem er »Eine Unterredung mit Gustav Mahler« führte und im »Neuen Wiener Tagblatt« veröffentlichte, in der Mahler den verschiedenen Gerüchten seine Sicht der Dinge entgegensetzen konnte.

> »Es ist also zunächst völlig unwahr, daß mich irgendwelche ›Affären‹ gestürzt hätten. Ich bin überhaupt nicht gestürzt worden, ich gehe aus eigenem Antriebe, weil ich meine völlige Unabhängigkeit erreichen will. Und dann auch, und dies in erster Reihe, weil ich zu der Erkenntnis gekommen bin, daß die Opernbühne an sich eine Institution ist, der für die Dauer nicht beizukommen ist.«[28]

Ähnlich schwer fällt es, mit den an derselben Stelle von Wessling genannten Namen Korngold und Decsey eine Kampagne gegen Mahler zu verbinden. Von Ernst Decsey, dem Musikreferenten der Grazer »Tagespost«, wird in Mahlers Briefen noch 1909 als »Freund Decsey« gesprochen, der gegrüßt werden soll.[29] Und Julius Korngold, der Musikkritiker der »Neuen Freien Presse«, hat sich zwar wie alle Kritiker nicht nur und immer enthusiastisch über Mahler geäußert, aber doch häufig genug. Die Episode mit seinem Sohn Erich Wolfgang, den Mahler angeblich nicht genug als Wunderkind würdigte, was Julius Korngolds Zorn auf

Mahler gelenkt hätte, klingt in sich unglaubwürdig genug. Hinzu kommt, daß sie in Alma Mahlers Erinnerungen selbst dezidiert auf »nach Ostern 1908«, also lang nach Mahlers Rücktritt, gelegt wird und daß dort nur von Mahlers Begeisterung über das begabte Kind die Rede ist.[30] Und von Richard Specht wie von Paul Stefan wird 1920 im Mahler-Heft des »Anbruch« Julius Korngold als einer der verläßlichen Freunde Mahlers geführt. Korngolds Mahler-Rezensionen sind im übrigen immer von ausgesprochener Hochachtung getragen, selbst und gerade, wenn sie kritisch sind. Vielleicht war Korngolds großes Feuilleton über Mahler vom 26.1.1907, S. 1–4, ärgerlich. In ihm wird die Kritik in ein Bild gepackt, das Mahlers Sechster zugeschrieben wird: Ein starker Dur-Dreiklang, aus dem sich ein Moll-Akkord entwickelt, und die beiden gehören unlösbar zusammen. Es wird hervorgehoben, daß dem »revolutionären Temperament, das durch ein leitendes k.k. Hofamt wirbelte«, einmalige Gesamtkunstwerke gelungen seien. Der Preis dafür sei aber, daß die übrigen Kapellmeister verkümmern mußten, daß die Neueinstudierungen viel Zeit brauchten, was eine große Zahl von »Novitäten« verhindere, daß es auch »Werkeltagsaufführungen neben der feiertäglichen Kräfteanspannung« geben müsse. Vorsichtig kritisiert wird auch die Ensemble-Idee, die Mahler glauben lasse, die Sänger seien untereinander auswechselbar, was für erste Kräfte nicht gelte. Auch auf die »grausamen Gastspiele« als Versuche, das Ensemble aufzufüllen, wird hingewiesen. Am Schluß heißt es dann:

> »Stellen wir eine brutale Frage. Läßt sich so leicht ein Ersatz denken für Mahler? Es kann nur ein – Anderer kommen, und gewiß nicht ohne neue Schwächen, ohne sein spezielles Moll. Was nicht ausschließt, daß wir nichts sehnlicher wünschen, als daß Mahler in seiner weiteren Direktionsführung die symbolische Akkordfolge so färbe wie in jener Symphonie, einem Fortissimo des Durakkords nur ein verklingendes, ja sich ganz verflüchtigendes Pianissimo des Mollklanges folgen lasse.«

Ich halte die Vermutung für nicht ganz abwegig, daß Alma Mahler ein wenig konfabuliert hat, während eine Mahler-Gemeinde, in ihr sehr artikuliert Paul Stefan, eine Enttäuschung abzuarbeiten hatte. Unabhängig davon sieht die vorhandene Information, darunter nicht zuletzt, was Mahler selbst zu der Zeit zu sagen hatte, so aus, daß es Mahler reichte. Er wurde nicht von einer Presse-Kampagne aus Wien vertrieben, sondern sein Interesse verschob sich: Nach zehn Jahren Opernarbeit war *dieser* Schwung ein wenig aufgebraucht, seine Symphonien und seine auch internationale Dirigenten-Tätigkeit interessierten ihn mehr. Daher ließ er die Dinge ein wenig schleifen und nahm sich öfter frei, um auswärts als Komponist und Dirigent gefeiert zu werden. Das wurde von den Kritikern auch bemerkt. Dazu kamen im Sommer 1907 der Tod seines Kindes und die Entdeckung seiner Herzschwäche. Schließlich gab es das wirklich blendende Angebot aus New York. Also gab er den Hofoperndirektor auf. Was soll daran eigentlich besonders erklärungsbedürftig oder gar aufregend sein?

Die antisemitische Hetze gegen Mahlers Bestellung

Aufregend ist viel eher, wie Mahler in Wien *empfangen* wurde und wie Teile der Presse *die ganze Zeit* mit ihm umsprangen, wie offen antisemitisch Mahler von Anfang an und mit der Zeit eher abnehmend besonders von den Blättern der in Wien herrschenden Christlichsozialen bekämpft wurde. Das »Deutsche Volksblatt«, auf das ich mich im folgenden konzentrieren will, war das neben der »Deutschen Zeitung« entscheidende und quasi »offizielle« Organ der christlichsozialen Partei Luegers. 1897, als Mahler Hofoperndirektor in Wien wurde, trug das »Deutsche Volksblatt« auf der ersten Seite unten den Balken »Kauft nur bei Gesinnungs-Genossen« und präsentierte eine entwickelte Theorie, nach der eine jüdische Clique im Verbund mit der liberalen »Judenpresse« das Wiener Kulturleben beherrschte und Nicht-Juden gar nicht erst aufkommen ließ. Diese Theorie wird mit mehr oder weniger Anlaß mehr oder weniger programmatisch immer wieder exponiert. So findet sich etwa am 1.4.1897 auf S. 6 ein durchaus nicht als Aprilscherz gemeinter Artikel über ein geplantes »Jubiläums-Theater«, in dem es heißt:

> »Heute besitzt der Schriftsteller, der nicht zur ›Concordia‹-Clique gehört, keine Heimstätte in Wien. Er findet kein Theater, keine Zeitung, keine Verleger. Die Juden schreiben *für* das Theater, sie schreiben *über* das Theater und sie spielen im Theater. Sie dirigieren fast alle Zeitungen und sie boykottieren den Verleger, der ein Buch herauszugeben wagt, welches ihre Kreise stört, sie schweigen seinen Verlag todt. Diesem unnatürlichen Zustand muß ein Ende bereitet werden...
> Was heute in Wien Geltung hat auf dem Theater, ist Jude. Fulda, Schnitzler und Ebermann sind die großen Leuchten des Burgtheaters... Und so übt der jüdische Einfluß in allen Spielarten unausgesetzt seine Wirkung auf uns aus, so sieht man ihn überall am Werke, den Juden materiell und moralisch zu fördern, ihn zum *Herrn* des deutschen Literatur- und Theaterwesens zu machen.
> Es ist wahrlich an der Zeit, daß dagegen angekämpft werde! Nicht durch Judenverbrennungen auf dem Theater, nein, durch *Thatsachen*, durch den *Bestand* einer

»Die Mahler-Schachtel«: Sammlung Alban Bergs mit Andenken an Gustav Mahler

Deutschen Volksbühne in unserer Mitte, auf welcher der grandiose jüdische Kunstschwindel unserer Tage *nicht heimisch* ist. Ein solches Theater braucht nicht zu kämpfen, es braucht blos zu sein! Es braucht nicht gegen die Juden zu wirken, es soll nur ohne sie bestehen. Aber schon das erscheint der jüdischen Unduldsamkeit als ein Verbrechen.«

Ähnlich am 3.6.1897, S. 9, in dem Artikel »Die jüdischen ›Volks‹dichter im antisemitischen Wien!«:

»Daß unsere talentvollen Stammesbrüder – ›jüdischer Confession‹ auf allen Gebieten, wo sie erscheinen, in kürzester Zeit ihre Stammesbrüder ›christlicher Confession‹ entweder mit den verschlagensten Mitteln hinausdrängen oder hinausekeln, ist eine so allbekannte Sache, daß man im Allgemeinen darüber wohl kein Wort mehr zu verlieren braucht...
Das Wiener Theater des leichteren Genres ist total verjudet, sollen die christlichen Autoren nicht ganz verkümmern..., so muß das christliche Volk... die Directoren zwingen, im antisemitischen Wien nicht in geradezu provocatorischer Weise nur die Stücke jüdischer Journalisten zu pflegen...«

Oder am 22.6.1897, S. 1f., der Leitartikel »Das Judenthum in der Kunst«, in dem die jüdische Kritik und die jüdische Presse vor allem dafür verantwortlich gemacht werden, daß sich die Juden in der Kunst so durchsetzen.

Oder als letztes Beispiel dafür der Artikel »Deutsche Kunst im deutschen Wien!« vom 5.10.1897, S. 7. In ihm wird jetzt auch statistisch zu zeigen versucht, daß an den Wiener Theatern weniger »deutsche« Autoren aufgeführt werden als »Deutschsprechende Juden, Engländer, Franzosen und Italiener«:

»Wir haben an dieser Stelle in den letzten Wochen zu wiederholtenmalen auf die drohende Slavisierung, Verwälschung und Verjudung unserer Oper und die damit verbundene Zurücksetzung deutscher Autoren hinweisen müssen. Leider hat dieser Appell bisher keine Wirkung gemacht. Im Gegentheil, wenn man den Spielplan der laufenden Woche betrachtet, muß man zu dem Schlusse kommen, daß auf diesem Wege eher ein Fortschreiten als ein Stillstand sich bemerkbar macht.«

Nach der abgedruckten Statistik betrifft das freilich nicht die Hofoper, in der für den Untersuchungszeitraum 11 »Deutsche« und 2 »Italiener« ausgewiesen sind. (Text und Statistik stehen überhaupt in einem etwas undurchsichtigen Verhältnis zueinander.) Nichtsdestoweniger heißt es am Schluß:

»Es bedarf wohl keines weiteren Beweises, wie Recht wir hatten, als wir über die Zurückstellung der deutschen Componisten an unserer Oper Klage führten und auf das fast ausschließlich von slavischen, jüdischen, italienischen und französischen Musikern bestrittene Novitätenprogramm des Herrn Mahler aufmerksam machten.«

Gustav Mahler war im Rahmen dieses antisemitischen Verfolgungssystems einfach ein weiteres Beispiel, allerdings an höchst prominenter Stelle. Dementsprechend wurde zuerst die Entdeckung hinausposaunt, daß Mahler »ein unverfälschter Jude« sei:

»›Ganz in der Still' und in der G'ham‹ vollzog sich an unserer Hofoper das Engagement eines Capellmeisters, von dem einige Blätter nur zu berichten wissen, daß derselbe sogar als Nachfolger des bisherigen Directors dieses Kunstinstitutes in Aussicht genommen sei. Herr *Mahler* heißt die neue Größe, dem die Wiener Judenpresse Weihrauch mit vollen Händen streut...
Uns interessiert nur der Umstand und die Thatsache, daß der neue Dirigent der Hofoper, Herr *Mahler, ein unverfälschter Jude ist*... Der jüdische Capellmeister Mahler ist nur dazu ausersehen, um Hanns Richter zu ›imponieren‹... Daß Davidl-Mahler in künstlerischer Beziehung Hanns Richter überlegen und befähigt sei, in künstlerischer Weise zu schlagen, das anzunehmen dürfte trotz seines ausgesprochenen Selbstbewußtseins nicht einmal Herr Mahler wagen. Ganz anders gestaltet sich aber die Sache, wenn etwa, wie es den Anschein hat, Herr Mahler dazu berufen sein soll, Hanns Richter ›hinauszuekeln‹. Diese Möglichkeit geben wir zu.«[31]

Mahler war zu dieser Zeit schon zum katholischen Glaubensbekenntnis übergetreten, aber das war es offenbar nicht, woran die Antisemiten einen Juden identifizierten.

Irritierend war dann freilich, daß dieser Mahler sich als ausgesprochener Wagnerianer herausstellte, der sein Debut als Dirigent mit dem »Lohengrin« gab. Um so dringender wurde es, den eigenen Kandidaten, den »deutschen« Hanns Richter, seit Jahren Kapellmeister an der Hofoper, zu verteidigen – was allerdings merkwürdig schwach ausfällt:

»(Eine geradezu widerliche Reclame) bereitet die Wiener Judenpresse dem jüdischen Capellmeister der Hofoper, Mahler... wenn ein Leser dieser Blätter so naiv wäre, die aufdringliche Reclame, die das gesammte literarisch-musikalische Judenthum Wiens Mahler bereitet, als eine unbefangene Kritik unserer Patent-Kritikaster aufzufassen, der müßte zu der Überzeugung gelangen, daß die Schönheiten der Wagner'schen Musik von Mahler für das Wiener Publikum erst entdeckt worden wären... Hanns Richter, der Intimus Wagner's, hat also bisher Wagner nicht verstanden...« (20.5.1897, S. 7)

»Zum Saisonschluß» heißt es dann am 13.6.1897, S. 8:

»Über die Hofoper ist die gesamte jüdische Presse einig: ›Die bedeutendste Novität des abgelaufenen Jahres heißt Gustav Mahler‹ (schreibt die ›Neue Freie Presse‹) und die des nächsten Jahres wird erst recht so heißen, denn die ganze Clique arbeitet mit Hochdruck darauf hin, aus dem Capellmeister Mahler einen Hofoperndirector Mahler zu machen. Nie ist in Wien ein Capellmeister in der Weise, wie Mahler, emporgehoben worden. Aber man merkt die Absicht und wird verstimmt. Unseres Erachtens ist ein jüdischer Hofoperndirector heute eine Unmöglichkeit.«

Daß dieser Mahler dann Mozart dirigiert, kann man ihm auch nicht gut vorhalten. (Oder jedenfalls: So weit geht es dann doch nicht, daß man das auch noch denkbare Argument hervorzöge, ein Jude könne oder dürfe Wagner oder Mozart nicht dirigieren.) Und mit dem eigenen Kandidaten hat man auch seine Schwierigkeiten – aber trotzdem:

»Hofoperntheater. Gestern dirigierte Herr Mahler zum erstenmal Mozart's ›Figaro‹...
Hanns Richter, der oft, das kann ja nicht geleugnet werden, manchmal etwas bequeme, wenn er in Stimmung ist, aber doch unübertreffliche Wagner-Dirigent, und Meister Jahn, der feinsinnige Mozart- und Massenet-Interpret bedeuten ja natürlich nichts mehr, seit ›Er‹ erschienen, der Göttliche, der Einzige, den sie als ›ihren‹ musikalischen Messias mit Hosiannah begrüßen, weil er ›ihren‹ Stammes ist. Ich werde natürlich gegenüber Mahler, weil er zu ›Jenen‹ gehört, nicht in den gegentheiligen Fehler verfallen und leugnen, daß er ein geschickter, sagen wir sogar raffinirt geschickter Dirigent ist. Ungewöhnliches finde ich aber nicht an ihm und das muß ich mit aller Entschiedenheit betonen, es gibt der ›Unseren‹ genug, die mindestens dasselbe leisten wie Herr Mahler...
Mahler's Engagement im gegenwärtigen Momente muß als ein Schlag in's Gesicht der Mehrheit der Wiener Bevölkerung empfunden werden, für den freilich nicht Herr Mahler, sondern *die* verantwortlich zu machen sind, die ihn hierher beriefen...« (15.8.1897, S. 7)

Kritisch wird die Sache aber, als zu melden ist, daß der bisherige Direktor Jahn sich tatsächlich pensionieren lassen will. Es wird gefordert, alles zu tun, um Jahn zu halten.

»Sollte das nicht gelingen, *so darf*, das sei mit größtem Nachdruck hervorgehoben, Herr *Mahler* aber *keinesfalls der Nachfolger Wilhelm Jahn's werden.* Ich schweige heute von den Gefühlen, die diese Ernennung bei der überwiegenden Mehrzahl der Wiener Bevölkerung wachrufen müßte, die trotz der wenige Tage vor der Berufung Mahler's an unsere Oper vollzogenen Taufe dieses Herrn, seine Ernennung zum Director unserer Oper als einen Schlag in's Gesicht empfinden werde. Ich verweise heute nur auf das *Interesse der Oper* selbst. Herrn Mahler's Ernennung zum Director würde einer Katastrophe für dieses Institut gleichkommen. Sie würde uns außer dem Verlust Wilhelm Jahn's auch den Hanns Richter's zuziehen...«[32]

Vorübergehend wird eine Formel gefunden, die Mahler persönlich ein wenig aus der Schußlinie nehmen würde:

»Nur ein, von verschiedenen Seiten in die Debatte geworfenes Moment möchte ich heute streifen, den versteckten Vorwurf, als ob die oppositionelle Stellung eines Theiles der nationalen Presse gegenüber Herrn Mahler nur auf seine Racenzugehörigkeit zum Judenthum zurückzuführen sei. Demgegenüber bemerke ich, daß ich es selbstverständlich für ungehörig halte, daß ein Jude an die Spitze des ersten deutschen Operninstitutes berufen wird, wie ich auch überzeugt bin, daß dieselben Herren, deren Collegen jetzt zum Boykott des Pilsener Bieres und Prager Schinkens auffordern, logischerweise Zeter und Mordio schreien müßten, wenn man jetzt einen Tschechen zum Director unserer Oper machen wollte. Die Vorwürfe, die ich aus diesem Grunde zu erheben habe, richten sich aber ebenso selbstverständlich nicht gegen Herrn Mahler, dem man es natürlich nicht verdenken kann, wenn er den gut bezahlten Posten in Wien, den man ihm anbot, nicht ausschlug, sondern gegen die Personen, die ihn hierherberufen und die dadurch beitragen, unsere Oper ihres deutschen Charakters allmälig zu berauben.«[33]

Dann allerdings entdeckt man im Programm Mahlers die »Verjudung, Slavisierung und Verwälschung unserer Oper«, und damit ist die Schonzeit vorbei (um einen heutigen Frankfurter Kulturpolitiker zu zitieren):

»Was wir als Folge der Berufung des Herrn Mahler auf den entscheidenden Posten in der Leitung unserer Hofoper vorausgesagt haben, die Verjudung unserer Oper, wird also Thatsache ... Drei slavische und zwei jüdische Werke sollen die nächsten Novitäten unserer Oper bilden und die deutschen Componisten haben das Nachsehen ... Noch ist Herr Mahler nicht definitiv ernannt, noch haben die berufenen Factoren Zeit, zu überlegen, welchen Strömungen sie die Thür öffnen, wenn sie Herrn Mahler an die Spitze unserer Oper stellen ...
Es ist wahrlich übergenug, daß in der Politik den Tschechen ein den der Deutschen überwiegender Einfluß eingräumt wird. Auf dem Gebiet der Kunst möchten wir daher sehr energisch bitten, daß man sich im deutschen Wien, an den Ausspruch Richard Wagner's hält: Ehret Eure deutschen Meister!« (25.9.1897, S. 9)
»Läßt man Herrn Mahler ruhig weiter so schalten, wie er es nach dem in der ›Extrapost‹ verlautbarten Novitätenprogramm Willens ist, so laufen wir Gefahr, daß auch wir einst von der Nachwelt derselben Sünden gegen den deutschen Geist schuldig befunden werden, deren wir die Zeitgenossen Mozart's anklagen. Noch ist es Zeit, einen *deutschen* Mann an die Spitze unserer Oper zu berufen, möge unsere Hoffnung, daß dies doch noch geschieht, nicht zu Schanden werden.« (28.9.1897, S. 7f.)

Schließlich ist es dann aber passiert, und nur mehr der Verweis auf mögliche Unregelmäßigkeiten bei einem früheren Engagement wird als schon etwas verzweifelter Versuch der Desavouierung noch angebracht.

»Wie einige Herrn Mahler nahestehende Blätter wissen wollen, hat seine Ernennung zum Director unserer Oper bereits die Genehmigung des Kaisers erhalten und wird demnächst verlautbart werden. Herrn Mahler's Einkommen ist ein höheres, wie das seines Vorgängers der, wie wir zu unserem lebhaften Bedauern erfahren, nun auf dem einen Auge völlig blind geworden ist. Die Judenblätter begleiten die Ernennung ›ihres‹ Mahler mit vielspaltigen Freudenartikeln. Sie haben auch alle Ursache dazu, ob auch unsere Oper, das möchten wir bezweifeln. In *Ofen-Pest* wenigstens war man *froh,* Herrn Mahler seinerzeit *gegen die horrende Abfindungssumme von 25000 fl. los zu werden* und es ist jedenfalls sehr eigenthümlich, daß das *eine* Hoftheater einen *Beamten engagirt,* der von dem *anderen Hoftheater seiner Majestät unter so eigenthümlichen Umständen schied.*«[34]

Diese Geschichte wurde später nochmals aufgebracht und hat auch Karpath, wie er schildert, beschäftigt. Er macht sich sogar noch 1930, zur Zeit der Abfassung seiner Memoiren, an eine Widerlegung der Gerüchte, die ihm, wie er meint, auch gelingt.[35]

Ansonsten macht das »Deutsche Volksblatt« um die Zeit der Ernennung Mahlers zum Operndirektor auch noch deutlich, daß den Christlich-sozialen *alles* Nicht-Deutsche zuwider ist. Besonders die Aufführung von Smetanas Oper »Dalibor« (unter der Leitung Mahlers) müssen sie ablehnen, und noch mehr, daß sich die Tschechen darüber freuen. Sie sollten nämlich besser dankbar sein, statt sich Eigenständigkeit einbilden zu wollen. Auffällig ist aber, daß die Sache diesmal nicht verschwörungstheoretisch, sondern mit Ironie behandelt wird. Von den Tschechen wird man nicht unterwandert, ihnen steht man gegenüber. Das Verarbeitungsmuster ist nicht paranoid, sondern schlicht feindselig.

»›Nulla dies sine linea‹. Kein Tag ohne neue Beweise für unsere Behauptung, daß das Nichtdeutsche sich im Wiener Kunstleben auf Kosten des Deutschen einer außerordentlichen Bevorzugung erfreut. Vorgestern in der Oper von langer Hand vorbereitete Demonstration für den Tschechen Smetana, und gestern im Theater an der Wien enthusiastische Huldigungen für den Italiener Puccini, und das Alles zur Feier des Namenstages eines Monarchen aus dem Volksstamme des vielsprachigen Reiches, dessen Geistesarbeit das ganze Ländergebiet der Dynastie erst der modernen Cultur erschloß, ohne dessen gewaltige Thaten auf den verschiedenen Gebieten der Bethätigung des Menschengeistes, sich von den Italienern abgesehen, *alle* übrigen Volksstämme dieses Reiches, die Polen, Tschechen, Kroaten, Slovenen, etc., der eingebildeten Magyaren nicht zu vergessen, auch heute noch auf einem Culturniveau befinden würden, welches wir an Kosaken, Kirgisen und Tataren beobachten können, wenig erheben würden ... insbesondere müssen sich die Tschechen glücklich preisen, daß ihr Volk seine Wohnsitze durch den Lenker des Geschicks der Völker inmitten deutscher Stämme und nicht unter den ›slavischen Brüdern‹ angewiesen erhielt ...«[36]

»Der ›reichsräthliche Club der tschechischen Abgeordneten‹ hat beschlossen, dem Director der k.k. Hofoper Gustav Mahler seinen Dank und seine Anerkennung für die Einstudirung und Aufführung von Smetana's ›Dalibor‹ auszusprechen!
... Alle Welt zerbricht sich heute den Kopf darüber, wer die Parteien des Österreichischen Reichsrathes versöhnen und eine regierungsfähige Mehrheit bilden könne. Nun kennen wir den Mann. Er heißt – Gustav Mahler. Für ihn schwärmen die Wiener liberalen Blätter nicht minder, ja vielleicht noch viel mehr als die jungtschechischen Abgeordneten und ihm lächelte, ob der Dalibor-Premiere, ja auch die ›Ostdeutsche‹ freundlich zu ...«[37]

Mahler entwaffnet die Antisemiten – erst der abwesende Mahler wird wieder von ihnen verfolgt

Es ist auffällig, daß danach der Ton zunächst einmal recht neutral wird. Mit dem einmal installierten Hofoperndirektor muß man sich arrangieren. Er entwaffnet wohl auch ein bißchen durch seine Orientierung an Wagner und die starke Neigung zu ihm. Dazu gehören auch die Veränderungen in der Organisation der Aufführung und die Versuche zur Disziplinierung des Publikums, von deren Gelingen es abhängt, ob sich Kunst als Weihespiel im Sinne Wagners einrichten läßt. Die Antisemiten haben es schwer, sich dagegen zu wenden.

»Im Hofoperntheater wird demnächst Wagner's ›Rienzi‹ neu einstudirt und neu inscenirt aufgeführt werden... Die Oper ist seit einigen Jahren vom Spielplan unserer Hofoper verschwunden und soll nun mit Aufmachung aller Striche, die bisher gemacht worden waren, wieder dem Repertoire einverleibt werden. Zu unseren Mittheilungen im Morgenblatte über den früheren Beginn der Wagner-Vorstellungen, theilt man uns mit, daß die Direction mit dieser Neueinführung vorläufig nur einen Versuch zu machen beabsichtigt. Diese Verfügung hat einzig und allein den Zweck, dem Publikum eine längere Ruhepause zu gönnen, was um so nothwendiger ist, als zum Beispiel Wagner's ›Siegfried‹ ohne jeden Strich zur Aufführung gelangt und bei ›Tristan und Isolde‹ nur *ein* Strich – und dies auch nur vorläufig – aufrecht bleibt. Überdies wurde die Einführung getroffen, daß in jeder Vorstellung eine längere Pause zur Erholung der Zuschauer eintreten wird und daß der Wiederbeginn der Vorstellung durch ein Glockenzeichen dem Publikum bekanntgegeben wird.« (16.10.1897, S. 3)

Für Mahlers Versuche zur Disziplinierung des Publikums zeigte das »Deutsche Volksblatt« Verständnis. Es tat dabei sogar mit der Aufforderung aktiv mit, Zuspätkommende auszusperren, damit sie nicht stören können und etwas bestraft werden.[38] Auch am Versuch zur Zähmung der Claque beteiligte man sich mit guten Ratschlägen.

»Hofoperntheater. Gestern Abends machte man in unserer Oper die erste Probe auf die Wirkung des viel besprochenen Erlasses Director Mahler's bezüglich der Claque. Die bezahlten Applausspender auf den Galerien fehlten thatsächlich, das Publikum blieb aber nichtsdestoweniger keineswegs unbeeinflußt... Will Herr Mahler dem Unfug der Beeinflussung des Publikums thatsächlich ein Ende machen, so nehme er auch allen Angestellten der Oper und den Inhabern von Freikarten das Ehrenwort ab, nicht zu applaudiren, sonst bleibt seine jüngst getroffene Maßregel wirkungslos...« (17.10.1897, S. 8)

Mahler schafft es, als Hofoperndirektor die feindselige Öffentlichkeit zu entwaffnen, wenn nicht zu überzeugen. Selbst in den antisemitischen

Blättern setzt eine gewisse Ruhe, fast Sachlichkeit ein. Erst am Schluß gehen die Wellen wieder ein wenig höher. Aber im Vergleich zur »Begrüßung« Mahlers in Wien ist seine »Verabschiedung« durch die Presse als ausgesprochen harmlos zu bezeichnen. Vor allem sind die antisemitischen Ausritte gegen Mahler mit wenigen Ausnahmen verschwunden. (Und das nicht etwa, weil die Christlichsozialen 1907 ihren Antisemitismus zurückgenommen hätten. Davon kann keine Rede sein.) Der Musikkritiker des deutsch-nationalen »Wiener Deutschen Tagblattes« sagt es anerkennend innerhalb eines Verrisses von Mahlers Sechster Symphonie am 5.1.1907, S. 8: »Mahler hat sich durchgesetzt, seine Werke ›ziehen‹ jetzt und dieselben Leute, die ihn noch vor wenigen Jahren verhöhnten und bespöttelten, fühlen sich jetzt zum Beifall verpflichtet. Verstanden haben sie ihn damals so wenig wie heute.«

Auch im »Deutschen Volksblatt« (5.1.1907, S. 9) wird Mahlers Sechste verrissen, aber am Schluß heißt es: »Direktor Mahlers Ruhe und Sicherheit – die bei dieser Riesenpartitur eigens hervorzuheben sind – war erstaunlich. Sie bewiesen, daß er ein Dirigent ist, wie ihn Gott nicht täglich erschafft.«

Die christlichsozialen Blätter erwähnen in diesem letzten Jahr Mahlers als Hofoperndirektor, daß er zuviel auswärts dirigiere, und in der Oper gehe es inzwischen drunter und drüber, sie berichten, aber nicht einmal besonders hochgespielt, über die Personal-Affären Schrödter und Weidt, es ist von »Direktionswirtschaft« die Rede, aber ich konnte nur eine einzige direkte Aufforderung zur Demission finden: »Ob Mahler gehen *will* oder nicht, davon ist heute keine Rede mehr, er *muß* gehen ...« (Deutsche Zeitung, Christlichsociales Organ, 2.6.1907, S. 8)

Zwei Tage später (4.6.1907, S. 7) ist in derselben Zeitung davon die Rede, daß Mahler mit Ende der Spielzeit von seinem Posten »verschwinden« werde. Einen einzigen antisemitischen Anwurf konnte ich im Zusammenhang mit Mahlers Rücktritt finden, und zwar im »Deutschen Volksblatt« (2.6.1907, S. 9):

> »Im Hofoperntheater beeilt sich Direktor Mahler noch vor seinem Scheiden dem Judentum eine Reverenz zu machen, indem er rasch noch eine Neuinszenierung der alten Oper ›Das goldene Kreuz‹ von Ignaz Brüll bringt. Die Vorstellung findet Dienstag den 4. d.M. statt.«

Gehässig wird das »Deutsche Volksblatt« erst wieder hinterher, in der Darstellung der Verabschiedung Mahlers bei seiner Abreise nach New York. Der entsprechende Bericht vom 15.12.1907, S. 9f., lautet:

»Der Abschied Mahlers. Sang- und klanglos, ohne daß ihm jemand eine Träne nachweinte, hat Mahler die Hofoper und Wien verlassen. Von der Hofoper hat er sich gar nicht verabschiedet, kein Mitglied hat dort sein Scheiden anders als mit Vergnügen wahrgenommen und diese schmähliche Situation wollte er sich offenbar ersparen. Dann arrangierten ihm seine Freunde ein Abschiedskonzert, in dem er seine letzte Symphonie dirigierte. Der Erfolg war materiell und moralisch negativ, denn das Konzert war – leer. Als es demnach auch damit nichts war, betrieben Mahlers Intimste einen Verzweiflungsakt, eine Abschiedskundgebung auf dem Bahnhofe. Das Fiasko war grenzenlos; außer den Arrangeuren hatten sich ein paar jüdische Studenten und Konservatoristinnen eingefunden, alles zusammen kaum fünfzig Personen, darunter *ein einziges* Mitglied der Hofoper! Wohl noch niemals ist ein Künstler, Komponist und Operndirektor unter schmachvolleren Umständen von Wien, der Stätte seines Wirkens geschieden.«

Wenn man das mit anderen Berichten vergleicht, dann ist dieser mit großer Sicherheit einigermaßen entstellt. Die Antisemiten hatten offenbar das Bedürfnis, eine Vertreibung mit Schimpf und Schande aus dieser Demission zu machen, und zwar erst hinterher. Sie machten sich erst an ihre Arbeit der Umdefinition, als Mahler schon weg war, sie versuchten hinterher zu suggerieren, daß er vertrieben worden sei, während vorher ziemlich klar war, daß er gehen wollte. Der vertriebene Jude ist der jämmerliche Jude. Das »Deutsche Volksblatt« der Christlichsozialen war sich als buchstäblich einzige Zeitung nicht zu schade, diese Diffamierung noch bei Mahlers Tod weiterzubetreiben.[39]

»Gustav Mahler gestorben. Gestern um 11 Uhr 7 Min. nachts ist Gustav Mahler, der ehemalige Direktor der Wiener Hofoper, im Sanatorium Loew gestorben. Er war ein von den Juden vergötterter Stammesgenosse und Liebling, der durch seine Arroganz an unserem Kulturinstitute den allgemeinen Haß der Künstlerschaft erntete. Er trug viel zur traurigen Verjudung unseres Kulturinstitutes bei. Für seine verrückten Symphonien und sein sonstiges musikalisches Schaffen hat die Judenpresse genug die Reklametrommel geschlagen. Es wäre verlockend, den widerlichen Lärm für Mahlers ›Talente‹ der gehässigen Verfolgung und Niederdrückung Wagners und Bruckners gegenüberzustellen. Doch der Tod gleicht alles aus, die beiden Großen werden den Pygmäen überleben.«

Und die Arbeiter-Zeitung wußte am 23.5.1911 über Mahlers Begräbnis zu berichten:

»Die Kommune Wien hatte es nicht als passend erachtet, sich durch einen offiziellen Abgesandten vertreten zu lassen.«

Der Skandal Mahler ist der Skandal des christlichen Antisemitismus, der zu seiner Zeit in Wien herrschte. Demgegenüber wirken die Versuche, die Ablehnung, die Mahler in Wien erfuhr, aus dem zu erklären, was er künstlerisch tat, durchaus verharmlosend, eher am »Mythos Wien«

strickend. Richard Specht etwa, auch ein früher Mahler-Biograph, hat diesen Mythos im folgenden nicht ganz kurzen Satz festgehalten:

> »Was Mahler gleich in seiner ersten Wiener Zeit eine so unentrinnbare Macht gab und was ihm dann später seine Feinde schuf, weil es zu schwer, zu anspannend und ethisch, zu streng für das gerne nur behaglich genießende Wienertum war, das solchen heiligen Ernst und solche Sittlichkeit der Kunstübung auf die Dauer nicht vertragen konnte, das war, um es mit dem schönen Wort Hermann Bahrs auszudrükken, die ›tragische Gesinnung‹, die er uns lehrte; als erster nach Wagner, ganz von seinem Geist durchdrungen, und als erster in dieser Stadt, die lieber aller gewaltigen Düsterkeit aus dem Wege ging und die, wenn es sich gar nicht anders machen ließ, durch Spott, Witz und Gelächter über das ›Peinliche‹ – und als peinlich gilt hier nicht nur das Grausame, Grelle, Marternde, sondern alle schmerzliche, gedankenschwere, in symbolischen Weltbildern sich ausdrückende Kunst – hinwegzukommen suchte.«[40]

Es ging nicht um Tragik oder Gelächter – es ging um die Ablehnung des böhmischen Juden, der sich ein Stück unangreifbar machte, weil er gar so »deutsch« seinen Wagner pflegte. Als man fast schon bereit war, den »Juden« zu vergessen, ging er weg – und jetzt mußte wieder nachgeschlagen werden. Vor den Nazis, vor Blessingers »Judentum und Musik«, war der Wiener christliche Antisemitismus der Jahrhundertwende das ausgebauteste Paranoia-System, mit dem Musik und Kunst es zu tun bekamen. Die Vernichtung des Bürgertums durch das Kleinbürgertum, vollendet erst von den Nazis, wurde in Wien schon früh vorgezeigt – eine »Versuchsstation des Weltuntergangs« in der Tat. So lange es bei der Drohung blieb, hat dieses in großen Teilen jüdische Bildungsbürgertum sich in seinem Elite-Ghetto einer konsequenten Weiterentwicklung von Wissenschaft und Kunst gewidmet – sofern und indem es ihm gelang, sich in den verschiedenen Formen »Autonomie« zu organisieren.

»Höchste Strenge ist zugleich höchste Freiheit«[41]

Die Interpretation der »großen musikalischen Revolution in Wien«, auf die hier hingearbeitet wird, hat bisher deren gesellschaftliche Infrastruktur vorgeführt: Eine bürgerliche »Subkultur« von wirtschaftlich erfolgreichen, aber politisch entmachteten und gesellschaftlich diskriminierten Bürgern und ihren Kindern, die sich, und das besonders in jener zweiten Generation, bevorzugt der kulturellen Produktion, ihrem Konsum und ihrer Förderung zuwenden konnten und das mangels anderer, direkter politischer Betätigungsfelder auch mußten; eine Ausstattung dieser Subkultur mit den entsprechenden Einrichtungen des Salons und des Kaffeehauses, die Verständigung der Künstler untereinander, vor allem aber mit einflußreichen Teilen ihres Publikums (darunter den Journalisten und Kritikern) und besonders potentiellen Mäzenen, ermöglichten; die damit gegebene Möglichkeit, sich gegen die gerade vehement stattfindende Umwandlung von Kunst in Ware zur Wehr zu setzen durch den Versuch, die Verfügung über die künstlerischen Produktionsmittel selbst in die Hand zu bekommen und sich notfalls vom großen Publikum zurückzuziehen auf ein »subkulturelles« von »Kennern«.

Diese gesellschaftliche Situation macht es *möglich*, daß Kultur sich dezidiert verselbständigt, sich gegen den Einfluß von Macht, Markt und Mode isoliert, sich ohne Rücksicht auf Zumutungen von außen ihren eigenen, internen Problemen zuwendet. Sie bekommt damit die Möglichkeit, sich auf die Produktion von Neuem, bisher Unerhörtem zu orientieren und diese Produktion zu einer hochentwickelten, esoterischen und elitären Spezialisten-Sache werden zu lassen.[42] Damit ist nicht festgelegt, was bei dieser kunst-internen Entwicklung herauskommt, es sind nur Randbedingungen dafür hergestellt, daß eine solche kunst-interne Entwicklung stattfinden und sogar forciert werden kann.

Es ist ein ironisches Zusammentreffen, daß sowohl der Drang nach Neuem als auch die dezidierte Abwendung von herrschenden Normen aller Art, mit einem anderen Wort: Skandale, sich der Warenwelt und ihren Imperativen gut einpassen, wodurch die entsprechenden Produkte sich – wenn auch mit Verzögerung – als dort gut integrierbar erweisen. Der elitäre Teil-Markt für »besondere« Produkte ist nicht nur (weil man die Preise entsprechend hoch setzen kann und muß) in sich durchaus profitträchtig, sondern er ist auch der Ort, an dem sich die Innovationen einstellen können, die morgen (in Plastik-Versionen) auf den Massen-Märkten die Illusion des Fortschritts hervorbringen. Auch der »Skandal« wird dort nicht mehr den Zufällen der Provokation und des Anstoß-Nehmens überlassen, sondern sorgfältig und wohldosiert geplant und inszeniert, weil sein Wert als Erfolgs- und Verkaufsstrategie klar ist – mit dem Effekt eines Wettbewerbs der Sensationen, der das Feld der möglichen Skandale ziemlich aufgebraucht hat. Aber das sind Weiterungen, die damals vielleicht noch nicht völlig absehbar waren.

In der hier entwickelten Interpretation des Zusammenhangs von gesellschaftlichem Zustand und Kultur (am Beispiel der Musik) soll also sicher jener über-einfache Ökonomismus vermieden werden, der etwa die »Ordnung« des Bachschen Komponierens aus der gleichzeitig herrschenden strengen Ordnung des Absolutismus »erklärt«[43] – jener Ökonomismus, der bei Adorno nach dem (unveröffentlicht gebliebenen) Aufsatz »Die stabilisierte Musik« von 1928 nicht mehr zu finden ist, in diesem aber die schönsten Blüten treibt. Etwa:

> »Der Übergang von der nationalen zur Weltwirtschaft hat seine genauen Reflexe in der Musik. Es ist dabei nicht sowohl an den musikalischen Exotismus zu denken... Entscheidend ist die Relativierung des tonalen Tonsystems selbst... Die Relativität in der Wahl der musikalischen Bezugsschemata, nicht ohne Zusammenhang mit der Relativitätstheorie der Physik, entspricht genau der Freiheit in der Wahl des wirtschaftlichen Standortes, die der Imperialismus für sich in Anspruch nimmt; die neuen Tonsysteme, auch wenn es nicht etwa romantisch-exotische, sondern rational konstruierte sind, haben als Kolonialland der Tonalität weit eher zu gelten, als daß es gelungen wäre, vom tonalen Mutterland radikal sie zu scheiden, das durchwegs als ihr bereicherter Nutznießer sie ausbeutet, auch wo den neuen Tonsystemen einige Selbstverwaltung gewährt wird; und der Streit um die Ordnungsschemata der Neuen Musik erinnert im kleinsten an die Kämpfe, die fortgeschrittenere und zurückgebliebenere Staaten um ihre Absatzmärkte ausfechten.«[44]

Diese imperialistische Aufteilung der Welt ist dann auch imstande, leicht die beiden Formen von »Stabilisierung« oder »Reaktion« verstehbar zu machen, die Adorno unterscheidet: Die stabilisierte Musik

> »scheidet sich in zwei große Gruppen, die hier, grob schematisch, die *klassizistische* und die *folkloristische* heißen mögen. Soziologisch ist der Klassizismus als die Form der Stabilisierung in den fortgeschritteneren, rational aufgehellteren Staaten zu verstehen, während die rückständigeren, wesentlich agrarischen Länder – übrigens, kurios genug, auch Sowjetrußland – und weiter die Staaten der faschistischen Reaktion dem Folklorismus zuzählen.«[45]

Schönberg und seine Errungenschaften lassen sich übrigens, wie in dem Manuskript mehrfach betont wird, so nicht erklären. Wie erwähnt: Diese Interpretation hat Adorno nicht veröffentlicht, und in den späteren, veröffentlichten Arbeiten kommt sie nicht vor. Aber sie ist trotzdem ein gutes Beispiel für die Art, wie eine gesellschaftliche Verankerung der Musik und ihrer Entwicklung – offenbar auch nach Adornos nochmals überlegter Meinung – *nicht* geht.

In Adornos späteren Interpretationen taucht die weltwirtschaftliche Arbeitsteilung nur mehr höchstens am Rande auf, in den Mittelpunkt gerückt ist hingegen der Warencharakter der Musik. Bereits in dem großen Aufsatz »Zur gesellschaftlichen Lage der Musik« von 1932 heißt es gleich anfangs:

Stefan George

»Die Rolle der Musik im gesellschaftlichen Prozeß ist ausschließlich die der Ware; ihr Wert der des Marktes.«[46]

Es kann jetzt zweifach unterschieden werden: zunächst zwischen Musik, die sich diesem Warencharakter unterwirft, und solcher, die sich dem widersetzt, und in diesem Widersetzen gibt es wieder eine tatsächliche und eine Scheinform: Musik kann die gesellschaftlichen Widersprüche, die Entfremdung, das Leiden des Individuums *darstellen* (das tun im Grunde nur Schönberg und die Seinen), oder sie kann sie *in sich zu überwinden trachten* durch Rückgriff auf überholte Formkanons in (wieder) Klassizismus und Folklorismus. Neu hinzugekommen ist jetzt die »surrealistische« Musik, die Brüchigkeit und Scheinhaftigkeit hervortreten läßt, »ohne sie mehr durch ästhetische Totalität zu überwölben«.[47] Was Adorno jetzt allerdings nicht mehr zeigt, ist, wie (und warum) sich manche Musik dem Warencharakter entzieht, für die Musik Schönbergs und Bergs ohnehin nicht, aber dann auch für den verachteten »Objektivismus« in seinen beiden genannten Spielformen nicht. Adorno findet zwar, daß »unabweislich aktuelle gesellschaftliche Analogien« sich aufdrängen würden:

»... wie im Faschismus über den ›Organismus‹ der Gesellschaft eine ›Führerelite‹, in Wahrheit nämlich die Monopolkapitalisten gebieten, so gebietet über den vorgeblich musikalischen Organismus in Freiheit der souveräne Komponist.«[48]

Aber diese sich aufdrängende Analogie wird sofort als zu simpel und nicht erklärungsmächtig zurückgenommen, ohne daß sich allerdings etwas Besseres an ihre Stelle setzen ließe. Die Frage der adäquaten Darstellung des Zusammenhangs von Gesellschaft und Musik muß jetzt offen bleiben.

Dieser ursprüngliche krude Analogie-Ökonomismus, der dann aufgegeben wird zugunsten des Modells von Ware und Entfremdung, hinterläßt tatsächlich eine Leerstelle, die Adorno durch das neue Modell nicht auffüllen kann. Es ist jetzt nicht mehr möglich zu erklären, warum es unterschiedliche Richtungen innerhalb der Kunst gibt und wie es überhaupt reaktionäre Kunst geben kann. Abstrakt läßt sich sagen, daß gerade in der Waren-Wirtschaft »das Nutzlose« als eigener Bereich erst ausdifferenziert, damit ein Eigenbereich von »Kunst« im emphatischen Sinn geschaffen wird. Mit der Monopolisierung wird dieser Bereich aber auch wieder aufgezehrt. Adorno kann nicht angeben, warum welche Künstler sich gegen diesen Sog halten können, ihre Autonomie sogar so weit treiben, wie Schönberg das getan hat. Adorno nähert sich hier sehr personalistischen Interpretationen: Eine strukturelle Erklärung ist offenbar nicht nötig, weil Schönberg und Berg halt einfach »groß« waren. Zugleich entsteht ein doppelter Begriff von »reaktionär»: In erster Linie ist reaktionär, was sich der Warenförmigkeit hingibt und ausliefert, dann aber auch, was sich »falsch« dagegen wehrt, nämlich durch den objektiv nicht mehr möglichen Rückgriff auf Traditionen und Ursprünglichkeiten, alte Ordnungen oder auch neue Schematismen, die das Maß der möglichen Freiheit unterschreiten.

Die bisher hier dargestellten Teile einer Interpretation zielen darauf, diese von Adorno vernachlässigte Infrastruktur der möglichen Freiheit ins Blickfeld zu rücken. »Autonomie der Kunst« ist konkret oder gar nicht: Sie wird von den Künstlern unter angebbaren Bedingungen und in angebbaren Manövern erkämpft im Sichern der Verfügung über die Produktionsmittel, der Subsistenz und des Zugangs zum (Spezial-)Publikum. In welchen Formen und mit welchem Erfolg das möglich ist, hängt vom Zustand der Gesellschaft, in der uns interessierenden Zeit besonders vom Zustand des Bürgertums ab. In der Art von Autonomie der Kunst, die damals in Wien und von Schönberg besonders gewählt wurde, die der »öffentlichen Einsamkeit« oder der »Secession« (in eine Subkultur), ist aber doch auch ein Inhaltliches angelegt: Was da an Kunst entsteht, wird elitär sein und das Publikum vernachlässigen. Es gibt andere Möglichkeiten: Brecht, der jedenfalls zu Zeiten der »öffentlichen Einsamkeit« auch nicht ganz fern stand, hat zu seinem Publikum immer ein Verhältnis der Lehrhaftigkeit einerseits und der zumindest unterstellten Solidarität, gegen die Verhältnisse und gegen die Herrschenden, behalten. Und auch ein Verhältnis des Schockieren-Wollens, der Aggression ist eine Beziehung zum Publikum – das damit im übrigen als Teil des Kunstwerks, als Teil seiner Realisation mitgedacht wird. In Adornos Verständnis von Schönberg wird dieser Elitismus selbstverständlich gesetzt. In Schönbergs Biographie und ihrer Beziehung zu den Texten, die er zur Vertonung gewählt hat, läßt sich gut zeigen, wie er zu diesem Elitismus gekommen ist. Adornos Schönberg-Interpretation, so könnte man die These zusammenfassen, bekommt ihre Richtigkeit und ihren Sinn erst auf der Grundlage der dargestellten gesellschaftlichen »Infrastruktur« von künstlerischer Autonomie, und sie kann auch in diesem Zusammenhang zumindest biographisch noch weiter zurückgeführt werden, als Adorno das getan oder auch nur versucht hat.

Schönbergs »Arbeitsbündnis« und die Befreiung der Musik

Was hier als die »Art von Autonomie der Kunst« angesprochen und in den Mechanismen der »Secession«, der »öffentlichen Einsamkeit« und der »berufsständischen Organisation« beschrieben wurde, läßt sich auch benennen als verschiedene Beispiele für künstlerische Produktionsverhältnisse. Ein wichtiger und bisher nicht systematisch behandelter Teil davon ist die Beziehung zum Publikum, die von einem konkreten Kulturprodukt, einem Genre, einem Stil, einer Kultur-Epoche hergestellt wird. Um verschiedene Typen zu benennen, würde ich vorschlagen, von »Arbeitsbündnissen« zu sprechen, die festlegen, was der Künstler vom Publikum und das Publikum vom Künstler billig erwarten kann, welche Spielräume sie im Verhältnis zueinander jeweils haben und was nicht mehr geht.[49] Diese »Arbeitsbündnisse« werden gewöhnlich nicht explizit verhandelt, aber in der Kunst-Theorie spielen sie eine wichtige Rolle. Zur Verhandlung stehen sie auch – wie das bei Normen generell so ist –, wenn einer der Beteiligten sie als durchbrochen wahrnimmt und ihre Einhaltung einklagt. Reflektierte Kulturprodukte und -produktionen spielen mit genau diesen Normen.

Für Schönberg war dieses »Arbeitsbündnis« sehr genau definiert. Es bestand einmal im absoluten Primat des Komponisten, schon vor dem Musiker und erst recht vor dem Publikum. Es bestand zum zweiten im Beinahe-Ausschluß des Publikums. Schönberg hat in Zusammenfassung der bereits zitierten Formel »das richtige Verhältnis« zum Publikum so beschrieben: »Es wird etwas aufgeführt; solchen, die es hören wollen, wird das Zuhören gestattet.«[50] Und 1930 leitete er seinen Aufsatz »Mein Publikum« mit folgendem Satz ein: »Aufgefordert, über mein Publikum etwas zu sagen, müßte ich bekennen: ich glaube, ich habe keines.«[51] Um es im Kontrast deutlicher zu machen: Wagner etwa stellt mit seiner Musik ein sehr überwältigendes Verhältnis zum Publikum her. Das Publikum soll sich (besonders im »Weihespiel«) hingeben, es soll hineingezogen und nicht losgelassen werden. Brecht stellt sich gemeinsam mit dem Publikum gegen das Vorgeführte. Die Surrealisten düpieren das Publikum.

Diesem Schönbergschen Arbeitsbündnis – das Publikum soll sich sachverständig und geduldig nähern, es soll auch hart arbeiten, um zu verstehen – entspricht sein Elitismus, der weniger mit »Genie« zu tun hat (ein bißchen schon) als mit harter, konsequenter Arbeit, die der Komponist selbst leistet und die von allen anderen ebenso beantwortet werden soll. Schönberg hat, wie Adorno immer wieder betont, das Komponieren »befreit«, indem er endgültig die traditionellen Formen und vor allem die Bindung an die traditionelle Harmonik gesprengt hat. Das geschah, wie auch Adorno es sieht, vor und unabhängig von der Entwicklung der Zwölftontechnik des Komponierens. Ich will hier also Adornos Interpretation der »Revolution« Schönbergs in seinen frühen einschlägigen Aufsätzen (bis 1934) darstellen, in denen er die Zwölftontechnik noch rückhaltlos verteidigt hat, in denen er noch keine »Dialektik der Aufklärung« auch an dieser »Revolution« am Werk sah.[52]

Adorno hebt zunächst hervor, daß die »Befreiung« nicht irgendwelcher Willkür oder Subjektivität Schönbergs zu verdanken sei, sondern vielmehr seiner erbarmungslosen Konsequenz. Er habe auch nicht bewußt und partout »etwas Neues« schreiben wollen, sondern der Versuch, ganz konkrete kompositorische Probleme in einer Situation zu lösen, in der die alten Normen nicht mehr hielten, zwang ihn zu neuen Verfahrensweisen.

> »Wohin treibt diese Harmonie, fragt er und spürt dem ›Triebleben der Klänge‹ nach; was ist Schmuck und was ist in der Sache gelegen – und beseitigt Ornamente und Symmetrien, die, zu dieser Harmonie und diesem Kontrapunkt, von der Sache sich lösten; wie läßt der Bruch von Exposition und variierender Durchführung, sinnlos nach dem Zerfall der tonalen Einheit der Sonate, sich beseitigen, wie das nach der Emanzipation falsche Übergewicht eines Tons über den anderen in der harmonisch-melodischen Struktur, wie das Auseinanderfallen von Horizontale und Vertikale – und entwickelt, als knappe, genaue Antwort, die Zwölftontechnik.«[53]

In dieser Passage sind die wichtigsten kompositorischen Probleme aufgezählt, mit denen – in Adornos Interpretation – Schönberg zurechtkommen mußte und die er so löste, daß dabei kompositorische Freiheit und musikalische Wahrheit entstanden. Adorno betont, daß das nichts mit Willkür des Komponisten zu tun hatte: »Atonalität ist nicht Zufallsprodukt experimentierenden Willens.«[54] Der Übergang vollzieht sich vielmehr durch äußerste Konsequenz in der Anwendung der Tradition. Am Beispiel der Kammersymphonie von 1906 stellt sich das so dar:

> »Die Kammersymphonie hatte... die Tonalität mit äußerster Härte auskonstruiert, anstatt sie aufzuweichen. Die Mittel aber, mit denen das geschah, Nebentonalitäten, Quarten und Ganztonreihen, die wie Klammern das letzte E-Dur zusammenzwingen, sind von solcher Macht, daß sie nicht darum versammelt bleiben, sondern frei werden; nach diesem E-Dur gibt es darum nicht mehr Chromatik und Dominanz-Tonalität, sondern die tonalitätsfreie harmonische Welt.«[55]

Auch in bezug auf die Formen gilt das: »... die Formen der Klassik, mit ihren eigenen Prinzipien ernsthaft konfrontiert, beginnen zu erzittern.«[56]

Das klingt bisher und in diesen Passagen wie eine ganz friedliche lineare Entwicklung, die an einem Punkt umschlägt. An anderen Stellen wird die »Expression« doch stärker hervorgehoben:

> »Denn die Bewegung, die Schönberg vollzogen hat, geht aus von Fragestellungen, wie sie im Material selbst gelegen sind, und die Produktivkraft, die sie in Bewegung bringt, ist eine Triebrealität, nämlich der Drang zu unverstellter und ungehemmter Expression des Psychischen und gerade des Unbewußten... Das objektive Problem aber, das diesem Drang gegenüber liegt, ist dies: wie vermag das technisch durchgebildetste Material – das also, das Schönberg von Wagner und andererseits von Brahms empfing – der radikalen Expression des Psychischen sich zu unterwerfen? Das vermag es nur, indem es sich von Grund auf verändert: nämlich alle die vorgegebenen Bindungen aufgibt, die – Spiegelungen eines ›Einverständnisses‹ der bürgerlichen Gesellschaft mit der Psyche des Individuums, welches nun von dessen Leiden aufgekündigt wird – der Freizügigkeit des individuellen Ausdrucks im Wege stehen.«[57]

Leid und der Drang nach Ausdruck von Unbewußtem sind es hier, die die Arbeit am Material in Gang setzen, nicht, wie es vorher klang, einfach technische Probleme, die ihre Konsequenz fordern. Ausdrucksbedürfnis wird hier zur »Produktivkraft« gemacht, die zur Auseinandersetzung mit den technischen Problemen zwingt. »Produktivkraft« ist an anderer Stelle der »Widerspruch zwischen Strenge und Freiheit«, der dann dem zwischen Subjekt und Objekt gleichgesetzt wird.[58]

Subjekt und Objekt, Freiheit und Strenge, Expression des Ich und vom Material vorgegebene Probleme – solche Gegensätze, die sich dialektisch vermitteln, kommen in den Schriften dieser Zeit immer wieder vor. Die Hegelsche Denkform der Dialektik, zeitlebens entscheidend für Adorno, findet sich aber auch schon in dem kleinen Aufsatz »Expressionismus und künstlerische Wahrhaftigkeit« von 1920,[59] dort als Gegenüberstellung von Ich und Welt, individuellem und typischem Erleben, Ich-Abbild und Wahrheit. Anhand dieser Gegenüberstellung wird am Expressionismus kritisiert, er gerate letztlich zur Lüge, indem er »das individuale und im letzten zufällige Eindruckserlebnis zum Abbild der Welt« setze. Erforderlich ist aber »Wahrhaftigkeit des Welterlebnisses«, erforderlich ist es, »die Vielheit der Welt aus ihrer Totalität heraus zum Typus zu gestalten«. Nur so ließe sich vermeiden, was dem Expressionismus als Versagen angekreidet wird:

»Symptom für die letzte Unwahrhaftigkeit ist das Zersetzen der Wirklichkeiten – die ihrer Eigengesetzlichkeit beraubte Welt wird Spielzeug in der Hand dessen, der sie ergreift nur um der Zweiheit willen, nicht, um aus der Zweiheit ihren Sinn zu ergründen«.
»Ichhaft Zufälliggewordenes bleibt ichhaft zufällig auch in seiner Wirkung.«

Die Denkfigur, daß dem individuellen Ausdruck auch Versenkung in die Welt, Arbeit am »Material« entsprechen muß, damit eine gültige Erkenntnis und damit »Kunst« entsteht, ist hier schon vorhanden.[60]

Das Gelingen dieser Synthese, die der literarische Expressionismus verfehlt, wird aber Schönberg attestiert, dem »dialektischen Komponisten«. Er verbindet rücksichtslose Freiheit des Ausdrucks mit höchster Strenge der Materialtreue und erreicht damit Wahrheit. Das ist die Revolution. Sie zu benennen und zu feiern, findet Adorno in »Der dialektische Komponist« von 1934, sicher auch bedingt dadurch, daß es sich hier um eine Jubelschrift zum 60. Geburtstag Schönbergs handelt, starke Töne:

»...die höchste Strenge, nämlich die lückenlose der Technik, enthüllt sich in letzter Instanz tatsächlich als höchste Freiheit, nämlich als die zur Verfügung des Menschen über seine Musik... Nach Schönberg wird die Geschichte von Musik nicht Schicksal mehr sein, sondern menschlichem Bewußtsein unterstehen.«[61]

»Es wäre einzuwenden: daß das dialektische Verhältnis von Künstler und Material gelte, seit überhaupt das Kunstmaterial den Menschen gegenüber dinghafte Selbständigkeit gewonnen habe. Das bleibt unbestritten. Aber es ist das schlechthin Neue, daß diese Dialektik in Schönberg ihr Hegelsches ›Selbstbewußtsein‹ oder lieber ihren ermeßbaren und genauen Schauplatz gewonnen hat: die musikalische Technologie.«[62]

Überhaupt – das ist ja bekannt – sieht Adorno einen möglichen Fortschritt in der Musik nicht im Vergleich konkreter Musikstücke, sondern in der Verfügung über das musikalische Material, was heißt: in der Souveränität gegenüber gesellschaftlichen Normen, die diese Verfügung einschränken. Zugleich geht es aber nicht um Willkür gegenüber diesem Material, sondern um die strengste Erfüllung seiner Forderungen, wofür Maßstab die »Stimmigkeit« des entstehenden Werkes ist. Die gesellschaftliche Verformung und Verhärtung des Materials wird erkennbar und überwindbar in der harten Arbeit an und mit dem Material, im Versuch, es in seiner Eigengesetzlichkeit ernst zu nehmen und zu respektieren, ihm nicht äußerliche Zwecke aufzudrücken, zugleich aber den, der da arbeitet, zu seinem Recht des Ausdrucks kommen zu lassen. Der Komponist und das historisch und gesellschaftlich geformte musikalische Material geraten aneinander. In einem Prozeß der Arbeit, die sich nur auf das Verhältnis dieser beiden konzentriert, alle äußeren Vorgaben (die Konventionen, die Erwartungen des Publikums, die Verkäuflichkeit des Produkts) kritisiert und aufzuheben trachtet, kann ein in sich stimmiges Werk entstehen, das damit auch den Zustand der Welt und des Individuums authentisch ausdrücken wird.

Nur in nicht (oder wenig) entfremdeter Arbeit, so könnte man es übersetzen (was Adorno selbst merkwürdigerweise nie getan hat), läßt sich ein Verhältnis zwischen dem Arbeiter und dem Material denken, das Selbstdarstellung und eine nicht herrschaftliche Verfügung über das Material zugleich ermöglicht, damit auch Fortschritt. Dem Künstler kann das gelingen, indem er sich von allen äußeren Rücksichtnahmen löst, sich ganz auf die »Stimmigkeit« des Werkes konzentriert.

»Bloß in seiner immanenten Stimmigkeit nämlich weist ein Werk als fortgeschritten sich aus. In jedem Werk zeigt das Material konkrete Forderungen an, und die Bewegung, mit der jede neue darin zutage kommt, ist die einzig verpflichtende Gestalt von Geschichte für den Autor. Stimmig aber ist ein Werk, das dieser Forderung vollständig genügt.«[63]

Im selben Vorgang, der stimmige Werke entstehen läßt, entsteht auch Fortschritt als Verfügung über das nicht mehr gesellschaftlich verstellte Material, »Fortschritt der *Entmythologisierung*«:

»Mag im gegenwärtigen gesellschaftlichen Zustand ein Werk von der Dignität Beethovens oder gar Bachs radikal ausgeschlossen sein; mag jenen gegenüber der einzelne heute nichts vermögen – und er vermag in den größten Werken der Epoche mehr als zugestanden wird –: das Material ist heller und freier geworden und den mythischen Bindungen der Zahl, wie sie Obertonreihe und tonale Harmonik beherrschen, für alle Zeit entrissen. Das Bild einer befreiten Musik, einmal so scharf gesichtet wie es uns geschah, läßt sich wohl in der gegenwärtigen Gesellschaft verdrängen, deren mythischem Grunde es widerstreitet. Aber es läßt sich nicht vergessen und vernichten.«[64]

Die Revolution Schönbergs gibt der Musik einen neuen gesellschaftlichen Stellenwert, macht die weitere Geschichte der Musik verfügbar, führt ihre Dialektik zum Selbstbewußtsein, in der Musik ist damit der Zustand der »Freiheit« erreicht, hat die bürgerliche Revolution ihre Vollendung gefunden. Denn es handelt sich bei dieser Revolution um die bürgerliche:

»Träger der Emanzipation der Musik von ihren objektiven Normen ist nicht etwa eine aufrührerische Klasse, sondern das Individuum, das die bestimmende Macht der herrschenden Klasse ist; das Individuum, wie es ökonomisch im freien Konkurrenzkampf der liberalistischen Wirtschaftsweise sich durchsetzt und wie es ideologisch als autonome Persönlichkeit sich verklärt.«[65]

Und insgesamt ist diese »Entwicklung, die die Auflösung der Komponiernormen mit sich brachte,... keineswegs *gesellschaftlich* revolutionär gewesen«.[66] Mit der Ausnahme Schönberg:

»Einzig die letzte dialektische Konsequenz aus jenem Prozeß, wie Schönberg und seine Nächsten ihn[67] zogen: nämlich alle Brücken der Verständlichkeit hinter der monologischen Musik abzubrechen, damit sie vom bürgerlichen Geltungsraum zu emanzipieren, indem das Prinzip des bürgerlichen Individualismus bis zu seinem Umschlag getrieben wird, und damit Raum zu schaffen für die Konstruktion aus Phantasie in Freiheit – einzig diese letzte, in ihrer Tiefe und Gewalt kaum nur geahnte Konsequenz trägt das Bild einer zukünftigen Gesellschaft in sich und ist vom Diktat der bestehenden im Entscheidenden unabhängig.«[68]

Die Revolution besteht im Rückzug aus der Gesellschaft. Der »Sache« gerecht zu werden setzt soziale Isolierung voraus und bringt sie mit sich. So sieht das Adorno, und so ähnlich ist es Schönberg lebensgeschichtlich zugestoßen.

Das »Arbeitsbündnis«, das Schönberg dem Publikum zumutet, ist das einer strengen Hingabe an die »Sache«. Eigene Erwartungen und Ansprüche sind zurückzustellen. Die des Komponisten allerdings gelten sehr wohl, denn er ist mit ihnen in die Dialektik der Auseinandersetzung mit dem Material einbezogen. Die Anforderung an das Publikum ist daher zugleich, daß es sich mit dem Komponisten identifizieren möge. Damit tritt aber das Problem auf, das Adorno auch in dem erwähnten frühen Expressionismus-Aufsatz schon benannt hat: Ist der Künstler und wie er mit der Welt, dem »Material«, umgeht, typisch genug, um dem Publikum solche Identifikation auch nur zu erlauben? Oder gar, sie ihm attraktiv zu machen? Den Künstler kann und darf diese Frage nicht kümmern, er muß unbeirrt »seine Sache machen«. Aber es kann sein, daß der »Fortschritt«, den seine Werke darstellen, für die Menschheit verloren ist, weil ihn niemand zur Kenntnis nehmen kann. Dafür muß also gesorgt werden. Wenn es nicht über eine anonyme »öffentliche« Anerkennung geschieht, dann sind die elitären Zirkel von Gleichgesinnten oder von »Meistern« mit ihren Schülern das richtige Vehikel dafür. Sie haben die Aufgabe, die »Schule« zu tradieren und weiterzuentwickeln, aber auch zu interpretieren und zu propagieren – und zunächst einmal für ihre Erhaltung und Durchsetzung zu sorgen. Die Autonomie-Formen der »Secession« und besonders die der »öffentlichen Einsamkeit« haben auch diesen Aspekt. Für Schönberg und Freud mit ihren jeweiligen Zirkeln von »Schülern« ist das besonders deutlich. Solche Schulbildungen setzen wohl die Entwicklung einer vermittelbaren Technik voraus. Die Schüler müssen eine Chance haben, die Errungenschaften und Besonderheiten der Produktion des Meisters zu lernen, handwerklich, und damit zu Ergebnissen zu kommen. Das trifft bei Schönberg wie bei Freud zu, zerstört aber zugleich als »Methode« die »Sachangemessenheit« des einzelnen Werkes, das sich nur individuell ausweisen kann.

»Fortschritt« muß sich an der Sache, am Werk erweisen, das ist schon richtig. Aber gesellschaftlich ist überhaupt nicht eindeutig, was die Kriterien von Fortschritt sind. Daher ist »Fortschritt« auch eine Frage der sozialen Definition, und die ist umkämpft. Adorno hat als wort- und definitionsgewaltiger Interpret in diesen Kämpfen für Berg und Schönberg und die Auffassung, daß ihre Werke kompositorischen »Fortschritt« darstellen, einiges getan.

In solchen Definitionskämpfen ist immer auch die Festlegung des Gegenteils, also im Beispiel dessen, was nicht »Fortschritt«, was womöglich gar »Rückschritt« darstellt, wichtig. Adorno war dementsprechend auch besonders mit dem befaßt, was er als musikalische »Reaktion« verstand. Und das war ziemlich viel, wie wir gesehen haben, und schloß auch noch den im Grundsatz geschätzten Ernst Krenek ein, der vom »Fortschritt« in der Musik überhaupt nicht so viel hielt, dafür einiges vom »Ursinn« der musikalischen Erscheinungen, auf den er zurückgreifen wollte. Seine Beiträge zur Debatte über Reaktion und Fortschritt mit Adorno fallen dadurch recht defensiv aus. Ansonsten gab es aber nicht einmal unter den Schönberg-Schülern Konsens über die *historische* Bedeutung des Meisters. Daß einer als interessanter Komponist und bedeutender Lehrer anerkannt wird, heißt ja noch nicht, ihm eine historische Funktion zuzuweisen.

Das hat auch damit zu tun, daß die »implizite Geschichtstheorie«, die man wohl bei jedem herausarbeiten kann, bei den meisten nur ziemlich grobe Konturen haben dürfte: Es geht vorwärts; es geht grundsätzlich vorwärts, nur im Moment tut sich gerade nichts; alles dreht sich nur im Kreis und wiederholt sich; in den Grundlinien ändert sich gar nichts; es geht bergab; es geht auf eine Katastrophe zu – Vorstellungen von kategorial dieser Art. Selbst die sehr traditionsfeindlichen und neuerungssüchtigen US-Avantgardisten nach 1945, die Cameron (1985) beschrieben hat, wollen zwar eine um jeden Preis »andere« und »freiere« Musik, aber dabei geht es sichtlich mehr um das Finden einer unverwechselbaren Identität des Komponisten als um den Fortschritt der Menschheit. Das mag auch damit zusammenhängen, daß der »Fortschritt« nach heute herrschendem Verständnis von der Entwicklung der Maschinen gepachtet ist – mit fatalen Folgen, aber zur Entlastung der Kunst. Die Idee eines Fortschritts in der Kunst dürfte besonders prekär sein, für die Künstler auch deshalb, weil sie die Konkurrenz verschärft. Eine pluralistische Vorstellung, in der die Produkte (und die Produzenten) nicht so hart auf einer Dimension zu vergleichen sind, in der sie »verschieden« sind, aber nicht unbedingt »avancierter« oder »zurückgeblieben«, erspart da auch einiges. Hinzu kommt, daß eine einigermaßen ernsthafte Theorie des »Fortschritts«, die über den Ausdruck von optimistischer und pessimistischer Verstimmung hinausgeht, voraussetzungs- und anspruchsvoll ist. Es existieren nicht so viele davon.

Über die verächtliche Ablehnung der Idee des Fortschritts in der Kunst durch Karl Popper wurde oben (S. 45 ff.) berichtet. Ich habe übrigens den Verdacht, daß Popper mißverstanden hat, worum es im Schönberg-Kreis ging: Er hat die Betonung von »Neuem«, die dort offenbar in der Tat vorherrschte, mit der von »Fortschritt« gleichgesetzt. Hingegen spricht alles dafür, daß mit »Neuem« in der bürgerlichen Kunst »Individuelles« gemeint ist. Im nächsten Schritt heißt das »Unverwechselbarkeit« (und wird in der schon genannten ironischen Wendung zu einer guten Voraussetzung, um mittelfristig Marktgängigkeit auf einem Elite-Markt sicherzustellen).

Schönberg jedenfalls wurde von Musiktheoretikern, die auch eine Geschichtstheorie hatten und haben, wahrscheinlich sogar überwiegend der »Reaktion« zugeschlagen. Hanns Eislers erster veröffentlichter Aufsatz, ein Beitrag zum Schönberg-Geburtstagsheft des »Anbruch« von 1924, trug den Titel »Arnold Schönberg, der musikalische Reaktionär«. Und 1935 schreibt Eisler über Schönberg, er

> »machte seine konsequente Entwicklung zu einer äußerst fortschrittlichen modernen Materialbehandlung in der Zeit politischer Reaktionen durch und das nicht nur ohne jede Verbindung mit den proletarisch-revolutionären Tendenzen seiner Zeit, sondern persönlich ideologisch vollkommen auf Seiten der reaktionären Bourgeoisie«.[69]

Andererseits erzählt Georg Eisler, der Sohn, er habe noch Alt-Kommunisten gekannt, deren Formel für Sozialismus habe »Elektrifizierung und Schönberg und Sowjet-System« geheißen. Auch Kurt Blaukopf hat 1935

Schönberg als zugleich revolutionär und reaktionär eingeordnet, als letzten Ausdruck der Widersprüche bürgerlicher Musik.[70] Und Willi Reich hat es schon im Untertitel seines Schönberg-Buches festgehalten: »der konservative Revolutionär«. Zuletzt muß man wohl auch sagen (soweit das ohne Studien in den privaten Aufzeichnungen möglich ist), daß Schönberg selbst sich zwar eine bedeutende, aber nicht unbedingt eine »historische« Rolle zugemutet hat. (Obwohl er gewiß nicht von Minderwertigkeitsgefühlen geplagt war.) Genauer gesagt: Schönberg sieht, wie auch Adorno es immer wieder betont hat, »Fortschritt« als »Entwicklung«, als konsequente Fortführung und Entfaltung der Möglichkeiten, die von den großen Traditionen geschaffen wurden. 1937 sagt er über seine »Harmonielehre« von 1911:

»Und vielleicht die größte Überraschung mochte die Tatsache sein, daß meine *Harmonielehre* nicht sehr viel über Atonalität und andere verbotene Themen sprach, sondern fast ausschließlich über die Technik und Harmonik unserer Vorgänger, und es ergab sich, daß ich darin sogar strenger und konservativer als andere zeitgenössische Theoretiker schien. Aber gerade weil ich so den Vorgängern getreu war, konnte ich zeigen, daß die moderne Harmonik nicht von einem gefährlichen Narren, der kein Verantwortungsbewußtsein hat, verwendet wird, sondern daß sie die ganz logische Entwicklung der Harmonik und Technik der Meister ist.«[71]

Im Gründungszirkular des »Vereins der schaffenden Tonkünstler« von 1904 sind die beiden Begriffe direkt (als gleichbedeutend) nebeneinandergestellt: »Aller Fortschritt, alle Entwicklung führt vom Einfachen zum Komplizierten...«[72] Seine Empfindungen nach Abschluß der Kammersymphonie op. 9, 1906, beschreibt Schönberg rückblickend so:

»Ich glaubte, daß ich jetzt meinen *eigenen persönlichen* Kompositionsstil gefunden hätte, und erwartete, daß alle Probleme, die zuvor einen jungen Komponisten beunruhigt hatten, gelöst wären, so daß ein Weg aus den verwirrenden Problemen gewiesen wäre, in die wir jungen Komponisten durch die harmonischen, formalen, orchestralen und emotionalen Neuerungen Richard Wagners verstrickt waren. Ich glaubte, Wege gefunden zu haben, Themen und Melodien zu bilden und auszuführen, die *verständlich, charakteristisch, originell* und *expressiv* waren trotz der erweiterten Harmonik, die wir von Wagner geerbt hatten.«[73]

Erst nach der Enttäuschung und Vereinsamung der späten 20er Jahre (»Es war das erste Mal in meiner Laufbahn, daß ich für einen kurzen Zeitraum den Einfluß auf die Jugend verlor«) wird der Begriff von »Fortschritt« emphatischer:

»Ich hatte auszudrücken, was ausgedrückt werden mußte, und ich wußte, daß ich die Pflicht hatte, meine Vorstellungen um des Fortschritts in der Musik willen zu entwickeln, ob ich wollte oder nicht...«[74]

Schönberg hat sein elitistisches »Arbeitsbündnis« nicht nur aus Überzeugung und freiwillig gewählt. Insofern kann man auch an seiner Biographie ablesen, was wir für die Wiener Kultur der Jahrhundertwende als allgemeine Interpretation vorgeschlagen haben: Die Potentiale der bürgerlichen Kultur, die von allen Seiten, nicht zuletzt auch von der bürgerlichen Orthodoxie, eingeengt wurden, mußten sich im Rückzug auf elitäre Zirkel entfalten und behaupten. Die teilweise sehr grobe Ablehnung und Abwertung, die die Künstler erfuhren, kombiniert mit den Möglichkeiten, sich die Grundlagen ihrer Produktion selbst zu sichern, legte es ihnen nahe, ihrerseits auf das »breite Publikum« zu verzichten und in dieser *dann* auch selbstgewählten Isolation rücksichtslos den esoterischen Problemen z. B. der Sonatenform oder des Bezugs auf eine Tonart nachzugehen.

Solidarischer und elitärer Individualismus: Richard Dehmel und Stefan George[75]

In der Herausbildung von Schönbergs Haltung der »öffentlichen Einsamkeit« lassen sich zwei Übergänge identifizieren: Der erste ist der von einer wie immer sozialistischen zu einer bürgerlich individualistischen Identifikation. Von diesem Übergang wissen wir nicht sehr viel. Der zweite läßt sich ein wenig genauer beschreiben, weil ihm eine Neuwahl von Gedicht-Vorlagen für Schönbergs Vertonungen entspricht: Es ist der Übergang von Dehmel zu George. Ein Vergleich dieser Gedichte sollte daher eine genauere Beschreibung des Individualismus und Elitismus ermöglichen, von denen das Schönbergsche »Arbeitsbündnis« bestimmt ist. Biographisch sind beide Übergänge, so scheint es, eng mit Schönbergs erster Frau, Mathilde von Zemlinsky, verbunden.

Schönberg kam aus »kleinen Verhältnissen«, kleinbürgerlich im technischen Sinn, keine Spur von wohlhabend, und nach dem frühen Tod des Vaters (1890) wurde es so eng, daß der Sechzehnjährige die Schule verlassen und eine Tätigkeit in einer Bank aufnehmen mußte. Schönberg hatte offenbar seine marxistische Phase – allgemein wird dazu auf den Jugendfreund David Josef Bach, den späteren sozialdemokratischen Kulturpolitiker und Musikkritiker der Arbeiterzeitung, hingewiesen. In seiner Selbstdarstellung von 1950 datiert Schönberg diese Phase auf maximal fünf Jahre, auf den Beginn seiner Zwanziger-Jahre, also auf etwa

1895–1899. Seine Abwendung vom Sozialismus beschreibt Schönberg durchaus kraß: »Aber noch bevor ich 25 war, hatte ich schon den Unterschied zwischen mir und einem Arbeiter entdeckt; ich hatte dann herausgefunden, daß ich ein *Bourgeois* war und wandte mich ab von allen politischen Beziehungen.«[76] Welche Erfahrungen es genau waren, die Schönberg zu dieser Erkenntnis brachten, ist nicht erkennbar.[77]

Schönberg hatte 1895 seine Tätigkeit in der Bank aufgegeben, um sich der Musik zu widmen, und führte das Leben eines Bohèmien, wahrscheinlich ähnlich zu beschreiben wie sein Freund und Lehrer Alexander von Zemlinsky, dem Alma Mahler die folgenden schmückenden Beiwörter verpaßt: »... immer nach Kaffeehaus riechend, ungewaschen... und doch durch seine geistige Schärfe und Stärke ungeheuer faszinierend.«[78] Er komponierte viel und arbeitete sich wie manisch in Wagner ein,[79] leitete auch den berühmten Arbeiterchor in Stockerau. 1898 ließ Schönberg sich protestantisch taufen, im selben Jahr wurde auch durch Vermittlung von Zemlinsky ein Streichquartett (noch ohne Opus-Zahl) von ihm aufgeführt, 1899 heiratete seine Schwester Ottilie, die Freundschaft zu Zemlinsky wurde enger, und es begann die »Bindung« an dessen Schwester Mathilde.[80] Etwa zu der Zeit hatte Schönberg – wenn seine retrospektive Datierung stimmt – herausgefunden, daß er ein »Bourgeois« war. Woran merkt ein Bohèmien, daß er »bürgerlich« wird? Möglicherweise daran, daß er sich wünscht, eine bestimmte Frau solle ihn lieben und ihm treu sein, weil er auch an ihr hängengeblieben ist, vielleicht auch daran, daß ihm ein gewisser Komfort wichtig wird, damit ein gutes und sicheres Einkommen. Im Wunsch nach Heirat und Hausstand verbinden sich diese Motive. Dazu paßt, was Eisler als einschlägige Mitteilung Schönbergs tradiert hat: »Wenn Sie das erste Mal in Ihrem Leben zwei Mahlzeiten am Tag haben werden und drei gute Anzüge und etwas Taschengeld, dann werden Sie sich auch den Sozialismus abgewöhnen.«[81] 1901 haben Arnold Schönberg und Mathilde von Zemlinsky geheiratet und sind für zwei Jahre nach Berlin gegangen. Das Einkommen war nur mittel-gut und wenig sicher, aber der Haushalt wurde bürgerlich.

Arnold Schönberg hat zwischen 1897 und 1905 zahlreiche Gedichte von Richard Dehmel in Lied-Kompositionen verwendet, am bekanntesten wurde wohl die »Verklärte Nacht« als »Programm« des Streichsextetts op. 4 von 1899. Einiges später, nämlich 1912, gab es auch einen kurzen Briefwechsel zwischen Dehmel und Schönberg, in dem dieser be-

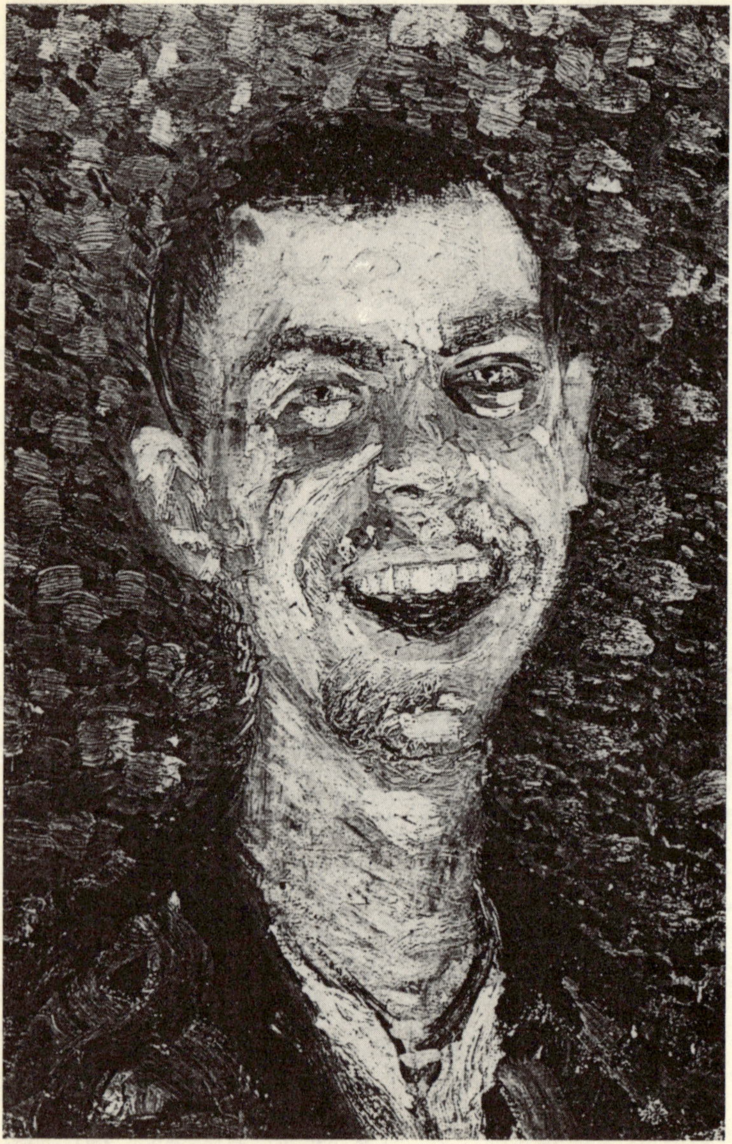

Richard Gerstl, Selbstbildnis, lachender Mann, 1907

tont, wieviel er den Gedichten Dehmels verdanke.[82] Das Schwergewicht der Beschäftigung mit Dehmel-Gedichten liegt in den Jahren 1897–1899[83] und trifft sich zeitlich mit der Liebesbeziehung zu Mathilde von Zemlinsky.[84] Richard Dehmel kommt später bei Schönberg nicht mehr vor.

Ab 1907 schreibt Schönberg zahlreiche Lieder nach Gedichten von Stefan George, besonders das »Buch der Hängenden Gärten«, op. 15, 1908/1909. In dieser Zeit hatte Arnold, hatte besonders aber Mathilde Schönberg den Maler Richard Gerstl kennengelernt, hatte dieser sich sein Atelier im Haus der Schönbergs in Wien eingerichtet, war (nur vorübergehend, weil die Mutter zu den Kindern gehört) mit Mathilde »durchgegangen« und hatte sich am 4. November 1908 umgebracht.[85] Schönberg verarbeitete das Liebes- und Freundschaftsdrama, indem er eine scharfe Trennung zwischen dem Menschen und dem Künstler Schönberg einführte. George kam da gerade recht. Der Großteil der Gedichte *beider* Meister, Dehmels wie Georges, ist heute dem Leser kaum mehr zumutbar.[86] Aber der Vergleich zwischen den beiden ist lehrreich.[87]

Richard Dehmels Gedichte haben häufig einen Volkslied-Ton, besonders die frühen sind frech und lebenslustig, viele sind erotisch und a-moralisch, in seinem zweiten Gedichtband »Aber die Liebe« ist besonders die »Zweite Folge« von sozialem Engagement in der Art des Naturalismus getragen, einige Gedichte sind anti- bis a-religiös, und das alles vor dem Hintergrund einer tragisch-ironischen Lebenshaltung, die wir, bevor die Vokabel aus der Mode kam, als existentialistisch bezeichnet hätten. In den Literaturgeschichten wird Dehmel gern als »Nietzscheaner« geführt – eine Kategorisierung, der er selbst heftig und mit guten Argumenten widersprochen hat.[88] Eher ist es die Jugendbewegung, die sich da ankündigt, auch in den häufigen Bildern von Wanderungen, in der Figur des Vagabunden, in der Gegenüberstellung von Stadt und Land, von Jugend und Alter. Als Illustration mag das von Schönberg 1897 vertonte »Nicht doch«[89] in seinem Volksliedton und der angedeuteten Frivolität dienen:

Mädel, laß das Stricken, geh,
tu den Strumpf bei Seite heute;
das ist was für alte Leute,
für die jungen blüht der Klee!
Laß, mein Kind,
komm, mein Schätzchen;
siehst du nicht, der Abendwind
schäkert mit den Weidenkätzchen! –

Mädel liebes, sieh doch nicht
immer so bei Seite heute;
das ist was für alte Leute,
junge sehn sich ins Gesicht!
Komm, mein Kind,
sieh doch, Schätzchen;
über uns der Abendwind
schäkert mit den Weidenkätzchen! –

Siehst du, Mädel, wars nicht nett
so an meiner Seite heute?
Das ist was für junge Leute,
alte gehn allein zu Bett.
Was denn, Kind?
weinen, Schätzchen?
Nicht doch! sieh, der Abendwind
schäkert mit den Weidenkätzchen! –

Dehmel war zu Lebzeiten (er starb 1920) durchaus populär und anerkannt. Mit einigen Gedichten aus dem Band »Weib und Welt« meinte sich 1897 auch das Königliche Amtsgericht in Berlin wegen Unzüchtigkeit und Gotteslästerung beschäftigen zu müssen.[90]

Die Schönberg-Biographen versäumen es nicht, gerade im Zusammenhang mit den Dehmel-Liedern von »einer erstaunlichen Unsicherheit in der Wahl der zu vertonenden Sujets«[91] zu sprechen oder den Text schlicht »peinlich« zu nennen.[92] Das mag schon seine Grundlage haben. Erstaunlicherweise fehlen solche Anmerkungen aber bei den George-Liedern, wo sie mindestens ebenso – oder ebensowenig – angebracht wären.

Stefan Georges Gedichte sind preziös und verschlossen, in einer »hohen« Sprache und Form gehalten, die »tiefen« Sinn suggeriert (die eigenwillige Zeichensetzung und die Kleinschreibung trägt dazu eine Menge bei), ihre Bilder sind herrisch und heldisch, nicht selten blutrünstig, ihre Erotik ist schwül und indirekt, die Haltung ist eine der Einsamkeit und der zusammengebissenen Zähne, Herrschen und bedingungslose Treue zu sich selbst in seiner Einsamkeit stehen im Vordergrund, Elitismus und Verachtung des Gewöhnlichen und Alltäglichen prägen sie alle.

Die Gedichte Dehmels wie Georges stellen »Individualismus« dar, aber es sind sehr verschiedene Formen von Individualismus – freies, auch provokantes, aber *soziales* Handeln bei Dehmel, eisige Zurückgezogenheit mit Ausbrüchen von Selbstmitleid und Gewalttätigkeit bei George; Verpflichtung auf ein »Leben«, das auch gegen soziale Normen weitergehen soll, bei Dehmel, Verpflichtung auf eine eigene Besonderheit, die gepflegt sein will und Anerkennung und Unterordnung verlangt, bei George. Der Wechsel von Dehmel zu George, wie Schönberg ihn vollzogen hat, indiziert auch einen Wechsel zwischen diesen beiden Formen von Individualismus.

Die Hinterlist der Vernunft will es, daß zwischen Dehmel und George eine Beziehung besteht: Sie haben beide dieselbe Dame verehrt, Ida Coblenz aus Bingen am Rhein,[93] und ihr Gedichte geschrieben, George im »Buch der Hängenden Gärten« und dem »Jahr der Seele«, Dehmel im Band »Weib und Welt« und in »Zwei Menschen«. George ist daran verzweifelt, daß sie sein sehnsüchtiges Werben jedenfalls nicht in seiner tiefen Bedeutung wahrnahm; Dehmel, selbst verheiratet, hat mit ihr ein Verhältnis angefangen, das bei allen Komplikationen offenbar sehr glücklich war, und sie später geheiratet.[94] Für Schönberg entspricht Dehmel seiner frühen, glücklichen Beziehung zu Mathilde von Zemlinsky, George seiner späteren, enttäuschten. Schönbergs Entwicklung zur Atonalität, die allgemein bei den George-Liedern angesetzt wird, hat mit jener Form von Individualismus zu tun, die er analog zu George ausgebildet hat und die sich am Vergleich zwischen Dehmel und George klären läßt.

Dehmels Gedichte fallen in drei hier relevante Gruppen: Darstellungen der Leichtigkeit, Natürlichkeit, auch des – richtig betrachtet – nicht so tragischen Charakters von Leben und Lieben – vor einem Hintergrund von Vergänglichkeit und Vergeblichkeit; Behandlungen »schwieriger« Liebesbeziehungen, einer unkonventionellen Moral in der Liebe, in der die Stärke des Gefühls und des Verlangens, die Autonomie besonders auch der Frau und die Hingabe an das »Leben« im Gegensatz zu Ängstlichkeit und dem Wunsch nach »geordneten Verhältnissen« dominieren; zwischen diesen beiden ersten liegt ein religiöses Thema, liegen am auffälligsten Auftritte des Herrn Jesus, der zwischen dem Wunsch nach »Leben« und seiner Aufgabe als Erlöser Probleme hat;[95] Darstellungen »naturalistischer« Art, in denen Elend und Benachteiligung der Arbeiterschaft, aber auch ihr berechtigter und zukunftsweisender Kampf in starke Bilder gebracht werden.

Man kann als erstes gleich feststellen, daß das letzte dieser Themen von Schönberg überhaupt nicht aufgegriffen wurde. Genau dieses Thema ist es aber, das den Dehmelschen Individualismus noch halbwegs

Richard und Ida Dehmel

erträglich macht: Innerhalb der lebensphilosophischen Grundvorstellung ist es nach Dehmel Aufgabe des Künstlers, »dem Leben« zu höheren Formen zu verhelfen. Das aber geschieht demokratisch. Es genügt nämlich überhaupt nicht, daß eine kleine Elite diese höheren Formen erreicht – außerdem bezweifelt Dehmel ohnehin, daß die real existierende Elite das tut, im Gegenteil, die ist verkommen. Daher sieht Dehmel sich mit der Arbeiterschaft in einem Kampf gegen diese falsche Elite und ihren Krämergeist verbunden, ebenso mit den Deutschen gegen die anderen (stärker kapitalistischen) Staaten. (Diese Solidaritäten haben ihn dann dazu gebracht, sich im Ersten Weltkrieg als Freiwilliger zu melden und ein Propaganda-Zugpferd für die deutsche Kriegsbegeisterung abzugeben.) Der Antikapitalismus konnte immer schon seltsame Wege gehen. Jedenfalls wird aber der Elitismus hier moderiert durch vage sozialistische (und ebenso vage nationalistische) Ideen.[96]

Schönberg hat die »naturalistische« Seite Dehmels unbeachtet gelassen, ihn interessiert hauptsächlich die unkonventionelle Geschlechtermoral. Dabei rückt die Dreiecksbeziehung auffallend in den Vordergrund, die in Dehmels Gedichten ohnehin häufig vorkommt, was nicht verwundern kann, nachdem die Vierecksbeziehung eine wichtige Phase seines Lebens bestimmt hat. Gerade dieses Thema und der Versuch, es nicht nur mit Eifersucht und Schuld und Verzweiflung zu behandeln, sondern im Sinn einer Geschlechtermoral, die sich um Konventionen nicht kümmern kann, hat, so läßt sich vermuten, ein entscheidendes Stück der Attraktivität Dehmels ausgemacht. Man kann also annehmen, daß auch Schönberg mit Hilfe der Dehmel-Vertonungen eine solche Verachtung erstarrter Konventionen zugunsten eines unmittelbaren Verhältnisses der Geschlechter darstellen wollte. Man würde nach den Gedichten, die er zur Vertonung auswählte, auch vermuten, daß Schönberg einen Rivalen auszustechen oder eine frühere Liebesgeschichte Mathildes zu verarbeiten hatte.[97] In jedem Fall stellt sich in diesen Lied-Texten ein »kraftvoller« und »unkonventioneller« Elitismus dar, eine Zurückweisung von Anstand und guten Sitten zugunsten unmittelbarer und offener Gefühlsbeziehungen.

Interessant ist die Verbindung dieses Themas mit dem Herrn Jesus, wodurch einerseits der Topos der »Erlösung« ins Spiel gebracht, andererseits der a-moralische Charakter solcher Gefühle unterstrichen wird. Umgekehrt geht es in der damit auch ausgesprochenen Vergebung für die Sünderin (Maria Magdalena) um eine auch religiös rechtfertigbar

»höhere« Moral, die mit einem kleinlichen Begriff von »Sünde« nichts anfangen kann – ein Motiv, das auch in der »Verklärten Nacht« zentral ist. In »Jesus bettelt«[98] ist diese Bewegung von der a-moralischen Haltung zur »höheren« Moral zwischen der ersten und der zweiten Strophe dargestellt: In der ersten geht es um die Freuden der Gefühlsbeziehung, in der zweiten werden auch (in dem freilich etwas unfreiwillig komischen Bild vom auf den Scheitel gelegten Herzen) ihre Lasten angenommen – die »höhere« Moral besteht im »Übernehmen der Verantwortung für einander« als Folge und Steigerung der erotischen Beziehung.

Jesus bettelt
Schenk mir deinen goldnen Kamm;
jeder Morgen soll dich mahnen,
daß du mir die Haare küßtest.
Schenk mir deinen seidnen Schwamm;
jeden Abend will ich ahnen,
wem du dich im Bade rüstest –
oh, Maria!
Schenk mir Alles, was du hast;
meine Seele ist nicht eitel,
stolz empfang ich deinen Segen.
Schenk mir deine schwerste Last:
willst du nicht auf meinen Scheitel
auch dein Herz, dein Herz noch legen –
Magdalena?

Dehmels Elitismus, der sich auf »das Leben« und seine (einfachen) Forderungen beruft, stellt eine höchst verallgemeinerbare Haltung dar. Es geht *nicht* um eine uneinholbare Besonderheit oder »Avanciertheit« dieser Elite. Zu erinnern ist auch daran, daß aus Dehmels Haltung Unternehmungen zur berufsständischen Organisation der Künstler hervorgingen, keinerlei »öffentliche Einsamkeit«. Das hat seine Entsprechung auch bei Schönberg. Die Wendung zu einem wirklich »einsamen« Elitismus wird markiert von der Beschäftigung mit Stefan George.[99]

Schönberg hatte in der Entwicklung seit seinen »wagnerisierenden« frühen Werken in der »Kammersymphonie« wichtige und zukunftsweisende Neuerungen der Kompositionstechnik, seinen »eigenen persönlichen Kompositionsstil« gefunden. Nun steckte er in einer zwischenmenschlichen Katastrophe (an der sein Maler-Freund Gerstl im Selbstmord scheiterte) und sah eine Möglichkeit, sich aus ihr zu ziehen, indem er Einsamkeit als den Zustand verstehen lernte, der dem Künstler und der Kunst gut ansteht. Er begann, sich und sein Leben der Kunst zu »widmen« und zu »weihen«.[100] Bei Stefan George fand Schönberg das programmatisch ausgesprochen. Dehmels Individualismus, der die Komplikationen des Lebens und Liebens als notwendigen Teil derselben sieht und akzeptiert, wurde zurückgelassen. Die Stilisierung des Lebens durch die Kunst machte der Erhebung über die Niederungen und Schmerzen des Lebens in der Kunst Platz.

Programmatisch ist das in den beiden ersten George-Gedichten angesprochen, die Schönberg übernahm, der »Litanei« und der »Entrükkung«[101] aus dem »Siebenten Ring«, die der Sopranstimme im 3. und 4. Satz des II. Streichquartetts, op. 10, von 1908 den Text geben:

Tief ist die trauer die mich umdüstert.
Ein tret ich wieder Herr! in dein haus.

Der »Herr«, der in der ersten Anrufung (in der vierten Doppelzeile) um Ruhe und Brot gebeten wird, bleibt unidentifiziert. Aber es sind vier weitere Bitten, jede mit einer positiven und einer negativen Seite, die an ihn gerichtet werden:

Leih deine kühle . lösche die brände.
Tilge das hoffen . sende das licht!
...
Töte das sehnen . schliesse die wunde!
Nimm mir die liebe . gib mir dein glück!

Die letzte Zeile kann als Zusammenfassung gelesen werden: Die Brände, das Hoffen, das Sehnen konstituieren die Liebe; die Kühle, das Licht, die Unversehrtheit machen das Glück des Herrn aus. Man wird an christliche Bildlichkeit erinnert, in der die Kühle und Klarheit des Himmels den Bränden der Hölle kontrastiert wird. Unchristlich ist freilich, daß die Tugenden der Hoffnung und der Liebe der Hölle zugeordnet werden, die im eigenen Herzen lodert. Der Herr gibt vor allem Distanz zu den bedrängenden Gefühlen, er tilgt, nimmt und tötet sie. Man wird ihn bei George wie Schönberg ruhig als die Kunst identifizieren können, die religiös überhöht wird.

In der »Entrückung« sind die Bitten der »Litanei« erhört worden, das Ich hat sich über die Welt erhoben und atmet die berühmte »luft von anderem planeten«. Und es geht weiter aufwärts, das irdische Brennen bleibt zurück:

...und Du lichter
Geliebter schatten – rufer meiner qualen –
Bist nun erloschen ganz in tiefern gluten.

Verschmelzungs- und Auflösungswünsche werden erfüllt:

Ich löse mich in tönen . kreisend . webend.
...
Dem grossen atem wunschlos mich ergebend.
...
Ich bin ein funke nur vom heiligen feuer
Ich bin ein dröhnen nur der heiligen stimme.

Mit der Verschmelzung wird ein Anteil an der Heiligkeit reklamiert, der für die Werke, die aus dieser entrückten Position hervorgehen, den Anspruch auf Verehrung fundiert. Die Verschmelzung mit dem Allgemeinen macht den »Seher« aus, den anderen neben dem »Helden« wichtigen Anteil des »Herrschers« bei George – den Seher, durch den George die Position des Künstlers bestimmt.

Ein zentrales Bild bei George, und besonders im »Buch der Hängenden Gärten«, ist der »Herrscher«, der versagt, indem er sich auf das Leben und die Liebe einläßt. Er verliert dadurch die heldisch-grausame Distanz, die Voraussetzung des Herrschens ist. Wenn schon nicht den heldischen, so doch wenigstens den »seherischen« Anteil des Herrschers kann der Künstler für sich retten, indem er durch Identifikation mit dem Allgemeinen und Göttlichen der Kunst die Distanz zum gewöhnlichen Leben herstellt. Die Biographie und Gedichte wie die »Litanei« zeigen freilich, daß der Zusammenhang umgekehrt ist: Die Liebe ist eine Enttäuschung, sie dauert nicht und führt in schmerzliche Situationen. Man wird von diesem merkwürdigen Drang in die Geschäfte des Alltags und in unwürdige Situationen des (womöglich noch erfolglosen) Werbens, der Konkurrenz, des Sich-betrogen-Fühlens verstrickt – und vertut dabei die Zeit, in der man gewaltige Werke und die entsprechende narzißtische Selbstvergrößerung hätte schaffen können. Daher läßt man das alles besser gleich bleiben und baut sich eine »heldische« und »seherische« Verpflichtung auf, der man sich zu widmen hat und von der her man auf jenes menschliche Gewusel herabsehen kann. In der Entfernung und Abstraktion sind auch die grausamen Taten des »Herrschers« wieder möglich – ab einer hinreichenden »Höhe« braucht man sich um die Alltäglichkeit und ihre Schmerzen nicht mehr zu kümmern. Und natürlich ist die Enttäuschung nur deshalb so groß, weil da so hohe Ansprüche waren, die man nur in der ironischen Haltung – etwa Richard Dehmels – daran hindern könnte, sich an der Wand der Realität den Kopf einzurennen – oder aber man muß mit ihnen in die dünne Luft der heiligen Kunst abheben, in die »luft von anderem planeten«.

Die Bedeutung Georges für Schönberg zu dieser Zeit (1908) dokumentiert sich dann in der Vertonung des gesamten Mittelteils aus Georges »Buch der Hängenden Gärten«.[102] Der Titel verweist auf die Königin Semiramis, die nicht nur durch dieses Weltwunder-Bauwerk zu Nachruhm kam, sondern die Phantasie in dem Sagenmotiv anspricht, daß sie ihre Liebhaber jeweils umbringen ließ. Das immerhin geschieht dem männlichen lyrischen Ich in dem Zyklus nicht, aber ganz schön fertiggemacht wird er schon: Durch die unterwürfige Liebe, der er verfällt, verliert der Held seine »Herrschaft«, die sich in grausamen Eroberungen und Hinrichtungen manifestiert hatte, und läßt sich schließlich im Strom versinken. Schönberg allerdings hat aus dem »Buch der Hängenden Gärten« nur den Mittelteil vertont, den Rahmen weggelassen.[103] Es entsteht so ein Zyklus von fünfzehn Liebesgedichten schwülstiger Art mit zunehmender Sehnsucht und Leidenschaft, Enttäuschung und schließlich Trennung.[104] Ohne den Rahmen geht der Interpretation Wesentliches verloren.

Für die Bedeutung des Gesamt-Zyklus ist nämlich nicht die »Liebesgeschichte« zentral, sondern das Versäumen der Herrscher-Aufgaben des Helden in dem Traum von der Liebe. George hat in der Montage des Zyklus nicht nur seine enttäuschte Liebe dargestellt,[105] sondern vor allem (s)eine Verarbeitung dieser Enttäuschung: Der Mann, der die notwendig enttäuschende Liebe zu wichtig nimmt, verliert darüber sein »Reich«. Er verfließt als doppelter Versager in den Wellen, schafft nichts Bleibendes und verliert sich als Individuum. Das ist durchaus kein Liebestod, kein Selbstmord aus verschmähter Anbetung: Der Held geht unter, weil er sich dem Traum von der Liebe überhaupt überlassen hat, statt weiterhin seine »Taten« zu tun, in unbarmherziger Strenge, wie es einem Helden ansteht. Er geht unter, weil er sich bei den Frauen »verliegt«. Die Tragik besteht nicht darin, daß die Liebe nicht erhört würde oder daß sie nicht dauert, die Tragik, fast die Schuld, besteht darin, daß der Held sich zu sehr auf sie einläßt.[106] Das wird auch deutlich an der Art der Liebesbeziehung, die hier dargestellt wird: Das ist keine Eroberung einer Frau, sondern die völlige Unterwerfung unter sie. *Sie* weckt die Wünsche, *sie* ermutigt, *sie* läßt sich dienen, *sie* soll »richte(n) ob mir solche qual gebühre«, *sie* entzieht sich wieder und denkt an Strafe und

Vergänglichkeit, *sie* geht schließlich für immer. Er kann nichts tun als dienen, leiden und bitten, ist auch völlig unerfahren in dem, was da mit ihm geschieht. Der brutalen heldischen Aktivität im Kampf entspricht die völlige Passivität in der Liebe. Männern und Frauen gegenüber sind die Haltungen polarisiert: Beherrschen und Grausamkeit gegenüber Männern, Unterwerfung und Dienen Frauen gegenüber. Was bleibt, ist die »süsse klage« des »sänger-vogels«, den das alles nicht »kümmert«.

Es ist dieses Motiv (aus dem Rahmen), von dem man annehmen kann, daß es auch für Schönberg in seiner traurigen Situation interessant war: Die »weichen wünsche« (von denen im dritten Gedicht des Rahmens gehandelt wird) sind zurückzudrängen zugunsten einer »männlichen« Hingabe an größere Aufgaben, die in Strenge sich selbst (und den anderen) gegenüber zu verfolgen sind.

Das »autonome Kunstwerk«, wie sich zeigt, hat nicht nur seine materiellen Voraussetzungen, sondern auch seine menschlichen Kosten. Und die Künstler gehen in die Haltung, aus der heraus es konstituiert wird, nicht nur freiwillig, sondern in Reaktion auf Verletzungen und Verstörungen. Jedenfalls bei denen, die den aristokratischen Dünkel nicht von Kind an mitbekommen haben, muß diese Art von Distanz zur Welt auch sich selbst abgezwungen werden.

Man mag sich fragen, warum die Verletzbarkeit so groß ist. An einer Liebe zu scheitern, verlassen und »betrogen«, eifersüchtig gekränkt zu werden, das gehört alles zu einem durchschnittlich ereignislosen Gefühlsleben, Vorsicht und Lebenserfahrung lassen einen jedenfalls damit rechnen, und womöglich beginnt man unruhig zu werden, wenn sich länger nichts dergleichen tut. Die Haltung Richard Dehmels jedenfalls zeigt eine andere Möglichkeit auf: Man kann sich selbstironisch darauf einrichten, daß das Leben, und besonders das Liebesleben, unsicher ist. Das Risiko wird freilich größer, je höher die Anforderungen an eigene Durchsetzung und eigene Würde sind, auch je umschriebener und je stärker die Wünsche nach einer ganz bestimmten Gestaltung der Beziehungen sind. Die Enttäuschung ist dann wahrscheinlicher und wahrscheinlich tiefer.

Es muß eine sehr widersprüchliche Situation sein, die diese Haltung hervorbringt, eine mit einer riesigen Diskrepanz zwischen Versprechungen und Versagungen, zwischen Möglichkeiten und Verhinderungen, zwischen Forderungen und Verweigerungen. Die Denkfigur von den

Max Oppenheimer, Arnold Schönberg, 1909

großen Möglichkeiten, deren Realisierung verhindert wird, ist in der Kritischen Theorie geläufig und beliebt, als »immanente Kritik«, als Potentiale der Aufklärung, die sich in ihr Gegenteil verkehrt haben, als »zusätzliche Unterdrückung«, bei Adorno auch als »musikalische Revolution«, die gesellschaftlich nicht zur Kenntnis genommen wird.

Der Unterschied zu Schönberg ist allerdings, daß Adorno keinen »Absturz« zu verarbeiten hat: Er wächst schon in eine »nach-revolutionäre« Situation mit sich durchsetzender »Reaktion« hinein. Schönberg hingegen gewinnt aus dem »Absturz« die Haltung zur Kunst wie zum Publikum, aus der das an kompositorischen Errungenschaften möglich wird, was Adorno dann als »große musikalische Revolution« wahrnehmen konnte.

Adorno: Nachgeboren und zu spät gekommen

Schönbergs Haltung der »öffentlichen Einsamkeit« ist gewonnen aus der Überwindung eines noch solidarischen Individualismus, wie wir ihn bei Richard Dehmel kennengelernt haben, eines Individualismus, der sich im Namen der Banalitäten des Lebens zwischen Hunger, Liebe und Tod, der Banalitäten, vor denen alle gleich sind, empörte darüber, daß viele hungern, während einige an der Spekulation mit Nahrungsmitteln reich werden, daß die Liebe so schwer gemacht wird von einer Zwangsmoral, die vielen die Kosten aufbürdet für den »Liebesgenuß« weniger, betrogen alle zusammen, daß dem Tod die Krankheit vorgelagert ist für viele, wodurch schon das Leben vor dem Tode verhindert wird, daß der gewaltsame Tod verhängt werden kann von einigen über viele, daß da so viel Angst ist und Rücksichtslosigkeit und so wenig Freundlichkeit zwischen den Menschen. Anstelle solcher Empörung wurde von Schönberg der Verzicht auf Solidarität gewonnen zugunsten eines eisigen Elitismus, einer Hingabe an »die Sache«, mit der man jene Banalitäten des Lebens hinter sich ließ, mit der man das Elend in der Organisation dieser Banalitäten sich selbst überließ als ohnehin heillos. Es genügt in der Folge, wenn man sich selbst einigermaßen kommod einrichten kann, so daß man nicht abgelenkt wird von der großen Sache, dem Befreiungswerk im Reich der Kunst (oder der Wissenschaft), das in der Isolation immerhin möglich ist, als schneidende Kritik am schlechten Bestehenden, auch wenn niemand sie hören und nach ihr handeln kann und will.

Bei und für Adorno wird das alles noch schwieriger und widersprüchlicher. Es ist nicht leicht für einen hoffnungsvollen jungen Mann, in einer Zeit des Niedergangs ein solcher zu sein. Die Höchstleistungen des gegenwärtigen Zeitalters sind schon und gerade erst vollbracht worden. Von dort geht es nicht weiter, nicht im Moment jedenfalls und nicht in einer grundsätzlich neuen Form, sondern bestenfalls in Nachahmung und Weiterentwicklung im Detail. Man ist damit »Schüler«, Epigone – und womöglich ist man selbst dafür schon zu spät dran. Adorno, der Komponist, kommt nach Wien explizit als Schüler und potentieller Jünger. Er sucht die »öffentliche Einsamkeit« und den »Kreis« der Auserwählten, dem er sich anschließen könnte – und ist enttäuscht, daß auch dieser »Kreis« nicht mehr besteht. Immerhin gelingt es ihm, sich in das lockere Gebilde von Bekanntschaften und Zusammengehörigkeiten einzuordnen, das sehr wohl noch da ist, Schüler der zweiten Generation zu werden, die Freundschaft und Hochschätzung Alban Bergs zu gewinnen, der ohnehin undogmatischer und gelassener mit den Errungenschaften und dem Erbe umgeht als der Großmeister selbst.

Die erwähnte Enttäuschung Adornos läßt sich seinen Erinnerungen an Wien von 1955 und 1968 entnehmen.[107] Noch nachdrücklicher wird in den Briefen an Siegfried Kracauer, dem wichtigsten verfügbaren Zeugnis für Adornos Befindlichkeit in jenem Jahr 1925 in Wien, deutlich, wie fremd Adorno zunächst dem (nicht mehr existenten) »Kreis« gegenüberstand. Auch Alban Berg wird in dem Brief vom 8.3.1925, nur ein paar Tage nach der Ankunft in Wien, mit durchaus kritischen Nebentönen beschrieben: Adorno kreidet ihm die Fixierung auf Schönberg und die resultierende Kritiklosigkeit an. Schönberg selbst hat Adorno sich sehr vorsichtig genähert. Am 26.3.1925 berichtet er Kracauer, er habe Schönberg schon viel gesehen und aus nächster Nähe »studiert«, sich aber bisher nicht vorstellen lassen. Am 10.4.1925 dann gibt er Kracauer eine ausführliche und farbige Schilderung des ersten Kontakts, bei dem über Adornos Kompositionen und das Frankfurter Musikleben gesprochen wurde. Schönberg wird mit Worten aus dem Umfeld von »besessen« und »unheimlich« beschrieben, zugleich konstatiert Adorno am Beispiel der Handschrift das zugleich Gejagte und Gesammelte als Ähnlichkeit zwischen Schönberg und sich selbst. Schönberg wird ein »Verfolgungswahn« nachgesagt, der nicht unbegründet sei, denn erst vor kurzem sei er z. B. im Café angespuckt worden. Jedenfalls ertrüge er dadurch keinen Widerspruch, was Diskussionen mit ihm unmöglich mache. Außerdem dränge er allen Leuten seine kompositorischen Ratschläge auf. Schönberg erscheint Adorno nach diesem ersten Kontakt als ein Getriebener, ohne Ruhe und Abgeklärtheit, dem man alles Mögliche, auch an »Niedrigem« zutrauen könne. In späteren Äußerungen Adornos wurde das Urteil nicht milder, höchstens höflicher. Wie wir wissen, beruhte die Abneigung auf Gegenseitigkeit.[108]

Es bestätigt sich damit auch nur, daß die Bewegung ohnehin an ihr Ende gekommen ist. Die »Revolution« hat seinerzeit stattgefunden, lange vor Adornos erwachsener und aktiver Zeit – jetzt sind die Helden ein wenig müde, und die Reaktion schlägt zurück. Nicht einmal der Zusammenhalt zwischen den wenigen, die zum Fortschritt der Menschheit überhaupt noch eine Beziehung hatten, ist noch aufzufinden. Auch sie haben sich isoliert und damit der Isolation recht gegeben, in die sie von außen gedrängt wurden. Im Rückblick auf »jene zwanziger Jahre« von 1962 wird für Adorno diese Isolation der Künstler zum deutlichen Symptom dafür, daß damals nichts mehr weiterging:

> »Die Isolierung, die dem Maler (Picasso nach 1918) die Kontinuität seiner Arbeit zerstörte und die nicht ihn allein zu Revisionen veranlaßte, war kaum biographisch-zufälliges Schicksal. An ihr wurde der Schwund der kollektiven Energien offenbar, welche die großen Neuerungen der europäischen Kunst hervorgetrieben hatten. Die Verschiebung im Verhältnis zwischen dem einzelnen Geist und der Gesellschaft reichte hinab bis in die geheimsten Regungen auch derer, die jede Anpassung an die gesellschaftliche Nachfrage verschmähten. Nicht an dem hat es gefehlt, was der naive Kulturglaube schöpferische Begabung nennt. In die Idee geistiger Produktion selbst ist ein Giftstoff geraten. Ihr Selbstbewußtsein, das Vertrauen, Geschichte zu machen, ist ausgehöhlt. Dazu stimmt, daß sie, gerade auch insofern sie rezipiert wird, nicht mehr eingreift. Selbst ihre exponiertesten Äußerungen sind nicht sicher vor dem integralen Kulturbetrieb.«[109]

»Das Vertrauen, Geschichte zu machen, ist ausgehöhlt.« Es ist nicht einfach die Stärke der Reaktion, gegen die man unterliegt. Es ist vielmehr die eigene Schwäche derer, die einmal revolutionär waren, an der die Bewegung scheitert. Es geht um das Nachlassen Schönbergs mit »seiner jungen und eleganten Frau«, die ihn »ein wenig von den Freunden aus der heroischen Zeit isoliert«, darüber hinaus mit der despotischen Festschreibung des Erreichten, die daraus eine neue Orthodoxie, einen neuen Zwang macht, mit seinem Festhalten von Berg in einem Status als »Schüler« und der ausbleibenden Anerkennung von dessen Eigenständigkeit, einer kleinlichen Eifersucht gar dessen Erfolgen gegenüber, mit seiner Ablehnung Adorno gegenüber, dem er in den Rücken fällt, als dieser versucht, mit dem »Anbruch« offensiv zu werden.[110] Auf der anderen Seite sind da die »Mitkämpfer«, wie Weill, Brecht und Eisler (in deren Sphäre auch Walter Benjamin gezogen wird), die mit ihrem politischen Abenteurertum, wie Adorno es offenbar erlebt, nicht nur die Kunst in ihrer hermetischen Reinheit gefährden, sondern noch dem Gegner die Vorwände für autoritär-populistische Eingriffe liefern.

In dieser mißlichen Situation findet Adorno für sich eine merkwürdige Rolle: Er wird Theoretiker und Propagandist der (vergangenen) Bewegung sowie scharfer Kritiker der Gegenbewegung, die er wahrnimmt. Er pflegt auch für sich selbst die Haltung der »öffentlichen Einsamkeit«, wendet sich aber zugleich aggressiv und Verstehen fordernd nach außen – es bleibt ein wenig unbestimmt, mit welchem Ziel genau: späte Anerkennung für die seinerzeitige Revolution? Widerstand gegen die »Reaktion»? neue Schüler gewinnen? die »alte Garde« zusammenhalten und ermutigen? ein wenig von dem allen? Jedenfalls stellt es auf der Ebene des von Adornos Schriften angebotenen und ermöglichten »Arbeitsbündnisses« eine Paradoxie dar, wenn die »öffentliche Einsamkeit« in einer pädagogischen und kämpferischen Offensive vorgetragen wird. Das Publikum wird zurückgewiesen und zugleich zum Verstehen, das in harter Arbeit verdient werden will, aufgefordert. Und das gilt nicht nur dem Gegenstand der »Propaganda«, dem Werk Schönbergs und seinen Errungenschaften an möglicher Freiheit gegenüber, sondern das gilt auch für die »Propaganda« selbst: Adorno verlangt für seine Schriften nochmals, daß man sich in harter Arbeit auf sie einläßt, da wird auch dem Leser nichts geschenkt, dem als Hörer schon gar nichts geschenkt werden soll.

Im Mittelpunkt steht dabei »das Werk«. Es entsteht aus den Möglichkeiten, die das Material enthält, und nach dem Maß, in dem sie realisiert werden, auch aus den Anforderungen und Fragen, die es stellt, und wie der Komponist ihnen gerecht wird. Man kann es als Komponist durchaus falsch machen, hauptsächlich indem man dem Material die alten Konventionen überstülpt und damit den verdorbenen gesellschaftlichen Zustand reproduziert, oder noch gar, indem man den neuen Imperativen der Warenförmigkeit nachgibt. Das Motiv zieht sich durch die gesamte Entwicklung von Adornos ästhetischer Theorie. Eine starke Formulierung findet sich in »Reaktion und Fortschritt« von 1930:

»*Im fensterlosen, dichten Werk wird der Autor der Geschichte gewahr*; im Anspruch, den das Werk an ihn richtet, und er legitimiert sich als fortgeschritten, wenn er die Stimmigkeit des Werkes realisiert, deren Möglichkeit objektiv im Werke angelegt ist.«[111]

Es wird vom Autor wie vom Publikum äußerste »Sachlichkeit« gefordert. Das ist eine ernste und angespannte Haltung. Sowie man nachläßt, fällt man den Konventionen und Verdinglichungen doch wieder anheim, besonders auch in Leichtigkeit und Amüsement, Haltungen, in denen sich an keine Wahrheit herankommen läßt. In der Kontroverse mit Stuckenschmidt wird das ganz klar: Der Gestus der Heiterkeit ist verwerflich, weil er mit einer Regression auch der technischen Fähigkeiten einherzugehen pflegt. Hinzu kommt, daß unter den schwierigen gegenwärtigen Verhältnissen Dinge ohnehin nur bei äußerster Anspannung halbwegs gelingen können. Es ist große Wachsamkeit und ernste Anstrengung nötig, damit man den korrumpierenden gesellschaftlichen Kräften nicht erliegt.

»Daß freilich stimmige Musik heute, mit einem unqualifizierten Material und im Stande der atomisierten Gesellschaft, nicht so leicht mehr geschrieben wird wie vor hundertfünfzig Jahren, ist kein Zufall ...«[112]

Es geht auch darum: Kunst ist nichts Harmloses. Vielmehr geht es in ihr um die Gattungsaufgaben, um die Auseinandersetzung mit gesellschaftlichen Zuständen, um das Machen von Geschichte. Adorno spricht gegenüber Stuckenschmidt von dem Verdienst Nietzsches,

»alle wahre Form in der furchtbaren Spannung zwischen dem Bewußtsein und der Naturmacht zu erkennen, der es sich entringt«. Bei Mozart etwa bedarf es »keiner gar zu feinen Ohren, zu hören, wie grausam und schmerzlich diese Form aus dem Naturstoff geschnitten ward – nicht freilich aus dem Stoff seiner Erlebnisse; aber aus dem andrängenden Material, in das jene Musik je und je mit ihrem letzten Akkord zu versinken droht«.[113]

Die Adjektive sind deutlich genug: furchtbar, grausam, schmerzlich – das ist keine Tändelei, hier geschieht, was wirklich zählt, hier wird die Zukunft der Menschheit entschieden.

Wahrscheinlich gibt es in der ästhetischen Theorie nicht viele Beispiele dafür, daß die Kunst und die Produkte der Intellektuellen überhaupt derart wichtig genommen würden. Und auch nicht viele, in denen zugleich das depressive Bewußtsein der Vergeblichkeit so stark ist. Im Rückblick auf »jene zwanziger Jahre« wird konstatiert, daß damals »der Bereich des Geistes wankte, der noch die alte Relevanz im Leben der Menschen beanspruchte«, während der Geist heute »gegenüber dem, was seither geschah,... überhaupt einen Aspekt des Nichtigen« annimmt.[114] Adorno analysiert zwar, daß heute auf die 20er Jahre eine Position projiziert würde, in der »der Geist noch nicht genötigt gewesen sei, sein Mißverhältnis zur Gewalt der Realität einzubekennen«, aber er sieht ihn jenseits solcher Projektionen damals doch nur »wanken«, noch nicht so »nichtig«, wie er heute ist. Darum wurde gekämpft, dem »Geist« die ihm zukommende gesellschaftliche (Be)Achtung zu sichern – und damals war noch nicht alles verloren (obwohl fast alles). Wo Schönberg sich abwendete, dort wollte Adorno Achtung erzwingen, wollte er die »Wahrheit« sichtbar machen, indem er das Unwahre erbarmungslos kritisierte und unermüdlich dazu aufforderte, die Strapazen der Bemühung um »die Sache« auf sich zu nehmen und zu honorieren. Es ist zugleich die Überzeugung deutlich, daß die allermeisten dazu ohnehin nicht imstande sind.

Darin liegt die Schwierigkeit Adornos, bis zu einem gewissen Grad sein »Selbstwiderspruch»: Er vertritt eine »Sache«, die der dafür Hauptverantwortliche, Schönberg nämlich, der ohnehin eine ungute Entwicklung nimmt, selbst jedenfalls *so* nicht vertreten würde; er ist »Propagandist« einer Sache, die durch Propaganda zerstört würde; er ist Verteidiger von Errungenschaften, die durch Tradition-Werden sich aufheben müßten (was er auch konstatiert und kritisiert hat); er sucht Verständnis für eine Sache zu gewinnen, die sich nicht popularisieren läßt, die nur so bedeutsam sein sollte, daß sich alle die ernste Anstrengung antun, die sie erfordert, und zwar zunächst, ohne sich selbst von dieser Bedeutung überzeugen zu können. Nötig wäre in erster Linie eine Haltung zum Kunstwerk, die sich nicht erst in Auseinandersetzung mit diesem bilden kann, weil sie schon Voraussetzung dafür ist, daß eine angemessene Auseinandersetzung überhaupt erst aufgenommen wird. Man könnte die Paradoxa weiter variieren, in denen sich die unmögliche Aufgabe bewegt, die Adorno zufiel.

Erschwerend kommt hinzu, daß das alles gegen den Widerstand und die Ablehnung der Person zu geschehen hat, der sich »die Sache« zumindest historisch weitgehend verdankt, die diese »Sache« *ist*, gegen Schönberg. Daher ist es nötig, den »Schüler« Alban Berg zum »Meister« zu machen (»das Gerede vom ›Schönberg-Schüler‹ soll aufhören«). Deshalb ist »Treue« zu den seinerzeitigen Errungenschaften, auch gegen ihre Autoren, wenn sie später dahinter zurückfallen, so notwendig.

Erschwerend kommt ferner hinzu, daß Versuche vorstellbar sind und gemacht werden, mit Kunst, die auch Adorno als solche akzeptieren muß, sehr wohl ein Publikum zu erreichen. Besonders herb und vehement grenzt sich daher Adorno im Rückblick gegen »Jonny spielt auf«, »Dreigroschenoper« und »Mahagonny« ab, die er als Ausdruck für die »Bilderwelt der erotischen Phantasie« zitiert, von der die 20er Jahre geprägt gewesen seien und von der nostalgisch die heutige Meinung über sie noch besonders gefärbt werde, von den »romantischen Wünschen nach sexueller Anarchie«, die es damals sowenig wie heute gab.[116] Ist es schon erstaunlich genug, wie hier das politische Operntheater von Brecht/Weill mit dem populären Glücksgriff von Krenek in einen Topf geworfen wird, noch erstaunlicher, wie dann Prostitution, die am striktesten, nämlich konsequent warenförmig geregelte Form des sexuellen Zusammenkommens, als Beispiel für »sexuelle Anarchie« abgehandelt wird, so steigert sich das Erstaunen noch, wenn diesen Opernformen zugeschrieben wird, sie hätten den Nazis in die Hände gespielt:

»Gerade jene Operngebilde, an die Ruhm und Skandal sich hefteten, nehmen in ihrem zwielichtigen Verhalten zur Anarchie so sich aus, als wäre es ihre Hauptfunktion gewesen, dem Nationalsozialismus die Parolen zuzuspielen, die ihm dann zum Kulturterror dienten; als hätte die geflissentlich hervorgekehrte Unordnung schon nach jener Ordnung gegiert, die dann der Hitler über Europa brachte.«[117]

Diese harte Aussage paßt zum Tenor auch einer weiteren Skizze eines Rückblicks, diesmal von 1949:

»Es ist besonderes Gewicht auf die Einsicht zu legen, daß der Faschismus, als er die Macht übernahm, die als kulturbolschewistisch von ihm denunzierte Musik kaum mehr ernsthaft unterdrücken mußte, weil mit Ausnahme schmaler Zirkel die Unterdrückungstendenz im Bereich der sogenannten neuen Musik selber sich schon durchgesetzt hatte.«[118]

Allerdings war die *zeitgenössische* Reaktion Adornos auf diese Opern nicht so herb, eher im Gegenteil: Besonders »Mahagonny« wurde damals in ziemlich hohen Tönen gepriesen.

»Mahagonny ist die erste surrealistische Oper. Die bürgerliche Welt wird als schon abgestorbene im Moment des Grauens präsentiert und demoliert im Skandal, in dem ihre Vergangenheit sich kundtut.«[118]

Oder ein Jahr davor über die »Dreigroschenoper«:

»In der Opern- und Operettenform seiner kompositorischen Oberfläche faßt das Werk die kleinen Gespenster jener Bürgerwelt und läßt sie zu Asche werden, indem es sie dem grellen Licht der wachen Erinnerung aussetzt.«[119]

Über Kreneks »Jonny« hat Adorno aus Frankfurt im Dezember 1927 zwar nicht ohne Kritik, aber doch ganz positiv berichtet:

Wiener und Wienerinnen!

Die Zersetzung und Vergiftung unserer bodenständigen Bevölkerung durch das östliche Gesindel nimmt einen gefahrdrohenden Umfang an. Nicht genug, daß unser Volk durch die Geldentwertung einer durchgreifenden Ausplünderung zugeführt wurde, sollen nun auch alle sittlich-kulturellen Grundfesten unseres Volkstumes zerstört werden.

Unsere Staatsoper,

die erste Kunst- und Bildungsstätte der Welt, der Stolz aller Wiener,

ist einer frechen jüdisch=negerischen Besudelung zum Opfer gefallen.

Das Schandwerk eines tschechischen Halbjuden

„Jonny spielt auf!"

in welchem Volk und Heimat, Sitte, Moral und Kultur brutal zertreten werden soll, wurde der Staatsoper aufgezwungen. Eine volksfremde Meute von Geschäftsjuden und Freimaurern setzt alles daran, unsere Staatsoper zu einer Bedürfnisanstalt ihrer jüdisch-negerischen Perversitäten herabzuwürdigen. **Der Kunst-Bolschewismus erhebt frech** sein Haupt. Die Schamröte muß jedem anständigen Wiener ins Gesicht steigen, wenn er hört, welch ungeheuerliche Schmach und Demütigung der berühmten Musikstadt Wien durch volksfremdes Gesindel angetan wurde.

Da die christlich-großdeutsche Regierung diesem schamlosen Treiben untätig zusieht und von keiner Seite eine Abwehr versucht wird, so rufen wir alle Wiener zu einer

Riesen-
Protest=Kundgebung

auf, in welcher über die Wahrheit der jüdischen Verseuchung unseres Kunstlebens und über die der Staatsoper angetane Schmach gesprochen werden wird.

Christliche Wiener und Wienerinnen, Künstler, Musiker, Sänger und Antisemiten erscheint in Massen und protestiert mit uns gegen diese unerhörten Schandzustände in Oesterreich.

Ort: Lembachers Saal, Wien, III., Landstraße Hauptstraße.
Zeitpunkt: Freitag, den 13. Jänner 1928, 8 Uhr abends.
Kostenbeitrag: 20 Groschen. / Juden haben keinen Zutritt!

Nationalsozialistische deutsche Arbeiterpartei
Großdeutschlands.

Herausgeber und Verleger: N. S. D. A. P. (Hitlerbewegung). — Für den Inhalt verantwortlich: [illegible], Wien, VII., [illegible] 14. — Druck: [illegible], Wien, XV., [illegible]

»Daß freilich dem Bestehenden, der Oper zunächst und endlich doch auch der Gesellschaft, nachgefragt ist, muß als große Leistung des Jonny anerkannt werden; und daß in Krenek genug dämonische Kräfte zum Generalangriff stecken, braucht er nicht erst zu beweisen. Es ist nur zu hoffen, daß er sie nicht zur Versöhnung mit einer vorgeblich gemeinschaftsmäßigen Musik dämpfe, die unter dem Mantel neuer Sachlichkeit die herrschenden Bedingungen der Existenz verklären möchte... Die Möglichkeit solchen Kompromisses dementiert allerdings eine Art sprengender Schnödheit, die sich Krenek diesmal mehr im Text als in der Musik bewahrt hat.«[121]

Insgesamt galt damals für diese Opern, was Adorno auch Alban Bergs »Weinarie« bestätigte und was daher höchste Hochschätzung bedeutete: Hier wird bürgerliche Kultur in der Montage als *tot* vorgeführt.[122]

Von irgendwelcher »Bilderwelt der erotischen Phantasie« oder gar »sexueller Anarchie« war damals in diesem Zusammenhang nicht die Rede, auch nicht von »Begeisterung für die Spelunken-Jennys«, vielmehr hatte Bloch das Lied der Seeräuber-Jenny, an das man hier denkt, im »Anbruch« und wohl von Adorno dafür gewonnen, politisch interpretiert. Denkbar, daß der Erfolg der »Dreigroschenoper« auf einem Mißverständnis beruhte,[123] und unbestreitbar ist, daß es frühe und spätere Nazi-Demonstrationen gegen diese Opern gab,[124] aber gerade in Adornos *Werk*-Ästhetik dürfte das eigentlich keine Rolle spielen. Es kann jedenfalls nicht als Beleg für etwas wie ein »heimliches Gieren nach Ordnung« in diesen Werken verwendet werden. Was sich in solchen Fehlurteilen ausdrückt, ist die Ambivalenz Adornos gegenüber dieser von ihm als »surrealistisch« klassifizierten Form des Umgangs mit der Situation der zerstörten bürgerlichen Welt und ihrer Normen, einschließlich der zugehörigen Musik und ihrer Normen: Sie ist ihm respektabel (und wesentlich akzeptabler als der »neoklassische« Versuch, die Normen wieder aufzurichten) und zugleich in unklarer Weise suspekt, weil aufs Publikum orientiert, populistisch, doch unterhaltend, nicht ernsthaft genug, ein bloßes Kokettieren mit der Freiheit, oder vor allem nur äußerlich fortschrittlich, wie er es zum Beispiel Eisler ankreidet:

»... es ist Gefahr, daß um der Verständlichkeit willen die Mittel nicht auf den vollen Stand der *musikalischen* Aktualität gebracht, sondern auf eine Stufe reduziert werden, die die Entwicklung bereits hinter sich ließ... Es könnte also hier politisch revolutionäre Gesinnung ästhetisch reaktionäre nach sich ziehen, während sie, sich gänzlich stichhältig auszuweisen, auch die technischen Mittel auf der aktuellsten Stufe ihrer Geschichtlichkeit ergreifen müßte.«[125]

Es ist in erster Linie die Entwicklung der Produktivkräfte voranzutreiben, der Versuch der Vergesellschaftung hindert das nur. Im Zweifel löst

Adorno die Ambivalenz in dieser sehr klaren Option *gegen* die populäre Wirkung auf.

Es entsteht aus diesen Widersprüchen ein ganz vertracktes »Arbeitsbündnis«, das Adorno dem Leser zumutet: Es werden höchste, auch entmutigende Ansprüche gestellt, und es wird zugleich begründet, warum sie ohnehin nicht erfüllt werden können. Zugleich wird aber vorgeführt, daß es Ausnahmen gibt, eine zumindest, die entsprechend einschüchternd wirkt. Man kann sich mit dem Autor identifizieren, aber er hilft einem nicht. (Daher ist die Karikatur des »Adorniten« an der gestelzten Sprache und an der Arroganz erkennbar.) Gewonnen wird damit der Ernst und die Anstrengungsbereitschaft, auch die scharfe Wendung gegen andere, die sie nicht haben. Man braucht ein ziemlich gutes Selbstbewußtsein, um dem Sog dieses Identifikationsangebots nicht zu verfallen *und* sich nicht abrupt abzuwenden.

Das Unklare des »Arbeitsbündnisses« in den Texten Adornos hat sicher auch damit zu tun, daß es um eine Mehrzahl von Adressaten geht: »Schönberg und sein engster Kreis«, in sich schon widersprüchlich, gespalten zwischen Meisterverehrung und notwendiger Eigenständigkeit gegenüber despotischen Ansprüchen; die musikalischen Gegner, auch uneinheitlich und unterschiedlich ernst zu nehmen; vielleicht noch ein allgemein gebildetes Publikum, von dem freilich nicht viel zu erwarten ist; schließlich die Nachwelt, mit der berühmten Flaschenpost zu erreichen, eine unbekannte Größe.[125] Schönberg mußte (vorsichtig) kritisiert und in seine Grenzen verwiesen, zugleich mußten seine »Errungenschaften«, die, die wirklich zählten, die aus der Vergangenheit, hochgehalten werden, auch das teilweise gegen ihn; der »engste Kreis« mußte ermutigt, intakt gehalten, zu neuen Aktivitäten und Offensiven aufgefordert werden, gegen die »Reaktion« und an der eigenen Sache weiterzuarbeiten – ohne dabei allzu weit abzuweichen, eine Gefahr, in der sich offenbar vor allem Krenek und Eisler befanden; die musikalischen Gegner waren zu kritisieren – das ist noch relativ einfach, bringt höchstens einige Isolation mit sich; das allgemein gebildete Publikum war auf seine – um es milde zu sagen – Gefährdetheit sowie auf die Schönbergschen Errungenschaften und ihre Interpretation durch Adorno aufmerksam zu machen; den unvorhersehbaren Adressaten der Flaschenpost schließlich war zu zeigen, daß auch in diesen finsteren Zeiten das Verhängnis nicht total gewesen war, weil sich ihm einige wenigstens entziehen konnten.

Diese Vielfalt schließt sich gut in der ohnehin auch theoretisch geforderten rücksichtslosen Hingabe an die Sache, der damit verbundenen Kritik an *jeglicher* Orientierung an einem Publikum zusammen. Dazu gehört, daß die Aufsätze nicht schlichte Mitteilungen an einen bekannten Adressaten sein sollten, sondern selbst Kunstwerke, komponiert als Darstellung einer Denkarbeit.[126] Der Bezug der Texte zum Publikum, der sich notwendig einstellt – auch mit dem Rücken zum Publikum zu schreiben, ist eine Haltung zu diesem –, wenn man überhaupt veröffentlicht oder auf eine Veröffentlichung zumindest schielt, und der sich im Bezug des Publikums zu den Texten wiederfindet, weil er sich mitteilt (Mißverständnisse und Projektionen sind, versteht sich, nie ausgeschlossen), ist deshalb so komplex, weil das Publikum vielfältig ist, teils die Absicht nicht merken darf, teils zu Einsichten gezwungen werden müßte, teils ohnehin als inkompetent verachtet wird. Als Grunddimension bleibt die »öffentliche Einsamkeit«, aber mit den genannten Modifikationen und Zusätzen, die das alles komplizieren.

Allerdings entstand aus dieser schiefen und schwierigen Haltung zur Welt und der damit verbundenen Interpretation der musikalischen Entwicklung seit Schönbergs »Durchbruch« im Jahrzehnt nach der Jahrhundertwende einiges an Erkenntnisgewinn: Die schwierige Situation, in der er sich – nachgeboren und zu spät gekommen – vorfand, führte Adorno zur Annahme eines gesellschaftlichen und politischen Niedergangs in den 20er Jahren, den damals nicht alle Leute so wahrnahmen. Was er in den Entwicklungen der Kompositionstechnik konstatierte – einen Sieg der »Reaktion« gegenüber den Errungenschaften der »guten Anarchie« – traf sich mit dem, was auch in anderen Bereichen der Gesellschaft sichtbar wurde, von vielen aber nicht in dieser Bedeutung und in dieser Schärfe gesehen wurde. Daß er die Einschätzung der Entwicklung aus der »musikalischen Revolution« und ihrem Schicksal ablas, ließ ihn diese so erkannte Rück- und Fehlentwicklung als eine bestimmen, in der sich die manipulierten Massen den Errungenschaften nicht anschlossen, sich sogar wütend gegen sie wandten. Die antisemitischen Wiener Konzert- und Opernrowdies, die die Schönberg-Skandale inszeniert hatten, waren ihm die deutliche Vorhut der späteren Nazi-Mobs. Weil sein Zugang und Modell die Musik war, sah er die »Revolution« als die Errungenschaft einer kleinen Elite, die kaum Anhang hatte und in der Folge selbst zerbröselte. Er sah auch keine »revolutionären Massen« am Werk, auch nicht in irgendeiner Zukunft oder auch nur in der Abwehr der »Reaktion«, vielmehr sah er diese »Massen« der billigen Befriedigung durch billige Unterhaltung ausgeliefert und verfallen, (dadurch) ohne Verbindung zu den Problemen der Gesellschaft, der Geschichte und der Menschheit als Gattung, allenfalls *gegen* diejenigen mobilisierbar, die sie damit belästigen sollten.

Adornos Wiener Projekte

Der mehrmalige und erfolglose Versuch, mit dem »Anbruch« offensiv zu werden

In Adornos »Einleitung in die Musiksoziologie« in der Ausgabe von 1968 (in »Rowohlts deutscher Enzyklopädie«) heißt es »Über den Verfasser« (S. 245) unter anderem, er sei »1925 Kompositionsschüler von Alban Berg« und »von 1928 bis 1932 Leiter der Wiener Musikzeitschrift ›Anbruch‹« gewesen. So wie es da steht, könnte man denken, Adorno war von 1925 bis 1932 in Wien. Tatsächlich hat er die Redaktion des »Anbruch« per Korrespondenz betrieben, und sie umfaßte auch nicht ganz die genannten vier Jahre. In der Zeitschrift »Anbruch« selbst finden sich zu dieser Frage zwei Notizen, eine im Heft I/1929, S. 3, und eine im Heft I/1931, S. 31. Die erste sagt: »Mit Beginn dieses Jahrganges tritt Dr. Theodor Wiesengrund-Adorno, Frankfurt a. M., in die Redaktion des ›Anbruch‹ ein.« Und die zweite: »Dr. Theodor Wiesengrund-Adorno ist in freundschaftlichem Einvernehmen mit der Redaktion des ›Anbruch‹, der er zwei Jahre lang angehört hat, aus der Redaktion ausgeschieden. Er wird auch weiterhin seine wertvolle Mitarbeit dem ›Anbruch‹ zur Verfügung stellen. Die Redaktion.« In den Briefen Adornos an Berg liest man in einem vom 9.10.1929: »Also: ich habe die Leitung des Anbruch, die ich seit einem halben Jahr faktisch innehatte..., niedergelegt und trete aus dem Redaktionsverbande aus.« Was im Rückblick von 1968 wie zunächst acht, dann aber sicher vier Jahre aussieht, waren nach offizieller Darstellung zwei Jahre und in Wirklichkeit ein dreiviertel Jahr.

Die Zeitschrift »Musikblätter des Anbruch« wurde 1920 gegründet, bezog ihren Titel von dem damaligen expressionistischen »Anbruch« und galt als eine der Haus-Zeitschriften der »Universal-Edition« (die andere war die an Dirigenten adressierte »Pult und Taktstock«). Ihr erster Herausgeber war Alban Berg, der für diese Tätigkeit auch ein bescheidenes Honorar bezog.[1] Berg ist nicht lange dabeigeblieben, weil ihn die Arbeit zu sehr vom Komponieren abhielt. Spätere Redakteure waren

Paul Pisk, der das Sakrileg beging, Karl Kraus zu kritisieren,[2] am kontinuierlichsten aber Paul Stefan und Hans Heinsheimer. Mit dem Jahrgang 1929 trat Adorno in die Redaktion ein, die er sich mit Stefan und Heinsheimer teilte.

Dem war schon ein erster Anlauf im Jahre 1925 vorausgegangen, den Adorno in einem Brief an Berg, geschrieben am 21.6.1925 im Café Museum in Wien,[3] ausführlich darstellt. Danach hat ihm Hans Heinsheimer völlig überraschend die Chefredaktion angetragen, weil er (Heinsheimer) mit Paul Stefan nicht mehr zusammenarbeiten könne. Nach ausführlichen Verhandlungen und auch der Erstellung eines inhaltlichen Programms habe Heinsheimer dann sein Angebot aber wieder zurückgezogen. Hertzka konnte sich nicht entschließen, Stefan fallenzulassen.[4] Adorno ist ziemlich verärgert und betont, er habe Stefan durchaus nicht verdrängen wollen, die Initiative sei ja nicht von ihm ausgegangen.[5]

Paul Stefan übrigens war ein Musikschriftsteller von einer eigenartigen Naivität des Ausdrucks, dessen Buch »Das Grab in Wien« (gemeint ist das Mahlers) von 1913 vor allem immer wieder als Schilderung des Wiener Musikgeschehens des fin de siècle herangezogen wird. Es gibt von ihm ferner ein kleines Büchlein »Neue Musik und Wien« von 1921, eine recht wenig informative Aneinanderreihung von heute weitgehend vergessenen Namen mit Schönberg als dem Höhepunkt, auf den alles zuläuft, ein weiteres mit dem schönen Titel »Österreichische Kunstgebarung. Mahnwort und Manifest« von 1924, in dem fünf Jahre nach Loos' »Richtlinien für ein Kunstamt« (von 1919) ein ebensolches gefordert wird, nachdem lange die Zerstörung der »Revolution des Geistes« in der österreichischen Bürokratie und durch sie beschrieben wurde, wobei dann trotzdem die Loossche Skepsis dem Staat gegenüber fehlt. Auch ein Buch über Eugenie Schwarzwald gibt es von ihm. Er gehörte also, wie im Abschnitt über Mahler dargestellt, zu der »Mahler-Schönberg-Clique« oder zumindest zu ihren Propagandisten. Adorno, der eine Generation später eine ähnliche Position hatte, konnte ihn nicht besonders schätzen.

Hans Heinsheimer, der Jurist werden wollte, dann aber höchst zufällig nach Wien und in die Universal-Edition geriet, beschreibt sich in seinem Buch von 1947 so: »Vom ersten Tag meiner Tätigkeit in der Universal-Edition – zuerst als ›Volontair‹ und sehr bald als Leiter des Bühnenvertriebs – war ich Hertzkas lernbegieriger Schüler, sein ergebener Jünger.«[6] Heinsheimer war also sozusagen der Vertreter des Verlags in der Redaktion des »Anbruch«. Von ihm hatte Adorno auch eine eher herbe

Meister und Schüler (Schönberg und Berg)

Meinung. In den Erinnerungen an Berg von 1955 schreibt er: »Als ich den Leiter von deren Opernabteilung, den unsäglichen Hans Heinsheimer, 1938 oder 39 in der Emigration in New York traf, sagte er mir: ›Das habt Ihr nun von Eurer modernen Musik. Nicht einmal in Deutschland wird sie mehr gespielt.‹ Man kann sich danach vorstellen, wie dieser Verlag mit Autoren umsprang, die nichts mehr einbrachten.«[7] Heinsheimer umgekehrt geht noch weiter und verleugnet Adorno: Er habe keine Erinnerungen an ihn aus seiner Wiener Zeit.[8]

Die Sache war mit der Absage durch Heinsheimer offenbar nicht ganz erledigt. Es scheint, daß Adorno als möglicher Redakteur im Gespräch blieb. Jedenfalls schreibt er am 4.5.1926, als er sich nochmals in Wien aufhielt,[9] an Kracauer, daß seine Anbruch-Aufsätze, besonders der über Berg, ihm die Chance auf die Chefredaktion verpatzt hätten – allerdings hätte er angesichts der gewonnenen Kenntnis der beteiligten Personen ohnehin nicht mehr die geringste Lust, sie zu übernehmen. Diese Abneigung mag sich oberflächlich auf Paul Stefan und Hans Heinsheimer beziehen, die tiefere und entscheidende Enttäuschung ist aber Schönberg. Er ist das eigentliche Problem, wie Kracauer gegenüber unmißverständlich klargemacht wird. Schönberg habe seine (Adornos) Aufsätze für unverständlich erklärt, und zwar deshalb, weil er den über Berg nur zu gut verstanden habe: In ihm werde Schönberg gemäß seinen eigenen Ansprüchen die Möglichkeit abgesprochen, eine »Schule« zu begründen, und es werde Berg als von Schönberg unabhängig erklärt. Das könne Schönberg nicht schätzen, der ohnehin Berg den Erfolg des »Wozzeck« neide und auch auf ihn, Wiesengrund-Adorno, nicht gut zu sprechen sei, der sich Berg angeschlossen habe und nicht Schönberg. Schönberg habe einen »Wiesengrund-Komplex« und sei seinetwegen auch einmal mit Berg heftig aneinandergeraten.[10] Das entscheidende und, wie wir sehen werden, wiederkehrende Problem mit dem »Anbruch«, an dem Adorno zuletzt auch scheiterte, war die von Anfang an schlechte Beziehung zu Schönberg.

Beim zweiten Anlauf, 1929, ging Adorno die Umgestaltung der »Musikblätter des Anbruch« sehr energisch an. Er verfaßte dazu eine umfängliche Programmschrift.[11] Äußerer Ausdruck eines neuen Windes ist die Umbenennung in »Anbruch«. »Es gibt keinen anderen – literarischen – Anbruch mehr, als dessen Musikblätter die Zeitschrift erschiene«, teilt er dazu im Editorial zum Jahrgang 1929 mit.[12] Dieses Exposé ist in einem erstaunlich herrischen Stil gehalten, durchgängig mit Wendungen wie »es kommt darauf an«, »es ist zu...«, »wird... müssen«, »haben... zu prüfen«, »Reaktionäre... können nicht mehr im Anbruch schreiben«, »hat sich... zu vollziehen«, es spricht vom »geistigen Kreditverlust des Blattes in den letzten Jahren« und der notwendigen »Revision des Mitarbeiterstabes« – alles in allem kein Dokument von hoher Diplomatie, sondern wie aus einer Position der Stärke und mit der Arroganz der Macht geschrieben. Die bisherigen Redakteure können damit keine Freude gehabt haben.

Auch inhaltlich ist es ein aggressives Pamphlet, ein Kampfaufruf: »Zunächst wird also der Anbruch gegen die musikalische Reaktion mit aller Energie vorgehen müssen... Die reaktionäre Musik... muß von nun an im Anbruch mit allen Mitteln der Polemik und rücksichtslos angegriffen werden... Der Kampf gegen die Reaktion hat auch vor deren prominenten Namen nicht aus Rücksicht haltzumachen«,[13] wobei es Zugeständnisse nur im »Kampf gegen die gehobene Reaktion« (das sind Strawinsky und Hindemith) geben kann: Man muß deren »rücksichtslosen Kampf gegen die musikalische Romantik« zur Kenntnis nehmen und unterstützen und darf nicht den ganz Reaktionären in die Hände spielen, indem sich »die Modernen« als allzu uneinig erweisen. Auch gegenüber der »Zentrale der neoklassizistischen Ideologie«, der Zeitschrift »Melos«, muß man zwar »kritisch polemisch« sein, aber »natürlich ernst und mit Respekt, nicht in dem Ton, in dem wir gegen die Kaum und Graener vorgehen können«, und auch so, »daß der Anbruch sich in seiner Haltung nicht Blößen gibt, die dem Melos ein Einhaken möglich machen und den Elan diskreditieren«.[14] Taktische Rücksichten sind also nötig, aber sonst geht es um Kampf und Angriff.

Technisch schlägt Adorno zwei neue ständige Rubriken vor, »Kompositionskritik« und »Mechanische Musik«. Positiv ist ferner, »nachdrücklich für die wirklich bedeutenden modernen Komponisten einzutreten«, wobei auch »die soziologischen Probleme in stärkstem Maß zu berücksichtigen« sind.[15] Außerdem soll die »leichte Musik« ernsthaft behandelt werden, die man gegen ihre Verächter verteidigen und gegen ihre Verherrlicher kritisieren muß. Am interessantesten erscheinen ihm wohl die Sonderhefte, die er vorschlägt, und zwar zu folgenden Themen: Reaktion, Mahler, Debussy, leichte Musik, Kritik, Musikwissenschaft. »Reaktion« und »leichte Musik« hebt er mit besonderer Dringlichkeit hervor. Zuletzt gibt er eine Liste von zu gewinnenden neuen Mitarbeitern, darunter die Frankfurter Musikkritiker Bekker und Holl, ferner Kracauer, Bloch, Döblin und Eisler.

Wenn man die Hefte der Jahrgänge 1929 folgende darauf durchsieht, was von diesen Vorschlägen und Forderungen verwirklicht wurde, findet man vor allem ein rasches Versickern nach einem energischen Beginn: Die Rubrik »Kompositionskritik« erscheint zum ersten Mal in Heft I/1929, zum letzten Mal in I/1930, insgesamt sechs Mal in den neun Heften dieser Erscheinungsfolge. Fünf dieser sechs Kompositionskritiken (über Werke von Berg, Eisler, Weill, Bartók und Schönberg) hat Adorno selbst geschrieben,[16] nur die erste (über Strawinskys »Apollon Musagète«) stammt von Hans Redlich. Die Rubrik »Musik und Technik« hatte einen eigenen Betreuer: Frank Warschauer, verschwand aber trotzdem als eigens ausgewiesene schon nach dem Heft IV/V/1929. Im Vorwort zu I/1930 wird von einem Aufsatz behauptet: mit ihm »setzen wir unsere Rubrik ›Musik und Technik‹ fort«, tatsächlich verschwindet in diesem Jahrgang nicht nur die Überschrift, sondern auch das Thema. Im ersten Heft von 1929 gab es auch eine polemische Rubrik »Unter jeder Kritik«, in der besonders unqualifizierte Kritikeräußerungen nur einfach wiedergegeben werden sollten. Sie tauchte nach diesem ersten Mal nie wieder auf. Einen Hinweis gibt auch das Jahresinhaltsverzeichnis: Es ist für den Jahrgang 1929 gegliedert in »Soziologische Arbeiten«, »Theorie und Kritik«, »Theater«, »Aufführungsberichte«, »Uraufführungen« und »Musik und Technik«. Ab 1930 hat es nur mehr drei Kategorien: Aufsätze – Besprechungen – Opernberichte. An neuen Mitarbeitern sind ab 1929 vor allem Krenek, Redlich, Bloch, Weill – und vor allem Adorno selbst aufgetreten und ab 1931 wieder mehr oder weniger abrupt verschwunden.

An Themenheften gab es II/1929 über »Impressionismus«, also eine Ausweitung dessen, was Adorno mit dem Stichwort »Debussy« vorgeschlagen hatte, und III/1929 über »Leichte Musik« mit Beiträgen unter anderem von Bloch,[17] Krenek, Weill, auch Adorno selbst,[18] in denen die Operette, Jazz, Unterhaltungs- und Filmmusik abgehandelt wurden. Es folgen zwei Hefte ohne Schwerpunkt und dann eines zum Thema »Oper« (VI/1929), das Adorno nicht vorgesehen hatte.[19] Heft VII/VIII/1929 hat einen (nicht deklarierten) Schwerpunkt »Fragen der zeitgenössischen Kompositionstechnik« und enthält auch einen Aufsatz zur »Möglichkeit der Kompositionskritik« (Gutmann), könnte also eine Abwandlung des vorgesehenen Themas »Kritik« darstellen. Das letzte Heft des Jahrgangs hat kein Thema.

Dafür haben die beiden ersten Hefte des Jahrgangs 1930 sehr dezidiert eines, nämlich beide »Oper«. Beide haben auch ein Vorwort, von denen das in I/1930 nicht gezeichnet ist, aber jedenfalls keine Spuren von Adornos Stil trägt, in II/1930 gibt es zwei Vorworte, gezeichnet von Stefan und Heinsheimer. I/1930 besteht hauptsächlich aus Anmerkungen von Komponisten (darunter Krenek und Weill) zu eigenen Opern und enthält auch Blochs Aufsatz über die Zauberflöte.[20] Auch die Stuckenschmidt-Adorno-»Kontroverse über die Heiterkeit«[21] findet sich hier, sowie (wie erwähnt) zum letzten Mal eine Kompositionskritik Adornos. II/1930 handelt von der »sogenannten Opernkrise« und enthält unter anderem eine Rede des Bürgermeisters von Mannheim zum Thema. Von Adorno enthält dieses Heft einen typischen Korrespondenten-Bericht, nämlich eine Notiz über die Frankfurter Uraufführung von Schönbergs »Von heute auf morgen«.[22] Heft III/1930 ist ein Mahler-Heft, wie es auch Adorno vorgeschlagen hatte, enthält auch Adornos »Mahler heute«,[23] das Vorwort stammt von Paul Stefan. IV/V/1930 ist wieder ein Frankreich-Heft, in dem auch mehrere französische Autoren schreiben und von dem Paul Stefan im Vorwort mitteilt, es werde »seit fünf Jahren erwogen«. VI/1930 hat das Thema »Wo stehen wir?« und enthält die beiden Aufsätze von Krenek und Adorno über »Reaktion und Fortschritt« (beziehungsweise umgekehrt),[24] ist also das, in dem das von Adorno favorisierte Thema »Reaktion« noch am ehesten angesprochen wird. Die nächsten beiden Hefte sind dem »Sommerbericht« und dem »Konzertbetrieb« gewidmet.[25]

Von Adornos Themen sind also nur »Musikwissenschaft« ganz und »Kritik« und »Reaktion« halb ausgefallen. Freilich wären das genau die brisanten Themen gewesen, während nicht viel dazugehört, wenn eine Zeitschrift der Universal-Edition zum Mahler-Jubiläum dem frühen Star-Autor dieses Verlags ein Heft widmet. Es ist aber insgesamt deutlich, daß ab dem Heft IX/X/1929 der Einfluß Adornos auf die Zeitschrift verschwand, daß Adorno sich nicht mehr redaktionell bemerkbar machte, sondern durch seine Beiträge, die er offenbar nach wie vor leicht dort unterbrachte. Ab 1931 ist auch damit Schluß, es erscheint gerade noch ein Beitrag von ihm in diesem Jahrgang. Dem Paukenschlag am Beginn war nur eine rasch verklingende Melodie gefolgt, die in den Alltagsgeräuschen unterging.

Adornos Paukenschlag wurde aber hinter den Kulissen, innerhalb der Redaktion beantwortet, und zwar in einem Brief von Heinsheimer an Adorno vom 1.10.1929, den Adorno in Abschrift einem Brief von ihm an

Berg vom 9.10.1929 beigelegt hat. Darin wird Adorno herb kritisiert und ihm mehr oder weniger (eher weniger) verhohlen nahegelegt, die Funktion in der Redaktion aufzugeben und sich auf den Status eines externen Mitarbeiters zurückzuziehen. Der harte Punkt ist zunächst einmal, daß die Abonnentenzahl gefallen sei, dann aber, daß auch sonst das Echo nicht so sei, daß es die hohen Kosten der Zeitschrift für den Verlag rechtfertige. Die Passage, die Adorno besonders traf, teilt mit, daß darüber hinaus nicht einmal »Schönberg und sein engster Kreis« mit dem »Anbruch« wirklich zufrieden seien. Diese »Treulosigkeit« Schönbergs, sich beim Verlag abfällig zu äußern, veranlaßt Adorno zu einem vehementen Gegenangriff in dem Brief an Berg. Er gibt zugleich eine bilanzierende Einschätzung seiner Tätigkeit in der Redaktion und gesteht ein, daß die Zeitschrift insgesamt schlecht sei, hält aber dagegen, daß unter seiner Leitung zumindest *versucht* worden sei, in musikalischen Dingen die Wahrheit zu sagen.

> »Den konkreten Maßstab dafür bot mir das Werk von ›Schönberg und seinem engsten Kreis‹. Ich mache mir kein Verdienst daraus, es gibt keine andere richtige Musik heute und es ist einfach Zwang der Erkenntnis und der einfachsten Anständigkeit, daß ich mich so verhielt. Ich habe keine Unterstützung erbeten und keine erhalten. Von den Menschen, mit denen ich mich solidarisch fühle, wurde keine Zeile in... Anbruch geschrieben, die das verstärkt hätte, was ich versuche. Ich habe mich damit abgefunden und versucht, meine Schönbergpolitik allein... durchzusetzen. Wenn nach alledem nun aber auch noch Schönberg mir in den Rücken fällt und das wenige, das ich im Interesse der Sache unternahm, die er selber ist, sabotiert, so muß mich das empören. Es liegt da ein Fall jener... solipsistischen ›Souveränität‹ vor, die glaubt, auf Grund der genialischen Leistung jeder menschlichen Verpflichtung enthoben zu sein; zu der gleichen Treuelosigkeit, die er nach Ihrer Erzählung auch Ihnen gegenüber zeigte, als es nach den Altenbergliedern zum Skandal kam und er mit keinem Wort sich mit Ihnen identifizierte.«[26]

Adorno bat Berg (gemeinsam mit Webern, Steuermann, Kolisch, eventuell Stein) um eine Gegendarstellung bei der Universal-Edition, um zu zeigen, daß jedenfalls nicht der *ganze* Schönberg-Kreis »nicht wirklich befriedigt« sei.

Viel härter als diese Passage, gegen die sich Adorno wehrt, ist in dem Brief von Heinsheimer das, was noch nachfolgt. Heinsheimer konstatiert, daß die von Adorno bekämpfte »Stabilisierung« der Musik immer mehr Wirklichkeit geworden sei und daß eine Verlagszeitschrift es sich nicht leisten könne, musikalische Ideen zu propagieren, deren Erfolgsmöglichkeiten von Tag zu Tag abnähmen, oder solche zu bekämpfen, die sich als »Zeiterscheinungen« eben durchgesetzt hätten. Daher werde jedenfalls das von Adorno vorgeschlagene Heft »Reaktion« sicher nicht erscheinen können. Die polemische Kampf-Zeitschrift, die in dem Maß gar nicht verwirklicht worden war, wurde aus Verlagsrücksichten zurückgepfiffen.

Adorno erklärte darauf, wie er Berg mitteilt, seinen Rücktritt aus der Redaktion. Aus dem nächsten Brief an Berg geht hervor, daß sich die Sache doch noch notdürftig einrenken ließ. In einem Brief Adornos an Kracauer vom 26.5.1930 ist von einer langen Konferenz mit Heinsheimer (offenbar in »Cronberg«, von wo der Brief stammt) die Rede und davon, daß Adornos Entwürfe für den Rest des Jahres akzeptiert seien und damit seine Position wieder die sei, die er im Vorjahr innegehabt hätte. Aber tatsächlich merkt man im Jahrgang 1930 nicht mehr viel von Adornos Handschrift. Im ersten Heft 1931 wird sein Ausscheiden aus der Redaktion auch offiziell mitgeteilt.

Die kurze Tätigkeit Adornos im »Anbruch« ist wohl unter »verlorene Liebesmüh« abzubuchen. Hinter der ganzen Affäre steht die Schwierigkeit, die Adorno von Anfang an mit Schönberg hatte und dieser mit ihm. Daß Adorno im Rückblick von 1968 in den eingangs zitierten Angaben »über den Verfasser« diese mit Krach und Ärger beendete Episode und die Zeit in Wien insgesamt so überkonturierte, wird wohl mit den zu diesem Zeitpunkt virulenten Plänen für eine Zukunft des Professors nach der Emeritierung als Komponist in Wien zu tun gehabt haben.

Adorno und der Opernball

Burgschauspielerin Lotte Tobisch, die in den letzten Jahren die Organisation des Wiener Opernballs verantwortet, ist sicher, daß es ihr schon gelungen wäre, auch ihren Freund Teddie Adorno dorthin zu lotsen. Sie meint, worauf der Opernball anspreche, das sei etwas wie eine »Infantilität, daß die Leute einmal im Jahr Prinz und Prinzessin spielen wollen, eine verträumte, märchenhafte Vorstellung«. Und Adorno, der trotz seines »überragenden Hirns« auch von einer »unbeschwerten Fröhlichkeit« sein konnte, der hätte sich das mit ihr schon angesehen.

»Er hätte sich zwar gewunden, ›kann ich das machen? dort auftauchen? werden mich meine Studenten nicht derschlagen?‹, aber ich bin sicher, ich hätte ihn so weit gebracht, daß er im Frack dort erscheint, und er hätte sich das angeschaut, mit großen

Augen – und um eine kritische Glosse darüber zu schreiben, dazu hätte es ihm wahrscheinlich zu gut gefallen.«[27]

Die Möglichkeit, dort Franz Josef Strauß zu treffen, der so sehr Stammgast dieses Ereignisses war, daß anläßlich der österreichischen Proteste gegen Wackersdorf hier die Sorge auftrat, er könnte nächstes Mal ausbleiben, hätte Adorno vielleicht in diesem Rahmen auch nicht gestört.

Das sind freilich Spekulationen. Die Situation ist nicht eingetreten. Frau Tobisch wurde erst nach Adornos Tod für den Opernball zuständig – und ein Besuch ohne einen solchen persönlichen Anlaß lag wohl außerhalb dessen, was einem in den Kopf kam.

Die Wiener Staatsoper hat Adorno in anderer Weise beschäftigt: Er wollte mithelfen, sie von dem Star-System Karajans zu befreien und sie zu einem – durchaus unter Berücksichtigung des Wiener Publikumsgeschmacks – musikalisch verantwortbaren Programm zu führen. Adorno phantasierte sich in einen Opernreformer wie Mahler.[28] Es gab da Kontakt mit dem Operndirektor Hilbert, dem Adorno schriftlich und mündlich entsprechende Vorschläge machte. Zusammengefaßt kann man diese Ideen nachlesen im Abdruck des Vortrags »Konzeption eines Wiener Operntheaters«, den Adorno 1968 in Graz hielt.[29] Otto Kolleritsch berichtet über diesen Vortrag: »Als Adorno am 24.10.1968 seinen Vortrag hielt, befanden sich unter den Zuhörern im Saal der Musikakademie in der Nikolaigasse als Delegierter des Unterrichtsministers der Leiter der Bundestheaterverwaltung und österreichische Kritikerprominenz, bestehend aus acht Wiener Musikkritikern, beziehungsweise Kulturredakteuren, solchen aus Salzburg und Graz, die auch noch am darauffolgenden Vormittage in den Räumen des Instituts für Wertungsforschung zu einer dreistündigen symposionsartigen Aussprache mit Adorno zusammentraf, wobei über wahre und falsche Bedürfnisse am Opernbetrieb, vor allem aber mit Beziehung auf die besonderen Wiener Verhältnisse gesprochen wurde.«[30]

Zu diesem Zeitpunkt war Hilbert schon tot, die Wiener Oper wurde von Heinrich Reif-Gintl geleitet. Allerdings hatte Adorno diesmal Erfolg bei der Zuhörerschaft und konnte sich also, soweit das eben trägt, mit seiner Situations-Definition wie mit seinem Programm am Grazer Institut für Wertungsforschung durchsetzen.

Bei einer früheren Gelegenheit war das gründlich danebengegangen. Im Mai 1966 hatte Adorno an einer Podiumsdiskussion »Stagione- oder Ensemble-Oper« im Palais Palffy in Wien teilgenommen, die eine ziemlich schlechte Presse hatte. Das ist auch kein Wunder: Die beiden Begriffe des Titels markierten die programmatische Dimension des Konflikts zwischen Karajan (der 1964 demissioniert hatte) und Hilbert, aktueller gesagt: zwischen dem Großteil der Wiener Musikkritik (der »Karajan-Clique«) und Hilbert. Egon Hilbert galt dieser »Karajan-Clique« als der Mann, der Karajan »hinausgebissen« hatte. Zwei Anekdoten, die Marcel Prawy in seiner Geschichte der Wiener Oper berichtet, mögen illustrieren, wie schwer es Hilbert hatte. »Als am 21. Mai (1964) während einer von ihm (Karajan) geleiteten ›Fidelio‹-Vorstellung Florestan ausrief: ›Wer ist der Gouverneur dieses Gefängnisses?‹, ertönte aus dem Publikum ein schriller Schrei: ›Hilbert!‹« Und über den Amtsantritt Hilberts: »Die erste Hilbert-Saison begann am 1. September 1964 mit dem Ruf ›Hoch Karajan!‹ aus dem Stehparterre – hierauf: ›Die Hochzeit des Figaro‹. In keiner Ära je zuvor gab es so viele Demonstrationen des Publikums.«[31]

Jene Podiumsdiskussion war, wie sich der Korrespondenz mit Lotte Tobisch entnehmen läßt, von Adorno selbst angeregt und von Anfang an als Anti-Karajan-Veranstaltung konzipiert worden. Die erste Erwähnung findet sich in einem Brief Adornos an Lotte Tobisch vom 21.4.1965, in dem Adorno meint, es sei vielleicht wirklich eine schwache Stelle Karajans, daß er so fixiert behaupte, Oper sei nur mehr als Gastiertheater möglich, während Liebermann in Hamburg das lebendige Gegenbeispiel liefere. Er schlägt vor, das nächste »Europa-Gespräch«[32] in Wien diesem Thema zu widmen und die Auswahl der Teilnehmer so zu treffen, daß die Karajan entgegengesetzte Position sich wirklich rechtfertigen könne. Die Veranstaltung kam dann 1966, zwar nicht im »Europa-Gespräch«, aber von der »Gesellschaft für Musik« organisiert, zustande. Die »Auswahl der Teilnehmer« war so, daß der »Ausgang« der Diskussion vorweg klar war,[33] und dementsprechend unwillig waren die Reaktionen der Wiener Karajan-Anhänger und Hilbert-Kritiker. Selbstverständlich war allen Eingeweihten klar, worum es in der Diskussion wirklich ging. Der Bericht in der »Presse« vom 18.5.1966 endet wie folgt: »Dennoch kann man den Teilnehmern an dieser Diskussion ein Kompliment nicht versagen. Wiewohl es um ›Stagione- oder Ensemble-Oper‹ ging, fielen die Wiener Synonyme der beiden Richtungen nicht; nicht der Name Karajan; nicht der Name Hilbert. Respekt.« Der Artikel trägt die Überschrift »Thema verfehlt«, erwähnt Adorno nur in der einleitenden Teilnehmerliste und spricht ansonsten von »Theorien und schönen Formulierungen«, in denen man sich verloren hätte, auch von »Klischees«, mit denen das Publikum »abgespeist« worden sei.

Den Höhepunkt an Kommentar aber lieferte Hermi Löbl, Ehefrau des Kritikers Karl Löbl, der als einer der Wortführer der »Karajan-Clique« galt,[34] in der Tageszeitung »Express«. Sie stellte die Diskussion als (schlechte) Aufführung dar, in der die Inhalte praktisch keine Rolle spielen, weil sie eh unverständlich waren. Der Essay von Hermi Löbl mit dem Titel »Schöne Stimmen, schöne Weisen?« hat tatsächlich seinen literarischen Reiz, wenn man ihn mit der heutigen Distanz und Interesselosigkeit liest.[35] In ihm wird nämlich die Haltung zu der Diskussion eingenommen, die Adorno am Opernpublikum kritisierte: »... ich war nur aus einem Grund gekommen: Ich wollte Deutschlands Kulturpapst Adorno sehen und hören. So, wie ich in die Oper gehe, um etwa Corelli oder Gjaurov zu sehen und zu hören. Was primitiv, infantil und ungeistig ist. Wie Adorno behauptet.« Dementsprechend wird dann die »Ouverture«, nämlich die Vorstellung der Diskussionsteilnehmer, als zu lang und damit langweilig beschrieben.[36] Ob es Absicht war, daß dann trotzdem (oder gerade) einige Fehlinfomationen über Adorno wiedergegeben werden, ist nicht auszumachen, jedenfalls fügt es sich in die angenommene Kulturkonsum-Haltung und Star-Neugierde (mit der zugehörigen Schlamperei), aus der der Essay geschrieben ist: »Und über Adorno hatte ich nachgelesen: Theodor Wiesent*al*-Adorno, 1903 in Frankfurt geboren, studierte in Frank*reich* und bei Alban Berg in Wien. War zuletzt in Frankfurt Privatdozent, emigrierte nach Amerika. Jetzt ist er Direktor und Professor für *Sozialforschung* an der Frankfurter Goethe-Universität. Er hat viele Bücher geschrieben und gelegentlich komponiert« (meine Hervorhebungen). Die Naivität ist so faustdick aufgetragen, daß man sie kaum mehr für unbeabsichtigt halten kann. Es folgt auch gleich die Mitteilung nach, daß man diese Bücher aber leider nicht verstehen könne. Andere Kulturjournalisten jedoch würden sich dauernd auf sie berufen, und also sei Adorno »ein wichtiger Mann«. Diese Unverständlichkeit wird dann auch Adornos Eingangs-Statement angekreidet: »Daß ich nicht zuhören konnte war wieder mein Fehler, denn auf eine Vorlesung war ich nicht vorbereitet. Ich dachte, eine Diskussion sei eine Aussprache, frei von der Leber weg. Als meine Gedanken und meine Blicke abzuschweifen begannen, fühlte ich mich wie in der Schule, als man nachrechnete, wie lange der Professor dieses Hemd nun schon trug.« Es folgen Beobachtungen über die Krawatten, Anzüge, Stecktücher, Brillen und Eheringe der Disputanten. »Und die gepflegten Hände nicht zu vergessen. Adornos Hände faszinierten mich: kleine weiße Chirurgenhände.« Das Bild ermöglicht einen stimmigen Übergang zum Inhaltlichen: »Er legte auch gerade die Seele der ›opera fans‹ bloß: daß diese ja nur in die Oper gingen, um schöne Stimmen oder schöne Weisen zu hören und daß damit immer mehr substantielle Werke vom Spielplan verschwinden.« Wörtlich zitiert wird die folgende Publikums- und Sängerbeschimpfung: »... ein solches Publikum ›lasse es sich geistig wenig kosten, wenn es diesem zoologischen Garten mit seinen physiologischen Abnormitäten auf der Bühne zuschaue‹. Da müsse noch eine enorme Erziehungsarbeit geleistet werden.« Schließlich kommen noch Adornos Zweifel an Toscanini: »Überhaupt diese sogenannte Perfektion! Ob die wirklich so perfekt sei? Wenn man da zum Beispiel auf Toscanini und seine angebliche Werktreue sähe! Das sei nicht mehr als hochgeputschtes Funktionieren, Streamlining!« Die Kritik wird an dieser Stelle aufs Publikum im Palais Palffy verschoben, das gezischt habe, und auf Toscanini selbst, an dessen Schimpfkanonaden erinnert wird. Dann schließt es aber doch mit der eigenen Stellungnahme: »Jetzt, denke ich, müßte es genug sein. Aber es kommt unter anderem noch das Schlagwort vom kulinarischen Theater. Warum das so verachtenswert sei, habe ich noch immer nicht begriffen. Denn anderen kulinarischen Genüssen sind selbst die größten Geister nicht abgeneigt. Auch Professor Adorno hat, hoffe ich, in Wien gut gegessen. Das sanfte Aufstoßen unter der Hand läßt diesen Schluß zu. Womit wir nicht nur beim Schluß, sondern auch am Ende wären. Adornos Abgang zu sehen, ist mir nicht gelungen. Ich hätte ihn gern mit Hut gesehen. Man sagt, der soll sehr bemerkenswert sein.«

Der Essay bezieht seinen nicht unbeträchtlichen Witz daraus, daß genau die Haltung, die Adorno so heftig kritisiert, dargestellt und auf diesen selbst angewendet wird. Und diesen Ansprüchen hat Adorno leider nur faszinierende Hände zu bieten. Dazu verrät er einen Widerspruch: Er fordert eine strenge Askese, die man ihm persönlich auch nicht abnimmt: Offenbar ißt er gern und gut. Es ist eine »Frau Karl«, die sich hier äußert und damit sich und ihren Habitus entlarvt. Aber zugleich ist auch was dran: Adorno tritt genauso als »Star« auf wie die international herumgereichten Opernsänger und Dirigenten, er tritt genauso in einer Inszenierung auf wie diese (und er hat, wie wir gesehen haben, auch dafür sorgen lassen, daß es eine für ihn und seinen Status als »Star« günstige Produktion ist). Adorno fliegt genauso in die heimische Erfolgs-Serie

»Wer stürzt den Staatsopern-Direktor?« als auswärtiger Gast-Star ein wie Giuseppe di Stefano in eine Staatsopern-Premiere. Warum also soll man ihn nicht an denselben Standards messen? Die Auseinandersetzung über Kultur ist ein etablierter Teil der Hochkultur-Industrie und die Rolle des asketischen Buß-Predigers ist darin zwingend vorgesehen. Die Frage, ob ihr neuester Darsteller sie überzeugend »gibt«, ist daher nicht so abwegig. Und diese pompöse Inszenierung im glanzvollen Rahmen des Palais Palffy, mit Blumen und Samt und Scheinwerfern, mit der überlangen, lobhudelnden Vorstellung der Teilnehmer, war in der Tat nicht auf »intellektuelle Auseinandersetzung« angelegt, sondern auf »personality show« und »Haut den Karajan«.[37] Ihr »Frau Karl«-Ressentiment hat offenbar Frau Löbl instand gesetzt, die Verlogenheit dieser Veranstaltung adäquat auszudrücken. Sie hat einfach der Bußpredigt den Wiener Anspruch auf Sacher mit Schlag entgegengesetzt und dabei zufällig den Nagel auf den Kopf getroffen, weil die Bußpredigt im Café Sacher stattfand.

Und natürlich ging es auch darum, einen Angriff auf Karajan abzuwehren, dessen Möglichkeiten in Wien offenzuhalten, denn so ausgemacht war damals wohl noch nicht, daß er wegbleiben würde.

Adorno konnte Karajan – mit dem er persönlich nichts zu tun hatte – nicht ausstehen. Lotte Tobisch erzählt:

> »Ich war da einmal mit Adorno in einem Konzert, ich glaub', es war ein Bach-Konzert, in St. Moritz, das der Karajan dirigiert hat. Da hat Adorno gesagt: ›Das ist ein wirklich erstklassiger Dirigent für zweitklassige Musik.‹«

Am direktesten schriftlich geäußert hat Adorno sich 1968 in der Besprechung des Karajan-Buches von Ernst Haeusserman (dem früheren Burgtheater-Direktor) im »Spiegel«.[38] Zwei Irritationen an Karajan (die auch zusammengehören) werden dort angemerkt: Das Musikverständnis Karajans mit seiner Orientierung auf Wohlklang und Harmonie, auf »Erhebung« durch die Musik und ihre Schönheit, sei das des 19. Jahrhunderts und ende vor den Errungenschaften der Wiener Moderne (die Karajan zunächst in der Ulmer Provinz nicht wahrgenommen hat und dann, in Aachen und Berlin, unter den Nazis nicht mehr wahrnehmen konnte). Und mit seiner Begeisterung für alle Arten der technischen Reproduktion ebenso wie für die internationale Organisation von Musik verrate Karajan einen höchst eingeengten Begriff von »Fortschritt«:

> Er »bewegt sich in der Dimension der Entwicklung vom Gaslicht zum Fernsehen, nicht der der Entwicklung der innermusikalischen Produktivkräfte. Deswegen paart seine organisatorisch unvermeidliche Modernisierungstendenz sich mit künstlerischer Reaktion. Der Übergang von dem zerstreuten und vielfach verstaubten Musikbetrieb alten Stils zum Weltmonopol ist unaufhaltsam, aber birgt in sich neue Stagnation: die wiederholende, technisch verbesserte, oftmals bloß aufgeschmückte Darbietung des vorhandenen Vorrats, des musikalischen Status quo insgesamt.«[39]

Karajan, so kann man schließen, ist für Adorno der Exponent und Betreiber von ernster Musik als Ware, wie er das schon im Aufsatz über den »Fetischcharakter in der Musik...« von 1938 beschrieben hat. Dabei ist Adorno pessimistisch vom Sieg dieses Weltmonopols überzeugt, genauso wie vom Sieg des »Prinzips Karajan« in Wien, das natürlich auch unabhängig von einer Person besteht. Die Besprechung schließt mit dem Satz: »Sein (Egon Hilberts) trostloser Sturz war objektiv ein Sieg des abwesenden Karajan, gleichgültig, ob diesem am Ende doch die Wiener Oper zufallen wird oder ob er ihrer nicht mehr bedarf.« Im Brief an Lotte Tobisch vom 18.3.1968, in dem das Manuskript dieser Rezension zugeschickt wird, meint Adorno, auch in der persönlichen Dimension der Auseinandersetzung leicht resigniert, er glaube, damit Hilbert ein wenig gerächt zu haben, wisse aber, daß Rache nicht seine Stärke sei.

Die Sache mit »Stagione- oder Ensemble-Oper«, in der er 1966 so eindeutig Position auf der »Ensemble«-Seite bezogen hatte, sah er 1968 nicht mehr als so entscheidbar an. Im Vortrag »Konzeption eines Wiener Operntheaters« nahm Adorno die damalige Position explizit zurück:

> »Die Repertoire-Oper in ihrer traditionellen Gestalt ist offenbar nicht zu retten. Ich möchte das deutlich betonen, gerade nachdem ich vor ein paar Jahren in einer Wiener Roundtable-Diskussion noch recht ungebrochen für die Repertoire-Oper gegen die Stagione votierte. Als mildernden Umstand möchte ich anführen, daß die spezifische Wiener Situation, und was dort droht, Anlaß genug bot, über den Begriff Repertoire-Oper nicht gar zu munter hinwegzugehen.«[40]

Die Repertoire-Oper ist nicht zu retten, weil das Repertoire, das noch verfügbar ist, sich verkleinert hat (ein etwas kurioses Argument, denn genau das zu konterkarieren ist Adornos Absicht), weil sich hochqualifizierte Ensembles nicht mehr zusammenhalten lassen (auch dieses Argument nimmt als gegeben an, was geändert werden sollte), weil sich im Normalbetrieb der Oper, unter den Bedingungen des Probenmangels, Resignation und Mittelmäßigkeit ausbreite. Dadurch wird freilich die Stagione-Oper nicht weniger kritisierbar. Dort ist alles auf Stars, Glamour, das Beste vom Besten, auf einen »quantitativen Begriff von

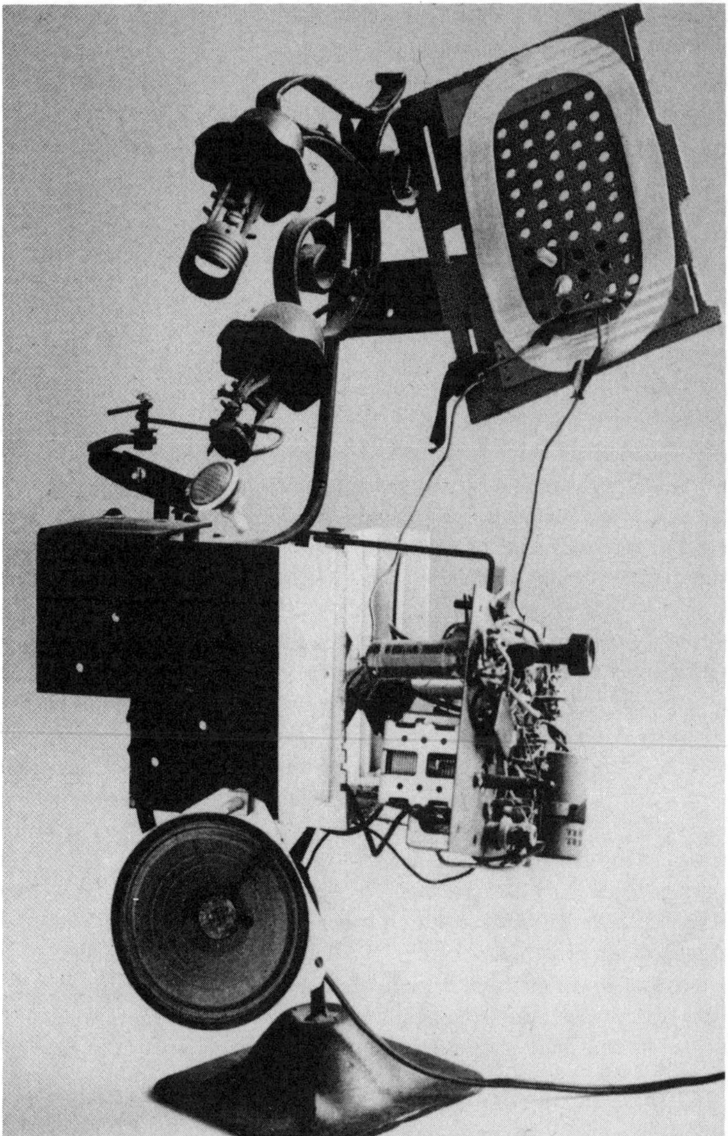

Jean Tinguely, Radio B, aus der Serie: Radio-Skulpturen, 1964

Höchstleistung«, auf die »Barbarei der Vollendung«, zuletzt also auf Verkäuflichkeit ausgerichtet.

»Appelliert wird dabei an Menschen, die der Tradition, innerhalb deren die Form Oper überhaupt einen Sinn hat, bereits völlig fremd sind, an jenes legendäre Ehepaar aus dem Westen, dort, wo er am mittelsten ist, das in Salzburg Tickets zum Figaro eingekauft hat. Bei den ersten Prestotakten kneift die selige junge Gattin den Gatten in den Arm und flüstert vernehmlich: ›Darling, darling, and there ist music to it, too.‹«[41]

Als Gegenbild strebt Adorno eine »Stagione in Permanenz« an. Diese Formel kaschiert nur schwach den Rückzug Adornos: Theoretisch ist seine Position nach wie vor richtig, aber er hat eingesehen, daß die Wirklichkeit ihr keine Chance mehr gibt. Die Oper – und schon gar eine wie die Wiener mit ihrer soliden Tourismus-Funktion – ist Bestandteil der Kulturindustrie. Adorno schlägt daher jetzt auch vor, die Verbindung zur Schallplattenindustrie zu pflegen, Fernsehübertragungen zuzulassen,[42] sich private Sponsoren (er nannte sie noch »Geldgeber«) zu suchen, dem künstlerischen und administrativen Leiter einen »Money raiser mit internationalen Konnexionen« zuzugesellen[43] – es bleibt dann nur die Leitung durch »einen jüngeren Menschen« von höchster musikalischer Kompetenz und Sorgfalt, dem ein wirklich solidarischer und musikalisch sachverständiger administrativer Leiter zur Seite steht, eine einfallsreiche Programmgestaltung, wozu Adorno einige konkrete Vorschläge macht, die er seinerzeit brieflich auch schon Hilbert gemacht hatte, und viel Probenzeit, sowie die (pädagogische) Förderung der »Mündigkeit des Publikums ohne erhobenen Zeigefinger«.[44] Es sind jetzt durchwegs Vorschläge, gegen die eigentlich niemand etwas haben kann. Von der Geschäftspraxis des Karajanschen Klassik-Konzerns unterscheiden sie sich nicht radikal.

Es gehört zum Schatz der Musiker-Anekdoten, daß Mahler bei seiner Abreise aus Wien 1907 konstatiert habe: »Die Repertoire-Oper ist hin.« Adornos Versuch einer abstrakten aktualisierten Neuauflage der Mahlerschen Reform 60 Jahre danach, sein Versuch, die damals totgesagte Repertoire-Oper unter Bedingungen der entwickelten Kulturindustrie nochmals zum Vorbild zu machen, scheiterte schon auf der Programmebene.

Sicher ist kein Bereich der »E-Musik« so von der Kulturindustrie erwischt worden wie die Oper. Die Oper, das »Kraftwerk der Gefühle« (es ist zu hoffen, daß diese Charakterisierung durch Alexander Kluge erhalten bleibt), ist veraltet, indem sie genau diese Funktion nicht mehr erfüllen kann, sondern gegenüber neuen Ansprüchen an Glaubwürdigkeit »albern« erscheint, »unerträglich« ist.[45] Genau diese Bodenlosigkeit hat sie der Kulturindustrie verfügbar gemacht. Pomp und Glamour, das Star-System auf allen Ebenen, das Phantasmagorische und damit Warenförmige spätestens seit Wagner, so würde ich erinnern wollen, machen diese Gattung für derartige Verwertung auch sehr geeignet. Adorno hat die entsprechenden kritischen Anmerkungen immer wieder gemacht, zugleich aber wollte er die Oper »retten«, auch über ihre Funktion als Museum hinaus.[46] Und er rechtfertigt das damit, daß es offenbar einen Bedarf beim Publikum gebe – ein unglaubliches Argument angesichts Adornos sonstiger Haltung zu diesem.

Das verwendet er sogar in den Bemühungen um die »Lulu« seines Meisters Alban Berg, die auch zu den Mißerfolgen Adornos in Wien zu zählen sind. Schon kurz nach Alban Bergs Tod erwähnte Adorno in einem Brief an Helene Berg das Problem der »Vollendung der ›Lulu‹«.[47] Nach dem Krieg machte er sich, voller Ressentiments gegenüber Schönberg, der Passagen der ›Lulu‹ als antisemitisch verstanden und deshalb die Instrumentierung des vorhandenen Particells abgelehnt hatte,[48] wieder daran, Helene Berg von der Notwendigkeit einer Vervollständigung der ›Lulu‹ überzeugen und mögliche Kandidaten für die Arbeit begeistern zu wollen.[49] Hauptargument waren die Lebensfähigkeit der Oper und ihre Möglichkeit, ein Publikum sicherzustellen: »Jeder Mensch, der nur eine Ahnung vom Theater hat, als welches seinem Wesensgesetz nach auf ein Publikum irgendwie verwiesen ist, weiß, daß eine unvollendete Oper, außerhalb von Gedenk- und Festaufführungen, nicht lebensfähig wäre.«[50]

Aber Helene Berg ließ sich bis in ihr Testament nicht umstimmen, obwohl Adorno sie bei jedem Wien-Besuch sah und immer wieder bedrängte. Obwohl Adorno es als eine seiner Lebensaufgaben sah, die Vollendung der ›Lulu‹ zu erreichen, analog zu seiner »Rettung« der Schriften Walter Benjamins, wie er Lotte Tobisch schrieb, war er Helene Berg gegenüber loyal genug, um ihre Zustimmung haben zu wollen. Sich wie Friedrich Cerha und die Universal Edition einfach über den Willen der Witwe hinwegzusetzen – dafür hielt er sie wohl doch zu sehr für die rechtmäßige Erbin und Nachlaßverwalterin. Jedenfalls verhandelte er auch in den Jahren nach 1963 noch ausführlich mit ihr, als Cerha schon den Auftrag erhalten und sich an die Arbeit gemacht hatte. Und wie er sich nach ihrem Tod verhalten hätte, darüber läßt sich nur spekulieren. (Helene Berg starb 1976).

Es läßt sich in diesen Unternehmungen rund um die Oper eine gewisse Diskrepanz zwischen Theorie und Praxis nicht leugnen, auch nicht eine Reihe von Niederlagen an der Realität. Merkwürdigerweise hat Adorno das nicht der Realität angekreidet, sondern trotzdem an der Oper und am Opernbetrieb festgehalten. Elisabeth-Charlott Martiny, eine gute Freundin Adornos ab den späten 50er Jahren, erzählt, er habe sie einmal in eine Grazer Aufführung der ›Verkauften Braut‹ geschleppt, aus der sie in der Pause weggegangen sei, während er sie geschätzt habe. Und überhaupt sei er musikalischen Vorführungen gegenüber sehr nachsichtig gewesen, geradezu unkritisch. Das Vergnügen an der Musik im Kopf hätte einfach überwogen. Es ist offensichtlich, daß Adorno die Gattung der Oper, der er ein Überleben allenfalls noch dieses Jahrhundert, aber nicht länger prophezeite, einfach Spaß machte, den Spaß des »absoluten Experten« (Tobisch) und des sentimentalen letzten Bildungsbürgers.

Möglicherweise waren Adornos organisatorische Phantasie und die Unerbittlichkeit seiner Kritik gegenüber der Oper ein wenig dadurch eingeschränkt, daß seine Wiener Bekannten sich gut vorstellen konnten, ihn einmal auf den Opernball mitzunehmen.

Adorno und das akademische Leben in Wien

Positive Kontakte Adornos zur Wiener Universität sind nicht auffindbar. Er hatte selbst auch in Wien immer eine außerakademische Bezugsgruppe, vor wie nach dem Krieg. Seine akademischen Ambitionen waren in Frankfurt lokalisiert. Aber auch nach dem Krieg hielt er, soweit ich das feststellen kann, nur drei Vorträge an der Wiener Universität, im April und im Oktober 1967, und alle auf Einladung des Verbandes Sozialistischer Studenten Österreichs: »Zum Problem des sozialen Konflikts heute«, 5.4.1967; »Aspekte des neuen Rechtsradikalismus«, 6.4.1967; »Sexualtabus und Recht heute«, 16.10.1967; jeweils im Hörsaal I des Neuen Institutsgebäudes, dem Standardort für Außenseiter-Veranstaltungen mit großem Publikum in jener Zeit, einem schon bei Fertigstellung schäbigen Gebilde im Brutal-Stil der Nach-50er-Architektur.[51] Sonst fanden seine Wiener Vorträge im Festsaal der Zentralvereinigung der Architekten Österreichs statt (»Die Kunst und die Künste«,

12.10.1967), im Palais Palffy (»Funktionalismus heute«, 18.5.1966; einige Tage vorher hatte dort auch die Diskussion »Stagione- oder Ensembleoper« stattgefunden), im Festsaal der Zentralsparkasse (»Meditationen zur Metaphysik«, 17.5.1966), bei den Europa-Gesprächen im Rathaus – alles keine schlechten Orte, vielmehr Orte für Festveranstaltungen, aber nicht akademischer Boden. Auf den wurde er in Graz geholt, vom dortigen Institut für Wertungsforschung und dessen Leiter Harald Kaufman (»Zur Theorie der Kunstkritik«, 12.10.1967; »Konzeption eines Wiener Operntheaters«, 24.10.1968). Selbst der Etablierte und Prominente (und gerade er) blieb dem einheimischen akademischen Leben und Treiben suspekt. Wichtig war er nur für uns Studenten.[52]

1931, nach einem mißglückten ersten Versuch drei Jahre davor, habilitierte sich Adorno mit dem Kierkegaard-Buch an der Universität Frankfurt. Er hatte es, wie er selbst angibt, 1929/30 geschrieben[53] und ursprünglich mit der sofortigen Veröffentlichung gerechnet. Jedenfalls schrieb er an Berg am 16.1.1931, er hoffe, ihm in wenigen Wochen ein Exemplar des Buches senden zu können – sollte er sich in sein absonderliches Dickicht begeben wollen. Er betonte besonders, wie tief gerade dieses Buch mit seiner, »mit unserer« Musik zusammenhängt. Tatsächlich erschien es erst 1933. Das »sehr umfangreiche und verschlungene Originalmanuskript«[54] wurde dafür umgearbeitet. Als es endlich veröffentlicht war, wurde ihm die damit erworbene venia legendi von den Nazis entzogen. Haselberg berichtet darüber: »Wiesengrund gehörte zu den ersten acht Dozenten, denen zum Sommersemester die Lehrerlaubnis entzogen wurde. *Je venia legendi, desto besser*, meinte er dazu.«[55] Aber so leicht, wie diese Bemerkung klingt, fiel Adorno das Ereignis nicht, wie man sich gut denken kann. Er schreibt zwar am 14.5.1928, noch im Zusammenhang mit dem ersten, mißglückten Habilitationsversuch an Berg, die Habilitation sei ihm weder sozial noch sachlich, noch ökonomisch notwendig und ihr Gelingen daher nicht wichtig. Ihn interessiere ohnehin nur das Komponieren. Akademische Verpflichtungen würden in jedem Fall eine Nebenbeschäftigung bleiben. Der Schilderung Haselbergs läßt sich aber immerhin entnehmen, daß Adorno in Frankfurt ein begeisterter und sich selbst zelebrierender Vortragender und Dozent in den zwei Jahren seiner Universitätstätigkeit war. Und das »Soziale« an der venia hat er in einem gedruckten Briefkopf dokumentiert, der in der Berg-Korrespondenz zum ersten Mal am 23.9.1931 auftaucht:

Dr. Theodor Wiesengrund-Adorno
Privatdozent an der Universität Frankfurt a. M.

Der Verlust der venia hat ihn durchaus aus dem Geleise geworfen. Am 13.11.1933 schreibt er Berg, daß er viel Zeit und Energie dafür verbrauche, eine neue Dozentur zu suchen. Aber schlimmer sei die allgemeine Depression, die es ihm unmöglich mache zu komponieren. Er habe deshalb eine theoretische Arbeit dazwischengeschoben.[56]

Außer dem Versuch in England, der ihn dann nach Oxford führte, hat Adorno damals auch Anstrengungen unternommen, sich nach Wien umzuhabilitieren. Er fragt dazu im selben Brief vom 13.11.1933 Berg nach seiner Einschätzung der Chancen, wenn er seine Wiener Beziehungen spielen ließe. Er könne das über einen Professor Karplus, Neurologe, Onkel seiner Freundin (und späteren Frau) Gretel Karplus, tun, und auch zu der »sogenannten Wiener Schule von Schlick, Karnap, Dubislav« habe er Verbindung. Adorno betont, daß die Umhabilitation nach Wien die einzige Lösung wäre, die nichts von »Emigration« hätte. Aber auch daraus wurde nichts. Die »sogenannte Wiener Schule« der Philosophie und Adorno konnten sich damals so wenig verständigen wie später. Ein Jahr später, im Brief vom 7.10.1934, mußte Adorno Ernst Krenek berichten:

> »Noch möchte ich Ihnen sagen, daß ich mich natürlich um Umhabilitation nach Wien bemühte; aber ohne Erfolg; denn Herr Gomperz der sich um die Sache kümmerte, fand, daß in meinem Kierkegaardbuch eigentlich nur die Zitate interessant seien und daß es nicht als überdurchschnittliche Leistung gelten könne – und so blieb Wien mir verschlossen.«[57]

Heinrich Gomperz, um den es hier geht und der oben (im Exkurs über Karl Popper) schon erwähnt wurde, wäre für solche akademische Politik wahrscheinlich durchaus der richtige Mann gewesen, wenn er nur gewollt hätte. Karl Popper, der sich in seinen Erinnerungen über Cliquenwirtschaft in der Musik so rechtschaffen empören kann, berichtet über den jungen Heinrich Gomperz und das Professuren-Karussell an der Wiener Universität: Nachdem Boltzmann als Nachfolger Stefans auf einen Lehrstuhl der Physik berufen worden war – einen Lehrstuhl, auf den Mach sich Hoffnung gemacht hatte –, kam dem erst einundzwanzigjährigen Heinrich Gomperz die Idee, daß Mach statt dessen auf einen Lehrstuhl der Philosophie berufen werden könnte; eine Idee, die mit Hilfe seines Vaters Theodor Gomperz verwirklicht wurde.[58]

In der Formulierung der Ablehnung, die Adorno wiedergibt, drückt sich offenbar etwas von der »scharfen und ironischen« Art aus, die Popper Gomperz als Ruf, der ihn begleitete, zuschreibt. Popper selbst hatte Heinrich Gomperz einiges zu verdanken:

»Heinrich Gomperz war immer geduldig mit mir. Er stand in dem Ruf, scharf und ironisch zu sein, aber ich habe davon nie etwas zu spüren bekommen. Er konnte allerdings sehr witzig sein, zum Beispiel, wenn er Geschichten über einige seiner berühmten Kollegen wie etwa Franz Brentano und Ernst Mach erzählte. Er lud mich von Zeit zu Zeit in sein Haus ein und ließ mich reden. Gewöhnlich gab ich ihm Teile meiner Manuskripte zu lesen, aber er äußerte sich selten zu diesen. Er hat das, was ich zu sagen hatte, nie kritisiert, sehr oft aber wies er mich auf verwandte Auffassungen und auf Bücher und Artikel hin, die sich auf mein Thema bezogen, Er ließ nicht erkennen, daß er das, was ich sagte, wichtig fand, bis ich ihm einige Jahre später das Manuskript meines ersten Buches ›Die beiden Grundprobleme der Erkenntnistheorie‹ zu lesen gab. (Es ist noch immer unveröffentlicht, aber es soll 1979 im Verlag J. C. B. Mohr in Tübingen erscheinen.) Er schrieb mir damals (im Dezember 1932) einen überaus anerkennenden Brief, den ersten, den ich über etwas, was ich verfaßt hatte, bekommen habe.
Ich las alle seine Schriften. Sie waren hervorragend durch ihre historischen Betrachtungen: Gomperz konnte die Entwicklung eines philosophischen Problems in allen seinen historischen Abwandlungen darlegen, von Heraklit bis zu Husserl und (in Gesprächen jedenfalls) bis zu Otto Weininger, den er persönlich gekannt hatte und den er für ein Genie hielt. Über die Psychoanalyse waren wir uns nicht einig. Gomperz war zu jener Zeit von ihrer Richtigkeit und Wichtigkeit überzeugt, und er schrieb sogar für ›Imago‹.
Die Probleme, die ich mit Gomperz diskutierte, betrafen die Psychologie des Erkennens oder der Forschung. In jener Zeit begann ich, sie durch Probleme der Logik der Forschung zu ersetzen. Immer heftiger wehrte ich mich gegen jede ›psychologistische‹ Betrachtungsweise, den Psychologismus Gomperz' eingeschlossen.
Gomperz selbst hatte den Psychologismus kritisiert – aber nur, um auf ihn zurückzufallen. In den Diskussionen mit ihm begann ich damals meinen Realismus zu betonen, meine Überzeugung, daß es eine reale Welt gibt und daß das Erkenntnisproblem in der Frage besteht, wie man diese reale Welt erkennen kann.«[59]

Die relevanten Daten liegen nicht sehr weit auseinander. Der Brief an Popper, in dem das Vormanuskript zur »Logik der Forschung« mit Hochschätzung bedacht wird, Ende 1932, die Ablehnung des »Kierkegaard« Adornos wohl Anfang 1934.

Heinrich Gomperz hatte auch sonst offenbar durchaus liebenswerte Züge. Ein Beispiel dafür findet man in einer kuriosen Episode in den Erinnerungen von Elias Canetti geschildert. Gomperz taucht dort, etwa um 1930, als Professor auf, der den gelähmten Studenten Thomas Marek privat in Philosophie unterrichtet, ihm aber auch, da der Drang übermächtig wird, in einer Innenstadt-Bar ein Mädchen besorgt und für dessen Besuche bei Marek lange Zeit bezahlt.[60] Canetti stellt sich die Szene in der Bar so vor:

»Der Professor Gomperz, der während der Stunde nichts mit ihm anfangen konnte, fragte ihn, was denn eigentlich los sei, und er habe es ihm gestanden: er brauche eine Frau. Er müsse eine Frau haben, sonst könne er nicht weiter studieren. Professor Gomperz steckte, wie es in schwierigen Situationen seine Art war, den kleinen Finger ins Ohr und versprach für Abhilfe zu sorgen. Er ging in ein Café in einer Seitengasse von der Kärntnerstraße, wo Mädchen verkehrten, und setzte sich allein an einen runden Tisch. Er war noch nie in so einem Lokal gewesen. Er hatte schwarze Brillen angelegt, damit man ihn nicht erkenne, schließlich war er Universitätsprofessor und ein älterer Herr. Da saß er in seiner Loden-Pelerine, die er nie und an einem solchen Ort erst recht nicht ablegte, groß und bolzengrad. Er blieb nicht lange allein, drei Mädchen setzten sich an seinen Tisch, die sich zwar wenig von ihm erhofften, er sah eher so aus, als wäre er zufällig in dieses Lokal geraten. Aber er war gar nicht stolz und sprach gleich zu ihnen und auf seine langsame, gedehnte und nachdrückliche Weise erklärte er ihnen, worum es sich handle... Es zeigte sich, daß jedes der Mädchen gern gekommen wäre, allerdings erst, nachdem sie sich noch einmal vergewissert hatten, daß der Gelähmte nicht siech sei... Sie baten Professor Gomperz, unter ihnen, die alle willig seien, die auszusuchen, die ihm für ›Thomas‹, so nannten sie ihn schon, am besten gefalle. Es traf sich, daß sie alle hübsch waren, wenn auch auf unterschiedliche Art. Der Professor hatte es gar nicht leicht mit seiner Wahl, und als er Thomas später von dem Abenteuer erzählte, nannte er es ›sein Parisurteil‹. Aber er war nicht zugegen, als das Mädchen zum ersten Mal kam, um, wie er sagte, dem Paar mit seinem grauen Bart die Freude nicht zu vergällen.«[61]

Für das Geldgeschenk, das auf der Kommode zu hinterlegen war, sorgte er offenbar zuverlässig. Die Betreuungsverhältnisse zwischen Philosophie-Professoren und ihren Studenten konnten damals sichtlich recht eng sein.

Adorno jedenfalls wurde von Heinrich Gomperz abgeschmettert. Rückblickend weiß man, daß die Umhabilitation nach Wien ohnehin nur eine sehr kurzfristige Zwischen-Lösung gewesen wäre.[62]

Sehr viel später hatte Adorno noch einmal akademische Ambitionen in Wien, die sich damit verbanden, eventuell seine Pension hier zu konsumieren und sich wieder und ausschließlich dem Komponieren zu widmen.[63] Im Anschluß an den Wien-Aufenthalt Adornos im April 1967 hat Lotte Tobisch Erkundigungen darüber eingeholt, wie sich das Finanzamt dazu verhält, daß ein emeritierter deutscher Professor in Wien lebt und sich seine Bezüge hierher überweisen läßt. Und 1968 machten Hilde Spiel und Lotte Tobisch die verschiedenen Möglichkeiten ausfindig, wie Adorno mit entsprechender öffentlicher Anerkennung hier empfangen werden könnte. Ein Orden wäre am einfachsten gewesen, aber das mußte

Paul Klee, Zwitschermaschine, 1922

Adorno von sich weisen, weil er schon einmal Horkheimer davon abgeraten hätte, einen anzunehmen. Hingegen wäre ihm ein »Dr. mus. h. c.« recht gewesen.[64] Auch schon 1967 hatte sich Lotte Tobisch umgetan, welche österreichischen Musikwissenschaftler »diskutabel« seien, und sei dabei immer wieder bei den drei gleichen Namen angelangt. Ob und welche Kontakte zu diesen Professoren hergestellt wurden, ist nicht festzustellen, jedenfalls spielte Adorno sehr heftig mit dem Gedanken, nach der Emeritierung nach Wien zu übersiedeln und sich hier mit einer akademischen Ehrung empfangen zu lassen. Die Ausgangslage dafür war zwar besser als seinerzeit, aber ganz ausschließen kann man die Möglichkeit des Mißlingens im akademischen Gerangel selbst für diesen Zeitpunkt nicht. Die Probe aufs Exempel kam dann nicht mehr zustande.

Adornos Theorie der Befreiung und ihre Aktualisierbarkeit

Adornos Selbstverständlichkeiten

Es wird Zeit zu überlegen und zusammenzufassen, was wir aus dieser ganzen Geschichte lernen können, wollen und sollen. In einer solchen Zusammenfassung ist herauszuarbeiten, was Adorno *selbstverständlich* war, was er in seinen Analysen und Interpretationen stillschweigend vorausgesetzt hat. Jeder noch so reflektierte Denker hat solche Grenzen dessen, was er noch in Frage stellen kann. Sofern überhaupt kumulativ gearbeitet wird, setzt dort die Arbeit der Nachkommenden an. Die Gestalt dieser Selbstverständlichkeiten kann man als »Denkmodell«[1] zusammenfassen, noch keine Theorie, aber doch schon gut strukturiert. Die Bezeichnung »Modell« ist auch deshalb passend, weil hier häufig Analogien eine Rolle spielen, weil etwa das Modell der Maschine, heutzutage des Computers, das inspiriert und ordnet, was über den Menschen gedacht wird – oder das Modell der Komponisten-Arbeit das, was man sich überhaupt unter Arbeit vorstellt.

Im Zusammenhang mit Adornos Biographie ist diese letzte Bemerkung ganz wörtlich zu nehmen: Der junge Adorno kannte »Arbeit« in der Tat nur als intellektuelle Anstrengung, daß damit ein Arbeits*verhältnis*, gar eines der verkauften Arbeitskraft verbunden sein könnte, erfuhr er zum ersten Mal (und auch da nur rasch vorübergehend) am Beginn seiner Zeit als Emigrant in den USA, also im reifen Alter von 35 Jahren. Bis dahin hatte er selbstverständlich vom Vermögen der Eltern, in der Situation des klassischen Bildungsbürgers gelebt, mit seiner selbstverständlichen hochgezüchteten Bildung, seinen selbstverständlichen Ansprüchen im sorglos Finanziellen, seinen selbstverständlichen Gefühlen von Bedeutung und Überlegenheit.[2]

In dieser sozialen Position, die in den zwanziger Jahren tendenziell abgeschafft wurde, entwickelte und pflegte Adorno seine »Zeitdiagnose«, seine pessimistische Vorstellung vom ziemlich unaufhaltsamen Sieg der »Reaktion« nach einer schiefgegangenen Revolution, wie sie dann in der

»Dialektik der Aufklärung« besonders stark durchschlägt. Die Gesamteinschätzung aus Biographie und Werk der frühen Jahre ist, daß dieses Verständnis vom Verlauf der (damals noch zukünftigen) Geschichte in gewisser Weise *zufällig* richtig gewesen ist, nicht aufgrund besonders sensibler Wahrnehmung der zeitgenössischen Wirklichkeit,[3] sondern aufgrund des Denkmodells, das Adorno an diese herantrug.

Es geht um das Modell einer »Revolution«, die vor seiner Zeit stattgefunden und sich nicht verallgemeinert hat, die vielmehr nun von der Reaktion zunehmend isoliert und zurückgedrängt wird. Das interessiert Adorno in seinen Schriften so gut wie ausschließlich an der Kompositionskunst, Verweise auf die beiden politischen Revolutionen, die hier einfallen könnten, die russische von 1917 und die deutsche von 1918/19, kommen praktisch nicht vor. Eine der wenigen Ausnahmen findet sich in »Jene zwanziger Jahre« von 1962:

> »... bereits in den zwanziger Jahren war, durch die Ereignisse von 1919, gegen jenes politische Potential entschieden, das, wäre es anders gegangen, mit großer Wahrscheinlichkeit auch die russische Entwicklung tangiert, den Stalinismus verhindert hätte.«[4]

Hier wird also von der deutschen Revolution gesprochen, und in ihr, wenn man es realpolitisch nimmt, von Rosa Luxemburg, Karl Liebknecht und Kurt Eisner, es ist hier die Rede nicht nur von der Ersetzung der Monarchie durch die Republik, sondern auch von der Entmachtung der bis dahin Herrschenden aus Adel und Großbürgertum, ihrer Ersetzung durch die Räte der Soldaten, Arbeiter und Bauern, schließlich von einem Umbau des Wirtschaftens, über den sich weder damals die Räte noch später Adorno genaue Vorstellungen machen konnten – nach Adornos genereller Kritikrichtung hätte es eine sein müssen, in der sich Warenförmigkeit als Vergesellschaftungsprinzip aufhob.

Aber ist davon die Rede? Zugleich ist Adorno nämlich nichts so zuwider wie Massenbewegungen jeder Art. In das »Volksvermögen« setzt er keinerlei Hoffnung, im Gegenteil, ihm traut er nur das Schlimmste zu.[5] Adel und Großbürgertum sind für Adorno genau die sozialen Schichten, von denen sich Anstand und Kultur noch am ehesten erwarten lassen, in denen auch über die Bildung verfügt wird, die man braucht, um die Kulturleistungen vollbringen (oder wenigstens verstehen) zu können, denen allenfalls Erkenntnis und Darstellung der bitteren Wahrheit über die Gesellschaft gelingen kann. Die »Revolution«, das ist deutlich, besteht *nicht* im Sturz einer herrschenden Klasse und ihrer Ersetzung, auch nicht in einer Veränderung des Wirtschaftens. Die erforderlichen Umwälzungen sind grundsätzlicher.

In Adornos Schriften ist eindeutig, daß ihn die *musikalische* Revolution beschäftigt hat, nicht die politische und gesellschaftliche. Es wird in den Schriften (und in den zugänglichen Briefen) nirgends sichtbar, daß er sich damals mit den real stattgehabten oder möglichen Umwälzungen befaßt hätte. Er hatte andere Probleme – und das bestimmende darunter war das der Komposition und der Veränderung, die in dieser stattgefunden hatte. Daß sich eine solche »Befreiung auf einem Gebiet« mit der in anderen oder gar allen verbinde, hat er sichtlich nicht angenommen. Trotzdem gibt das, was sich auf dem Gebiet der Kompositionstechnik abspielt, das Modell dafür ab, was in der Gesellschaft überhaupt vor sich geht. Es werden zumindest Analogien und Parallelen hergestellt, eine prästabilierte Harmonie wird behauptet, die sich genauerer Analyse ziemlich entzieht. Adornos eigene Versuche zu solcher »Vermittlung« sind jedenfalls nicht sehr weit gekommen. Der eine dezidiert ökonomische in »Die stabilisierte Musik« von 1928 (GS 18) wurde jedenfalls verworfen.[6]

Ebenso war Adornos Desinteresse an der Arbeiterschaft und der Arbeiterbewegung vorgängig: Es ist in seinen Schriften nichts vorzufinden, das auf erst einmal unterhaltene und dann enttäuschte Hoffnungen in Bezug auf die Arbeiterbewegung oder eine ihrer Organisationen hinwiese. Alle verfügbaren Zeugnisse deuten vielmehr darauf hin, daß es mit der Arbeiterbewegung schlicht *keine* Verbindung gab. Adornos noch unmittelbarster Kontakt mit ihr waren Gespräche mit dem exilierten Georg Lukács, die er 1925/26 in Wien führte. Sie ergaben freilich eine Desillusionierung, die zusammenfassend in einem Brief an Kracauer vom 4.5.1926 damit beschrieben wird, daß Kracauer sich bei diesen »Gesprächen ohne Glanz« gelangweilt hätte. Adorno findet es traurig, daß er sich mit Grab[7] besser verständigen könne als mit dem Autor der Romantheorie. Bemerkenswert ist, daß Lukács bei der Gelegenheit als »Genosse« apostrophiert wird, was aber wohl nicht im Sinn der Parteizugehörigkeit gemeint ist, sondern in dem der gemeinsamen Orientierung an einem weit verstandenen »Sozialismus«.

Aufregender war immerhin noch das erste Zusammentreffen mit Lukács gewesen, arrangiert von Soma Morgenstern.[8] Adorno schickt Kracauer im Brief vom 14.6.1925 aus Wien eine ausführliche Beschreibung, die vielleicht etwas von der Kritik gefärbt ist, die Kracauer an Lukács auch öffentlich geübt hatte[9] und mit der sich Adorno identifizierte. Jedenfalls teilt sich da eine große menschliche und intellektuelle Distanz mit, die deutlich zu Lukács' seit der »Theorie des Romans« akquiriertem Marxismus bestand. Ein Punkt des Dissens war auch die unterschiedliche Einschätzung von Kierkegaard und von Bloch. Lukács' ideologiekritische Einordnung von Kierkegaard erlebte Adorno als gegen Kracauer gerichtet, und auch was Bloch betrifft, ist der Stein des Anstoßes Kracauer und seine Polemik gegen ihn.[10]

Neben allem anderen ist an der Schilderung auffällig, daß das Gespräch sich nicht auf die Fragen bezieht, die man unter diskutierenden Marxisten erwartet: wie es politisch weitergeht, was zu tun sei, welche Fehler gemacht worden sind. Wo der Politiker Lukács zum Vorschein kommt, registriert Adorno das mit Erschütterung: Die politische Relativität von »Wahrheit« ist ihm nicht so gut zugänglich.[11] Und der ganze Ton des Berichts läßt nicht annehmen, daß da politische Gespräche zwar stattfanden, aber so selbstverständlich gewesen wären, daß es darüber nichts zu sagen gegeben hätte. Von irgendwelcher Marx-Lektüre übrigens ist in dieser frühen Zeit auch nichts zu bemerken, wenn wir uns schon mit Adorno auf das im engen Sinn Theoretische beschränken wollen. Der *frühe* Georg Lukács scheint, neben Bloch, die zentrale »linke« Bezugsperson gewesen zu sein, und sein Einfluß war kräftig gebrochen durch den Kierkegaards.[12] Jedenfalls braucht man also für Adorno keine Enttäuschung durch die Arbeiterbewegung oder durch die nachrevolutionäre Entwicklung in der Sowjetunion (über die man ohnehin erst später Genaueres erfuhr) anzunehmen und zu suchen; die war nicht nötig und konnte nicht eintreten, weil da nie besondere Erwartungen gewesen waren.

Es entspräche durchaus nicht dem Denken Adornos, einen solchen Aufweis, hier sei ein »Denkmodell« vorgängig entwickelt und zwischen Wirklichkeitsbereichen übertragen worden, als schlagende Kritik aufzufassen. Nach Adornos Verständnis von »Totalität«,[13] wonach jede Einzelheit von den Basisbestimmungen des Ganzen geprägt sei, wonach auch und gerade die Individualität, die der Person wie des Werkes, *als Monade*[14] diese Bestimmungen enthalte, geben auch »Vorurteile« Gesellschaftliches wieder. Sofern sie aus der Person stammen, drücken sie aus, was der Person gesellschaftlich angetan wurde und wird. Das kann und wird gewöhnlich allerdings nur Ausdruck der Abwehr, der Neurose, der Verleugnung, von Ideologie und falschem Bewußtsein also, sein. Erfahrung, die den Namen verdient, entsteht erst in der Reflexion auf dieses unmittelbar Vorgegebene, in der kritischen Analyse der herrschaftlichen Verhinderungen von Erfahrung. Das eigene Leid zur Kenntnis zu nehmen genügt nicht, ist aber der notwendige erste Schritt, von dem die kritische Analyse ihren Ausgang nehmen kann. Die eigene Erwartung an die Wirklichkeit, das »Vorurteil«, hätte denselben Stellenwert: als Hinweis auf sedimentierte Vorerfahrungen die Frage nach den Herrschaftsbeziehungen zu ermöglichen, die jene Vorerfahrungen so stark bestimmt haben, daß nun neue Erfahrungen erschwert werden.[15]

Damit verschiebt sich das Problem, das uns Adorno bereitet, indem er sein an der Musik gewonnenes Modell von »Revolution«, besonders in der »Dialektik der Aufklärung«, aufs Gesellschaftliche überträgt: Wir vermissen die Reflexion auf diesen Vorgang und die Analyse der Herrschaftskräfte, die jene erste Erfahrung determiniert haben. Adorno macht statt dessen etwas anderes: Er verwendet jenes Modell als Kontrastfolie, als Konstruktion des Möglichen, und fragt sich, warum es in anderen Bereichen, warum es *allgemein* nicht auch eintritt. Er fragt nicht mehr zurück, wie das genau mit Schönberg war und wie er, Adorno, als Interpret der Entwicklung Schönbergs zu dieser Interpretation kommt.

Zu fragen wäre nämlich nach der besonderen Situation, in der Schönberg seine besonderen Fähigkeiten in der Komposition entwickeln konnte, also in meinem Verständnis nach den materiellen Grundlagen der Autonomie. Zu denen gehören, wie gezeigt wurde, Schönbergs »soziale Erfindungen« im Bereich der Autonomie-Sicherung, aber auch sein Leid, seine spezielle Art der Herrschaftsunterworfenheit als selbstbewußter Intellektueller, als Jude, als Mann und Ehemann, dem alles möglich und erlaubt schien und dem gleichzeitig das alles verhindert, dem jedenfalls die Anerkennung dafür versagt wurde. Indem Adorno diese materiellen Voraussetzungen nicht untersucht hat, oder sich, wo er es ansatzweise tat, einfach historisch irreführen ließ, und zwar von seiner Schwäche für den Adel und einer Unterschätzung des (speziell Wiener) Antisemitismus, verabsäumte er mögliche Schritte in der Analyse und übertrug sein Denkmodell unreflektiert. Möglicherweise braucht Adorno auch deshalb nicht nach den materiellen Produktionsbedingungen zu fragen, die nur Schönberg vorfand und sich schaffen konnte, weil das autonome und freie Individuum, das sich besonders »begabt« (ein Wort, das er gern in der Bewertung anderer verwendet) auf der Grundlage des Bisherigen zu Neuem durcharbeitet, für ihn als Antwort genügt.

Auch wenn es unwahrscheinlich ist, er hält es für (ausnahmsweise) möglich. Das Muster des »konservativen Revolutionärs«, der zu Neuem vorstößt, indem er die Tradition konsequent und rücksichtslos verfolgt, überzeugt ihn unmittelbar.

Es erschließen sich also die Selbstverständlichkeiten, durch die Adorno das Modell der Schönbergschen »Revolution« akzeptabel war:

Selbstverständlich ist ihm, daß gelegentlich »große Persönlichkeiten« auftreten, von denen die Beschränkungen durch die gesellschaftliche Situation doch noch einmal durchbrochen werden können. Daher braucht nicht nach den gesellschaftlichen Rahmenbedingungen gesucht zu werden, die diese Personen vorfanden und (noch wichtiger) die sie sich schufen, um zu ihren außerordentlichen Leistungen befähigt zu werden. Adorno hält also das bürgerliche »Individuum« (als Künstler-Persönlichkeit) doch für ausnahmsweise noch möglich – was vermutlich mit Hoffnungen zu tun hat, die er für sich selbst gehegt haben mag. Daraus ergibt sich ein Partial-Idealismus, der es verabsäumt, nach den materiellen Grundlagen zu fragen.[16]

Es ist ihm ferner selbstverständlich, daß diese »großen Persönlichkeiten« entweder aus dem Bildungsbürgertum oder aus dem Adel stammen oder aber – typischer – unter deren Protektion hochkommen können. Daher braucht, paradox genug, nicht nach der Unterdrückung gesehen zu werden, der gerade das gebildete Bürgertum ausgesetzt war und ist, und auch nicht nach der Gegenwehr, die es, unter anderem in der Kunst, organisierte, und den Kämpfen, die es mit verschiedenen Mitteln und in verschiedenen Koalitionen (oder auch ohne diese Möglichkeiten) zu führen hatte. Es ist offensichtlich schlicht Adornos eigene gesellschaftliche Position, die damit absolut gesetzt wird, als selbstverständlich die Position, in der Kunst und Wissenschaft passieren, in der kritische Vernunft zu Hause ist, in der sich der Blick aufs Große und Ganze richtet – in der man daher auch allein gegen das Ganze übrigbleiben kann. So wird aus den Kämpfen des Bildungsbürgertums gegen das Wirtschaftsbürgertum, später gegen das wildgewordene Kleinbürgertum und Teile des Proletariats, in Koalition zeitweise (nach dessen Abdankung) mit dem Adel, zeitweise mit dem (»liberalen«) Wirtschaftsbürgertum, zeitweise mit Teilen des Proletariats – so wird aus den verwickelten und wechselnden Konflikten innerhalb der bürgerlichen Gesellschaft, deren Resultat ein Abstieg des Bildungsbürgertums war, ein gattungsgeschichtliches Verhängnis, eine Wendung der Vernunft gegen sich selbst.

Dieser Niedergang des Bildungsbürgertums – und das ist ihm eine weitere Selbstverständlichkeit – wird konzipiert als Hypertrophie der gesellschaftlichen »Totalität« und damit als Auflösung des »Individuums« und seiner Einordnung in einen »Sinn«.[17] Kracauer beschreibt das expliziter als Adorno, so etwa in der Einleitung seiner Besprechung von Lukács' »Theorie des Romans«:

> »Der Zersetzungsprozeß, in dem sich die abendländische Menschheit befindet, seit von dem all-umspannenden Gebäude der Kirche Stück für Stück abgebröckelt ist, neigt sich, wenn nicht alle Anzeichen trügen, seinem Ende zu, denn es bleibt nichts mehr übrig, was noch zersetzt werden kann. Die Philosophie der letzten Jahrhunderte ist ein einziger Versuch, den Riß zu überbrücken, der sich nach dem Entschwinden eines die gesamte Realität einfangenden Sinnes durch die Welt zieht, und die formlose ansichseiende Mannigfaltigkeit von dem sie formenden Geist, das Chaos von dem Vernunftsubjekt unwiderruflich scheidet; sie ist ein Versuch, der notwendig hat mißlingen müssen, weil er mit den unzureichenden Mitteln des reinen Denkens unternommen worden ist. Entweder hat diese Philosophie sich zu bestimmten materialen Weltanschauungen verdichtet, die dann aber ein durchaus individuelles, nicht allgemein verpflichtendes Gepräge tragen, oder sie erfaßt das Absolute in Gestalt formaler Prinzipien, in die sich beliebige Inhalte hineinpressen lassen. Auch die sozialistische Bewegung etwa bestätigt nur die Zerrissenheit unserer Zeit; den durch sie erstrebten ökonomischen Bindungen vermag sie von sich aus die religiösen nicht hinzuzufügen, und so überläßt sie uns letzten Endes weiter der Einsamkeit und Heimatlosigkeit.«[18]

In »Die Wartenden« wird umrissen, daß es sehr wohl eine Soziologie dieser Heimatlosigkeit gibt, daß es nicht gleich um die »abendländische Menschheit« gehen muß, sondern um durchaus festmachbare gesellschaftliche Positionen:

> »Jeglichem bestimmten Glaubensbekenntnis entronnen, haben sie sich ihren Teil an den heute allgemein zugänglichen Bildungsschätzen erworben und durchleben im übrigen wachen Sinnes ihre Zeit. Ihre Tage verbringen sie zumeist in der Einsamkeit der großen Städte, diese Gelehrten, Kaufleute, Ärzte, Rechtsanwälte, Studenten und Intellektuellen aller Art... Wenn sie sich... von der Oberfläche in den Mittelpunkt ihres Wesens zurückziehen, befällt sie eine tiefe Traurigkeit, die dem Wissen um ihr Eingebanntsein in eine bestimmte geistige Situation entwächst... Es ist das metaphysische Leiden an dem Mangel eines hohen Sinnes in der Welt, an ihrem Dasein im leeren Raum, das diese Menschen zu Schicksalsgefährten macht.«[19]

Es sind also die städtischen Intellektuellen, die dieses Problem haben. Freilich kann Kracauer nicht angeben, wer ihnen das Problem *macht*. Daher identifiziert auch er es als ein Problem der »Aufklärung« und ihrer Religionskritik.

Der aufgesprengte gesellschaftliche »Sinn« ist aber gewiß nicht ein

Problem der Religion,[20] sondern eines der gesellschaftlichen Konflikte. Die Intellektuellen werden angegriffen aus der Wirtschaft und aus dem Kleinbürgertum heraus, die schärfste Form dieser Angriffe tritt als Antisemitismus auf, der sich gegen die »Zersetzung der Kultur« – eine typische Aufgabe der aufgeklärten Intellektuellen – wendet. Das Hauptproblem des Intellektuellen ist also, daß er nicht anerkannt wird, daß er keine durchsetzungsfähigen Koalitionspartner hat, daß man ihn, den Bildungs*bürger*, ausbürgern will. Man findet bei Adorno eine erstaunliche Ausblendung dieser Intellektuellenfeindschaft – die Probleme liegen für ihn *zwischen* den Intellektuellen und sind überhaupt Probleme der »Wahrheit«. Daher muß er in seinen Interpretationen zu Schönberg und dem Wien der Jahrhundertwende nicht berücksichtigen, was damals dem liberalen Bürgertum und damit verbunden dem Bildungsbürgertum geschah, muß er nicht berücksichtigen, daß die kulturelle Blüte aufs engste mit der politischen Entmachtung zu tun hatte.

Man kann es auch so sagen: Das »goldene Zeitalter« der Intellektuellen, von dem Adorno genau wußte, daß es in »jenen zwanziger Jahren« bereits vorbei war, hatte auch im Wien der Jahrhundertwende, wohin er es verlegte, nicht bestanden. Die Interpretation für die nostalgische Attraktivität der zwanziger Jahre, die Adorno gab, daß man nämlich dorthin eine politisch relevante Position des »Geistes« projiziere, die damals auch nicht mehr bestand – diese Interpretation ist auf Adornos Verständnis der Jahrhundertwende umzulegen: Der »Geist« war auch damals verachtet, (außerhalb seiner Subkultur) irrelevant, und seine Äußerungen wurden bekämpft, unterdrückt und verlacht.[21] Das goldene Zeitalter der öffentlich wirksamen Vernunft und der Achtung vor den Intellektuellen hat es nie gegeben, es konstituiert nur einen möglichen Mythos der Beziehung von Intellektuellen zur Gesellschaft, ein »Modell«, in dem sie ihre eigene Position in der Geschichte bestimmen können. Die Kritische Theorie ist durch das Modell der versäumten und verpatzten Revolution der Vernunft, der *möglichen* Freiheit bei gleichzeitig (und deshalb) maximaler Unfreiheit geprägt.[22] Und es handelt sich um die Freiheit oder Unfreiheit des Intellektuellen, auch wenn von der *aller* gesprochen wird.

Dieses Modell der versäumten oder verspielten Revolution war damals unter Linken in Deutschland durchaus verbreitet. Aber es wurde gewöhnlich politisch und wirtschaftlich verstanden, nicht »kulturell« wie von Adorno. Die Erfahrung des Niedergangs nach den 1919 blutig zerstörten sozialistischen Experimenten konstituierte sich besonders in der des Verfalls der Währung, die der »Stabilisierung« im Aufhören dieses Vorgangs nach der Währungsreform 1924. Und dabei hatte sich eine sozialstrukturelle Folge für das mittlere Bürgertum eingestellt, von der Adorno ebenfalls nicht spricht: Durch die Inflation wurde es, die »einstige Trägerschicht einer Ideologie von Bildung und Besitz«, im »wörtlichen Sinn deklassiert«.[23] Die nicht in Produktionsmitteln (und »Realitäten«, wie man in Wien sagt) angelegten Vermögen verschwanden im Geldverfall, ein Schub von »Proletarisierung«[24] der Bildungsbürger fand statt. Deshalb wurden sie freilich nicht Proletarier und entwickelten auch kaum Sympathien für diese, eher im Gegenteil: »Die Gegenwehr des absinkenden Bürgertums, das nun auf Beamtengehälter und Einkünfte aus freien Berufen angewiesen war, aber allen Familienbesitz eingebüßt hatte, bestand in der *Ironie des Ressentiments*. Man war besitzlos geworden, aber gebildet geblieben. Nun verachtete man die neuen Besitzenden mit ihrer Unbildung.«[25] Der Blick richtete sich nicht auf die schon immer Eigentumslosen, sondern auf die neu Erfolgreichen.

Der Bildungsbürger Adorno war nicht unmittelbar betroffen, stand *darüber* und verfügte über Bildung wie Subsistenz so sicher, daß er sich Ressentiments ersparen konnte. Er konnte die Gebildeten, die sich den Imperativen der intellektuellen Lohnarbeiterexistenz ausgesetzt sahen, »von oben herab« kritisieren. Zugleich wird ihm nicht verborgen geblieben sein, daß die ganze Gattung von Intellektuellen, der er zugehörte, ausstarb, daß die soziale Position der relativen Unabhängigkeit verschwand, die er noch innehatte. Er hatte als junger Mann keinen Grund zum Ressentiment, er blieb nur (ziemlich) allein zurück.

Es war auch damals nicht zwingend, daß das Modell des Niedergangs nach einer nur halb erfolgreichen Revolution so verlängert wurde wie von Adorno oder auch Hans Mayer. Georg Lukács zum Beispiel sah das anders und spricht im Rückblick auf die Zeit seines Wiener Exils (also nach der Niederlage der ungarischen Räterepublik) von dem

> »damals noch sehr lebendigen Glauben, daß die große revolutionäre Welle, die die ganze Welt, wenigstens ganz Europa in kurzer Zeit zum Sozialismus führen werde, durch die Niederlagen in Finnland, Ungarn und München keineswegs abgeebbt sei. Ereignisse wie der Kapp-Putsch, die Fabrikbesetzungen in Italien, der polnisch-sowjetische Krieg, ja die März-Aktion bestärkten in uns diese Überzeugung von der baldigen totalen Umgestaltung der ganzen Kulturwelt.«[26]

Die Geschichte hat Adornos Pessimismus recht gegeben, aber damals gab es keine Sicherheit darüber, welche Verstimmung die »richtige« sei.

Emanzipation

Adorno hat – in der Einleitung wurde das schon umrissen – auf der Grundlage seiner »Selbstverständlichkeiten« aus den Erfahrungen des Komponisten und Musikschriftstellers ein Bild von Befreiung und Revolution entwickelt, das einige Merkwürdigkeiten und Eigenheiten hat. Um es einordnen zu können, muß man sich den Rahmen von Grundmodellen der Gesellschaft und der Emanzipation und Befreiung präsent machen, den die abendländische Tradition zur Verfügung stellt. Ich will das in der gebotenen Kürze und daher vielleicht ein bißchen holzschnittartig vorweg tun.

Bilder von Befreiung

Die bürgerliche Gesellschaft hat zwei starke Bilder hervorgebracht, um ihren Zusammenhalt, den Fortschritt der Menschheit und die Freiheit ihrer Mitglieder darzustellen. Wir leben noch heute von ihnen: das Bild des *Vertrags* und das von *Herr und Knecht*. Der Rest ist Untergangsahnung oder Hohn und Spott.

Das Bild vom Vertrag steht am Beginn der bürgerlichen Gesellschaft und hatte von damals bis heute die Aufgabe, allen Beteiligten darzustellen, daß Freiheit nur durch allgemeine Unterwerfung zu haben ist. Im »Leviathan« des Thomas Hobbes ist es bündig ausgedrückt. Das Bild von Herr und Knecht, gewöhnlich mit Hegel verbunden, ist tatsächlich älter, geht auf Leibniz zurück[27] und auf Diderots »Jacques le Fataliste« und von da auf eine lange Tradition der realitätstüchtigen Diener und der unfähigen Herrn zum Beispiel in der Commedia dell'arte. Das Vertragsmodell geht von einem Zustand allgemeiner unbegrenzter Freiheit aus und endet bei einem Zustand allgemeiner Unterwerfung. Das Herr-Knecht-Modell nimmt den umgekehrten Weg: Es geht von Herrschaft und Unterdrückung aus und konstruiert einen Weg von dort zur Freiheit. Es ist ein Bild der Befreiung. Die gesamte staats-, rechts- und revolutionstheoretische Debatte der letzten drei bis vier Jahrhunderte läßt sich als Varianten, Modifikationen und gelegentliche Weiterentwicklungen dieser beiden Modelle rekonstruieren.[28]

Vorher, unter feudalen Bedingungen, war der Zusammenhalt der Gesellschaft anders entworfen worden: als System von unterschiedlich verteilten, den einzelnen Ständen zukommenden Rechten, »Freiheit*en*« (im Plural) genannt, und Verpflichtungen, Ansprüchen und Tugenden, hierarchisch ausgerichtet auf einen Herrscher, über dem nur Gott stand.[29]

Die bürgerliche Gesellschaftskonstruktion ging demgegenüber von einer ganz unerhörten Annahme aus: von der Freiheit (im Singular) und Gleichheit aller Menschen. Das war von Anfang an nicht so erschreckend ernst gemeint, wie es klingt, denn es handelte sich de facto um die Gleichberechtigung der Eigentümer, und das waren nicht so viele. In den frühen Entwürfen dieser Art, bei Hobbes und Locke, kommen etwa die Frauen stillschweigend gar nicht vor. Und Eigentumslosigkeit ist zwar ein Problem, das aber bewältigt wird, indem man das Eigentum fiktiv auf die Arbeitskraft zurückführt, die jeweils gegebene Eigentumsverteilung also auf eine angenommene ursprüngliche Chancengleichheit. Damit werden die Übriggebliebenen zunächst vernachlässigbar: Sie müssen sich eben mehr anstrengen. Überhaupt ist am Anfang, bei Thomas Hobbes, das Problem das der Einrichtung einer friedlichen Eigentumsordnung, in der man sich nicht mit Gewalt begegnet, sondern nach den Regeln des Austausches auf dem Markt. Um sie herzustellen, wird per Vertrag die Gewalt an den Souverän abgetreten, und dabei müssen alle mittun. Damit das funktioniert, muß der Souverän absolut unabhängig sein, muß er sich alle in gleicher Weise unterwerfen, muß der Vertrag auch unkündbar sein (außer wenn einem der Staat ans Leben geht). Die angenommene Gleichheit führt nur dann zu einem friedlichen Zustand, wenn sich alle absolut der souveränen Gewalt unterwerfen.

In nachfolgenden Überlegungen in diesem Modell konnten sich die Vertragspartner ändern (jeder mit jedem statt jeder einzelne mit dem Souverän), war auch immer wieder die reale Ungleichheit ein Problem, für das (von Locke) der Geldverkehr verantwortlich gemacht wurde (der die Aneignung von mehr Land erlaubt, als man selbst bearbeiten kann), oder das bei radikalen Denkern wie Jean-Jacques Rousseau zum Angriff auf das private Eigentum als »Ursprung der Ungleichheit unter den Menschen« führte. Auch die Kündigungsklauseln wurden ausgeweitet, und der Souverän wurde auswechselbar und durch die Gewaltenteilung entmachtet. Aus dem autokratischen Souverän wurde ein Apparat mit »checks and balances«, aus der souveränen Willkür das souveräne Gesetz. Wie kompliziert auch immer der Vertrag wird, Gleichheit und Freiheit beruhen nach wie vor auf der allgemeinen Unterwerfung, wenn auch

Max Ernst, Heilige Cäcilie – Das unsichtbare Klavier, 1923

vielleicht zunehmend nicht mehr der Mehrheit unter die Minderheit, sondern der Minderheit unter die Mehrheit (wie etwa Tocqueville das Problem sah). Erhalten blieb auch als Grundlage das Eigentum, mit allen faktischen Ungleichheiten zwischen den verschiedenen Formen von Eigentum.

Im Modell des Vertrags ist für Befreiung und Fortschritt wenig Platz. *Freiheit* ist hier vorausgesetzt und muß (vorsichtig, aber so weit eben nötig) eingeschränkt werden. Mehr Freiheit für die, die aus gesellschaftlicher Benachteiligung nicht den rechten Gebrauch von ihr machen können, ist allenfalls durch ein Recht auf Bildung (so bei John Stuart Mill) oder Koalition oder Mindestversorgung, durch Maßnahmen zur Erhöhung der *Chancen*gleichheit also, anzustreben.[30] Der *Fortschritt* der Menschheit aber ist in diesem Modell den Individuen und dem Spiel der Kräfte auf dem Markt überlassen, der Konkurrenz, die zu Höchstleistungen treiben soll. Eine Kontrolle, ob sie das auch tut, ist jenseits des Marktes und der ihn sichernden Staatseingriffe nicht vorgesehen.[31]

Das Modell von Herr und Knecht macht andere Eingangsvoraussetzungen und führt zu anderen Ergebnissen. Es geht in der bekannten Hegelschen Fassung von einem Zustand der Unterwerfung als Ergebnis eines Kampfes aus. Die Dynamik setzt ein, wenn der Sieger den Besiegten nicht tötet, sondern ihn für sich arbeiten läßt. Grob gesagt, findet dann die Auseinandersetzung mit der Natur in der Arbeit nur mehr durch die Beherrschten statt, während der Herr die Früchte der Arbeit genießt, sich sonst aber nicht um sie kümmert. Dabei verblödet und versumpft der Herr, während der Knecht in der Auseinandersetzung mit der Natur nicht nur den gesellschaftlichen Reichtum erzeugt, sondern dabei seine Fähigkeiten und Bedürfnisse entwickelt, also den Fortschritt der Menschheit betreibt und die Voraussetzungen seiner eigenen Befreiung herstellt. Auf mittlere Sicht ist der Herr verloren. Hegel kleidet das Modell in die Terminologie von Anerkennung und Selbstbewußtsein. Der Herr ist deshalb in einer aussichtslosen Lage, weil ihm die Anerkennung des Knechts, den er seinerseits nicht anerkennt, nichts hilft, und weil er sich den Weg zum Selbstbewußtsein über Arbeit durch seine Herrschaft selbst versperrt. Der Knecht hingegen macht sich unabhängig, indem er sich in der Auseinandersetzung mit der Natur in den Produkten dieser Arbeit selbst darstellt, sich in ihnen wiedererkennt und darüber zu einem Selbstbewußtsein kommt, das die Anerkennung des Herrn nicht mehr braucht. Der Herr richtet sich selbst zugrunde und wird auch überflüssig.

Die Befreiung erfolgt, wenn man so will, von beiden Seiten her: Die Herrschaft verrottet, und der Knecht wird selbständig.

Bei Marx, wo das Modell der Anerkennung auf die berühmten Füße der Arbeit gestellt wird, gibt es den analogen Mechanismus der Befreiung: Wenn durch die Produktivkraftentwicklung und die zugehörige Vergesellschaftung der Produktion die Produktionsverhältnisse gesprengt werden, so heißt das, daß die organisierende (und herrschaftliche) Funktion des privaten Eigentums an den Produktionsmitteln überflüssig wird und von den vereinigten Produzenten, also den Arbeitern, aufgrund ihrer angesammelten Erfahrungen und Kompetenzen selbst übernommen werden kann. Noch schlimmer für das Privateigentum: Indem die Arbeitsteilung und Zusammenarbeit über den Betrieb, über das, was von einem Einzelkapital organisiert werden kann, hinauswächst, hebt sich diese organisierende Funktion selbst auf und geht auf größere Einheiten über, z. B. auf immer größere Kapitale und auf den Staat. Es ist also eine Befreiung von beiden Seiten her angelegt: Die Einzelkapitale werden überflüssig und zerstört – die Arbeiterschaft gewinnt Kompetenzen und kann sich und die Produktion selbst verwalten.

Um die Sache angemessen zu komplizieren, muß man sagen, daß es bei Marx noch ein zweites und ein drittes Modell von »Befreiung« gibt und daß diese drei Modelle miteinander interferieren.

Das zweite Modell wird am deutlichsten in dem, was man »Verelendungstheorie« nennt. Hier macht sich das Einzelkapital in Privateigentum überhaupt nicht überflüssig, vielmehr überwälzt es seine Schwierigkeiten in Form von verschärfter Ausbeutung auf die Arbeiter. Das kann ein Anlaß zu »Befreiung« allenfalls insofern sein, als den Arbeitern bei solchen Verschlechterungen der Lage ein Bewußtsein von Ausgebeutetwerden und Klassenlage zuwachsen mag, das sich in gemeinsamer Gegenwehr und, als Voraussetzung dafür, im Aufbau von Organisation manifestieren kann. Für sich allein kann dieser Prozeß nur zu Streiks und Aufständen, zum offenen Konflikt also führen, in dem es keine Garantie für den Ausgang gibt und in dem, selbst wenn es gutgeht, eher nicht gleich das Kapitalverhältnis aufgehoben, sondern gewöhnlich ein Stück Zugeständnis an Lohn oder Arbeitsbedingungen gewonnen wird. Dieses zweite Teil-Modell ist mit dem ersten nur über eine schwache Linie verbunden: Aus der Logik von Warenproduktion und Kapital wird diesem angesichts des tendenziellen Falls der Profitrate und besonders in der

Krise nur *nahegelegt*, es mit diesem Mittel der Erhöhung der Ausbeutungsrate zu versuchen. Aber es gibt auch andere Möglichkeiten,[32] und die sind heute gut entwickelt. Das Kapital ist erfinderisch und hat in einer immer komplexeren Weltwirtschaft immer reichere Möglichkeiten, relative Nutzen und Kosten seiner Strategien so zu verteilen, daß der Widerstand handhabbar bleibt. Auch auf der Seite der Arbeiterschaft sind die beiden Modelle nur schwach verbunden. Die Organisation, die für den Klassenkampf notwendig ist, wäre wohl auch das Instrument, das die (überbetriebliche) Organisation der Produktion übernehmen könnte. Aber zwingend folgt das nicht, und bisher ist die historische Erfahrung mit der Übernahme der Verwaltung und des Staats[33] durch die Gewerkschaft und/oder die Partei(en) der Arbeiterbewegung nicht überwältigend. Es ist jedenfalls nicht unwahrscheinlich, daß es für den Kampf eine andere Organisation brauchen mag als für die Verwaltung der Dinge nach der Befreiung (und wahrscheinlich für beides andere, als bisher zur Herrschaft kamen).

Das dritte Modell schließlich ist eher das des jungen Marx und hat »Entfremdung« als Zentrum. In der kapitalistischen Warenproduktion werden die Menschen von ihrem Produkt, von sich selbst und von einander entfremdet. Die Menschen werden in der Reduktion auf Arbeitskräfte selbst zu Waren, was die Grundlage von Ausbeutung darstellt. Diese »Verdinglichung«, wie es Georg Lukács dann zugespitzt hat, gefährdet die Befreiung durch Arbeit, weil in der entfremdeten Arbeit keine unmittelbare Auseinandersetzung mit Natur mehr statthat. Auch hier ist das Kapital wenig von Untergang und jedenfalls nicht von Selbstaufhebung bedroht. Es ist vielmehr, besonders als Monopolkapital, ein einfallsreicher und geschickter Beherrscher und Manipulierer der Menschen, selbst noch ihrer Seelen, die mit einer subtilen Kontrolle und Disziplinierung überzogen und mit Scheinbefriedigungen korrumpiert werden. Dabei bleibt die Rute immer im Fenster: Wenn es anders nicht mehr geht, muß eben ein autoritärer Schub von Formierung und Disziplinierung eingelegt werden.

In den drei Modellen wird also der Kapital-Seite zunehmend mehr zugetraut, die Befreiung wird immer voluntaristischer, verliert immer mehr an »objektiver« Grundlage. Sie sind bei Marx in der umgekehrten Reihenfolge zur Darstellung hier entstanden: Das Modell der »Entfremdung« ist den Frühschriften zuzuordnen, das Modell des »Klassenkampfs« den Frankreichschriften, das Modell der »Produktivkraftentwicklung« dem »Kapital« (wie manche das sehen also dem »reifen« Marx). Die Marxsche Revolutionstheorie ergibt sich aus einer Kombination der Modelle 1 und 2. Aus Modell 1 (dem der »Produktivkraftentwicklung«) läßt sich die Zuversicht folgern, daß auf lange Sicht die Befreiung (durch das Proletariat) nicht aufzuhalten ist.[34] Aus ihm würden sich aber kaum gewaltsame Konflikte, gar Aufstände und Rebellionen ableiten lassen – höchstens ganz am Schluß der Entwicklung, um dem funktionslos gewordenen Kapital den letzten Stoß zu geben oder aber den »letzten Monopolisten« zu enteignen. Diese offenen Konflikte ergeben sich vielmehr aus den Modellen des »Klassenkampfs« und der »Entfremdung« (2 und 3) und können, wenn sie gut ausgehen, dazu führen, daß das Kapital gemäß Modell 1 seinem Untergang näher kommt.[35] Marx hat hier bekanntlich »politische Revolution« und »soziale Revolutionierung« unterschieden und klar gesehen, daß die politische Revolution, selbst wenn sie gelingen sollte, nicht genügen kann. Die »Umwälzung der Gesellschaft«, die durchaus punktuell in den Poren und Ritzen der alten Gesellschaft beginnen kann, ist entscheidend. Dieser Gedanke ist nur im Modell der »Produktivkraftentwicklung« sinnvoll.

Dieses Modell enthält zugleich den Marxschen Begriff von »Fortschritt«. Er besteht in der (erweiterten) Selbst(re)produktion der Menschheit, die beides einschließt: eine bessere Beherrschung der Natur, also verbesserte Methoden zur Produktion der »Lebensmittel«, und erweiterte Fähigkeiten und Bedürfnisse der Menschen. Auch Bedürfnisse und Sensibilitäten, wohlgemerkt. Marx hat das Gedichteschreiben und Bildermalen nicht abgelehnt, wie man weiß, nur die Spezialisierung darauf hat er nicht so hoch geschätzt, und ansonsten ging es ihm zunächst um die verallgemeinerte Sicherung des Notwendigsten. Der ganze Zusammenhang des Modells stellt klar, daß »Fortschritt« in zunehmender »Befreiung« besteht – Befreiung von den Zwängen der Natur und von der Herrschaft in der Gesellschaft. Die wenigen Äußerungen über die befreite Gesellschaft deuten zumindest an, daß es eine der größtmöglichen Vielfalt und Verschiedenheit sein soll, auch innerhalb der Person, die nicht festgelegt werden soll.

»Aufklärung« ist dann einfach die Entwicklung der menschlichen Verstandesfähigkeiten in diesem Vorgang der Selbstproduktion durch Auseinandersetzung mit der Natur. Daraus entsteht zugleich die Fähigkeit, die gesellschaftlichen Zwänge zu kritisieren. Herrschaft wird durchschaubar in dem Maß, in dem sie durch Entwicklung der Produktivkräfte obsolet wird. Aufklärung ist Kritik, die auf der realen Basis einer veränderten Produktionsweise oder zumindest ihrer Möglichkeit entsteht. Aufklärung ist nicht primär Naturbeherrschung, sondern hat neue Erfahrungen und ein neues Selbstbewußtsein aus der Auseinandersetzung mit der Natur zur Voraussetzung. Das ist kein Fortschrittsoptimismus, sondern die Angabe von Bedingungen für »Aufklärung«, die real auch verfehlt werden können.

Wenn an diesen Bildern von Befreiung etwas vom Verlauf der Geschichte gründlich dementiert wurde, dann ist es das am direktesten Hegelsche Erbe: die Annahme von der Selbstaufhebung des »Herrn«, des Kapitals. Dieses hat sich längst überbetrieblich organisiert, kartelliert, oligopolisiert, sich im Staat ein mächtiges Instrument zur Organisation seiner Interessen geschaffen und ist überstaatlich in Gestaltung und Nutzung der Bedingungen einer Weltwirtschaft und internationalen Arbeitsteilung, einzelstaatlich kaum kontrollierbar, tätig. Aber auch innerbetrieblich ist durch die Schaffung der Schicht von Angestellten, Technikern und Managern die Herrschaftsfunktion ausdifferenziert worden, bis zu einem Punkt, an dem das private Eigentum an den Produktionsmitteln als nur *eine* Art der Verfügung über diese klar sichtbar geworden ist. Dazu hat sich in der Fordistischen Produktionsweise eine Form der Mehrwert-Abschöpfung gefunden, die nicht mehr auf Drücken des Lebensstandards beruht, sondern auf Erhöhung des Konsumniveaus. Die Massenproduktion ermöglicht ein verallgemeinertes Truck-System: Man kann die Arbeitskräfte ohne Schaden (im Gegenteil: mit Nutzen) besser bezahlen, wenn sie veranlaßt werden können, mehr des Produzierten von eben diesem Lohn zu kaufen, wenn also mehr Reproduktionsleistungen die Form von Waren annehmen.

Der einzige Nachteil dieser Entwicklung ist, daß man damit die Arbeitskraft auch als »Kaufkraft« braucht und sie daher nicht so leicht arbeitslos machen kann, weil es dann an eben dieser »Kaufkraft« fehlt. Aber das wird mehr als aufgewogen, wenn sich damit das ganze Befreiungsmodell 2 (»Klassenkampf«) unterlaufen läßt. Gegenüber den Modellen, die *logische Möglichkeiten* der Befreiung angeben, erweist sich also *empirisch*, daß in dieser Dialektik der Befreiung der »Herr«, das Kapital, über vielfältige Korrektur- und Gegenstrategien verfügt, die imstande sind, den Herrschaftsverfall aufzuhalten, ihn zumindest hinauszuschieben, womöglich die Herrschaft sogar zu »verbessern«. Damit wird die Dynamik von Produktivkraftentwicklung und Sprengung der

Produktionsverhältnisse aufgehoben. Wenn, wiederum empirisch, diese »Verbesserung« der Herrschaft so geschieht, daß damit Verelendung sich verhindern oder zumindest neutralisieren läßt, indem sie geographisch verlagert, auf kleine Gruppen eingeschränkt oder auch in eine Form gebracht wird, die keinen Anlaß mehr zu *gemeinsamen* Gegenaktionen gibt (z. B. »Individualisierung«, »psychische« Verelendung), dann hebt das auch Modell 2 auf, wieder zumindest auf Zeit. Modell 3, das der »Entfremdung«, ist ohnehin schon vom Entwurf her das »schwächste« und eines, das eher geeignet ist zu begründen, warum Befreiung *nicht* stattfindet.

Adornos Theorie der Befreiung

Adornos an der »großen musikalischen Revolution in Wien« gewonnenes Modell von Befreiung hat einen Kern eindeutig in der Produktivkraftentwicklung. Ausgangspunkt von Freiheit ist die Verfügung über das »Material«, die Auseinandersetzung mit Natur, die in dem Maß gelingt, in dem sie zu einer kritischen Wendung gegen die gesellschaftlichen Verformungen führt, die dem Material wie dem Produzenten angetan werden.

Es mag schon sein, daß in den seltenen Fällen, in denen das gelingt, Selbstbewußtsein des Produzenten entsteht. Nur hilft es ihm wenig, weil er mit großer Wahrscheinlichkeit keine Anerkennung finden, vielmehr allein bleiben wird. Gewöhnlich aber kommt die Dialektik überhaupt nicht in Gang, weil die Arbeit zerlegt, routinisiert, technisiert, automatisiert, kurz: entfremdet ist durch die Vornahmen der Arbeitsorganisation, die immer auch Imperativen der Herrschaftssicherung dienen. (Das gilt auch für den zunehmenden Einsatz von Maschinen: Bekanntlich ist Technik nicht herrschaftsneutral.) Auch die andere Seite der Produktivkraftentwicklung, die Entwicklung der Kompetenzen und Bedürfnisse der Produzenten, ist damit entweder stillgestellt oder sie wird resignativ aufgegeben im Rückfall auf alte, bekannte und bequeme Muster – und in jedem Fall wird sie umgelenkt in die Bahnen des Warenangebots und so mit im Dienst der Herrschaft verplant. Das Warenangebot wiederum ist so organisiert, daß es schnelle und unmittelbare Befriedigungen gibt, die nicht weit über den Kaufakt hinauszugehen brauchen und das gewöhnlich auch nicht tun. Damit ist die Wiederholung des Immergleichen oder die harmlose »Sensation« angelegt, und eine ernsthafte Auseinandersetzung mit den eigenen Sehnsüchten wie Verstörungen wird wirksam verhindert durch aufgesetzte Fröhlichkeit und unermüdliches Getriebe.

Das »klassische« Modell der Produktivkraftentwicklung ist also halbiert. Produktivkraftentwicklung im Sinn nicht nur erweiterter Fähigkeiten zur *Waren*produktion und -konsumtion, sondern sehr wohl verbesserter Verfügung über eine »Sache«, ist ausnahmsweise wohl möglich, selbst dann entfaltet sie aber keine sprengende Wirkung auf die Produktionsverhältnisse, ist vielmehr nur Anlaß, die Anstrengungen zu deren Aufrechterhaltung zu verstärken. Und die »Nachrüstung der Herrschaft« geht bis zur physischen Vernichtung im großen Stil und der alltäglichen Drohung damit, geschieht aber auch subtiler durch die billige Befriedigung und die Zurichtung zu einer methodischen Lebensführung, zu der inzwischen auch der Zwang zur Unterhaltung gehört. Im übrigen heißt das auch, daß die Voraussetzungen für die Befreiung im Stand der Produktivkräfte längst gegeben sind, daß aber die Realisierung dieser objektiven Möglichkeit mit Gewalt und Manipulation verhindert wird.

Dementsprechend setzt die Produktivkraftentwicklung auch keine zunehmende Vergesellschaftung der Produktion frei, die den Arbeitern zugute käme. Alle Vergesellschaftung ist von oben gesteuert und folgt den Imperativen der Ware, der Bürokratie und darüber hinaus (am Faschismus zu studieren) der angedrehten und manipulierten politischen Bewegung. Daraus ergibt sich, daß gelingende Arbeit im emphatischen Sinn nur in höchster Individualisierung, in Loslösung von der herrschenden Vergesellschaftung denkbar ist, durch Individuen, die die Schiffe hinter sich verbrannt und auf gesellschaftliche Anerkennung verzichtet haben. (Und die sich das leisten können – so würde ich hinzufügen.) So kommen sie zu der rücksichtslosen Konsequenz und der geduldig arbeitenden Hartnäckigkeit, sich ganz in »die Sache« und sich selbst zu versenken. Das geht auch nicht ohne Leid ab, oder jedenfalls ist einiges Leiden an den gesellschaftlichen Verhältnissen gewöhnlich Ausgangspunkt für diese Haltung. Ferner ist vorausgesetzt, daß die Tradition hervorragend gekannt und verarbeitet ist, daß man fähig ist, das in ihr Erreichte mit Verständnis und einer gewissen Rücksichtslosigkeit weiterzudenken.

»Klassenkampf«, um das zweite unterschiedene Modell aufzugreifen, spielt in Adornos Theorie der Befreiung keine Rolle mehr. Die Klassenkämpfe sind zwar latent vorhanden, aber sie sind auch stillgestellt und bleiben unter Kontrolle. Herrschaft in ihren Varianten von der Drohung mit Vernichtung bis zur billigen Befriedigung ist so umfassend ausgebaut, daß da nichts mehr geht und auch nichts passiert. Vom Proletariat ist in dieser Situation am wenigsten zu erwarten, schon deshalb, weil es ihm an Bildung mangelt, aber vor allem, weil es in die entfremdete Arbeit und Freizeit besonders eingespannt ist. Die Gewerkschaften und Parteien der Arbeiterbewegung sind eher selbst zum Integrationsfaktor geworden, eventuell sogar selbst auf die Seite der Herrschaft übergelaufen. Allenfalls kann der Kampf von Intellektuellen auch wie stellvertretend geführt werden, indem sie versuchen, die Erinnerung an die Versprechungen und Möglichkeiten der bürgerlichen Gesellschaft wach zu halten – in Form der berühmten Flaschenpost an eventuelle zukünftige Generationen.

Das Modell der »Entfremdung« wird sehr konsequent festgehalten, und zwar so, daß da keine Aussicht auf Befreiung aufkommen kann. Entfremdung trifft alle Klassen, auch die Herrschenden sind ihrer menschlichen Möglichkeiten beraubt, sind ihrerseits reduziert auf Funktionäre ihrer Herrschaft und nur in dieser Funktion schlau und erfindungsreich. Ansonsten aber gibt es bekanntlich kein richtiges Leben im valschen.[36]

Statt eines gesellschaftlichen Widerspruchs (ausgetragen etwa zwischen unmittelbaren Produzenten und Produktionsmittelbesitzern) entsteht daher eine Polarisierung zwischen der Herrschaft Verfallenen einerseits (sie sind verbunden in der Fixierung auf instrumentelle Vernunft und Warenwelt) und einigen wenigen, die das allgemeine Verhängnis wenigstens noch wahrnehmen und kritisieren können (Künstlern und Gesellschaftstheoretikern), andererseits. Irgendeine Aussicht auf reale Befreiung ist da nicht zu sehen, es ist schon viel, wenn jene wenigen sich immerhin »sauber« halten können. Diese Ausweglosigkeiten haben auch damit zu tun, daß für Adorno »die Revolution« (musikalisch wie gesellschaftlich) schon stattgefunden hat – und schiefgegangen ist. Adorno theoretisiert nicht über eine »revolutionäre Situation«, die sich allmählich aufbauen würde, wie es in Befreiungstheorien üblich ist, sondern über eine, die schnell vorüberging und gegen deren Errungenschaften und denkbare Weiterführungen sich die Herrschaft nun besonders brutal absichert.

Die Möglichkeit von Freiheit besteht also immerhin in Enklaven, nämlich in Kunst und kritischer Wissenschaft, und zwar durch ein Vorgehen, das kritisch ist gegenüber Normen und Selbstverständlichkeiten und den Identitätszwang überwindet, das offen ist für das »Nicht-Identische«. Ohne auf die auch schon logischen Schwierigkeiten eingehen zu wollen, die sich mit diesem Begriff verbinden, kann man – vielleicht etwas banalisiert – sagen, daß es hier darum geht, das »Abweichende« und die Verschiedenheit in menschlichen und gesellschaftlichen Belangen ernst zu nehmen. Herrschaft hat die Neigung, sich aufs Allgemeine zu richten, also an der Sterblichkeit der Menschen anzusetzen und am Hunger und sie an diesen Punkten zu bedrohen. Adorno hat sich demgegenüber auf die Seite des Besonderen geschlagen: »Freiheit« müßte heißen, daß man nicht am Allgemeinen bedroht wird und daß das Ausleben des Besonderen nicht zu solchen Bedrohungen, z. B. im sozialen Ausschluß führt. Das setzt eine »lockere« und vielgestaltige Organisation des Zusammenlebens (und wohl auch des individuellen Lebens) voraus. Und das hat damit politische Implikationen: Es bedeutet die Aufgabe von zentraler Steuerung der Gesellschaft und ihrer Entwicklung, auch und gerade im Prozeß der Befreiung. Nicht zentrale Planbehörden und wahlweise revolutionäre Aufhebung oder repressive Aufrechterhaltung des einen Grundmechanismus der Vergesellschaftung sind anzustreben, sondern dezentrale, partikulare Sonderwege sollten möglich sein.

Adornos Modell der Befreiung stellt eine erstaunliche und implikationenreiche Mischung aus orthodoxen und unorthodoxen Elementen aus dem Bereich der überkommenen Befreiungstheorien dar.

Arbeit, Vernunft und sozialistische Vielfalt

Die Kritische Theorie hat zum gesellschaftstheoretischen Nachdenken unter der Perspektive von Befreiung vor allem den Gesichtspunkt beigetragen, daß dem »Fortschritt der Produktivkraft« auch ein »Fortschritt der Herrschaftsmittel« zumindest gleichen Ausmaßes entspricht, in dem jener die Möglichkeit der Befreiung real herstellt. Die Dialektik der Befreiung, wie sie von Marx konzipiert wurde, wird kompliziert dadurch, daß der »Herr«, das Kapital, keineswegs verblödet und versumpft, wie ich es oben genannt habe, sondern zumindest auf dem Gebiet der Herrschaftssicherung ungemein erfinderisch ist, den Fortschritt der Produktivkraft, der von der Arbeit ausgeht, dazu benutzt, um die Herrschaft über die Arbeitskraft immer enger zu gestalten, die Bedingungen des

Arbeitens immer kleinlicher vorzugeben, so daß in der Arbeit weder Erfahrung gemacht werden noch eine »Entäußerung« des Produzenten (in der er sich wiedererkennen und selbst anerkennen könnte) stattfinden kann, womit die Dialektik der Befreiung abgeschafft und stillgestellt wäre. In der Kritischen Theorie, jedenfalls Horkheimers und Adornos, und besonders in ihrer gemeinsamen »Dialektik der Aufklärung«, endet es hier: Befreiung ist nicht mehr möglich. Das Werk, und wieder vorrangig die »Dialektik der Aufklärung«, besteht darin, diese Unmöglichkeit nachzuweisen und ihre Genealogie nachzuzeichnen.

Diese Vorstellung ist zwar, wie ich gezeigt habe, nicht unbedingt aus empirischen Beobachtungen hervorgegangen, sondern als »Vor-Urteil« entstanden, aber sie wurde von den Erfahrungen des Nationalsozialismus und der Kultur der Vereinigten Staaten bestätigt – und sie fügt in das gesellschaftstheoretische Denken eine Dimension ein, die in der Tat zum eigenen Schaden vernachlässigt wird und manchen platten »linken« Fortschrittsoptimismus in sehr angemessener Weise zurückweist. Vielleicht ist es aber – nach all den Jahren – nicht zwingend, an dieser Stelle stehenzubleiben oder aber, wie Habermas, nach Aufgabe von »Arbeit« als relevanter Kategorie, ganz neu anzusetzen.

Wenn man »Entfremdung«, die Definition und Behandlung des Menschen ausschließlich als »Arbeitskraft«, damit verbunden seine reale Zurichtung zu (fast) nichts als einer solchen, dazu die sich entwickelnden immer umfassenderen und raffinierteren Techniken solcher Subsumtion wirklich ernst nimmt, wird es mit der Konzeption einer Befreiung durch Arbeit als Auseinandersetzung mit der Natur ziemlich schwierig, weil diese Auseinandersetzung herrschaftlich (in der Arbeitsorganisation) versperrt ist. Ebenso ist es mit der »Vergesellschaftung« als Sprengkraft in der Dialektik von Entwicklung der Produktivkraft und dieser hinderlich werdenden Produktionsverhältnissen nicht so weit her, wenn das Kapital durchaus selbst in der Lage ist, über die Schranken des bornierten Eigentums hinaus solche (überbetriebliche) Organisation herzustellen, die wiederum Herrschaftsinteressen entspricht.[37] Die Theorie der Befreiung ist an entscheidenden Punkten angeschlagen und kann ohne eine Komplizierung durch die Ergebnisse der »Dialektik der Aufklärung« zuletzt nur voluntaristisch (im Modell von »Klassenkampf«, was wiederum die krampfhafte Behauptung von »Verelendung« voraussetzt) oder schlicht ungenau und dogmatisch aufrechterhalten werden.

An dieser Einsicht kann man in tiefe Depression fallen. Horkheimer und

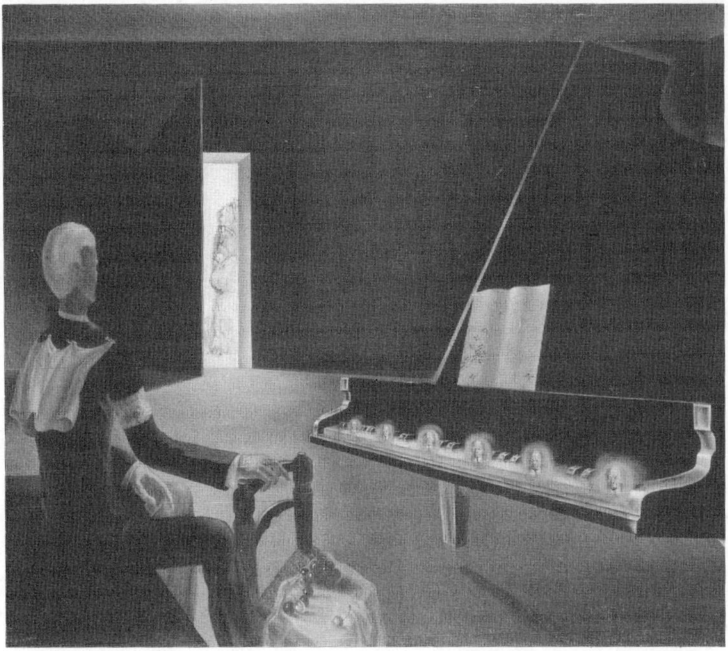

Salvador Dalí, Partielle Sinnestäuschung.
Sechs Erscheinungen Lenins auf einem Flügel, 1931

Adorno haben diese Melancholie auch nicht verleugnet, haben sie vielmehr offensiv vorgetragen gegen die Vertreter des unbekümmerten Fortschritts. In diesem entscheidenden Aspekt ist die »Dialektik der Aufklärung« so aktuell: Wer heute, nach Auschwitz und Hiroshima und der seither unabweisbar gewordenen Erkenntnis, daß auch die »friedliche Nutzung der Welt« in der Art, wie es heute geschieht, die Welt und uns zerstört, wer danach noch den »Fortschritt« (und sei es selbst ein »bekümmerter« Fortschritt) hochhält, ist entweder ein Dummkopf oder ein Wunschdenker oder ein Betrüger. »Fortschritt« als der der Naturbe*herr*schung, wie sie im Kapitalismus betrieben wird, ist nicht Befreiung. Angesichts der Torheit des Harmlosen und der Schrecken des Kraftvoll-Vorwärtsdrängenden ist es notwendig genug, diese melancholische Einsicht zu argumentieren, ist *Kritik* die erste Aufgabe. Es sollte wenigstens *innegehalten* werden, und das erfordert schon Kraft genug in dem breiten und mächtigen Strom, der auf die Selbstzerstörung zutreibt. Angesichts der im besten Fall Plattheit dessen, was als »positiv« daherkommt, im schlimmeren Fall seiner zumindest Funktionalisierbarkeit für das herrschende Verhängnis, ist es notwendig, Kritik und Negativität als den Beitrag festzuhalten, den der Intellektuelle zum erbarmungslosen Getriebe der Gesellschaft allenfalls zu machen hat. Wo das Einverständnis so überwältigend ist, hat man genug mit der Aufgabe zu tun, »nein« sagen zu müssen.

Allerdings stimmt das auch für Adorno, der genau auf diese Negativität so großen Wert gelegt hat, nicht völlig und ausschließlich. Im Hintergrund seiner »Selbstverständlichkeiten« finden sich zumindest zwei Elemente, die in einen Entwurf, wie »Befreiung« allenfalls doch möglich (gewesen) wäre, einmünden:

Adorno hält erstens an der Bedeutung von »Arbeit« fest, an der Bedeutung einer Subjekt-Objekt-Dialektik, die doch auch gelingen kann, und zwar in der künstlerischen Arbeit.

Und Adorno betont zweitens in »Individualisierung«, im »Nicht-Identischen«, dem »Anderen der Vernunft«, das eigene Recht und das, was Simmel das »individuelle Gesetz« des einzelnen genannt hatte, verweist damit auf Verschiedenheit und Vielfalt als Vergesellschaftungsprinzip.

Er hat in beiden Fällen nicht ausgearbeitet, was das für eine Theorie der Befreiung heißt. Er konnte das nicht tun, weil er nach den gesellschaftlichen Grundlagen dieser Prinzipien nicht gefragt hat – so habe ich zu zeigen versucht. Wenn man das aber tut, dann läßt sich in gleichzeitiger

Aufnahme Adornos und Kritik an ihm die Theorie der Befreiung sehr wohl weiterentwickeln. Ein paar Bemerkungen dazu will ich mir abschließend noch erlauben.

Arbeit

Am Beispiel von Kunst macht Adorno deutlich, daß »Arbeit«, wenn sie gelingen soll, jedenfalls nicht auf die Verkäuflichkeit ihres Produkts spekulieren, nicht auf den Tauschwert schielen darf. Aber auch »Gebrauchswert« genügt nicht in jedem Fall und geht jedenfalls überhaupt nicht in »Nützlichkeit« auf, im Gegenteil: In der Reduktion auf das (fürs Überleben) Nützliche konstituiert sich instrumentelle Vernunft. Wie heute deutlich genug sein sollte, wird von der instrumentellen Vernunft Überleben nicht gesichert: Gerade die instrumentelle Vernunft, entstanden aus der entschlossenen Einengung aufs Nützliche, bringt uns in großem Stil um.[38] »Arbeit«, die gelingen soll, hat ihre erste Verpflichtung gegenüber der »Sache«, dem »Material«, deren gesellschaftliche Zurichtung in Normen und Selbstverständlichkeiten zunächst kritisch aufzuheben ist, damit wir ihr vielleicht ein bißchen besser gerecht werden. Aus dem Zusammenwirken zwischen solcher »Erfahrung« und den Darstellungsbedürfnissen des Produzenten (die auch Teil der »Sache« sind) entsteht vielleicht ein gültiges und brauchbares Produkt. Wenn das (in Anlehnung an Schönbergs Bestimmung der Rolle des Publikums gesagt) andere auch so sehen und wollen, können sie daran teilhaben. Wenn nicht, dann nicht, wäre hinzuzufügen.

Nun ist Kunst ein sowohl zu harmloses als auch zu anspruchsvolles Beispiel, um es auf »Arbeit« generell zu verallgemeinern. Kunst ist harmlos, weil ein Versagen in ihr niemanden verhungern läßt (außer gegebenenfalls den erfolglosen Künstler, aber das ist nicht die Fragestellung, und außerdem wird er sich gewöhnlich aus anderen Ressourcen und Tätigkeiten schon über Wasser halten) und niemanden umbringt. Kunst ist zu anspruchsvoll, weil sie unter einem ständigen Innovationszwang steht, jedenfalls bei uns, was gegenüber z. B. Kalbsschnitzeln nicht der Fall ist.[39] Verallgemeinerbar sind aber vielleicht die Voraussetzungen für eine gelingende Subjekt-Objekt-Dialektik, die sich am Beispiel der Kunst untersuchen lassen.

Seit die Nazis in Dachau »Arbeit macht frei« zum zynisch-hintersinnigen Motto ihrer Todesfabriken gemacht haben, ist es nicht mehr möglich, die Dialektik der Befreiung durch arbeitende Auseinandersetzung mit der Natur auch nur harmlos zu zitieren, geschweige denn, sie umstandslos als (noch?) in Kraft zu unterstellen.[40] Das Motto von Dachau markiert vielmehr das Extrem der Bedeutung von »Arbeitskraft«: Arbeit wird zur Vernichtung des Menschen eingesetzt, indem man ihn auf die Arbeitskraft reduziert und diese überfordert, natürlich auch, indem man die Mittel zu ihrer Reproduktion vorenthält. Nicht sehr weit davon entfernt steht Arbeit als Quälerei, wie sie in den KZs der Nazis ebenfalls, aber auch schon in den Treträdern und sonst sinnlosen Strafarbeiten des Gefängnisses im 19. Jahrhundert praktiziert wurde. Darauf folgt auf einem angenommenen Kontinuum das rücksichtslose Aufbrauchen der Arbeitskraft in durchaus benötigten Leistungen, Galeerenrudern, Schiffeziehen, gefährliche Bergwerksarbeit, generell Arbeit unter sehr ungesunden Verhältnissen, wie wir es auch wieder als Zwangsarbeit, teils als Sklavenarbeit vorfinden.[41] Die nächste Stufe ist das Behandeln der Arbeitskraft als »Rohstoff«, der möglichst effizient verbraucht wird und für dessen ausreichenden Nachschub man einzig sorgen muß, wie es sich frühkapitalistisch darstellt.

Die nicht so leicht ersetzbare, weil zuverlässige und sonst qualifizierte Arbeitskraft hat dem gegenüber schon eine viel bessere Position.[42] Dementsprechend bestand der Kampf der Arbeiterbewegung zu einem großen Anteil in der Organisation solcher Schwer-Ersetzbarkeit durch »Preisabsprachen« (Mindestlöhne), Organisation von qualifizierten Berufen und damit Spezial-Arbeitsmärkten, generell Widerstand gegen die allzu leichte Verfügbarkeit von Ersatzleuten. Die Gegenstrategie der Kapitalseite ist Rationalisierung, die oft genug heißt, daß Qualifikationen, die bisher von der Arbeitskraft mitzubringen waren, von der Maschine übernommen werden. Gelegentlich bis häufig entstehen dabei freilich neue Qualifikationsanforderungen für den sachgemäßen Umgang mit der Maschine, die möglicherweise noch (zumindest zum Zeitpunkt der Einführung) besonders rar sind. Damit stehen wir auch am Übergang zur fordistisch/tayloristischen Arbeitszerlegung, in der der Versuch gemacht wird, die Qualifikationsanforderungen tätigkeitsunspezifisch zu machen (es geht jetzt um rasches Begreifen von Anweisungen, zuverlässiges Durchhalten, Aushalten von ermüdender und einseitiger Wiederholung, um Motivierbarkeit durch den Lohnanreiz) und insgesamt die Arbeit aus dem Lebensmittelpunkt der Arbeiter zu drängen: In der »instrumentellen Arbeitshaltung« macht die Lohnarbeit einen Anteil am Leben aus, der klein genug ist, um einfach »abgeschrieben« zu werden. Das »eigentliche« Leben findet in der »Freizeit« und im Konsum statt.

Daneben differenzieren sich »unternehmerische Arbeit«, »Kopfarbeit« und »Dienstleistungen« aus, in denen die skizzierte Entwicklung nur schwer möglich ist. Jedenfalls lassen sich auch unmittelbar personenbezogene Dienstleistungen und die Typen von Kopfarbeit, die heute gern als »kreativ« bezeichnet werden, nur mit Leistungsverlust taylorisieren. Und es ist wohl auch kein Zufall, daß die in diesen Tätigkeiten Beschäftigten gewöhnlich Schwierigkeiten damit haben, ihre »Freizeit« gegen den eigenen Widerstand und den der Klienten »freizukämpfen«. Dasselbe gilt übrigens für die Hausarbeit, die zu einem wichtigen Anteil aus Dienstleistungen besteht, seit dem Niedergang der Dienstboten aber nicht mehr als berufliche Tätigkeit anerkannt wird, sondern »nebenbei« erledigt werden soll oder jedenfalls unbezahlt (»wenn der Mann es sich leisten kann«).

»Kopfarbeit«, die als Spezialisierung anfangs eine Sache von Mönchen und Gelehrten, dann von Genies und Amateuren, schließlich von gut geschulten Beamten und Freiberuflern war, wurde in diesem Vorgang zum Beruf, genauer: zu einer breiten Palette von ausdifferenzierten Berufen. Die zweite Wurzel, die im Handwerk, aus dem sich die Natur- und Ingenieurwissenschaften in engem Kontakt mit praktischen Problemen der Seefahrt und der Kriegsführung entwickeln, sollte man nicht übersehen. Sicher wurde in diesem Prozeß der »Verberuflichung« die Kopfarbeit trivialisiert und routinisiert, der »Aura« entkleidet, die aus früheren Stadien übriggeblieben sein mag, und dem naturwissenschaftlichen Modell (mit der erwähnten Wurzel in der unmittelbaren Anwendbarkeit) unterworfen.

»Unternehmerische Arbeit«, ursprünglich eine Form von Abenteurertum, Vermögensverwaltung und fast unbemerkter Nebenaspekt einer handwerklich-technischen Fertigkeit, hat sich ebenfalls zum Beruf routinisiert, in dem es großteils nicht um eigenes Geld und damit auch nicht um das so gern beschworene persönliche Risiko geht. Als Tätigkeit mit relativ hohem Spielraum an Disposition über die eigene Arbeit ist »Management« zugleich eine Ausdifferenzierung nach oben aus bürokratisch geregelten Verwaltungspositionen.

Es bleibt schließlich am anderen Extrem der Künstler. Nach einem Aufstieg vom Handwerker über den Hofkünstler zum aus eigenem Vermögen oder mäzenatisch unterhaltenen Rentier, für den der Zusammenhang zwischen Arbeit und Ein- wie Auskommen aufgelöst ist, wurde auch seine Tätigkeit der Warenproduktion unterworfen. Adorno hat es als »Kulturindustrie« beschrieben. Die Künstler haben sich zur Wehr gesetzt und auch gelernt, geschickt mit diesen Umständen umzugehen. Jedenfalls haben wir hier die Arbeitssituation, die am ehesten einen »spielerischen« (und damit partiell kritischen) Umgang mit den Dingen erlaubt oder sogar erfordert, die am ehesten Chancen für das Gelingen der Subjekt-Objekt-Dialektik enthält, die Adorno beschreibt.

Insofern hat Adorno schon recht, wenn er den Künstler als Modell hochhält, wenn er das speziell an Künstlern wie Schönberg oder Berg tut, die sich ihre Autonomie noch (mehr oder weniger mühsam) zu bewahren verstanden. Er hat auch recht, wenn er die Dialektik der Befreiung durch Arbeit sonst am Ende sieht: In der durchtaylorisierten Arbeit sind keine Erfahrungen mit Natur zu machen, und das KZ bringt auf den Begriff, was hinter der Reduktion des Menschen auf die Arbeitskraft steht. Und am anderen Pol wird auch die Autonomie der Arbeit des Künstlers angegriffen. Aber es ist weder empirisch noch logisch vorentschieden, daß das unvermeidbar und unausweichlich in ein Verhängnis der Erstarrung und des rastlosen Leerlaufs mündet, wenn nicht überhaupt in die Selbstvernichtung der Menschheit. Das Ende der Geschichte ist nicht unwahrscheinlich, aber man kann sich nicht darauf verlassen.

Sobald man Adornos Überlegungen zur Musik und zur »großen musikalischen Revolution in Wien« erst einen »materiellen« Boden eingezogen hat, liegt es in ihrer Konsequenz, nicht die einzelnen Ergebnisse der künstlerischen Arbeit, sondern die Arbeitsbedingungen, die solche Freiheit *möglich* machen,[43] für verbindlich zu erklären. Wenn man mit dieser Orientierung die Skala der Arbeitsformen noch einmal durchgeht, die gerade skizziert wurde, dann kann man die Arbeiten am Pol der Zwangsarbeit unmöglich zu machen versuchen. Das setzt eine Politik voraus, die sich gegen den sozialen Ausschluß insgesamt richtet, gegen die instrumentelle Reduktion des Menschen. Auf der nächsten Stufe scheint die Arbeitsmarkt-Strategie der Festlegung von »Berufen« jedenfalls teilweise ein Irrweg zu sein, der »Arbeit« im emphatischen Sinn eher verhindert. Das gilt sicher dort, wo dem »Beruf« gar keine spezifische Fertigkeit (mehr) entspricht, sondern nur eine Lizenz. Bei vielen handwerklichen Berufen, in denen sich das Können auf die Verfügung über Ersatzteile beschränkt, die industriell gefertigt, geliefert und ausgetauscht werden, ist das so. Das ist besonders offensichtlich so bei allen »Verwaltungsexperten«, deren Expertentum im (meist auch begrenzten) Wissen um das Funktionieren der Herrschaftsmaschine besteht, die es einzig notwendig macht. Es gilt allgemein dort, wo das Wissen und Können des »Experten« nicht auf längerer Erfahrung mit dem Handeln und seinen Zielen beruht, um die es geht, also z. B. mit menschlicher Fortbewegung oder mit der Verfügbarkeit von Trinkwasser, sondern auf Wissen über den Umgang mit der einschlägigen Industrie und der einschlägigen Verwaltung, also z. B. mit Automobilen einer bestimmten Marke oder mit wasserrechtlichen Vorschriften (und ihren Lücken). Das so hergestellte »Fachidiotentum« verweist darauf, daß der entsprechende Beruf zu eng zugeschnitten und nicht an der »Sache« orientiert ist, sondern am Angebot der Industrie und den Restriktionen der Verwaltung.[44]

Auf der Ebene der »Kopfarbeiter« gilt das genauso und besonders. »Expertentum« ist nur anzuerkennen, wo es sich an einem »Gegenstand« der Natur (unter Einschluß der menschlichen) ausweisen kann. Alles andere ist Verengung des Blickwinkels und Ausgrenzung von Erfahrung, nicht aber, wie es sein sollte, längere, geduldiger erworbene, umfassendere und damit im einzelnen revidierbare Erfahrung, die den Namen verdient. Ein besonderes Problem stellt die »unternehmerische Arbeit« dar, soweit sie sich einfach darauf richtet, ein Vermögen zu vermehren. Tatsächlich beruhen viele unternehmerische Projekte ohnehin auf einem inhaltlichen Interesse: eine Erfindung, die man für segensreich hält, allgemein zugänglich machen, eine bestimmte Qualität von Produkt herstellen, ein Problem auf eine bestimmte Weise lösen helfen usw. Freilich gibt es auch die andere Orientierung: ein gut verkäufliches Produkt (egal was) möglichst billig und in großen Mengen herstellen und möglichst teuer verkaufen. Oder auch die, eine einmal vorhandene Produktionskapazität möglichst auszulasten. Oder was sonst die Konkurrenzsituation und das Prinzip der zumindest Finanzierbarkeit so diktieren mag. Hier gibt die Orientierung auf die »Sache« zumindest einen Perspektivpunkt an, von dem aus sich die Projekte diskutieren und bewerten lassen.

Insgesamt ergibt sich aus Adornos Theorie der Befreiung die Notwendigkeit von »Meta-Politik«: Die derzeitige Lage der Arbeitsverhältnisse und -bedingungen ist so beschaffen, daß aus Arbeit und ihren Erfahrungen weder ein sinnvoller Fortschritt der Produktivkraft noch gesteigerte Selbst-Reflexivität und Selbst-Anerkennung zu erwarten sind, also auch keine Impulse der Emanzipation. Daher ist zunächst, wenn Erfahrung und Arbeit die Grundlagen von Emanzipation bleiben (und es ist zumindest kein überzeugender Ersatz in Sicht), eine Politik der Gestaltung von Arbeit nötig, die daraus wieder ein Feld für Erfahrung werden läßt, die an der »Sache« orientiert (und das sind immer auch wir selbst) und daher kritisch auf die gesellschaftlichen Normen und Selbstverständlichkeiten gerichtet ist. Selbstbestimmung in der Arbeit ist wohl die allgemeinste Bedingung dafür.

Ich will und kann das hier nicht in die Details vorantreiben. Ich habe mich ohnehin schon weiter ins Feld des »Positiven« vorgewagt, als das wissenschaftlicher Vorsicht entspräche.[45] Worauf es ankommt, ist hier nur der Nachweis, daß man mit Adorno und in Kritik an ihm ganz konkrete politische Perspektiven gewinnen kann, daß die »Dialektik der Aufklärung« keineswegs eine Sackgasse und Selbstaufhebung von Befreiungstheorie darstellt, daß wir vielmehr gut daran tun, ihre Diagnosen ernst (das heißt nicht unbedingt: wörtlich) zu nehmen und in der ziemlich aussichtslosen Situation, in der wir uns vorfinden, mit ihnen weiterzuarbeiten.

Verschiedenheit

Wenn es in der Arbeit der Befreiung um das Nicht-Identische, um die Rettung des von der instrumentellen Vernunft Ausgegrenzten geht, dann hat das politische Implikationen. Die damit angezielte Befreiung ist darüber aufgeklärt, daß bloße Selbsterhaltung ihren eigenen Anspruch untergräbt: Der blindwütige Drang zur Sicherung und »Fest-Stellung« des gegebenen Zustands reißt uns gerade in die Selbstzerstörung; das damit verbundene Konkurrenzprinzip setzt an den Schluß der Entwicklung, was nach der Ideologie des Gesellschaftsvertrags der zu überwindende Ausgangspunkt war: homo homini lupus – und Wolf nicht nur der menschlichen, sondern aller Natur, die insgesamt als »Rohstoff« gilt, als totes Material. Die instrumentelle Vernunft kennt eine (herrschende) Wirklichkeit des kurzfristig fürs Überleben (der Herrschenden) Nützlichen – im Kapitalismus ist das die Welt des industriell Produzierbaren und profitabel Verkäuflichen, die Welt der Märkte für Arbeitskraft (die mobilisiert) und Kaufkraft (die abgeschöpft werden muß), die Welt der nach rechtlichen Regeln behaupteten büro- und technokratischen »Ordnung«, die Welt der wirtschafts- und militärstrategischen internationalen Kalküle. Was da nicht hineinpaßt, nicht in einem dieser Kalküle nutzbar ist, wird im besten Fall vernachlässigt, ansonsten zur Seite gedrängt, dann an den Rand, schließlich »hinaus«.[46]

Das ist aber nur das letzte Mittel, davor stehen ausgebaute Anstrengungen, die allgemeine Nutzbarkeit erst einmal herzustellen.[47] Das wird längst nicht mehr dem Zufall und dem Wildwuchs überlassen, der »Rohstoffe« hervorbringen und »Abfall« beseitigen mag. Die disziplinierte Arbeitskraft und Kaufkraft muß in Haushaltsorganisation, Familie, Schule vorbearbeitet werden, damit sie in Arbeitsorganisation, Verwaltung, Werbung den Feinschliff bekommen und sinnvoll eingesetzt werden kann. Die Infrastruktur der Naturbeherrschung wird wissenschaftlich und gewöhnlich mit staatlicher Unterstützung erarbeitet und zur Verfügung gestellt. Tendenziell wird *alles* dieser Waren- und Herrschaftswirklichkeit unterworfen.[48]

Selbst noch innerhalb der befreiungstheoretischen Überlegungen entspricht dem eine Vorstellung von der *zentralen* Steuerung und Verwaltung der Emanzipation, durch Partei(en) und Staat und nach *einem* Prinzip, auf das man sich geeinigt hat, womöglich gar nach einem Plan, der angeblich davon abgeleitet ist. Damit bekommt man sofort wieder das Problem mit den Bereichen der Wirklichkeit und den Personen, die sich dem nicht so ohne weiteres unterordnen wollen und können – was um so unbegreiflicher ist, je mehr sich die »emanzipierte« Ordnung als »vernünftig« versteht. Der soziale Ausschluß, nur jetzt eben der der »richtigen« Leute, wird als alte »Lösung« wieder nahegelegt.

In den Revolutionen mit ihren Elementen von Aufstand und Bürgerkrieg, die dem allen eine besondere Legitimation als quasi-militärische Aktionen und Ergebnis der Verbitterung über besondere Abscheulichkeiten des Gegners geben, hat sich das immer wieder eingestellt. Die bürgerliche Revolution, speziell die französische, hat im Terror der Rechtschaffenheit und der Guillotine gleich den Beginn der bürgerlichen Gesellschaft als auf systematischer Vernichtung aufgebaut für alle sichtbar markiert. Und das im Namen von Idealen, die wir nach wie vor als die entscheidenden regulativen Ideen ansehen. Die russische Revolution, von der man immer zögerlicher als einer »sozialistischen« spricht (oder man denkt dazu, daß Sozialismus nur eine Variante von Kapitalismus ist), hatte ihren Bürgerkrieg und ging im Stalinismus unter. Kaum eine der folgenden »sozialistischen« Revolutionen kam ohne massive soziale Ausstoßung aus.[49] Wo die »Befreiung« nicht zentralistisch mißriet und selbst in Unterdrückung umschlug, wurde die Bewegung ihrerseits unterdrückt, und das gewöhnlich blutig genug. Befreiungen sind bisher zu regelmäßig mit neuem sozialem Ausschluß verbunden gewesen.

So kann es nicht gehen. Die historische Erfahrung spricht zu deutlich gegen eine »zentralistische Befreiung«, und die Logik tut es auch. Die »individualistische Befreiung«, die sich bei Adorno als einzige Möglichkeit erschließen läßt, kann aber nur gedacht werden als eine, die den Anspruch auf Verallgemeinerbarkeit aufgegeben hat. Es gibt danach nicht *eine* Form der Freiheit für alle, sondern sie muß an jeder Fragestellung und damit für jede Person neu als »Sachangemessenheit« herausgefunden werden. Und da gibt es – das jedenfalls würde ich als Ergebnis von »Dialektik der Aufklärung« wie »Negativer Dialektik« verstehen – keinen Schlußpunkt: Jedes Festhalten einer »Wahrheit« läßt sie zum Zwang und System werden, womit »die Sache« nur verfehlt werden kann. Aufgabe des Wissenschaftlers ist es, diese Verfestigungen immer wieder auf ihren Herrschaftsanteil zu untersuchen und diesen zu kritisieren. Eine dem entsprechende politische Organisation müßte dauernd revidierbar bleiben, oder sie müßte – weil das dauernde Auseinandersetzung bedeutet, was ermüden mag[50] – so vielfältig sein, daß dem einzelnen genügend Auswahl für leichten Wechsel zwischen den Ordnungen zur Verfügung steht.

Wenn es um eine Chance für das Nicht-Identische geht, kann das Organisationsprinzip nur Vielfalt und Verschiedenheit sein. Gesellschaftlich ist das an die Phänomene geknüpft, die in den Begrifflichkeiten von »Subkultur«, »Alltag«, auch »Lebenswelt« oder »Gemeinde/Kommune« beschrieben werden. In den verschiedenen soziologischen und philosophischen Versuchen, eine offizielle, herrschende Wirklichkeit umfassender und abstrakt zupackender Art zu kontrastieren mit verschiedenen untergründigen Wirklichkeit*en*, die sich konkret zwischen den Leuten, teils subversiv, teils jene offizielle Wirklichkeit erst ermöglichend, herstellen und gegeneinander und nach »oben« abschotten, drängt die Tatsache zum Begriff, daß jene abstrakte herrschende Wirklichkeit zwar fatal wirksam ist, aber auch in einem beachtlichen Maß »unwirklich«: Wir leben in konkreten Situationen und zu einem guten Stück »unterhalb« der großen Normen und ihrer Rechtschaffenheit.[51] Wir halten allerdings den Schein aufrecht, und auch aus diesem Bestreben entstehen allerlei Mißlichkeiten. Wir leben auch in verschiedenen Subkulturen und nicht in einem einheitlichen Brei von »Massen«- oder

»Mittelstands«gesellschaft. Die eiserne Disziplin der Lebensführung, der wir unterworfen sind, wird durchbrochen in merkwürdigen Phantasien und tatsächlich gelebten »Fluchtversuchen«, an denen man einerseits betonen kann, daß sie nicht gelingen, indem sie doch nur über Umwege in die Disziplin zurückführen (aber vielleicht kommt es eben auf diese »Umwege« an und nicht auf das letztlich erreichte »Ziel«), an denen aber andererseits auch bemerkenswert ist, wie hartnäckig sie immer wieder stattfinden, selbst wenn sie individuell schnell entmutigt werden mögen.[52]

Das gewisse Vertrauen in das »Volksvermögen«, das hier impliziert wird, hat sich mit gutem Grund jedes Überschwanges zu enthalten. Das muß nicht so weit gehen, wie es bei Adorno ging, der sich von ihm nur das Schlimmste erwartete. Aber Vorsicht ist schon angebracht: Der Pragmatismus des Alltagslebens kann auch dazu führen, daß man lieber wegschaut, wenn in der Stadt und sogar in der Nachbarschaft Leute gewisser Kategorien abtransportiert werden, solange man nur selbst nicht betroffen ist. Genau der Pragmatismus des Alltagslebens kann aber auch bedeuten, daß man die selbstverständliche Solidarität mit Freunden, Nachbarn und Bekannten wahrt und sich von staatlich und sonst von »oben« aufgestülpten Definitionen dieser Leute nicht irritieren läßt. Voraussetzung ist, daß einem ein halbwegs gelingender Alltag mehr bedeutet und mehr verläßliche Erfahrung vermittelt, als die »großen« abstrakten Parolen irgendwelcher Politiker und staatlichen Stellen es können.

Das Problem, das auch Adorno beschäftigte, ist allgemeiner, daß wir als Produzenten und als Konsumenten lieber den Weg des geringsten Widerstandes und der größten unmittelbaren Befriedigung gehen. Damit liefern wir uns der Warenwelt und den politischen Manipulationen aus. Aber die Kritik daran kann wohl nicht auf Heroismus und moralische Immunisierung abstellen, sondern realistischerweise nur darauf, daß der »geringste Widerstand« zuwenig ist und die »größte unmittelbare Befriedigung« nicht gut genug, daß wir in den abstrakten Begeisterungen zu Handlungen veranlaßt werden, die wir tatsächlich nicht möchten, und daß wir mit billigem Ersatz abgespeist werden. Wenn das so ist, dann muß es auch erfahrbar sein – und es wurde und wird wohl auch erfahren, daß die Behandlung von Menschen, reduziert auf ein Merkmal, das sie tragen, schändlich ist, daß die herrschenden Umgangsformen uns kränken, uns einschränken, uns Möglichkeiten versäumen lassen, daß die Kultur, die uns vorgesetzt wird, oft genug einfach langweilig ist, daß viele der Waren, die wir kaufen, Schund sind, daß auf der anderen Seite so viel Elend mitten im Glitzer besteht und nicht bearbeitet wird, daß wir selbst mitten in demselben Glitzer viel zu einsam bleiben, mit unseren Freuden und erst recht mit unserem Verfall. Politischen Folgerungen aus derartigen Erfahrungen stehen freilich gute Abwehren entgegen, wie z. B. die autoritäre Reaktion, die Bilanzierung oder der Suchtmechanismus. In der autoritären Reaktion wird die Verhärtung gegen die selbst erlittene Unbill unter anderem damit erreicht, daß man diese für unvermeidlich erklärt und sich nur mehr um eine persönlich möglichst günstige Situation im Rahmen der allgemeinen Härten kümmert. Die Bilanzierung läßt uns das Unerträgliche ertragen, weil es auf anderen Gebieten dafür Vorteile gibt, wobei man annimmt, daß das eine nicht ohne das andere zu haben ist. Im Suchtmechanismus entsteht genau aus dem Ausbleiben der Befriedigung die Energie, ihr weiter nachzujagen. Man bewegt sich sozusagen in einer rein quantitativen Dimension: Wenn es nicht befriedigt, braucht man mehr davon. Das hängt daher auch mit Alternativenlosigkeit zusammen: Statt mehr vom gleichen könnte es vielleicht auch einmal etwas anderes sein.

Auch diese Überlegungen verweisen auf Vielfalt und Verschiedenheit: Die Probleme wären jedenfalls abgemildert bei vergrößerten Möglichkeiten, zwischen Lebensweisen zu wählen und zu wechseln, neugierig sein zu können, statt gar keine Wahl zu haben oder auf die einmal getroffene festgelegt zu sein und daher mögliche Erfahrungen von Anderem abwehren zu müssen, sich »bescheiden« zu müssen und das neidvoll mit aufgeblasener Rechtschaffenheit auch von anderen verlangen zu können.

In der politischen Organisation entspricht dem, daß der Typus »Interessenvertretung«, der heute dominiert, der Zusammenschluß nach wenigen abstrakten Gemeinsamkeiten, aus denen sich möglichst Verteilungsforderungen ableiten lassen, die mit der Androhung einer Leistungsverweigerung durchgedrückt werden, eine ältere Form weitgehend abgelöst und verdrängt hat, in der Politik auf einer subkulturellen Lebensweise aufsaß, die zu verteidigen und auszubauen war. Die »Arbeiterkultur«, deren Zerstörung allenthalben beklagt oder jedenfalls als relevante Veränderung der Sozialstruktur wie der Politik konstatiert wird, ist nur das bekannteste Beispiel. Die politische Organisationsform vom Typus »Gemeinde« oder »Kommune«, vorkapitalistisch ohnehin die wichtigste, in den Bauernkriegen in dieser Funktion zerstört,[53] blieb trotzdem die gesellschaftliche Grundlage der Arbeiterbewegung und ist in deren Frühformen besonders sichtbar. Der Übergang in die Interessenorganisation[53] war schon eine Anpassung an die Politikformen des kapitalistischen Staates und der Anfang vom Ende der revolutionären Ansprüche der Arbeiterbewegung. Die Auflösung der »Arbeiterkultur« wurde durchaus auch von der Politik der Arbeiterbewegung selbst betrieben.

Umgekehrt ist es aber kurzsichtig zu meinen, Subkulturen wären generell eingeebnet oder zur Unbeachtlichkeit neutralisiert. Die Jahre seit der Jugendbewegung der 60er und der Alternativbewegung der 70er Jahre haben zwar auch hier einiges abgeschliffen und veralltäglicht, aber zunächst kann man sich doch erinnern, daß sich da aus einem neuen Schub von Subkulturbildung ein politisches Potential einstellte, das auch mit dem Hammer von Terrorismus und Terrorismusbekämpfung nicht ganz kaputtgemacht werden konnte und dessen Einfluß noch lange nicht am Ende ist.[54]

Man mag das alles für unbeachtlich halten, weil es doch niedergewalzt werden wird oder ohnehin längst vereinnahmt ist. Immerhin zeigt es, daß Vielfalt und Verschiedenheit auch unter gegebenen Bedingungen erhalten bleiben und sich neu herstellen. Man sollte sogar der kapitalistischen Entwicklung bei all ihrer Tendenz zu totalitärer Vereinheitlichung zugute halten, daß sie zugleich Differenzierung hervorbringt und subkulturelles Leben nicht nur nicht verhindern kann, sondern es nachgerade braucht, daß sie außer auf Lohnarbeit und Warenförmigkeit auch auf Arbeit vom Typus der Hausarbeit, also nicht warenförmig organisierte und daher »wertlose« Reproduktionsarbeit angewiesen ist, daß sie bei uns als spin-off der instrumentellen Arbeitshaltung den weitverbreiteten Wunsch nach »sinnvoller« und in sich befriedigender Arbeit hervorgebracht hat,[55] den ganz zurückzudrängen auch die nachfolgende Wirtschaftskrise bisher nicht ausgereicht hat.

Was immer aus solchen Ansätzen und Tendenzen historisch werden mag, sie sind zunächst einmal Belege dafür, daß Vielfalt trotz aller totalitären Tendenzen denkbar, wünschbar und lebbar ist. Die »Dialektik der Aufklärung« und Adornos Theorie der Befreiung verweisen auf eine Politik, in der solche Vielfalt der Lebensweisen und der Zusammenschlüsse zumindest nicht gewaltsam behindert wird. Sie verweisen auf eine Vorstellung von Freiheit, die dezentral und subversiv, nicht als zentral »gewährt«, sich durchsetzt und für die an zentraler Stelle bestenfalls Vorbedingungen geschaffen werden können, z. B. durch Rücknahme von repressiven Regelungen und ein gewisses durch Herrschaftsabbau und institutionelle Zurückhaltung bewiesenes Vertrauen in das »Volksvermögen«. *Sozialistische* Vielfalt wird daraus durch Kombination mit dem Prinzip der »Sachangemessenheit«, wie es im letzten Abschnitt dargestellt wurde, in dem Maß, in dem die Konkurrenz der unterschiedlichen Lebensweisen, die zu verstehen sind als verschiedene Versuche, die zentralen Probleme des Lebens einigermaßen befriedigend für alle Beteiligten zu managen (denn sie sind nicht zu »lösen«), übergeht in deren Koexistenz; in dem Maß, in dem zwischen ihnen Durchlässigkeit entsteht und nicht wechselseitiger Ausschluß.

In der Diskussion um »Postmoderne«, die zur allgemeinen Erleichterung allmählich wieder einzuschlafen scheint, ging es oft und gern um die Befürchtung, mit zu weit getriebener Vernunftkritik, z. B. auch in der »Dialektik der Aufklärung«, werde das Erbe der Aufklärung verjuxt (oder auch resigniert liegengelassen) und der Anspruch auf die Bestimmung des Wahren, Guten und Schönen aufgegeben. Aufzugeben ist, wenn man Adorno ernst nimmt, der Anspruch auf Zwangsbeglückung in allen drei Bereichen, zu der der Philosoph oder gar der spezialistische Wissenschaftler berechtigt und berufen wäre. Die Vernunft dankt aber nicht ab, wenn sie sich aus dem Handgemenge des pragmatisch, unordentlich und widersprüchlich bewältigten Alltags darauf zurückzieht, genau diese Unordnung zu akzeptieren und zu hegen, sie nicht ordnend und vorgeblich besser »gestalten« zu wollen. Wenn die Vernunft darauf konzentriert wird, die totalitären »großen Ordnungen« in ihre Schranken zu weisen und die aberwitzigen Projekte zu verhindern, die Systeme von »totaler Kontrolle« als Voraussetzung phantasieren und die an der Unmöglichkeit, diese Voraussetzung zu realisieren, scheitern müssen, leider mit der möglichen Folge, daß uns die Welt um die Ohren fliegt – wenn Vernunft dazu gebraucht wird, kommt sie in weiser Selbstbeschränkung auf das vorgeblich »Negative« erst zu einer Praxis, die ihr entspricht.

Hubertus Gojowczyk, Notenbuch mit Bogengang, 1975

Anmerkungen

Einleitung

1 Nach Lashs eigener, oben wiedergegebener Bestimmung ist es ein Fehler, als die Exponenten der »Wiener Moderne« Klimt, Hofmannsthal und die Wiener Werkstätte (Hoffmann, Moser) zu nehmen und ansonsten gerade noch Kokoschka, Kraus und Loos zwar immerhin zu erwähnen, sie aber nach Berlin abzuschieben (S. 465). Die Verwirrung steigert sich, wenn ausgerechnet die Ringstraße als Ausdruck der Wiener Moderne interpretiert wird (S. 468 ff.). Die Ringstraße ist tatsächlich (wie der Jugendstil) dezidiert vormodern. Die Wiener architektonische Moderne war Kritik der Ringstraße und Abwendung von ihrem ornamentalen Pomp, der sich in Jugendstil und Wiener Werkstätte nur fortgesetzt hat. Jugendstil, l'art pour l'art, décadence sind aber zugleich wichtige Übergangsformen zwischen der bürgerlichen Dominanz (wie im historisierend auftrumpfenden Ringstraßenstil) und der »modernen« Kritik an ihr. Das fin de siècle, das herkömmlich mit »Jugendstil« gleichgesetzt wurde (vergl. etwa Fischer, 1978; Scheible, 1984), muß, wenn man sich für »Modernität« interessiert, in diesem Widerspruch gesehen werden.

2 Zum Schock des Ersten Weltkriegs und seiner technischen Massenvernichtung auf den Schlachtfeldern vergl. Eksteins, 1990; Vondung, 1980. Zum Schock des Stalinismus sind immer noch eindrucksvoll die Schilderungen in Koestler et al., 1952; zusammenfassend Leonhard, 1955; als neuere Beispiele Giordano, 1961; Dutschke & Wilke, 1975.

3 Diese »Realisten« treten sogar besonders triumphalistisch auf. Ein intellektuelles Beispiel ist der US-Philosoph Fukuyama mit seinem »Ende der Geschichte«, weil nun die Demokratie zur einzig herrschenden Verfassung geworden und offenbar keine (weitere) Befreiung mehr nötig, möglich oder jedenfalls zu erwarten sei.

Adorno in Wien: Themen und Motive

1 Als Berg-Schüler gehörte er ihrer dritten Generation an – und bei den sehr ausgeprägten Meister-Schüler-Verhältnissen konstituieren sich in diesem Kreis die Generationen sehr deutlich. Als kleine Illustration: Adorno beschreibt in seinen Erinnerungen an Berg von 1955 dessen Verhältnis zu Schönberg mit »Die Angst des Sohnes hat er ihm gegenüber wohl nie ganz verwunden. Einmal sagte er mir, Webern und er hätten mit Schönberg jahrzehntelang nicht anders als im Frageton verkehrt«. (GS 18, S. 492) Und Adornos durchgehaltene briefliche Anrede für Berg war »Lieber Herr und Meister«, sicher nicht ohne Ironie, aber immerhin.

2 Einer meiner Wiener Gesprächspartner bezeichnete Adorno als den »Eckermann Bergs«.

3 Besonders Hindemith und Strawinsky nicht; die Ausnahmen sind allenfalls Weill und Krenek.

4 Die wichtige Ausnahme ist die Arbeit von Sziborsky, 1979. Der Gesichtspunkt, daß die wesentlichen Dimensionen von Adornos Denken in seinen musiktheoretischen Arbeiten aufzusuchen seien, wird hier klar eingeführt. Aber die Verbindung zu den gesellschaftstheoretischen Arbeiten wird nicht so dezidiert hergestellt, wie es mir möglich erscheint. Das geschieht eher in dem Aufsatz von 1984 und nicht zufällig für die »Negative Dialektik«: Sziborsky konstruiert den Zusammenhang als einen der Denkformen, in Figuren wie der »Rettung des Hoffnungslosen« oder der »Logik des Zerfalls«, von »Ausdruck und Konstruktion« oder »Schein und Wahrheit in der Kunst«.

5 Die typische Reaktion auf die Erwähnung eines Projekts, in dem die musiktheoretischen Schriften Adornos als Voraussetzung seiner gesellschaftstheoretischen analysiert werden sollen, habe ich als Bemerkungen im Umfeld von »Mut« und »(In-)Kompetenz« erfahren – je nach Freundschaftlichkeit der Beziehung jeweils mit positivem oder negativem Vorzeichen.

6 »Theorie der Halbbildung«, GS 8, S. 121.

7 Jede scharfe Aufteilung seines Werkes nach traditionellen akademischen Disziplinen tut Adornos Denken unrecht – so hat er das jedenfalls selbst wohl gesehen. Wenn man das riskiert, läßt sich an den Gesammelten Schriften aber immerhin feststellen, daß von deren 25 Bänden (die Teilbände jeweils als eigene gezählt) 11 mit im engeren Sinn Arbeiten zur Musiktheorie und -analyse gefüllt sind. Dazu kommt noch die »Ästhetische Theorie« (Bd. 7), die sich explizit und implizit stark auf Musik bezieht, ferner enthalten die »Prismen« (Bd. 10.1) wichtige Aufsätze zur Musik, und auch das »Kulturindustrie«-Kapitel der »Dialektik der Aufklärung« beschäftigt sich zu einem wichtigen Teil mit Musik. Die im engeren Sinn soziologischen Schriften machen hingegen nur drei Bände aus, und diese Arbeiten stammen (mit einer Ausnahme von 1943) allesamt aus der Nachkriegszeit. In seinen frühen Jahren, bis zur Emigration, hat sich Adorno, von Dissertation und Habilitationsschriften abgesehen, praktisch ausschließlich mit musikalischen Fragen beschäftigt. (Für die Philosophie verbleiben, die »Noten zur Literatur«, die zwei Bände »Kulturkritik und Gesellschaft«, die zwischen die Disziplinen fallen, und den Miszellen-Band 20 abgezogen, 6 Bände, von denen man eventuell noch die »Dialektik der Aufklärung« für die Soziologie oder jedenfalls einen Zwischenbereich reklamieren könnte, wenn einem das wichtig sein sollte.)

8 Die Adorno-Biographik, in der hauptsächlich von einem Autor zum nächsten die Umrisse des Lebenslaufs übernommen zu werden scheinen, findet noch immer überwiegend im Rahmen von Einführungen in das Werk statt – eine Literaturgattung, die Adorno selbst, der eine Trennung von Form und Inhalt, besonders was seine eigenen Arbeiten betraf, für einen groben Gewaltakt ansah, entsetzt abgelehnt hätte. Natürlich sind die Schriften der für uns wichtigste Teil der Biographie und daher der zentrale Zugang zu ihr. Aber es finden sich bisher – von Buck-Morss, 1977, und Rose, 1978, über Knapp, 1980, Brunkhorst, 1985, van Reijen, 1987, bis Kager, 1988 – höchstens Ansätze zu einer theoretischen Verknüpfung

von Biographie und Denken: Üblich ist der Hinweis auf die Erfahrungen der Nazi-Zeit und der USA, samt Enttäuschung über die Arbeiterbewegung als Grundlagen für Pessimismus und Endzeit-Stimmung. Aber da bleibt vieles zweifelhaft: Adornos Einschätzung der Nazis war (wie die vieler) zunächst unsicher und falsch, worüber Haselberg (1983, S. 18ff.) unmißverständlich berichtet und was Adorno selbst nachträglich beschrieben hat (Brief an die Frankfurter Studentenzeitschrift »Diskus«, 1963, GS 19, S. 637f.). Und eine Analyse des retrospektiven Aufsatzes »Wissenschaftliche Erfahrungen in Amerika« (1968, GS 10.2), in der die Doppelbödigkeit dieses Textes zwischen Dankbarkeit und Ressentiment den USA gegenüber herausgearbeitet würde, steht auch noch aus. (Diese Ambivalenz findet sich in der Beziehung zu Lazarsfeld, der das Institut und Adorno großzügig unterstützt, aber nach kurzer Zusammenarbeit Adornos europäische Arroganz völlig unangemessen und unerträglich findet, gebündelt dargestellt. Darüber berichten Wiggershaus, 1985, und Scheible, 1988.) Das Buch von Scheible, 1989, geht relativ stark ins biographische Detail. Besonders im ersten Kapitel wird eine Grundkonstellation von privat-individualistischer Geborgenheit und Schrecknissen des Ausgesetztseins in der Gesellschaft herausgearbeitet, die sich in der Tat »prägend für Adornos gesamtes Werk auswirken wird«(S. 17). Damit ist angesprochen, was ich hier ebenfalls zu zeigen versuche: daß die entsprechenden Haltungen Adornos vor den Erfahrungen mit Arbeiterbewegung, Faschismus und den USA bestanden, daß sie dadurch nur bestätigt wurden.

Ein Element, das besonders von Wiggershaus, 1987, zur Interpretation Adornos hervorgehoben wird und das auch Theologen, die sich mit Adorno beschäftigen, sehr schätzen werden, ist der angebliche Einfluß eines »jüdischen Messianismus« auf Adornos Denken. Mir kommt das ziemlich weit hergeholt vor, sofern es nicht in der Vermittlung durch Bloch, Benjamin und Kracauer sich banal darauf beziehen soll, daß man eine grundsätzliche Änderung der Verhältnisse für möglich hält, von der man sich vorweg kein rechtes »Bild machen« kann. Das wäre aber nicht sehr spezifisch für Adorno, sondern auch z. B. bei Marx zu finden. Adorno hatte, so weit sich das beurteilen läßt, keinerlei jüdische Identität, bevor sie ihm von den Nazis aufgedrängt wurde. Wie Löwenthal (Schriften 4, S. 76) berichtet, gab es im Haus Wiesengrund eher das Problem der Ablehnung des »Ostjüdischen« durch die Emanzipierten, die durch die erzwungene Identifikation damit bedroht wurden.

Martin Jay, 1984, ordnet Leben und Denken Adornos nach drei Dimensionen: avancierte Musik, unorthodoxer Marxismus, tragische Weltsicht. Das ist ein erster Ansatz auf dem Weg zu einer Theorie. Allerdings bleibt auch Jay bei der Darstellung. Ich habe eher ein Bedürfnis zu kritisieren und nach der Aktualisierbarkeit zu fragen und also in der Biographie nach den gesellschaftlichen Grundlagen des Denkens zu suchen.

9 Adorno hatte eine damals untergehende gesellschaftliche Position inne: Er war Bildungsbürger in dem klassischen Sinn, daß er wirtschaftlich unabhängig und mit einer familiär selbstverständlichen wissenschaftlichen wie künstlerischen Bildung heranwuchs – kein über eine Ausbildung erst intellektuell und finanziell Hochgekommener. (Allerdings war er das in einer kleinen und nicht so bedeutenden Stadt. Etwas »Provinzielles« wird ihm von mehreren meiner Gesprächspartner/innen nachgesagt. Scheible, 1989, S. 47f., weist besonders auf Adornos Schwierigkeiten

mit der Großstadt Berlin hin.) Der Pessimismus, den Adorno damals nicht allein pflegte, mag damit zu tun haben: Als Angehöriger einer untergehenden Klasse, dazu persönlich kinderlos (wie übrigens auch Horkheimer), hat man es nicht so schwer, die Welt untergehen zu sehen.

10 Zur Analyse und Kritik von Adornos Sprache vergl. Hoffmann, 1984.

11 Vergl. die beiden Essays über Adorno in Habermas, 1971. Zur Illustration ein kleines Zitat aus dem ersten der beiden (S. 184): »Wenn die Kraft analytischer Einsichten dem Leiden gleich ist, aus dessen Erfahrung sie stammen, dann ist das Maß der Verletzbarkeit und der Verletztheit Adornos philosophisches Potential.« Und über Adornos »Schutzlosigkeit«: »Gegenüber ›Teddie‹ konnte man umstandslos die Rolle des ›richtigen‹ Erwachsenen ausspielen; denn dessen realitätsgerechte Immunisierungs- und Anpassungsstrategien sich anzueignen, ist Adorno nie imstande gewesen. In allen Institutionen ist er ein Fremdling gewesen – nicht, als hätte er das gewollt... Schutzlos war Adorno unter ungebrochenen Erwachsenen, in Situationen also, in denen die Routinierten seine Schwächen ausnutzten, weil sie nicht wußten oder nicht wahrhaben wollten, daß Adornos spezifische Schwächen zutiefst mit seinen eminenten Qualitäten verknüpft waren.«(S. 189) Das sind gute und anrührende Sätze, und man möchte sich wünschen, daß über einen selbst dereinst etwas von der Art gesagt werden könnte. Wir werden gut daran tun, im Nachdenken über Adorno und besonders in der Kritik an ihm diese Reaktionen, die er auch hervorgerufen hat, präsent zu behalten.

12 Einzig die Anmerkung konnte ich – in den Erinnerungen an Berg – finden, daß die komfortable Hietzinger Wohnung der Bergs infolge der Mietenkontrolle »nur äußerst wenig gekostet haben« kann. (GS 18, S. 496)

13 »Minima Moralia«, 5, GS 4, S. 26f.

14 Von der Atomtechnik bis zum banalen Straßenverkehr mit seinen selbstverständlich hingenommenen statistisch vorhersagbar »anfallenden« Menschenopfern.

15 Er konnte bisher nur beschädigen und zerstören. Nun macht er sich anheischig zu gestalten.

16 Man kann das nachlesen in Adornos »Aldous Huxley und die Utopie«, 1942, GS 10.2, sowie in den Protokollen der Diskussionen von 1942 über Huxley und die Bedürfnisse in Horkheimer GS, Bd. 12, S. 571ff., in denen man auch sehr gut die Schwierigkeiten zwischen Brecht und Eisler auf der einen Seite und den Mitgliedern des Instituts auf der anderen nachverfolgen kann – wie übrigens auch in Brechts boshaften Zusammenfassungen derselben Diskussionen in seinem »Arbeitsjournal«.

17 »Dialektik der Aufklärung«, Adorno GS 3, S. 13, 15; meine Hervorhebung.

18 »Dialektik der Aufklärung«, Adorno GS 3, S. 59.

19 Das Foto, ein hier vergrößertes Paßbild, hat Adorno im August 1925, auf das Titelblatt des Buchs »Sonette für Helene« von Pierre de Ronsard (München, Georg Müller, 1923) geklebt, an Helene Berg geschickt. Auf dem Deckblatt findet sich ein weiteres Foto eingeklebt: Helene Berg 1914, also als junges Mädchen, vor dem Spiegel (reproduziert in Saathen, 1986, S. 133 – man fragt sich, woher Adorno das durchaus intime Foto hatte und wieviel Freude Frau Berg damit gehabt haben mag, es zugeschickt zu bekommen), dazu die Widmung:

Ach – was sollen der Helene, der
(erster Takt von Bergs Streichquartett op. 3 notiert)
zu eigen ist, diese verblichenen Sonette
bedeuten? Aber trotzdem: seien Sie nicht
böse Ihrem treu ergebenen »Teedie«
Wien, August 1925

Adorno hat damit offensichtlich ein schlechtes Gewissen über seine Rolle in Bergs Affäre mit Hanna Fuchs bearbeitet. Vergl. dazu Fn 3, S. 237. Das Buch befindet sich in der Alban-Berg-Stiftung, Wien.

20 In der neueren Beschäftigung mit der »Dialektik der Aufklärung« findet dieser Aspekt einige Aufmerksamkeit, so z. B. in den Aufsätzen von Schnädelbach, von Seel und von Schmid Noerr in Kunneman & deVries, 1989.
Ich finde es auch nicht überzeugend, daß die »Dialektik der Aufklärung« in einer Selbstaufhebung von Ideologiekritik ende, indem Vernunft selbst unter den Ideologieverdacht gestellt wird, wie Habermas, 1982, 1985, das gesehen haben will. Der »performative Selbstwiderspruch«, den Habermas den Autoren der »Dialektik der Aufklärung« attestiert, heißt anders gewendet nur, daß Denken, Leben, Arbeit, politische Praxis nicht auseinandergerissen werden können, daß sich die Probleme nur ein Stück weit rein »im Kopf« angehen lassen.
Übrigens ist es interessant, wo das auffällige Bild der »Verschlingung«, das Habermas im Titel seines Aufsatzes (»Die Verschlingung von Mythos und Aufklärung«) verwendet, in der »Dialektik der Aufklärung« selbst auftaucht: Dort ist nämlich die Rede von der »Verschlingung von Mythos, Herrschaft und Arbeit«. (GS 3, S. 49) Danach hätte Habermas also »Herrschaft und Arbeit« durch »Aufklärung« ersetzt – eine Verschiebung der theoretischen Orientierung auf Interaktion und Kommunikation zu Lasten von Herrschaft und Arbeit, die der gesamten Beziehung Habermas' zur Tradition der Kritischen Theorie entspricht.

21 Es wird noch im Detail zu untersuchen sein, wie dieses »Material« beschaffen ist. Jedenfalls kann man festhalten, daß in Adornos gesellschaftstheoretischem Modell, in seiner Vorstellung von »Befreiung«, die Kategorie der »Arbeit« einen zentralen Stellenwert behielt.

22 Was übrigens der in den letzten Jahren beliebt gewesenen Kritik an der Aufklärung (teilweise unter Berufung auf die »Dialektik der Aufklärung«) fehlt, ist die simple Unterscheidung zwischen der angelsächsischen technokratischen und der französischen herrschaftskritischen und selbstironischen Aufklärung, die sich ja trifft mit der von Aufklärung an der Macht und Aufklärung in der Opposition. In den Befreiungstheorien fehlt es, immanent betrachtet, einfach an guten Konzeptionen für die Situation nach der Übernahme der Macht durch die bisher Unterdrückten. Wie hindert man sie daran, nun ihrerseits repressiv zu werden? An dieser Frage wird deutlich, daß die ganze Konzeption einer zentral gesteuerten oder angeleiteten Befreiung auf einem Denkfehler (und der sehr spezifischen Erfahrung der bürgerlichen Revolutionen des 18./19. Jahrhunderts) beruht.

23 Adorno hat besonders Schönbergs Weigerung, den letzten Akt von Bergs »Lulu« zu vollenden, nicht sehr geschätzt. (Vergl. dazu seinen Brief an Helene Berg vom 23.11.1949 im Berg-Archiv der Österreichischen Nationalbibliothek, F21 Berg 3130; die einschlägige Passage ist abgedruckt im Katalog Alban Berg, 1985,

S. 143 f.) Schönberg wiederum war bekanntlich über Thomas Manns »Doktor Faustus« und Adornos Anteil an diesem nicht sehr erbaut. Und jedenfalls hat Schönberg die »Philosophie der neuen Musik« abgelehnt. (Vergl. dazu die von Metzger, 1979, S. 9, wiedergegebenen einschlägigen Passagen aus Schönberg-Briefen.) Aber die gegenseitige Abneigung geht weiter zurück und bestand vom ersten Zusammentreffen an. Zu dem allen ausführlicher später im Abschnitt über Adornos Bemühungen um die Zeitschrift »Anbruch«.

»Die große musikalische Revolution in Wien«

1 »Wien«, 1960, GS 16, S. 434.
2 Freitag, 1973, S. 51 f.
3 »Die stabilisierte Musik«, 1928, GS 18, S. 725.
4 In »Minima Moralia«, 140, GS 4, S. 246 ff., gibt Adorno dazu eine eher bissige Darstellung; zwei seiner allerfrühesten musikkritischen Arbeiten, von 1921 und 1922, beschäftigen sich ebenfalls mit Sekles und sind noch viel freundlicher. (GS 18, S. 263 ff.)
5 abgedruckt in Katalog Alban Berg, 1985, S. 172.
6 In der Korrespondenz mit Lotte Tobisch betont er das noch in den 60er Jahren wiederholt.
7 »Im Gedächtnis an Alban Berg«, 1955, GS 18, S. 504.
8 Adolf Loos, der sich in fast allen Kontexten bewegte, scheint eine der zentralen Figuren gewesen zu sein.
9 Man kann, eine Kritik summarisch vorwegnehmend, auch schon anmerken, daß Adorno diese materielle Basis der »großen musikalischen Revolution in Wien« völlig unbeachtet ließ.
10 Darnton, 1971, hat das für das Paris um die Zeit der französischen Revolution beschrieben.
11 Darüber kann man in Siegfried Kracauers Offenbach-Buch (Schriften 8) gut nachlesen.
12 Damit will ich mich im nächsten Abschnitt beschäftigen.
13 Freilich zeitweise wie bei Roth in den späten oder bei Schönberg in den frühen Jahren oder selbstgewählte – wenn auch mit Sicherheitsnetz – wie bei Wittgenstein.
14 Otto Groß, 1877–1920, Sohn des Grazer Kriminologen Hans Groß, dissidenter Schüler Freuds, der freien Liebe und den Drogen auch programmatisch zugeneigt, lebte in Schwabing und Ascona, war in Therapie bei C. G. Jung in Zürich und wurde von seinem Vater mit aufsehenerregenden Anstaltseinweisungen verfolgt. Man kann in dem Buch von Green, 1974, über die Bedeutung und das Weiterwirken seiner sexualrevolutionären Haltung nachlesen, über seine Biographie bei Hurwitz, 1979.
15 Martin Green, 1974, hat das ausführlich beschrieben. Nur nebenbei und als Kuriosität: Adorno (GS 18, S. 494) sagte Bergs Schwester Smaragda eine ausgesprochene Ähnlichkeit mit Stefan George nach, was nicht unbedingt schmeichelhaft gemeint gewesen sein muß.

16 Diese Wiener Salons sind ziemlich gut beschrieben. Alma Mahler und Berta Zuckerkandl haben ausführliche und bekannte Selbstdarstellungen hinterlassen. (Mahler-Werfel, 1960, 1971; Zuckerkandl, 1939, 1970) Berta Zuckerkandls frühe journalistische Arbeiten kann man gesammelt nachlesen in ihrem Buch von 1908. Über beide gibt es auch monographische Studien: Wessling, 1983, und Meysels, 1985. Auch Lina Loos hat ein quasi autobiographisches Buch hinterlassen (Loos, 1947), außerdem gibt es eine Sammlung »Briefe von und an Lina Loos«. Eugenie Schwarzwald hat zum Memoirenschreiben keine Zeit gefunden. Über sie schrieb Paul Stefan 1922. Neuerdings forscht über sie Murray G. Hall, das Erscheinen einer Monographie über sie in nächster Zeit bräuchte also nicht zu überraschen. Von ihm der instruktive Aufsatz von 1985. (Im selben Heft findet sich auch eine kurzgefaßte Darstellung der Wiener Salons der Jahrhundertwende von Schiferer.) In dem Abschnitt »Die letzten Wiener Salons« des Buchs von Dubrovic, 1985, wird neben Berta Zuckerkandl vor allem die Tänzerin Grete Wiesenthal mit ihrem Salon behandelt, der allerdings erst in die Zeit nach 1930 fällt. Außerdem werden dort eine Reihe weiterer, nicht so zu Nachruhm gekommener Salons benannt (S. 169 ff.), unter ihnen auch das Haus von Egon Wellesz, dem Schönberg-Schüler.

17 Als Einführung in den Mythos des Wiener Kaffehauses empfehlen sich vor allem der auch schön bebilderte Auswahlband von Brandstätter & Schweiger, 1978, mit der Einleitung von Hans Weigel, Torberg, 1982, das schon erwähnte Buch von Dubrovic, 1985, und das einschlägige Kapitel in Keller, 1984, sowie der Katalog zur Ausstellung des Historischen Museums der Stadt Wien »Das Wiener Kaffeehaus« von 1980. Etwas geschönt ist das alles, und eine wirklich kritische Studie zum Wiener Café und seiner Kultur, die vernichtet wurde und auch durch Denkmalspflege nicht wieder zu bekommen ist, ist mir nicht untergekommen.

18 Franz Jung, 1888–1963, Expressionist, Revolutionär von 1918ff., Freund und Schüler von Otto Groß, Berliner Dadaist, vor den Nazis nach den USA geflüchtet, hat in seiner Autobiographie »Der Weg nach unten« (1961) sein abenteuerliches anarchistisches Leben beschrieben.

19 Dubrovic, 1985, S. 30f., 32.

20 Eisler, »Über moderne Musik«, 1927, Schriften 1, S. 32.

21 Man muß dazu anmerken, daß bei der Suche nach solchen Verbindungen der Negativbefund immer unsicher bleibt: Er kann immer daran liegen, daß man nicht auf die richtigen Quellen gestoßen ist.

22 Freitag, 1973, S. 108f.

23 Wie es im Katalog der Berg Ausstellung Wien 1985, S. 42, heißt.

24 Erhard Buschbeck, der Jugendfreund Georg Trakls, damals Leiter des »Akademischen Verbandes für Literatur und Musik« und Organisator des Konzerts, lebte später mit Lotte Tobisch, der nochmals später Wiener Vertrauten Adornos.

25 »Die Windsbraut«, 1914, am Ende der Beziehung gemalt, zeigt im Strudel der Elemente eine befriedigt ruhende Alma und einen ziemlich einsamen Oskar. Vom Verkauf des Bildes konnte sich Kokoschka das Pferd leisten, das er brauchte, um als Dragoner in den Ersten Weltkrieg ziehen zu können. Er wurde schwer verletzt und in den Zeitungen bereits als tot gemeldet. Alma Mahler nahm die Verbindung zu Gropius wieder auf und heiratete ihn 1915.

26 Mahler-Werfel, 1960, S. 133f.
27 Wenn man die über Berg einmal beiseite läßt, die einen anderen, jedenfalls nicht in diesem Sinn musik-historischen Stellenwert für ihn hatte.
28 Gemeinsam mit dem Berg-Schüler Willi Reich und dem befreundeten Rechtsanwalt Ploderer. Rudolf Ploderer erscheint bei Adorno (GS 18, S. 505) wohl per Schreibfehler als »Pfloderer«. Ihm wird von Adorno eine »beunruhigend schöne Frau« zugeordnet, »deretwegen er sich denn auch später das Leben nahm«.
29 Vergl. dazu im Abschnitt über Mahler S. 98f.
30 In der »Fackel« Nr. 811–819, August 1929, S. 75ff., ist diese Kritik wie auch Kraus' Replik dokumentiert.
31 Der Brief ist im eben erwähnten Heft der »Fackel«, S. 91–93, abgedruckt, das Zitat findet sich auf S. 92.
32 Zmegac, 1986, hat plastisch, wenn auch vereinseitigend, weil Karl Kraus nur eine Strömung repräsentiert, die Parallelen im Denken von Kraus und Adorno herausgearbeitet.
33 Vergl. Vojtech, 1965.
34 Kreneks Einschätzung kontrastiert hier wohltuend mit der Adornos, der in seiner Besprechung (in der »Zeitschrift für Sozialforschung«, 1937) genau den Vorwurf erhebt, den Pisk gegen Kraus hatte: die Musik komme zu kurz, während Krenek in gewisser Weise das Steuermann-Argument aus jener Auseinandersetzung wiederholt. Adorno hat übrigens in einem Brief an Kracauer das Offenbach-Buch noch viel erbarmungsloser niedergemacht, nachzulesen im Durchschlag im Frankfurter Horkheimer-Archiv, VI 5. 31–39.
35 Vergl. dazu Worbs, 1983, bes. S. 135, 179.
36 Jones, 1961, S. 285. Übrigens: Nichts gegen Mozart, nur sind seine Opern am Beginn des 20. Jahrhunderts nicht das, was Adorno so gern »avancierte« Musik nannte.
37 Freud, Gesammelte Werke, Bd. X, S. 172. In der Studie von Worbs, 1983, werden überhaupt die Verbindungen von Freud zur zeitgenössischen Literatur systematisch zusammengetragen, wobei sich in der Bilanz ein Negativbefund ergibt.
38 Worbs, 1983, S. 166ff.; Wagner, 1982, S. 118ff. Fritz Wittels, Mitglied von Freuds Mittwoch-Gesellschaft und Autor in der »Fackel«, interpretierte diese als das »kleine Organ«, mit dem versucht werde, die »Neue Freie Presse«, das »Organ des Vaters«, zu vernichten.
39 Dubrovic, 1985, S. 35f., 103ff.
40 GS 18, S. 492.
41 Mahler-Werfel, 1960, S. 39.
42 Aus der Darstellung von Isaacs, 1983, S. 98ff., wird deutlich, daß Mahler von diesem Verhältnis wußte. Gropius hatte per Fehlleistung im Sommer 1910 einen Liebesbrief statt an Alma an Gustav Mahler adressiert und Mahler in einem nachfolgenden Gespräch aufgefordert, seine Frau freizugeben. Alma habe sich aber, vor die Wahl gestellt, für Mahler entschieden, was aber nicht hieß, daß das Verhältnis mit Gropius beendet gewesen wäre. In Alma Mahlers Erinnerungen kommt die ganze Episode nicht vor, Walter Gropius wird in ihnen ganz unvermittelt geheiratet.
43 Jones, 1961, S. 358f.

44 Im übrigen sagt Jones nicht, woher er diese Einzelheiten aus der Sitzung Freuds mit Mahler weiß – oder soll man annehmen, daß ihm Freud selbst das so dargestellt hätte?

45 Von der Wittgenstein-Familie führt auch eine Querverbindung zur Psychoanalyse, nämlich über Ludwig Wittgensteins Schwester Margarethe Wittgenstein-Stonborough, die von Janik & Toulmin (1973, S. 172) als »enge Freundin« Freuds benannt wird, die gemeinsam mit Marie Bonaparte bei Freuds Auswanderung nach London half. Von Ernest Jones wird sie allerdings nicht erwähnt. Zur Quellenlage berichten Janik & Toulmin (1973, S. 284, Fn 1), daß ihre Information aus Berichten Thomas Stonboroughs und anderer Mitglieder der Familie Wittgenstein im Jahr 1969 stamme. Wir bekommen hier also die Dinge aus der Perspektive der Wittgenstein-Familiensaga überliefert. Daß aus der Sicht der psychoanalytischen Ursprungslegende, wie sie Ernest Jones pflegt, Margarete Wittgenstein vernachlässigbar ist, wäre am einfachsten aus dem Gefälle der Berühmtheit zu erklären.
Karl Wittgenstein hat auch publiziert (hauptsächlich in der »Neuen Freien Presse«) und Vorträge gehalten, darunter auch einige über Amerika. (Diese Veröffentlichungen finden sich versammelt in dem Band von Karl Wittgenstein von 1913.) Er fragt sich darin, was von Amerika zu lernen sei, und findet vor allem die Lehre, daß »Bildung und Freiheit eine Hauptursache der Entwicklung der Industrie« sind, vorbildhaft. (Wittgenstein, 1913, S. 67)

46 Der Vorgang ist inzwischen bestens dokumentiert durch Ficker selbst in der letzten Ausgabe des »Brenner« (Ficker, 1954) und in der Briefausgabe »Ludwig Wittgenstein. Briefe an Ludwig von Ficker« von 1969. Von dem Geld erhielten Rilke und Trakl je 20000 Kronen, 10000 gingen in die Finanzierung des »Brenner«, der Rest wurde auf Mitarbeiter/innen des »Brenner« (darunter Else Lasker-Schüler) verteilt. Auch Adolf Loos erhielt 2000 Kronen. Die gesamte Aufstellung findet sich in Briefe, 1969, S. 46, im Anschluß daran sind auch verschiedene Dankschreiben dokumentiert.

47 Brief vom 28. 11. 1914, S. 22.

48 Ficker, 1954, S. 236.

49 Leitner, 1976, S. 9.

50 Engelmann, 1970, S. 33.

51 »Zu Ludwig von Fickers Reden und Aufsätzen«, 1967, GS 20.2, S. 500–502. Adorno, der mit Fickers Katholizismus nichts anfangen kann, hebt dessen Konservatismus als besseren Schutz für das Neue, Bewahrung als den besseren Fortschritt hervor. Frau Tobisch schätzt diesen Gedanken als typisch für Adornos Haltung zu Wien und Österreich ein.

52 Popper, 1976, S. 102.

53 Vergl. dazu ausführlicher den Abschnitt »Adorno und das akademische Leben in Wien«.

54 1920, GW XIII, S. 62f.

55 Dokumentiert in Adorno et al., 1969. In dieser Debatte fällt auf, daß Adorno höchst konkret auf Poppers Referat eingeht und auch eine vorweg geführte Korrespondenz erwähnt (S. 141), während Poppers Äußerungen an keiner Stelle erkennen lassen, daß er sich jemals mit Adornos Gedanken befaßt hätte. Dieses zunächst sehr reaktive Vorgehen Adornos macht dann die Explikation seiner Position in dem

großen Vorwort nötig, das Hans Albert so verwunderte. Der »Positivismusstreit« blieb, von heute aus betrachtet, langfristig erstaunlich folgenlos und markiert ohne Zweifel den Beginn des Endes einer Epoche in der deutschen Nachkriegssoziologie.

56 Popper, 1976, S. 72f.
57 Popper, 1976, S. 87.
58 Popper, 1976, S. 91f.
59 Popper, 1976, S 95.
60 Popper, 1976, S. 96f.
61 Popper, 1976, S. 95.
62 Popper, 1976, S. 94f.
63 Popper, 1958, Bd. II, S. 37f.
64 Popper, 1958, Bd. II, S. 103.
65 Popper, 1963, S. 335; meine Übersetzung.
66 Adorno et al., 1969, S. 145.
67 Adorno et al., 1969, S. 151.
68 Adorno et al., 1969, S. 151f.

»Etablierter Skandal«, »öffentliche Einsamkeit« und berufsständische Organisation – der Kampf um die Verfügung über die künstlerischen Produktionsmittel

1 Wobei es dann schwierig wird, Fortschritt vom bloßen Wechsel der Moden zu unterscheiden – welch letzterer inzwischen genügt, so daß sich auch das Neue von gestern immer wieder vermarkten läßt, was man an der Pop-Musik ebenso beobachten kann wie etwa an der Klassiker-Welle auf dem deutschen Buchmarkt.
2 Gespräch Ernst Krenek – HSt, 17.9.85.
3 Die Lösung aus der personalen Abhängigkeit wird im allgemeinen als Befreiung gesehen und hat natürlich auch diesen Aspekt. Aber Martin Warnke hat jüngst (1985) plausibel gemacht, daß gerade die Hofkünstler, weil sie als »einmalig« und »besonders« angesehen wurden, sich aus den Traditionsbindungen der städtischen Handwerker-Künstler lösen konnten und damit ein Streben nach Individualität und Selbstausdruck entwickelten, das sie gerade mit dem modernen Künstler verbindet. Der Übergang zur bürgerlichen Marktabhängigkeit ist also auch hier nicht so sehr als ein Abwerfen von Einschränkungen zu sehen, sondern eher als ein Wandel in den Formen der Abhängigkeit.
4 Schönberg, »Wie man einsam wird«, 1937, GS I, S. 356; meine Hervorhebung.
5 Paret, 1980, S. 47.
6 Waissenberger, 1971, S. 31.
7 Das ist alles in einigem Detail und reich bebildert nachzulesen in Waissenberger, 1971.
8 Hevesi, 1899, S. 194.
9 Waissenberger, 1971, S. 33.
10 Waissenberger, 1971, S. 51.
11 1971, S. 43.
12 Erster Jahresbericht, 1899, S. 8.

13 »Fackel«, Nr. 106 vom Juni 1902, S. 19f., 20f.
14 Waissenberger, 1985, S. 471.
15 Zuckerkandl, 1908, S. 149f.
16 Übrigens hatte sich Wittgenstein zum Militärdienst gedrängt. Er war dazu extra aus Norwegen zurückgekommen, und wäre auch, wie seine Schwester Hermine schreibt, leicht wegen seiner Leistenbruch-Operation befreit worden. Im Militär drängte er an die Front, was, wie man sich gut vorstellen kann, in der Militärverwaltung zu allerlei Un- und Mißverständnis führte. Einen Teil des geerbten Vermögens – immerhin eine Million Kronen – gab er, wie Hermine berichtet, für die Entwicklung eines 30-cm-Mörsers aus. (Hermine Wittgenstein, 1976, S. 26f.) Er war nicht der einzige, der damals der vaterländischen Begeisterung verfiel, und ein bißchen Todestrieb, hat man den Eindruck, war wohl auch dabei.
17 Brief an Ficker, undatiert, etwa von Mitte Oktober 1919, in: Wittgenstein, Briefe an L.v.Ficker, 1969, S. 32; auch die folgenden Zitate stammen aus diesem Brief, S. 33.
18 Die erste Wahl, Jahoda & Siegel, kommentiert er nicht so. Daß er aber gerade die Druckerei der »Fackel« wählte, war vielleicht kein Zufall.
19 Wittgenstein, Briefe, 1969, S. 99.
20 Der treffende Begriff »öffentliche Einsamkeit« wurde von Dümling, 1981, geprägt.
21 Schönberg, »Wie man einsam wird«, 1937, GS I, S. 354.
22 Schönberg, »Selbstanalyse«, 1948, GS I, S. 505.
23 Schönberg, »Wie man einsam wird«, 1937, GS I, S. 343, 350.
24 Schönberg, »Wie man einsam wird«, 1937, GS I, S. 338, 350.
25 Diese Datierungen werden in der Literatur etwas uneinheitlich gehandhabt. Freitag, 1973, S. 37, setzt die Aufführung des Streichquartetts auf den 5. Januar. Hilmar, 1985, S. 276, wiederum nennt zwar den 5. Februar, placiert dort aber die Aufführung der Kammersymphonie. Zeitungsberichte zur Kammersymphonie sind mit dem 9.2.1907 datiert (vergl. Freitag, 1973, S. 39f. und Fn. 69). Im Zweifel kann man vielleicht davon ausgehen, daß die Daten, die Stuckenschmidt (1974; auch tabellarisch S. 513ff.) angibt, die zuverlässigeren sind, weil sein Buch, wie er es im Vorwort darstellt, auf der gründlichsten Kenntnis der beschaffbaren Dokumente beruht.
26 Der Name Mahler ist übrigens für den ganzen Skandal-Zusammenhang wichtig: Schönberg, der von Mahler protegiert wurde, hat wohl einiges von dem abbekommen, was sich in Wien gegen den Hofopern-Direktor richtete.
27 Schönberg, »Wie man einsam wird«, 1937, GS I, S. 352ff.
28 Stuckenschmidt, 1974, S. 91.
29 aus: »Wiener Skandale um die Neue Musik. Ein Rundfunkgespräch zwischen Theodor W. Adorno und Lotte Tobisch«, Norddeutscher Rundfunk, aufgenommen im Sommer, gesendet im Herbst 1965. Das Tonband wurde freundlicherweise vom NDR zur Verfügung gestellt. Die Abschrift besorgten Monika Kripgans und Marianne Neubauer, die Redaktion HSt. Die Wiedergabe der Transkription des gesamten Gesprächs in einem Anhang, die ich geplant hatte, wurde mir vom Theodor W. Adorno-Archiv, Frankfurt, untersagt, das sich solche Veröffentlichungen selbst vorbehält.
30 Schönberg, 1937, GS I, S. 348.

31 Schönberg, 1937, GS I, S. 345.
32 Schönberg, 1937, GS I, S. 357.
33 Zum folgenden informiert ausführlich und fundiert die Sozialgeschichte der Musik von Schleuning, 1984, auch mit weiteren Literaturverweisen. Hier sollen nur ganz kurz einige wichtige Punkte in dieser Geschichte markiert und durch eine Linie, die der verschiedenen Versuche, künstlerische Autonomie zu gewinnen, verbunden werden.
34 »Versuch über Wagner«, 1952, GS 13, S. 14.
35 Mayer, 1976, S. 10f.
36 Vergl. etwa Ruppert, 1981; van Dülmen, 1986.
37 Zitiert nach: Freitag, 1973, S. 29.
38 Freitag, 1973, S. 29f.
39 Vergl. dazu die Dokumentation in: Schönbergs Verein..., 1984, freilich ohne Vergleich mit dem ersten Verein von 1904, dafür mit interessanten Analysen der Instrumentierungen, die für die Aufführungen nicht zuletzt vom Diktat der mageren Finanzen nahegelegt wurden, aber zweifellos aus der Not eine Tugend der Hörbarkeit und Durchsichtigkeit machen.
40 Schönbergs Manuskript machte den höchsten Preis, während Bergs auf dem Ausrufungspreis sitzen blieb.
41 Schönberg, »Musik«, 1919, GS I, S. 186.
42 Eine gewisse Verbundenheit Schönbergs mit der Sozialdemokratie gab es über seinen Jugendfreund, den späteren Kulturpolitiker David Josef Bach, und seine Sympathie für den Kampf um das allgemeine Wahlrecht, wie Schönberg selbst in »Meine Haltung zur Politik«, 1950, schreibt. Aber diese Phase endete bald. Als Soldat im Ersten Weltkrieg sei er Monarchist gewesen und es auch danach geblieben, heißt es in demselben kurzen Papier. Schönberg versteht sich auch selbst als den »konservativen Revolutionär«, den ihm z. B. Reich, 1968, nachgesagt hat. In der genannten Notiz formuliert er das so: »Ich bin mindestens so konservativ, wie Edison und Ford es gewesen sind. Aber ich bin leider nicht ganz so fortschrittlich wie sie auf ihrem eigenen Gebiet waren.«
Insofern hat Dümling, 1975, der sich sonst sehr bemüht, den »sozialistischen« Schönberg stark zu machen, sicher recht, wenn er (auf S. 16) zweideutig schreibt: »Die österreichische Arbeitersängerbewegung, die Schönberg 5 Jahre lang als Chormeister unterstützte...« und es damit offen läßt, ob in dem Satz »Schönberg« Subjekt oder Objekt ist.
43 Schon daß dieses Werk mit seinem Riesenaufwand an Chor und Orchester (mehr als 700 Mitwirkende) überhaupt aufgeführt werden konnte, deutet auf ein beachtliches Maß an Anerkennung hin. Zugleich ist die Uraufführung ein weiteres Beispiel für unkonventionelle Sicherung des Zugangs zu den (hier allerdings gigantomanisch konzipierten) künstlerischen Produktionsmitteln: Die Finanzierung erfolgte durch eine Subskription, aufgelegt vom Philharmonischen Chor. Bedeutende und vermögende Persönlichkeiten wurden aufgefordert, sich vorweg zur Abnahme einer bestimmten Zahl von Karten für das Konzert zu verpflichten oder für einen »Garantiefond zu zeichnen« – und offenbar taten sie das auch in ausreichender Zahl. Die Einladung zur Subskription ist wiedergegeben in Freitag, 1973, S. 34.

44 Vergl. dazu Schönbergs Steuererklärungen für diese Jahre, die in Stuckenschmidt, 1974, S. 492 f., abgedruckt sind.
45 Vergl. dazu Katalog Alban Berg, 1985, S. 53.
46 Es ist übrigens auffallend, daß sich in der ganzen breiten George-Literatur kaum Hinweise darauf finden, wovon der Meister gelebt haben mag, und schon gar keine gründliche Analyse der Finanzgebarung. Es gehört ja überhaupt zur Poetik der Künstler-Biographie, daß man zwar gern die zeitweise bittere Armut des verkannten Genies hervorhebt, ansonsten aber, wenn es besser geht, diese Niederungen des Lebens vernachlässigt. Für einen selbststilisiert »Entrückten« wie Stefan George gilt das natürlich besonders.
47 Besonders geht es hier um die Prozent-Höhe der Tantiemen.
48 Im Sinne der Reproduktionen, von denen der Künstler keinen Anteil erhält; die Probleme des ersten und »eigentlichen« Verlegers, der heute gewöhnlich das Copyright hält und von dessen Interessen daher in der Diskussion um Raubdrucke hauptsächlich gehandelt wird, interessieren mich hier weniger.
49 Berman, 1982, S. 72, unter Berufung auf Martens, 1975.
50 Er wird hier herausgegriffen, weil er im gesamten Kontext dieser Arbeit als lehrreiche Kontrastfigur einsetzbar ist. Es ist außerdem kein Zufall, daß sich seine Haltung zur Welt, das »Arbeitsbündnis«, das von ihm dem Publikum angeboten wird, nicht mit »öffentlicher Einsamkeit«, sondern mit »berufsständischer Organisation« koppelt.
51 Vergl. Martens, 1975.
52 Berman, 1982, S. 74.
53 Vergl. die Darstellung bei Bab, 1926, S. 309 ff., und Sembdner, 1968.
54 »Parsifal und Urheberrecht«, 1912, GS I, S. 174–178; »Musik«, 1919, GS I, S. 185–188. Der von Loos verfaßte Teil der »Richtlinien für ein Kunstamt« ist jetzt wieder zugänglich – Loos, 1919.
55 Schönberg, »Parsifal und Urheberrecht«, 1912, GS I, S. 177.
56 In Brechts »Arbeitsjournal«, S. 441, findet sich »ende oktober 44« der folgende Bericht über Schönberg: »so beschwert er sich über die kürze der schutzfrist für geistige werke. (›mein junge wird, wenn er 45 jahre alt ist, nicht mehr einen cent bekommen‹, sagt er, als spreche er über eine ungeheuerlichkeit.)«
57 Schönberg, »Musik«, Vorbemerkung zum Wiederabdruck 1924, GS I, S. 185.
58 Loos, 1919, S. 162 ff.

Die Elite als Außenseiter und die erstaunliche kulturelle Produktivität im Wien der Jahrhundertwende

1 »Wien«, 1960, GS 16, S. 437.
2 Adorno erwähnt in einem Nebensatz, daß der »alte Kaiser ... in die personellen Zusammenhänge der neuen Musik aufs seltsamste verflochten war« (GS 16, S. 437). Vermutlich spielt er damit auf das Gerücht an, Helene Berg, geborene Nahowski, sei eine Tochter von Kaiser Franz Joseph gewesen. Seit der Veröffentlichung des Tagebuchs von Anna Nahowski (Saathen, 1986) ist deren Verhältnis mit dem Kaiser mehr als ein Gerücht. Allerdings ergibt sich daraus auch keine Sicherheit

in der Vaterschaftsfrage. Vom Geburtstag Helenes (29.7.1885) zurückgerechnet ergäbe sich aus den Aufzeichnungen als mögliches Datum einer Zeugung durch den Kaiser ein Besuch zum Frühstück am 12.10.1884, denn viel früher geht wohl nicht, und danach war der Kaiser in Ungarn, und das nächste Zusammentreffen fand im Februar 1885 statt (Saathen, 1986, S. 90ff.). Andererseits findet sich in dem Tagebuch nichts, das die Vaterschaft Franz Nahowskis, des Ehemanns, ausschlösse. Sicher ist aber den Aufzeichnungen zu entnehmen, daß Anna Nahowski nach Auflösung des Verhältnisses 1889 ein Geschenk von 200000 Gulden bekam, mit denen sie ihre Kinder (unabhängig von Vaterschaftsfragen) gut versorgen wollte (Saathen, 1986, S. 143 ff.). Wenn sie den für Helene bestimmten Anteil wie ihren eigenen mit 4 % angelegt hat, ergibt das allein an Zinsen 2000 Gulden im Jahr, das Gehalt eines mittleren Beamten. Auch ohne die Details der Nahowski / Bergschen Finanzgebarung zu kennen, kann man annehmen, daß auch Alban Bergs Autonomie als Künstler von diesem kaiserlichen Geschenk noch profitiert hat. In Berg, 1976, S. 127, wird erwähnt, daß Helenes Mutter 1911 den Neuvermählten die Wohnung in der Trauttmansdorffgasse in Hietzing eingerichtet hat.

3 GS 10.1, S. 429.

4 Rozenblit, 1983, zeigt mit ausführlicher und sorgfältiger Dokumentation den kollektiven Aufstieg und die kollektive Assimilation der Juden in Wien während der zweiten Hälfte des 19. Jahrhunderts bis zum Ersten Weltkrieg. Die parallel dazu sich entwickelnden qualitativen Verschiebungen des Antisemitismus hat Pulzer, 1964, beschrieben. Die folgende Bedrängnis, Vertreibung, Vernichtung, schließlich der »Antisemitismus ohne Juden« in der Nachkriegszeit werden dargestellt in Berkley, 1988.

5 Freud GW, XIV, S. 34f.

6 Das »Deutsche Volksblatt«, 1889–1922, wurde in Wien von Ernst Vergani herausgegeben, der ursprünglich ein Freund Schönerers war, sich mit diesem aber bald überwarf und seine Tageszeitung in die christlichsoziale Bewegung einbrachte, bis er sich, nach Luegers Tod (1910), auch mit dieser überwarf. In einem »Nachruf« wird das »Deutsche Volksblatt« in der »Arbeiterzeitung« am 17.9.1922, S. 4, als »ein christlichsoziales, lange Zeit das eigentliche christlichsoziale Blatt« bezeichnet.

7 Vernünftigerweise wird er freilich eher die »Neue Freie Presse« abonniert haben als das »Deutsche Volksblatt«.

8 Besonders penetrant deutlich wurde das in der famosen Großausstellung »Wien 1900. Traum und Wirklichkeit« 1984 im Wiener Künstlerhaus. Dort wurde so getan, als gebe es eine ungebrochene Verbindung zwischen der Wiener Gegenwart und der Wiener Jahrhundertwende – was unter anderem durch die geschickte Wahl der zeitlichen Grenzen: 1870 bis 1930, erreicht wurde. Damit hatte man sich nicht nur die Nazis (ab 1938), sondern vor allem die Austro-Faschisten (ab 1934) erspart, die beiden Bewegungen und diktatorischen Regimes, von denen jene Kultur-Tradition der Jahrhundertwende hier besonders gründlich unterbrochen wurde. Entsprechend konnte man in der touristikwirksamen Schau den Antisemitismus der Jahrhundertwende leicht herunterspielen und ihn exklusiv zu einer Sache der Deutschnationalen (und späteren Nazis) machen.
Daß da statt dessen jene andere, viel stärker »durchschlagende« Traditionslinie des Rassismus und Antisemitismus von der Jahrhundertwende zu den Austro-Faschi-

sten und Nationalsozialisten bis zu den heutigen Formen der sozialen Ausschließung besteht, ist seither stärker herausgearbeitet worden. Ausgangspunkt dafür war die Pariser Wien-Ausstellung 1986 (vergl. Katalog »L'Apocalypse Joyeuse«), in deren Rahmen auch das Symposion stattfand, das nun dokumentiert ist in Botz et al., 1990. Die New Yorker Wien-Ausstellung 1986 hat hingegen, so wie die früheren in Hamburg 1981 und Venedig 1984, zu solchem Zurechtrücken der historischen Perspektive nichts beigetragen. Zu einer umfassenden ideologiepolitischen Einordnung der Wiener Ausstellung vergl. Berman, 1986.

9 Allerdings wurde er dort in ebendieser Affäre zuletzt auch ein wenig niedergekämpft. Die »Intellektuellen« siegten dort zuletzt, wie Bering, 1978, zeigt.

10 Es ist bemerkenswert, wie dieser spezifisch katholische Wiener Antisemitismus historisch verleugnet wird. Sogar von einer Autorin wie Hilde Spiel, die schon 1936, also vor dem »Anschluß« Österreichs, emigrierte und den Entschluß dazu 1934, angesichts der Machtergreifung durch die Austro-Faschisten, gefaßt hatte (Spiel, 1989, S. 102), wird in ihrem Buch über die Jahrhundertwende die Verbindung zwischen Luegers und Hitlers Antisemitismus offengelassen. Statt dessen kontrastiert sie das Treiben der neu eingewanderten Ostjuden im 2. Bezirk, an dem Hitler anschauliche Evidenz für seine Rassentheorien gewonnen hätte, mit den »Juden auf einer höheren gesellschaftlichen Stufe, die sich jetzt von anderen Österreichern gleicher Stellung kaum mehr unterscheiden«, deren Häuser der »künftige Führer und Massenmörder« aber nie betreten habe (Spiel, 1987, S. 49). Zu Hitlers »Lehrzeit« in Wien vergl. Jones, 1980, besonders aber Heer, 1968.
Lueger ist übrigens in Wien immer noch eine umstrittene Figur. Das liegt daran, daß er für die Konservativen den historischen Garanten für »ihre« Verdienste um die Gestaltung dieser Stadt darstellt, die sonst ganz dem »Roten Wien« anheimfiele. Daher muß dann auch sein Antisemitismus heruntergespielt werden, z. B. indem man ihn auf seine »Kampfzeit« beschränkt, während er später »landesväterlich« geworden sei. Ein interessantes Beispiel ist das durchaus nicht unkritische Lueger-Buch von Hawlik, 1985; dagegen Spitzer, 1988.

11 Es handelt sich um die Abendausgabe der »Wiener Zeitung«, bis heute eine seriöse Beamten-Zeitung, die auch ein »Amtsblatt« enthält und »von offizieller Seite« entsprechend beachtet wird.

12 Stefan, 1908, S. 23, 34.

13 Der Text des Flugblattes ist nachzulesen in Wessling, 1974, S. 168f.

14 Übrigens trägt das Exemplar dieses Pamphlets, das man in der Wiener Nationalbibliothek lesen kann, die handschriftliche Widmung: »Herrn Dr. Arthur Schnitzler in besonderer Wertschätzung und Verehrung vom Verf.«

15 Karpath, 1934, S. 138.

16 Vergl. Stefan, 1908. S. 57ff.

17 Mahler-Werfel, 1960, S. 35.

18 Wessling, 1983, S. 83f. Die grammatikalischen Eigenwilligkeiten in diesem Zitat sind keine Druckfehler. Die Informationen, die hier wiedergegeben sind, werden von Wessling nicht als direkte Aussagen Alma Mahlers gekennzeichnet, es ist aber nicht zu sehen, wo sie sonst herkommen sollten.

19 Wessling, 1983, S. 40f.

20 Vergl. Karpath, 1934, S. 117ff., 163ff.

21 Karpath, 1934, S. 104 ff.
22 Es blieb offenbar eine einmalige Entgleisung. Jedenfalls hat das Karpath selbst immer wieder betont – und er hat sich sowohl in der Fehde mit Schönberg als auch in seinem Quasi-Benimm-Buch von 1913, S. 23, dazu bekannt.
Jener Zwischenruf, der den Skandal auslöste, wird in der Schönberg-Folklore gern dem Kritiker Julius Korngold zugeschrieben, so z. B. von Spiel, 1987, S. 163. Das ist ein Irrtum.
23 1974, S. 192 f.
24 Karpath, 1934, S. 107 f.
25 Karpath hat ihr sein Erinnerungsbuch gewidmet und bedauert (S. 110 ff.) das frühe Mißverständnis zwischen ihnen, das ihn damals zum Ehepaar Mahler keine Beziehung finden ließ.
26 Mahler Briefe, S. 299.
27 Brief vom 11.4.1897, Mahler Briefe, S. 213.
28 Neues Wiener Tagblatt, 5.6.1907, S. 10 f; vergl. auch Karpath, 1934, S. 183 ff.
29 Mahler Briefe, S. 365 f.
30 Mahler-Werfel, 1960, S. 36 f.
31 »Zu den Vorgängen an der Oper. (Ein jüdischer Capellmeister.)«, Deutsches Volksblatt, 13.4.1897, S. 7f.
32 »Die Directionskrise an unserer Oper«, Deutsches Volksblatt, 29.8.1897, S. 8.
33 »Der Nibelungen-Cyclus an unserer Oper«, Deutsches Volksblatt, 1.9.1897, S. 6.
34 »Mahler Director unserer Oper«, Deutsches Volksblatt, 11.10.1897, S. 6.
35 Karpath, 1934, S. 117 ff.
36 »Zwei Novitäten«, Deutsches Volksblatt, 6.10.1897, S. 1–4.
37 »Director Mahler und der jungtschechische Reichsraths-Club«, Deutsches Volksblatt, 18.10.1897, S. 6.
38 6.4.1897, S. 7; 6.9.1897, S. 4.
39 Die Stadtbibliothek Wien verfügt über ein Konvolut von Zeitungsausschnitten der Firma »Observer« zum Tode Mahlers, in dem grob geschätzt deutlich über 1000 Meldungen, beginnend mit der Todesmeldung am 19.5.1911, bis ca. Ende Mai 1911 versammelt sind, geordnet nach Wiener Zeitungen, Rest der Monarchie, Deutschland, andere europäische Länder, Amerika. Es war mir bei recht genauer Durchsicht nicht möglich, eine zweite Meldung von der Art zu finden, die sich das »Deutsche Volksblatt« am 19.5.1911 leistete.
40 Specht, 1913, S. 84.
41 »›Höchste Strenge ist zugleich höchste Freiheit‹ – der Satz Georges... wird zum Programm jener neuen Verhaltensweise des Komponisten, die heute bereits die Musik veränderte und morgen Veränderung in ihrem Verhältnis zur Gesellschaft bewirken mag« (Adorno, »Der dialektische Komponist«, 1934, GS 17, S. 200). Die heute ziemlich erschreckend und anstößig klingende Behauptung Stefan Georges wurde von Adorno zur Beschreibung der Errungenschaften Schönbergs und also positiv verwendet. Adorno ist Stefan George sein Leben lang »treu« geblieben, wie man noch seinem Vortrag über ihn von 1967 (GS 11, S. 523 ff.) entnehmen kann. Im übrigen ist daran zu erinnern, daß es nicht nur von Schönberg, sondern auch von dem Komponisten Adorno »George-Lieder« (op. 1, 1925–28, und op. 7, 1944) gibt.

42 Die Musik der Schönberg-Schule überforderte nicht nur das Publikum, sondern auch die meisten Musiker. Daß Webern von Laien als »Hausmusik« aufgeführt werden könnte, ist schon wegen der technischen Anforderungen eine ziemlich unmögliche Idee.
43 Eher wäre da schon die Tatsache heranzuziehen, daß Bach Gebrauchsmusik in großen Mengen und unter Zeitdruck zu komponieren hatte und daher auf »Techniken« des Komponierens angewiesen war – die er allerdings souverän handhabte und steigerte.
44 »Die stabilisierte Musik«, 1928, GS 18, S. 724.
45 GS 18, S. 725.
46 GS 18, S. 729.
47 GS 18, S. 735.
48 GS 18, S. 743 f.
49 Der Begriff ist psychoanalytischem Gebrauch nachgebildet. Ich habe ihn früher (Steinert, 1972) schon abgewandelt zu dem des »Interaktionsbündnisses«, was vielleicht auch der günstigere Begriff ist, weil das Element von »Arbeit« in der Rezeption von Kulturprodukten selbst historisch höchst spezifisch ist, bürgerlich nämlich.
50 «Musik«, 1919, Schönberg GS I, S. 186.
51 Schönberg GS I, S. 247.
52 Es ist ein ziemlich reiches Material, das da zur Verfügung steht, teils Polemiken, wie »Atonales Intermezzo?« (1929) und »Gegen die neue Tonalität« (1931), teils Analysen und Besprechungen einzelner Werke Schönbergs wie »Zur Zwölftontechnik« (1929), »Stilgeschichte in Schönbergs Werk« (1930) und »Der dialektische Komponist« (1934), teils musiksoziologische Arbeiten wie »Die stabilisierte Musik« (1928) und »Zur gesellschaftlichen Lage der Musik« (1932). Hinzu kommt die Debatte mit Ernst Krenek über »Reaktion und Fortschritt«, 1930 in je einem Aufsatz der beiden und einem in der »Frankfurter Zeitung« veröffentlichten Dialog zwischen ihnen geführt. Wiederveröffentlicht hat Adorno davon nur »Der dialektische Komponist« in den »Impromptus« 1968 und »Reaktion und Fortschritt« (gekürzt) sowie »Schönbergs Bläserquintett« in den »Moments musicaux« 1964.
53 »Der dialektische Komponist«, 1934, GS 17, S. 201.
54 »Atonales Intermezzo?«, 1929, GS 18, S. 95.
55 »Der dialektische Komponist«, 1934, GS 17, S. 201.
56 »Stilgeschichte in Schönbergs Werk«, 1930, GS 18, S. 388.
57 »Zur gesellschaftlichen Lage der Musik«, 1932, GS 18, S. 737.
58 »Der dialektische Komponist«, 1934, GS 17, S. 200 f.
59 Abgedruckt im Anhang von GS 11, S. 609–611.
60 Insofern ist nicht unmittelbar verständlich, warum in der »Editorischen Nachbemerkung« zu GS 11 gesagt wird, in diesem Aufsatz vertrete Adorno »ästhetische Positionen, welche denen, die er schon bald danach – vor allem in den seit 1925 entstandenen musikalischen Arbeiten – einnahm, kraß entgegengesetzt sind« (GS 11, S. 705). Ich sehe im Gegenteil die erstaunlichste Kontinuität.
61 GS 17, S. 203.
62 GS 17, S. 202.

63 »Reaktion und Fortschritt«, 1930, Briefwechsel Adorno-Krenek, S. 175 f.
64 »Reaktion und Fortschritt«, 1930, S. 180.
65 »Die stabilisierte Musik«, 1928, GS 18, S. 722 f.
66 GS 18, S. 722; meine Hervorhebung.
67 Das ist vermutlich ein Schreibfehler in Adornos Manuskript und soll wohl »sie« heißen.
68 GS 18, S. 723. Diese zukünftige Gesellschaft, die in der Musik Schönbergs vorweggenommen ist, wird übrigens weniger als klassenlos denn als herrschaftsfrei beschrieben: »Der fortgeschrittenste Stand der Musik ist anarchisch und setzt eine Ordnung der Dinge voraus, in der verpflichtende gesellschaftliche Formen nicht mehr bestehen, sondern die Menschen sich unmittelbar zueinander verhalten und als Verein von Freien die Wahrheit besitzen, die ihren Werken innewohnt.« (GS 18, S. 722)
69 »Musik und Musikpolitik im faschistischen Deutschland«, 1935, Schriften I, S. 349.
70 Wind, 1935, S. 61.
71 «Wie man einsam wird«, 1937, Schönberg GS I, S. 355.
72 Zitiert nach Freitag, 1973, S. 29.
73 Schönberg GS I, S. 354; meine Hervorhebungen.
74 Schönberg GS I, S. 357.
75 Dieser Abschnitt schließt an Dümling, 1981, an, wo aus dem Vergleich Dehmel – George der Begriff der »öffentlichen Einsamkeit« entwickelt wird. Das wird hier referiert, ein bißchen weitergeführt und differenziert.
76 Schönberg, »Meine Haltung zur Politik«, 1950, S. 507.
77 Auch Dümling, der sich sehr um die Aufklärung der »sozialistischen« Phase Schönbergs bemüht und dazu wichtiges neues Material beigeschafft hat, kann nur vermuten: »Die Abhängigkeit von bürgerlichen Kreisen bei seiner künstlerischen Ausbildung und Förderung mag seine gefühlsmäßige Bougeoisierung bewirkt haben.« (1975, S. 20)
78 Mahler-Werfel, 1960, S. 24. Das »faszinierend« hätte Alma Mahler Schönberg, den sie bedingungslos ablehnte, nie zugestanden, während sie in Zemlinsky, bei dem sie Klavierunterricht hatte, verliebt gewesen sein soll.
79 Stuckenschmidt, 1974, S. 32.
80 Stuckenschmidt, 1974, S. 38.
81 Notowicz, 1964, S. 10. Notowicz setzt hinzu: »Wir dürfen feststellen, daß hier Schönberg irrte.«
82 Wiedergegeben in Birke, 1958/1964. Allerdings bleibt in diesen Briefen offen, was genau denn nun der Text für die Komposition bedeutet hatte. In seinem Aufsatz »Das Verhältnis zum Text« von 1912 stellt Schönberg klar, daß er sich gegebenenfalls auch nur von der ersten Zeile anregen ließ und jedenfalls die Komposition nicht von einer detaillierten Analyse des Gedichts abhängig machte. Andererseits bekennt er sich in seiner Analyse der »Verklärten Nacht« von 1950 (also aus einem ziemlich weiten Rückblick) explizit zum musikalischen »Programm«.
83 Danach folgt nach einer langen Pause erst wieder 1905 das Lied »Alles« (nach Dehmels Gedicht »Im Zwielicht« aus »Weib und Welt«), zum dreißigsten Geburtstag von Schönbergs Frau geschrieben. Die Textwahl ist daher vermutlich

ganz oberflächlich motiviert, nämlich durch die Zeile »selig Kind mit dreißig Jahren« in der letzten Strophe dieses Gedichts.

84 Nach Stuckenschmidt, 1974, S. 38, hat er sie im Sommer 1899 näher kennengelernt, also vor »Erwartung«, »Verklärte Nacht«, »Im Reich der Liebe«, »Mannesbangen« und »Schenk mir deinen goldnen Kamm / Jesus bettelt«.

85 Dümling, 1981, S. 164, datiert auf denselben Tag ein Konzert mit Werken der Schönberg-Schüler und konstruiert damit eine dramatisch dichte Kumulation von »life-events« für Arnold Schönberg. Nach Stuckenschmidt, 1974, S. 90f., hat dieses Schüler-Konzert allerdings schon ein Jahr früher, am 7.11.1907, stattgefunden. Hingegen hätte Schönberg am 8.11.1908 ein Orchesterkonzert im Musikverein geleitet. Es ist für eine ausgewachsene Krisensituation vielleicht auch nicht nötig, daß die belastenden Ereignisse auf ein- und denselben Tag fallen.

86 Der Name Richard Dehmel ist aus den Buchhändler-Katalogen verschwunden. Georges Werk hingegen steht in einer Prachtausgabe, die bei Klett-Cotta erscheint, und seit 1983 sogar in einer Taschenbuchausgabe (dtv) dem Markt zur Verfügung.

87 Eine umfassende und instruktive Analyse der Produktion Dehmels findet sich in Fritz, 1969. Durchaus nützlich ist auch das Buch des Zeitgenossen Julius Bab von 1926, auch wenn Frau Ida Dehmel daran viel auszusetzen hatte, wie allenthalben betont wird. Im Vergleich zu der Nicht-Beachtung, die Dehmel heute erfährt und die seiner damaligen Bedeutung als zumindest gleichwertiger Antipode Georges überhaupt nicht entspricht, ist die George-Literatur ungeheuer ausladend. Sie ist allerdings oft, weil aus dem George-Kreis stammend, nur als Dokument zu gebrauchen, auch wo sie wie Analyse aussieht. Ich fand für meine begrenzten Zwecke besonders nützlich die Bücher von Siemoneit, 1978, und Mattenklott, 1970, sowie die kleine Biographie von Schonauer, 1960.

88 Vergl. seinen »Offenen Brief an den Herausgeber der ›Kultur‹« von 1902, nachzulesen in dem Band »Bekenntnisse«, 1926, S. 122–138, besonders die S. 127–132.

89 Dehmel GW 1, S. 44f. Eine Standard-Ausgabe der Werke Richard Dehmels gibt es nicht. Ich zitiere nach den dreibändigen »Gesammelten Werken« von 1913, weil Dehmel diese Sammlung noch selbst besorgt hat. Man muß aber auch auf die Einzelausgaben seiner Bücher zurückgreifen, weil Dehmel zwischen den Auflagen umgeschrieben, umgruppiert, eliminiert und neu aufgenommen hat. Wenn man also z. B. wissen will, was Schönberg in dem Band »Weib und Welt« vorfand, muß man zur ersten Auflage von 1896 greifen. In späteren Auflagen fehlt nämlich die »Verklärte Nacht«, die als I/1 in »Zwei Menschen« aufgenommen wurde. (Das hat offenbar Heinz, 1974, verwirrt und ihn zu allerlei Spekulationen in seinen Fußnoten 1 und 3 veranlaßt.)

90 Vergl. dazu Dehmels Verteidigungsschrift, veröffentlicht in dem Band »Bekenntnisse«, 1926, S. 119–122; zu den indizierten Gedichten gehörte auch »Schenk mir deinen goldnen Kamm / Jesus bettelt«, das Schönberg 1899 vertonte.

91 Freitag, 1973, S. 12.

92 So Heinz, 1974, zur »Verklärten Nacht«.

93 Als Dehmel sie kennenlernte, war sie schon die Frau des Consuls Auerbach in Berlin. Zur Beziehung Ida Coblenz – Stefan George kann man jetzt den Briefwechsel der beiden nachlesen. Ansonsten informiert über Ida Dehmel der Katalog der Hamburger Ausstellung über sie von 1970.

94 1895 haben sie sich kennengelernt, 1898 löste Ida ihre Ehe auf und zog in die Nachbarschaft der Dehmels, 1899 trennte sich Dehmel von seiner Frau, 1901 haben die beiden geheiratet; die beiden erwähnten Lyrik-Bände, die in dieser Zeit entstanden sind, waren Dehmels wichtigste und erfolgreichste.

95 Das Thema von Scorceses Film »Die letze Versuchung Christi« ist also nicht so originell.
Schönberg hat sich mit zwei dieser nicht sehr zahlreichen Jesus-Gedichte beschäftigt: »Gethsemane« und »Jesus bettelt«. Überhaupt war ihm die religiöse Problematik in der Dehmelschen Behandlung interessant, wie sich einem Brief an Dehmel entnehmen läßt: »Nämlich: ich will seit langem ein Oratorium schreiben, das als Inhalt haben sollte: wie sich der Mensch von heute, der durch den Materialismus, Sozialismus, Anarchie, durchgegangen ist, der Atheist war, der sich noch ein Restchen alten Glaubens bewahrt hat (in Form von Aberglauben), wie dieser moderne Mensch mit Gott streitet... und schließlich dazu gelangt, Gott zu finden und religiös zu werden. Beten zu lernen!... Dabei ließ mich mein erster Gedanke nie los: ›Das Gebet des Menschen von heute‹ und ich dachte mir oft: Wenn doch Dehmel...! Giebt es eine Möglichkeit, daß Sie sich für derartiges interessieren könnten.« (Brief vom 13.12.1912, in: Birke, 1958, S. 282)

96 Diese knappe Zusammenfassung der Kunsttheorie Dehmels orientiert sich an den Ergebnissen der Analyse von Fritz, 1969.

97 Psychoanalytisch genügt dafür erstens auch die allgemeine ödipale Eifersucht, zweitens die Position als Schwester seines Freundes, wodurch das alles auch noch in den Kontext der Beziehung zu seiner eigenen Schwester Ottilie rücken mag, die kurz zuvor (»treulos»?) geheiratet hatte. Da die Schönberg-Biographik weder über Mathilde von Zemlinsky noch über Ottilie Schönberg-Blumauer viel zu berichten weiß, kann ich hier nicht klären, ob es um ein »reales« Problem ging oder um eins »im Kopf« (was sich bekanntlich nicht ausschließt). Es ist auch nicht so wichtig. (Nur die Neugierde wird gereizt.)

98 Dehmel GW 2, S. 85 f.

99 Stuckenschmidt (1974, S. 109) faßt den Unterschied so zusammen: »Stefan Georges Funktion in der damaligen deutschen Literatur war die eines Rufers zur Ordnung und Priesters des absoluten Geistes. Zucht und Maß waren die Maximen, die er gegen den Naturalismus und dessen sozialistische Bindungen aufstellte. Nietzsches Aristokratentum und Herrengeist, denen Dehmel seine demokratische Bruderliebe konfrontierte, wurden in Georges Kunst überbetont.«

100 Dümling, 1981, S. 163, zitiert dazu Passagen aus Testamententwürfen, die Schönberg in dieser Zeit verfaßte, in denen die Dissoziation des Künstlers vom Menschen Schönberg ganz explizit beschrieben und gefordert wird.

101 George Werke 2, S. 85 f., 73.

102 George Werke 1, S. 107–112.

103 Die Isolierung mag ihre Berechtigung haben, insofern Rahmen und Mittelteil wahrscheinlich unabhängig entstanden sind, erst nachträglich zusammengefügt wurden. Vergl. Dümling, 1981, S. 87 f., 90.

104 In der Interpretation nur des von Schönberg vertonten Mittelteils des »Buchs der Hängenden Gärten« wird gern eine zu einer nicht dargestellten »Erfüllung« auf- und dann wieder absteigende Entwicklung gesehen – so auch von Adorno in seinen

beiden Interpretationen des Zyklus von 1959 und 1963, GS 18, S. 414, 420; so auch von Dümling, 1981, S. 100f., der plausibel macht, daß der »Höhepunkt« nicht, wie von Adorno angenommen, nach dem achten, sondern zwischen dem neunten und dem zehnten Gedicht des Mittelteils auf einer von George im Erstdruck frei gelassenen Halbseite zu lokalisieren sei.

Angesichts des »hohen«, fast möchte man sagen »hehren« Tons von Georges Gedichten hat es auch sein Komisches, wenn die ebenfalls immer entsprechend ehrfürchtigen Interpreten ihrerseits mit nur mühsam verdeckenden Vokabeln wie »Erfüllung«, »Höhepunkt«, »Klimax« – immer des Gedicht-Zyklus, versteht sich – darüber spekulieren, ob sie's denn nun miteinander getrieben haben und wann und wo. Andererseits reizt Georges schwüle Bildlichkeit genau zu solchen Fragen – und das berühmte zehnte Gedicht des Mittelteils, das »schöne beet«, das betrachtet wird, mit seinen Blumen, »sammtgefiedert« und ein »feuchter mund«, ist ohnehin ziemlich pornographisch in der Art, wie es nach Arno Schmidts Analyse die Landschaften bei Karl May sind.

105 Dümling, 1981, S. 83–102, rekonstruiert in allem verfügbaren Detail die Beziehung zwischen Georges verhemmtem Werben um Ida Coblenz und der Entstehung des »Buchs der Hängenden Gärten«. Das ist auch durchaus lehrreich. Aber in der Konzentration auf die »Liebesgeschichte« des Mittelteils läuft die Interpretation trotzdem daneben, kann sie nicht mehr als die Enttäuschung herausarbeiten.

106 Insofern wird Dümling von seinem Interpretationsansatz bei der »chiffrierten Realität« hinter den Gedichten durchaus irregeführt, wenn er schreibt: »Auch hinter dem Buch der Hängenden Gärten verbirgt sich eine Drohung an die Adressatin...: Dem Scheitern der Liebesbeziehung des Fürsten folgt sein Selbstmord im Strom.« (1981, S. 96) Der Selbstmord folgt nicht aus dem Scheitern der Liebesbeziehung, sondern aus dem Scheitern des Helden an seiner heldischen Aufgabe durch die Liebesbeziehung.

107 »Im Gedächtnis an Alban Berg«, 1955, GS 18, S. 504; »Erinnerung«, in: »Berg. Der Meister des kleinsten Übergangs«, 1968, GS 13, S. 360.

108 Nach dem von Maegaard, 1974, berichteten Dokument – einer Notiz in Schönbergs Nachlaß –, war dieser vom aufdringlichen Benehmen des jungen Adorno unangenehm berührt und von der Ablehnung eines Kooperationsangebots beleidigt. Später kam dann noch die Irritation über Adornos Beitrag zu Manns »Doktor Faustus« hinzu.

Diese Affäre übrigens machte zwar einerseits Adorno bekannt, andererseits wurde er damit für die falsche Sache bekannt. Nur als krasses Beispiel sei ein Brief des damals für die Universität Frankfurt und das Institut für Sozialforschung zuständigen Beamten an Horkheimer vom 28.10.1949 (MHA IV 1/22) zitiert: »Der Name Ihres Dr. Wiesengrund-Ardorno (sic!) ist uns ja nicht unbekannt. Wenn es sich bei ihm aber um einen Verwandten oder gar Bruder des Dr. W.-A. handelt, der musikalischer Berater bei Thomas Mann gewesen ist, werden wir ihn natürlich mit offenen Armen aufnehmen und uns bemühen, es ihm in Frankfurt am Main so angenehm wie möglich zu machen.« Man kann nur hoffen, daß Adorno diesen Brief nie zu Gesicht bekam.

Ansonsten wäre einmal genauer zu untersuchen, ob Schönberg sich wirklich mit so ausschließlichem Recht, wie es auch Thomas Mann zugestand, im Adrian Le-

verkühn getroffen fand, ob dieser nicht jedenfalls einen starken Einschlag von Alban Berg hat. Nur als kleine Hinweise: Im Violinkonzert Leverkühns (Kap. XXXVIII) gibt es die Satzbezeichnung »Andante amoroso«, die aus Bergs »Lyrischer Suite« stammt (allerdings hat Schönbergs Violinkonzert ein »Andante grazioso«), und der »Hetaera-esmeralda«-Mystizismus in der Tonreihe »h e a e es«, die im Roman leitmotivisch immer wieder auftaucht, erinnert ebenfalls an das, was inzwischen über das »heimliche Programm« in der »Lyrischen Suite« bekannt ist (vergl. Perle, 1977) und Adorno schon damals bekannt war (vergl. seinen Brief an Helene Berg vom 16.4.1936, in: Katalog Alban Berg, 1985, S. 173ff.), und an nichts bei Schönberg. Was als das »Generalthema des Variationenwerks« »Dr. Fausti Weheklag« (Kap. XLVI) beschrieben wird, alle zwölf Töne der chromatischen Skala und sämtliche denkbaren Intervalle, ist der Zwölftonakkord von Lulus Todesschrei. Thomas Mann beschäftigte sich, durch Adorno veranlaßt, mit Alban Berg und seiner Biographie und stellte dabei fest, daß Alban Berg und Adrian Leverkühn dasselbe Geburtsjahr (1885) haben. (Vergl. deMendelssohn, 1982, S. 136.)
Nicht daß das alles besonders wichtig wäre, aber es erschiene doch verwunderlich, wenn Adorno beim Erfinden von imaginärer Musik nicht eher an seinen Freund Alban Berg gedacht hätte, den er als bedeutenden Komponisten aus dem Schüler-Schatten holen wollte, als an den ambivalent besetzten Schönberg. Für dessen Präsenz in den Imaginationen spricht freilich die tatsächliche Anwesenheit, die Bekanntschaft mit Thomas Mann und daß Adorno gerade (für die »Philosophie der neuen Musik«) über ihn geschrieben hatte.

109 »Jene zwanziger Jahre«, 1962, GS 10.2, S. 502f.

110 Vergl. den folgenden Abschnitt.

111 Adorno – Krenek, Briefwechsel, S. 175f; meine Hervorhebung. Die das Werk als »Monade« anspielende Formulierung benennt eine Auffassung, die sich bei Adorno über die Jahre gehalten hat. Noch in der »Einleitung in die Musiksoziologie« von 1962/68 heißt es etwa: »Gelten dürfte, daß jede Vermittlung nicht äußerlich, in einem dritten Medium zwischen Sache und Gesellschaft stattfinde, sondern innerhalb der Sache. Und zwar nach ihrer objektiven und subjektiven Seite. Die gesellschaftliche Totalität hat in der Gestalt des Problems und der Einheit der künstlerischen Lösungen sich sedimentiert, ist darin verschwunden. Weil in ihr Gesellschaft sich verkapselt hat, folgt sie, indem sie autonom sich entfaltet, auch der gesellschaftlichen Dynamik, ohne auf sie hinzublicken, ohne direkt mit ihr zu kommunizieren.« (GS 14, S. 409) Eine ausführliche Analyse von Adornos Begriff der »Vermittlung« findet sich bei Ritsert, 1987.

112 »Kontroverse über die Heiterkeit«, 1930, GS 19, S. 450.

113 GS 19, S. 450f.

114 GS 10.2, S. 502.

115 GS 10.2, S. 500f.

116 GS 10.2, S. 501.

117 »Die Geschichte der deutschen Musik von 1908 bis 1933«, 1949, GS 19, S. 628. Es handelt sich bei diesem Text um ein unveröffentlichtes Exposé für ein leider auch nicht ausgeführtes Forschungs- und Publikationsprojekt.

118 »Mahagonny«, 1930, GS 17, S. 119.

119 »Zur Dreigroschenoper«, 1929, GS 18, S. 537.
120 GS 19, S. 118.
121 »... gleichwie mit den leeren Augen des Totenschädels blickt der Tango aus Bergs Musik und steht dafür ein, daß die Geselligkeit der Berauschten, von der Baudelaires Dichtung weiß, nichts ist als die allegorische Figur der tödlichen Fremdheit selber«, schreibt Adorno in seiner Analyse über Bergs »Konzertarie ›Der Wein‹«, 1937, GS 13, S. 511; der Satz blieb in der Fassung von 1968 im Buch über Berg (GS 13, S. 467) erhalten.
122 Vergl. Dümling, 1985, S. 194ff.
123 Diese Demonstrationen richteten sich zunächst antisemitisch und antikommunistisch gegen die Autoren, bei »Jonny spielt auf« gegen den »Neger« als Helden, vielleicht noch gegen den Komplex von »Asphaltliteratur« und »Amerikanismus«. Die Frage der »Sexualmoral« stand, so weit die leicht zugänglichen Dokumente reichen, zumindest nicht im Vordergrund. Auf dem Wiener Nazi-Plakat z. B. mit der Aufforderung zu einer »Riesen-Protest-Kundgebung« gegen »Jonny spielt auf« am 31.1.1928 (abgedruckt im Katalog der Ausstellung »Traum und Wirklichkeit. Wien 1870–1930«, Wien, 1985, S. 690) ist zwar klein von der Zerstörung »aller sittlich-kulturellen Grundfesten unseres Volkstumes«, vom Zertretenwerden auch von »Sitte, Moral und Kultur« sowie von »jüdisch-negerischen Perversitäten« die Rede, womit die moralischen Normen und die sexuellen Phantasien angesprochen sind, aber groß im Vordergrund steht »unsere Staatsoper« und ihre »freche jüdisch-negerische Besudelung«, also der Fremdenhaß und die Fremdenangst. In diesen ist freilich, worauf auch die »Besudelung« hinweist, der kleinbürgerliche Sexualneid (mit der zugehörigen -angst), verschoben von Großbürger- und Bohème-Libertinage auf »Fremde« generell, wichtig.
124 »Eisler: Zeitungsausschnitte, op. 11«, 1929, GS 18, S. 527.
125 Das »Flaschenpost«-Verständnis der eigenen Arbeit kennzeichnet wahrscheinlich vor allem die Haltung, aus der die »Dialektik der Aufklärung« entstand (vergl. vanReijen & Schmid Noerr, 1987, S. 8f.), noch nicht so unbedingt die des jungen Adorno, der bei aller Depressivität recht zielgerichtet umtriebig sein konnte – ebenso wie der nach der Niederwerfung des Nationalsozialismus nach Deutschland zurückgekehrte, etwas ältere.
126 Zum Beispiel erläutert Adorno, wieder in Frankfurt, seinen Aufsatz »Alban Berg. Zur Uraufführung des ›Wozzeck‹«, 1925, GS 18, in einem Brief an Alban Berg (Wien) vom 23.11.1925 als eine Komposition, die in der sprachlichen Führung dem Verfahren entspreche, nach dem Berg sein Quartett komponiert habe. Es gebe daher keine Abschnitte und keine isolierten Themen, sondern ideelle Gleichzeitigkeit und faktische Gleichartigkeit der Intentionen in allen Partien des Aufsatzes. Vergl. zu Adornos »Komposition« seiner Essays Schnebel, 1971, daran anschließend auch Metzger, 1984.

Adornos Wiener Projekte

1 Der Herausgabe-Vertrag vom 24.6.1920 findet sich in der Musiksammlung der Österreichischen Nationalbibliothek im Berg-Archiv, F 21 Berg 101/V.

2 Vergl. S. 39.

3 Dieser Brief ist übrigens der einzige (erhaltene), den Adorno während seines Wiener Aufenthalts an Berg geschrieben hat, der sich zu der Zeit auf Urlaub in Bayern aufhielt. In ihm wird außer der Sache mit dem »Anbruch« auch Adornos Treffen mit Lukács dargestellt und Adornos Rückkehr aus der Tschechoslowakei mitgeteilt, wohin er auch in Bergs Auftrag und mit einer Botschaft an Hanna Fuchs gereist war, so kann man es jedenfalls dem Brief an Kracauer vom 14.6.1925 entnehmen, wo er dazu noch mitteilt, die Reise sei, »trotzdem ich unwahrscheinlich, kindisch viel Geist darauf verwandte, vollständig mißlungen«. Adornos Rolle in dem Verhältnis Bergs mit Hanna Fuchs in Prag, die er Kracauer zu der Zeit sehr dramatisiert darstellt, nach Alban Bergs Tod in einem Brief vom 16.4.1936 (Katalog Alban Berg, 1985, S. 173ff.) auch Helene Berg »beichtet« und in seinen (nicht veröffentlichten) Erinnerungen an Berg von 1955 (GS 18, S. 490) mit »er hat mich dabei als postillon d'amour benutzt... die Rolle habe ich ungeschickt gespielt, Hanna nie allein gesprochen, dagegen war die ganze Sache doch so auffällig inszeniert, daß ihr Mann Verdacht schöpfte« umschreibt, wird aus diesem Brief nicht klarer. Jedenfalls erwähnt er in ihm, nach einer gemeinsam unterschriebenen Ansichtskarte aus Marienbad vom 9.6.1925, auch Frau von Tolnay, mit der er gereist ist, mit der er sich aber »nicht gefunden« habe, und setzt hinzu: »Alles, was ich beginne, schlägt mir fehl, und wenn ich mir bald den Strindberg bei Ihnen ausborge, dürfen Sie darüber nicht verwundert sein.« Der Verdacht, daß Adorno zu der Zeit ein ziemlich unglücklicher, nicht sehr stabiler, leicht exaltierter und in Liebesdingen zu Übertreibungen neigender junger Mann gewesen sein könnte, drängt sich aus all dem auf.

4 Emil Hertzka war der patriarchalische Gründer und Direktor der Universal-Edition, des Verlags von Mahler, Schönberg, Berg und der »Wiener Schule« überhaupt.

5 Lakonischer wird der Vorgang auch Kracauer mitgeteilt, in einem Zusatz vom 18. zu Adornos Brief vom 14.6.1925.

6 Heinsheimer, 1953, S. 16.

7 GS 18, S. 496f. Interessant ist die Fehlleistung des (groß geschriebenen) ›Eurer‹.

8 So jedenfalls hat er mich brieflich auf eine entsprechende Anfrage 1985 beschieden. In einem sehr angenehmen Gespräch, das wir Ende 1985 in New York führten, hat sich das dann dazu modifiziert, daß er Adorno nicht näher kennengelernt habe. »Und dann kam eines Tages der Wiesengrund-Adorno. Damals hat man natürlich nicht gewußt, daß das einmal ein weltberühmter Mann werden wird. Das war ein komischer, verschrobener, schrulliger Schriftsteller in Frankfurt. Wir haben uns damals oft gesagt, das ist sicher sehr gut, aber wir werdens nicht lesen. Das ist so kompliziert, das drucken wir, und fertig.« Und später im Gespräch: »Adorno hat immer furchtbar gescheit geredet, man hat eigentlich ein bißchen Angst gehabt vor ihm.«

9 Der Hauptgrund dafür war, wie demselben Brief zu entnehmen ist, daß es eine

Adorno-Aufführung durch das Kolisch-Quartett geben sollte. Das scheiterte allerdings daran, daß sich das Quartett während der Proben auflöste. Die Uraufführung von Adornos Quartettstücken erfolgte ein halbes Jahr später, am 11.12.1926, durch das neu konstituierte Kolisch-Quartett. Vergl. dazu Levin, 1989, S. 76.

10 Diese Kritik Schönbergs an dem Aufsatz »Alban Berg. Zur Uraufführung des ›Wozzeck‹«, der im letzten Heft des Jahrgangs 1925 der »Musikblätter des Anbruch« erschien (GS 18, S. 456–464), hat Adorno sehr beschäftigt. Jedenfalls versucht er sie auch Berg gegenüber in einem eng beschriebenen vierseitigen Brief vom 6.1.1926 zu entkräften. Allerdings beruht die Reaktion Schönbergs wohl ein wenig auf einer Provokation und wurde von Adorno auch vorhergesehen oder -gefürchtet. Er hatte den Aufsatz mit Berg vorbesprochen und mit diesem auch vereinbart, daß er die Druckfahnen noch kontrollieren solle. Der Aufsatz habe, so heißt es in diesem Brief von Adorno (Frankfurt) an Berg (Wien) vom 23.11.1925, vor allem die Absicht, Berg förderlich zu sein. Auch hier wird die Abgrenzung zwischen Schönberg und Berg hervorgestrichen, und zwar auch schon anhand der »Deduktion«, daß aus Schönbergs Individualismus sich die Unmöglichkeit einer Schulenbildung ergebe, und anhand von typischen Verschiedenheiten in der Theorie der Variation. Insgesamt soll »das Geschwätz vom ›Schönberg-Schüler‹« aufhören.

11 »Zum ›Anbruch‹. Exposé«, GS 19, S. 595–604.

12 »Zum Jahrgang 1929 des ›Anbruch‹«, GS 19, S. 605.

13 GS 19, S. 597f.

14 GS 19, S. 599.

15 GS 19, S. 601.

16 »Alban Bergs frühe Lieder«, GS 18, S. 465–468; »Eisler: Zeitungsausschnitte, op. 11«, GS 18, S. 524–527; »Kurt Weill: Kleine Dreigroschenmusik für Blasorchester«, GS 18, S. 541–543; »Béla Bartóks Drittes Streichquartett«, GS 18, S. 287–290; »Schönberg: Variationen für Orchester, op. 31«, GS 18, S. 370–375.

17 »Lied der Seeräuber-Jenny in der ›Dreigroschenoper‹«, 1929, Bloch GA 9, S. 392–396.

18 »Schlageranalysen«, GS 18, S. 778–787.

19 Im Verlag wurde das Opern-Ressort, wie erinnerlich, von Hans Heinsheimer verwaltet.

20 »Die Zauberflöte und Symbole von heute«, 1930, Bloch GA 9, S. 289–294.

21 GS 19, S. 448–452.

22 GS 18, S. 376–380.

23 GS 18, S. 226–243.

24 Briefwechsel Adorno – Krenek, S. 174–186.

25 Darin Adornos »Bewußtsein des Konzerthörers«, GS 18, S. 815–818.

26 Zitiert nach dem Abdruck in Adensamer, 1981, S. 182. 1929 korrespondiert Adorno bereits maschinschriftlich, und zwar mit einer Maschine, die über kein »ß« verfügt. Ich habe, ebenso wie Adensamer, keinen Grund gesehen, die Schreibweise mit »ss« zu übernehmen.

27 Gespräch Tobisch-HSt, 12.4.85.

28 In den umfänglichen Schrifen Adornos über Mahler (GS 13, 16) kommt übrigens der Opernreformer so gut wie nicht vor, er wird vom Komponisten verdrängt; behandelt wird er in dem Aufsatz »Wien« von 1960 (GS 16).

29 GS 19, S. 496–515.
30 Kolleritsch, 1979, S. 160 f.
31 Prawy, 1969, Bd. 3, S. 82, 87.
32 Das »Europa-Gespräch«, ein jeweils mehrtägiges Symposion im Rahmen der Wiener Festwochen, vom Kulturamt der Stadt Wien organisiert, fand zum ersten Mal im Juni 1958 statt, dann bis 1968 jährlich, später alle zwei Jahre. Häufig wurde es von (jungen) europäischen Politikern bestritten. Themen waren z. B. »Die Einheit Europas – Idee und Aufgabe« (1958) oder »Europa in den Augen der anderen« (1962), aber auch »Wissenschaft und Gesellschaft in Europa« (1967) oder »Europas Neuorientierung« (1972). Adorno hat zweimal daran teilgenommen: 1960 war das Thema »Die Funktion der Kunst in der modernen Gesellschaft« und Adorno hielt einen Vortrag »Musik und Tradition«. (Im Dokumentationsband ließ er den auch in die »Dissonanzen«, GS 14, aufgenommenen Aufsatz »Tradition« abdrucken.) Außerdem nahm er an einer »Forumsdiskussion« zum Thema »Die gesellschaftliche Bedeutung des modernen Theaters« teil. Das zweite Mal war er 1963 dabei. Zum Thema »Die europäische Großstadt – Licht und Irrlicht« trug er ein Referat »Laienkunst – organisierte Banausie?« bei. Außer an der Diskussion dazu beteiligte er sich auch an der zum Einleitungsreferat des Architekten und Stadtplaners Victor Gruen.
Bei den Vorträgen und Diskussionen wurde mitstenographiert, so daß die Dokumentation sehr gründlich ist (und die zu erwartenden Hörfehler enthält: »wahren Charakter« statt »Warencharakter« oder »cultural leg« statt »lag« – was übrigens auch zeigt, daß Adorno keine Fahnenkorrektur gelesen hat).
33 Unter der Leitung von Helmuth Fiechtner diskutierten außer Adorno der Hamburger Opernintendant Rolf Liebermann, der Züricher Operndirektor Hermann Juch, der Kammersänger Hans Hotter, der Leiter der Bundestheaterverwaltung Erwin Thalhammer und der Kurier-Journalist Herbert Schneiber.
34 Karl Löbl, heute Leiter des Kulturressorts im Österreichischen Fernsehen, hat 1965 ein reichbebildertes Fan-Buch veröffentlicht, das, wie im Vorwort berichtet wird, in Anlehnung an eine Berliner Kritik aus dem Jahre 1937 ›Das Wunder Karajan‹ heißt und weder Biographie noch Würdigung sein will, dafür aber relativ ausführlich die Affären rund um Karajans Abgang aus Wien und den Konflikt mit Hilbert – aus der Sicht eines Karajan-Parteigängers – darstellt.
35 Damals hingegen reagierte die Adorno / Hilbert-Seite mit der Empörung, die beim Sakrileg entsteht: Jemand hatte dem Denkmal einen Schnurrbart aufgemalt.
36 Auch die Notiz in der »Presse« verzeichnet das kritisch: »Zwanzig gestopte Minuten« hätte das gedauert.
37 Frau Löbl beschreibt das Setting so: »Der Rahmen war nobel und das Publikum zahlreich. Sänger, Schauspieler, Publizisten und sonstige Persönlichkeiten des kulturellen Lebens saßen vorne auf goldenen Sesselchen, hinten drängte sich viel Jugend.« Zu letzterer zählte auch ich und ich erinnere deutlich, daß die Atmosphäre der Veranstaltung die einer Theaterpremiere war. Und es soll mir keiner erzählen, daß der große Adorno das nicht genossen hätte, genauso wie man es von seinen Frankfurter Vorlesungs-Auftritten berichtet bekommen kann.
38 GS 19, S. 425–430.
39 GS 19, S. 430.
40 GS 19, S. 497.

41 GS 19, S. 500.
42 Dabei hatte er sich gerade in einem Spiegel-Gespräch vehement gegen den Unfug der TV-Opern ausgesprochen.
43 An dieser Stelle versagt Adorno sogar seine sonst so ausgefeilte Grammatik: »In der modernen bildenden Kunst gibt es das und hat zuweilen sehr erfolgreich sich gezeigt.« (GS 19, S. 513)
44 GS 19, S. 508.
45 Einleitung in die Musiksoziologie, 1962, GS 14, S. 262.
46 Konzeption eines Wiener Operntheaters, 1969, GS 19, S. 503f.
47 Brief vom 16.4.1936, abgedruckt in: Katalog Alban Berg, 1985, S. 173–175.
48 Schönbergs Brief an Erwin Stein ist nachzulesen in der Dokumentation von Csampai & Holland, 1985, S. 244ff., dort übrigens mit Druckfehler im Datum, das März 1936, statt 1935, als Berg noch lebte, sein muß. Adornos Einschätzung von Schönbergs Motiven ist deutlich genug in seinem Brief an Helene Berg vom 23.11.1949, abgedruckt in: Katalog Alban Berg, 1985, S. 143, etwas abgemildert in »Berg. Der Meister des kleinsten Übergangs«, 1969, GS 13, S. 360, dargestellt.
49 Seine personellen Vorschläge waren erst René Leibowitz mit einem Kollektiv von Schülern und später Pierre Boulez, beide Paris.
50 Brief Adorno an Helene Berg vom 23.11.1949, abgedruckt in: Katalog Alban Berg, 1985, S. 143f.
51 Besonders hatte Adorno keinen Platz in den 600-Jahr-Feiern der Wiener Universität im Mai 1965, in denen das intellektuelle Ereignis ein dreitägiges Symposion »Gestaltung der Wirklichkeit« war. Zur Rolle des Intellektuellen sprachen statt dessen Rudolf Augstein und Golo Mann. (Derselbe Golo Mann, dessen Berufung nach Frankfurt Adorno und Horkheimer 1963 verhindert hatten – wie seit Manns »Lumpen«-Ausfall und den nachfolgenden Erläuterungen und Leserbriefen in der FAZ im Herbst 1989 allgemein bekannt ist. Da statt dessen Iring Fetscher die Stelle bekam, kann man wirklich nicht sagen, daß die Intervention sachlich ungerechtfertigt gewesen wäre – wie immer man Stilfragen im akademischen Handgemenge bewerten mag.) Der philosophische Höhepunkt jenes von der Hochschülerschaft organisierten Symposions wurde durch einen Vortrag von Ernst Bloch »Wirklichkeit: Mensch und Möglichkeit« markiert (mit dieser merkwürdigen Zeichensetzung ist der Titel jedenfalls im Programm und in der Dokumentation verzeichnet). Am 19. Mai 1965 erschien eine ausführliche Besprechung des Symposions von Hilde Spiel in der FAZ. Und am 20. Mai schrieb Adorno an Lotte Tobisch in Wien: »... übrigens habe ich mich gewundert, daß man mich diesmal zum Europa-Gespräch nicht eingeladen hat. Weißt Du einen besonderen Grund dafür? Ernst Bloch ist ja einer meiner ältesten und engsten Freunde. Ob Du ihn wohl kennengelernt hast? Hätte ich eine Ahnung gehabt, daß er nach Wien kommt, so hätte ich dafür gesorgt, daß er Dich anruft, und Ihr etwas ausmacht. Ihn kennenzulernen ist nun wirklich der Mühe wert.« (Die Einreihung Blochs unter die »engsten Freunde« ist vielleicht ein bißchen übertrieben, wie man dem Briefwechsel – Bloch Briefe, Bd. 2 – leicht entnehmen kann, in dem tiefe Verstimmungen, dementsprechend jahrelanges Schweigen und (musik)-philosophische Konkurrenz teils explizit sind, teils deutlich durchscheinen.) Adorno war übrigens, soweit sich das ohne Zugang zum Archiv herausfinden läßt, das ganze Jahr 1965 nicht in Wien.

52 Die Soziologie in Wien konnte damals, über die enge Beziehung ihres beherrschenden professoralen Vertreters, Leopold Rosenmayr, zu René König, als Außenstelle der »Kölner Schule« gelten und war insgesamt, auch durch den Einfluß von Paul Lazarsfeld und Paul Neurath, auf empirische Sozialforschung und Ablehnung gesellschaftstheoretischer wie -kritischer Unternehmungen festgeschrieben. Der Beitrag Rosenmayrs zum »Positivismusstreit«, über den Dahrendorf berichtet, macht das deutlich: »Schon vor Beginn der Diskussion bemängelte Eduard Baumgarten, was Emmerich Francis dann ausführte, Leopold Rosenmayr, Weippert und andere unterstrichen: daß in beiden Referaten eigentlich sehr wenig von dem methodischen Problemen einer Soziologie die Rede war, die zumindest im alltäglichen Betrieb vorwiegend empirische Forschung betreibt.« (Adorno et al., 1969, S. 148) Vergl. dazu auch Rosenmayr, 1988, S. 291 ff. (»Warum kein Positivismus-Streit in Österreich?«) und S. 298 ff. als Darstellung, wie Adorno Rosenmayr beinahe nach Frankfurt geholt hätte.

53 »Notiz«, GS 2, S. 261.

54 »Notiz«, GS 2, S. 261.

55 Haselberg, 1983, S. 18.

56 Bemerkenswert ist hier, daß für Adorno das Komponieren die deutlich anspruchsvollere Tätigkeit ist. Wenn der allgemeine Zustand dafür nicht gut genug ist, läßt sich immer noch eine theoretische Arbeit »dazwischenschieben«.

57 Briefwechsel Adorno–Krenek, S. 44.

58 Popper, 1976, S. 227 f.

59 Popper, 1976, S. 102 f.

60 Canetti, 1980, S. 311 f., 320, 331 ff.

61 Canetti, 1980, S. 331 f.

62 Heinrich Gomperz wurde 1934 von den Austro-Faschisten unter Kürzung seines Gehalts auf weniger als die Hälfte in den »zeitlichen Ruhestand« versetzt. (Ich danke Christian Fleck für den Hinweis und für entsprechende Unterlagen aus dem Personalakt, die sich in dem von ihm geleiteten »Archiv für die Geschichte der Soziologie in Österreich« an der Universität Graz befinden. Es fehlt zwar das Entlassungsschreiben selbst, aber andere Schriftstücke beziehen sich darauf.) Möglicherweise gab er dafür einen Anlaß, der die Ironien der Zeitläufte illustriert. Spiel, 1987, S. 48 f., berichtet im Zusammenhang mit »liberalen Juden«, die lange brauchten, »bis sie erkannten, daß sich ihre Bewunderung für das ›Deutschtum‹ gegen sie selbst gewandt hatte«, auch über Gomperz: »1934 unterzeichnete Heinrich Gomperz ... gemeinsam mit nationalistischen – bald darauf nationalsozialistischen – Professoren der Wiener Universität eine Protesterklärung gegen das autoritäre, aber antigroßdeutsche christlichsoziale Regime.« Hilde Spiel gibt dafür keine Quelle an (wahrscheinlich handelte es sich um ihre persönliche Erinnerung), und mir war es nicht möglich, mit vertretbarem Aufwand genauere Unterlagen aufzutreiben. Aber es scheint so, als wäre der liberale Professor durch seine Ablehnung des autoritären Regimes in die Gesellschaft der Befürworter des Anschlusses und des noch autoritäreren Regimes geraten – was übrigens auch Sozialdemokraten damals leicht geschah – und also für die falsche Illoyalität strafweise entlassen worden.

63 Diese Absicht, nach Beendigung der akademischen Lehrtätigkeit noch eine weitere

(die dritte oder vierte, je nachdem, was man alles einzeln zählt) Karriere, jetzt als Komponist zu betreiben, läßt sich aus dem Aufsatz »Vers une musique informelle« (1961/63, GS 16) schon erahnen, der gut als Programmschrift dafür zu lesen ist. Georg Eisler erinnert sich ebenfalls an ein Gespräch von 1968, in dem ihm Adorno diese Absicht explizit mitgeteilt hat.

64 Brief Adorno–Tobisch vom 27.11.1968.

Adornos Theorie der Befreiung und ihre Aktualisierbarkeit

1 Allerdings ist das ein ganz anderer Begriff von »Modell«, als Adorno ihn, zum Beispiel in der »Negativen Dialektik«, verwendet.

2 Ein Beispiel dafür, dessen genauere Untersuchung sich nach den Hinweisen in »Ad vocem Hindemith« (GS 17) lohnen müßte, wäre die erst bewundernde, dann abwertende Haltung zu dem aus sehr »kleinen« Verhältnissen »hochgekommenen« Paul Hindemith.

3 Wie sehr es Adorno an Sensibilität für die politische Wirklichkeit und Erfahrung mit ihr mangelte, wird besonders deutlich an seiner Fehleinschätzung des Nationalsozialismus, als dieser sich an die Macht brachte. Adorno meinte (wie übrigens viele), dieser Spuk müsse rasch vorübergehen, man könne »überwintern« und man könne Schutz in der Oberschicht finden. Vergl. dazu Haselberg, 1983.

4 GS 10.2, S. 501. Es ist dort auch gleich die Rede von dem doppelten Aspekt der gesellschaftlichen Lage: »der einer Welt, die zum Besseren sich wenden könnte, und der der Zerstörung jener Möglichkeit durch die Etablierung der Mächte, die dann vollends im Faschismus sich enthüllten.« Wenn es nach der Musik geht, sind das die Mächte der Unterhaltung, des Folklorismus und des Neoklassizismus, zusammengefaßt: des Schielens nach dem Publikum, also die Macht der Ware.

5 Ob und wie Adorno die Revolution 1918/19 erlebt hat – immerhin war er da 15/16 Jahre alt und intellektuell frühreif –, ist dem Veröffentlichten nicht zu entnehmen. Aber seinen Abscheu vor der Jugendbewegung hat er nie verhehlt (besonders deutlich dazu eine vielleicht nicht so bekannte Passage in »Amorbach«, 1966, GS 10.1, S. 307). Das Wort vom »Linksfaschismus« über die Studentenbewegung hat zwar Habermas in die Öffentlichkeit gesetzt, aber in Adornos »Resignation« (1969, GS 10.2) ist es nicht so fern. In »Sur l'eau« (Minima Moralia, 100, GS 4, S. 175 ff.) ist deutlich, daß er auch an der Arbeiterbewegung den aktivistischen Zug extrem abstoßend findet. »Bewegungen« aller Art, auch sich sozialistisch gebende, sind ihm beängstigend. Sie mobilisieren, wie dann besonders die faschistische, die kindliche Angst vor der Bubenhorde. (Minima Moralia, 123, GS 4, S. 217 f.) Horkheimer hat in seinen literarischen Jugendwerken diese selbe Angst vor der »Masse« sehr direkt und nachdrücklich gestaltet. (Vergl. Horkheimer GS 1, S. 262 f., 266 f., 295 f.)

6 Vergl. S. 113 ff.

7 Hermann Grab, philosophierender, literarischer und musikalischer Privatmann (und Millionenerbe) in Prag, den Adorno dort gern besuchte. Vergl. den Nachruf, den ihm Adorno 1949 (GS 20.2, S. 465 f.) geschrieben hat.

8 Soma Morgenstern hielt sich 1925 als Korrespondent der »Frankfurter Zeitung« in

Wien auf und war, wie man Hinweisen in den Briefen an Kracauer entnehmen kann, dort öfter mit Adorno zusammen. Er hat nach seiner Flucht in die USA Erinnerungen verfaßt, in denen auch Adorno ein Kapitel gewidmet ist. Er wird darin als ziemlich überspannt dargestellt. Leider ist das Manuskript nicht veröffentlicht und auch sonst schwer zugänglich. Ich selbst konnte 1985 bei Dan Morgenstern, dem Sohn und Jazz-Fachmann, den Adorno-Abschnitt gerade einmal durchlesen.

9 Kracauer, 1921. Tatsächlich ist diese Kritik zurückhaltend genug und bezieht sich ausschließlich auf Teil II, also die Typologie und besonders den kurzen Ausblick auf Dostojewski (im letzten Absatz des Buches), während Teil I, man möchte sagen, hymnisch gepriesen wird. Zu Dostojewski hingegen meint Kracauer, daß er vielleicht »für die russische Menschheit« wieder »gültigen Sinn« bringen könne, nicht aber für das »Abendland«, das von Homer und Dante ausgehen müsse und selbst seine gegenwärtige »epenbildende Kraft« in den »großen Bauernepen Gotthelfs« beweise. »So lange Geschichte mehr ist als ein Versuchsobjekt für Vivisektoren gleich Spengler, liegt aber kein Grund dafür vor, an einer Erneuerung Europas aus dem ihm angestammten Geist heraus endgiltig zu verzweifeln.« (S. 5) Kracauer trifft allerdings mit diesem starken Eingehen auf den kurzen Dostojewski-Ausblick den (nicht realisierten) geplanten Fluchtpunkt der »Theorie des Romans«, die der erste Teil eines Buches über Dostojewski sein sollte, wie man z. B. den Briefen Blochs an Lukács entnehmen kann. (Bloch Briefe I, S. 146f., Anm. 10; 160ff., Anm. 5,6; 177, Anm. 2; 183, Anm. 4.) Dazu mag ein solches Zurückweisen der Hoffnung auf Rußland, von Lukács vor der Revolution formuliert, nach der Revolution (und nach Lukács' theoretischem wie praktischem Engagement für sie) schon eine herbe Bedeutung annehmen, die mit Dostojewski unmittelbar vielleicht gar nichts zu tun hat.

10 Kracauer, 1922b. Diese Besprechung des Müntzer-Buches ist tatsächlich ein übler Verriß, vielleicht charakterisiert durch die folgende Passage: »Die in ihm (dem Blochschen Buch) bekundete Haltung ist garnicht der ursprüngliche Chiliasmus selber, sondern ein Pseudo-Chiliasmus literarischen Gepräges, dessen Verquikkung mit dem Kommunismus weder der religiösen noch der politisch-geschichtlichen Wirklichkeit gerecht wird und dem alles in allem die Merkmale der Echtheit durchaus fehlen.« (S. 2) Die scharfe briefliche Reaktion Blochs (Brief an Kracauer vom 1.9.1922) kann man in Bloch Briefe I, S. 265ff., nachlesen. Bloch weist dort auch darauf hin, daß »Ihre Rezension in Berlin, wo ich gerade im Kreis Döblins und Lukács' war, das erstaunlichste Schütteln des Kopfes auslöste und die Frage, wie ein solches denn überhaupt noch möglich wäre«. (S. 266)

11 Nachträglich, als die Verheerungen des Stalinismus überblickbar wurden, in »Erpreßte Versöhnung« (1958, GS 11), hat Adorno diese »Erschütterung«, nun deutlich zur Verachtung geklärt, nochmals ausführlich dargelegt.

12 Mülder, 1985, datiert auch für Siegfried Kracauer, dessen Bedeutung für die intellektuelle Entwicklung des jungen Adorno wohl immer noch unterschätzt wird, den Beginn der Beschäftigung mit Marx auf frühestens 1925, davor gab es – wie für Adorno – Lukács und Bloch, den deutschen Idealismus und Kierkegaard. In den Briefen Walter Benjamins an Siegfried Kracauer finden sich verschiedene Erwähnungen von Kracauers Marx-Studien (S. 25, 33, 35), die erste in einem Brief aus

Paris vom 17.6.1926: »Ihnen die herzlichsten Grüße und Glück zum Marxstudium.« (S. 25)

13 Vergl. dazu Jay, 1984b.

14 Ich habe oben (S. 143f.) schon darauf hingewiesen, wie das »Werk« mit Bestimmungen aus dem Umfeld des Leibnizschen Begriffs beschrieben wird. Vielleicht sollte man hier nachtragen, daß Adorno auch das Wort direkt in solchen Kontexten gern verwendet, zum Beispiel in der »Ästhetischen Theorie«, 1970, GS 7, S. 59; oder in der »Philosophie der neuen Musik«, 1948, GS 12, S. 120. Es lohnt sich, die zuletzt genannte Wendung ausführlich wiederzugeben: »Denn nur im Reich der Notwendigkeit, welches die geschlossenen Kunstwerke monadologisch vorstellen, vermag Kunst jene Kraft der Objektivität sich anzueignen, die endlich zur Erkenntnis sie befähigt. Grund solcher Objektivität ist, daß die Disziplin, welche das geschlossene Kunstwerk dem Subjekt auferlegt, die objektive Forderung der ganzen Gesellschaft vermittelt, von der diese so wenig weiß wie das Subjekt. Sie wird kritisch zur Evidenz erhoben im gleichen Augenblick, in dem das Subjekt die Disziplin sprengt. Dieser Akt ist einer der Wahrheit bloß, wenn er die gesellschaftliche Forderung in sich einschließt, die er negiert.«

15 Im Gegensatz zu einer psychoanalytischen Analyse von »Übertragung« wird dabei angenommen, daß diese Herrschaftsbeziehungen, die damals deformierend gewirkt haben, das auch heute noch tun, und zwar am Subjekt wie am Objekt. Nicht das Subjekt steht »krank« und deformiert einer weitgehend intakten Objektwelt gegenüber, die es nur deformiert auffaßt, sondern dieselbe Herrschaft beschädigt beide, Subjekt und Objekt, und die Interaktion zwischen ihnen.

16 Solche »materiellen Grundlagen« gehen nicht in der wirtschaftlichen Position auf. Sie sind allgemeiner zu bestimmen als strukturierte und womöglich institutionalisierte gesellschaftliche Praktiken, von denen Eigenschaften und Errungenschaften ermöglicht, getragen und tradiert werden. So haben wir (Treiber & Steinert, 1980) zum Beispiel gezeigt, daß die »Disziplin« und die »methodische Lebensführung« von der geschlossenen Anstalt und den dort nahegelegten Vergesellschaftungsformen getragen wird, also zunächst vom Kloster, das als Modell die »Disziplin« durch die Jahrhunderte tradiert, bevor sie im Kapitalismus verallgemeinert wird. Ähnlich wäre für »Autonomie« zu prüfen, welche gesellschaftlichen Praktiken sie ermöglichen. Es ist selbstverständlich durch nichts ausgeschlossen, daß dabei Veränderungen auftreten, daß »Erfindungen« gemacht werden, die unter veränderten Bedingungen das Modell weiterbestehen lassen oder aber es eventuell auch aufheben. Wieder am Beispiel der »Disziplin« waren das zunächst überhaupt die Erfindung der Arbeit als Gottesdienst durch Benedikt, dann die verschiedenen fundamentalistischen Erneuerungsbewegungen mit den zugehörigen Ordensgründungen, die das Modell des Klosters an neue wirtschaftliche Bedingungen angepaßt haben, von den »feudalen« Benediktinern über die kolonisierenden Zisterzienser zu den bettelnden Franziskanern. So gibt es auch eine Geschichte der materiellen Grundlagen von Autonomie in der Kunst zu schreiben. Es wurden oben (S. 72ff.), im Zusammenhang mit Schönbergs Erfindungen, einige Stufen dieser Entwicklung in der Musik genannt.

17 Gleich im zweiten Absatz von »Die Wartenden« von 1922, ein zentraler Text wenn es um die Beschreibung der Probleme geht, mit denen sich Kracauer – und damit

sein junger Freund Teddie Adorno – damals herumschlug, hat Siegfried Kracauer das historische Forschungsprogramm skizziert, in dem dieser Zusammenhang und diese Entwicklung nachzuzeichnen wären.

18 Kracauer, 1921, S. 1f.

19 Kracauer, 1922a, S. 106.

20 Daß die Religion kritisiert wird, ist selbst Symptom und nicht Ursache.

21 Immerhin hatte er aber noch seine eigene Subkultur, in die er sich zurückziehen und in der er Blüten treiben konnte.

22 Das gilt auch für die politische Theorie Habermas', wie sie in »Strukturwandel der Öffentlichkeit« entwickelt wurde. Auch da wird ein »goldenes Zeitalter« der bürgerlichen Öffentlichkeit angenommen, die sich im Widerspruch und zur Sicherung der Herrschaft historisch rückgebildet und aufgehoben hat. Adorno ist insgesamt – wohl auch mangels ausgeprägter historischer Interessen – vorsichtiger, indem er sich jeweils auf den bürgerlichen Begriff (von Freiheit, Gleichheit etc.) beruft und nicht unbedingt auf einen realen vergangenen Zustand seiner (besseren) Verwirklichung. Der »linguistic turn« bei Habermas bereinigt die Schwierigkeit in der Tat, indem die Kritikfolie (die Prinzipien von gelingender Interaktion und Kommunikation) ahistorisch gesetzt wird.

23 Mayer, 1977, S. 257.

24 Im technischen Sinn der Wegnahme aller Mittel des Subsistenzerwerbs außer der Lohnarbeit, also des Zwangs zum Verkauf der eigenen Arbeitskraft.

25 Mayer, 1977, S. 297.

26 Lukács, Geschichte und Klassenbewußtsein, Vorwort von 1967, S. 11.

27 Wie Holz, 1968, gezeigt hat. Zur literarischen Tradition vergl. Mayer, 1971.

28 Angesichts der gewissen Eintönigkeit mag sich mancher fragen, ob nicht der Rest: Untergangsahnung und Spott und Hohn, vorzuziehen wäre, wie Schopenhauer es getan hat, an den neuerdings Horstmann, 1983, vehement und konsequent anschließt.

29 Der HErr war in diesem Entwurf immer eine prekäre Größe, notwendig einerseits zur Ableitung der Herrschaft und um die irdischen Mißlichkeiten und Ungerechtigkeiten hinnehmbar zu machen, indem er sie drüben ausgleichen wird, aber er kann andererseits auch schon hier als oberste Berufungsinstanz verstanden werden, in deren Namen man einfordert, was man meint, daß einem zusteht – wie es die Bauern taten. Dazu eröffnet der HErr einen zweiten Zugang zum Heil: Nicht nur durch treue Unterwerfung, jeder nach seinem Stand, gelangt man zu ihm, sondern auch und womöglich privilegiert durch direkte und unmittelbare Hingabe an ihn, unter Hintanstellung weltlicher und kirchlicher Verpflichtungen. Diese »Ketzer« mußten im Zusammenspiel zwischen Kirche und Staat erledigt werden, und die gelegentliche Abspaltung ließ sich nicht vermeiden. Die schwierige Koalition zwischen staatlicher und kirchlicher Herrschaft ließ sich im gemeinsamen Kampf gegen innere und äußere Feinde in Kreuzzügen, Hexen- und Ketzerverfolgungen, Judenpogromen und Heiligen Kriegen immer wieder festigen. Mit zu den brisanten Elementen der religiösen Bilder gehörte die Vorstellung von der Endzeit, vom Kommen des Reiches Gottes auf Erden, die es ermöglichte, den totalen Umsturz zu imaginieren, die völlig neue Gesellschaft. (Vergl. Cohn, 1957; Hill, 1972) Ebenso ist der »Exodus«, die Aufgaben, die der HErr dem auserwählten Volk stellt,

mit deren Bewältigung er es ins gelobte Land gelangen läßt, Teil dieses Mythos, dessen Spuren sich in dem der Revolution nicht verleugnen lassen. (Vergl. Walzer, 1985)

30 Wie wenig gefestigt das ist, wie leicht sich hier bei Bedarf auch wieder zurückschrauben läßt, kann man noch an aktuellen Politikbemühungen im Bereich der Sozialversicherung, des Zugangs zur höheren Bildung und ihrer Gestaltung, des Streikrechts und anderer Rechte der (politischen) Beteiligung hier und heute beobachten.

31 Aus der ziemlich umfänglichen Literatur zum vertragstheoretischen Denken nenne ich nur als nützliche Beispiele: Bermbach & Kodalle, 1982; Fetscher, 1976; Macpherson, 1967; Schlumbohm, 1973.

32 Marx, 1894, MEW 25, S. 242 ff., hat sie als »entgegenwirkende Ursachen« aufgezählt: Aktiengesellschaften, Internationalisierung, »Verwohlfeilerung« der Produktionsmittel usw. Die Liste ist nicht erschöpfend.

33 Der grundsätzliche Fehler liegt natürlich darin, daß diese in der Form des bürgerlich-kapitalistischen Staats und seiner Verwaltung übernommen wurden, womöglich noch unter Aufgabe gerade der Elemente (wie der Freiheitsrechte), die man als Errungenschaften ansprechen muß.

34 Besonders wichtig bei momentanen Rückschlägen in Aktionen des Klassenkampfs (also nach Modell 2), wie sie Marx in den Frankreichschriften (1852, MEW 8; 1871, MEW 17) zu verarbeiten hatte.

35 Es kann dadurch aber auch zu raffinierteren, weniger angreifbaren Herrschaftstechniken veranlaßt werden.

36 Ich erlaube mir, den Kalauer von Robert Gernhardt zu übernehmen.

37 Es ist in der ganzen Geschichte bemerkenswert, wie relativ hilflos die Arbeiterbewegung trotz einiger Anstrengungen (ich denke dabei nicht nur an die diversen »Internationalen«, sondern durchaus auch an die Blockbildung nach dem Zweiten Weltkrieg) den internationalen Kapitalstrategien gegenüberstand und -steht.

38 Das hat Horkheimer in »Vernunft und Selbsterhaltung«, 1942, Horkheimer GS 5, besonders scharf herausgearbeitet. Vergl. auch Hesse, 1984.

39 Hier mag Abwechslung in der Zubereitung erfreuen, ist aber nicht zwingend – man soll die Freuden des Wiederfindens und Wiedererkennens nicht unterschätzen. Und die Innovation der Herstellung, die in der hormonellen Wachstumssteuerung besteht, macht schon gar keine Freude. Aber vielleicht ist das Kalbsschnitzel insgesamt ein verfehltes Beispiel, weil wir bei »sachgemäßer« Betrachtung des ganzen Vorgangs ohnehin Vegetarier würden.

40 Zu erwägen wäre auch, ob sie vielleicht *noch nicht* in Kraft ist. Denn wann wäre sie es historisch gewesen? in der agrarischen Produktionsweise? in der handwerklich-kleinbürgerlichen? in früheren Stadien der Lohnarbeitsentwicklung?

41 Eine moderne Variante dieses Zynismus begegnet einem in der Spekulation z. B. auf den Einsatz älterer Leute für besonders exponierte Arbeiten in Atomkraftwerken, weil denen ein bißchen Verstrahlung nicht mehr so viel ausmacht: Sie sterben ohnehin, bevor die Langzeitwirkungen manifest werden.

42 Spitzer, 1979, spricht von der »Investition in die Arbeitskraft«, die einen eigenen Typus von Kontrolle konstituiert, die Arbeitskraft aber auch »wertvoll« macht – die Investition muß wieder herauskommen.

43 Selbst bei gegebener Freiheit muß das Werk nicht immer gelingen. Insofern behält man auch einen Maßstab der Kritik an den Produkten: Schöpfen sie die Möglichkeiten der Freiheit aus, die gegeben sind, erweitern sie sie gar? Im Gegensatz zu Adorno würde ich übrigens festhalten, daß nicht nur die Produkte, für die sich diese Frage bejahen läßt, interessant sind. Ich habe auf die Freuden des Wiederfindens, speziell wenn sie ironisch gebrochen sind, oben schon hingewiesen.

44 Zum Expertentum, seiner Kritik und der Kritik dieser Kritik vergl. Steinert, 1987.

45 Aufgrund dieser Vorsicht ist manche Wissenschaft so langweilig.

46 Diesen zentralen Aspekt der Dialektik der Aufklärung, daß die »vernünftige« Einrichtung der Gesellschaft nach herrschendem, instrumentellem Verständnis zugleich sozialen Ausschluß bedeutet, daß »Außenseiter« produziert (und malträtiert) werden, hat Hans Mayer, 1975, eindrucksvoll dargestellt.

47 Das wird nach der »Dialektik der Aufklärung« (die er offenbar nicht kannte) nirgends überzeugender deutlich als im Werk von Michel Foucault, was immer man am Detail herumzumäkeln haben mag – vergl. Kap. III in Treiber & Steinert, 1980.

48 Die aber zugleich darauf angewiesen ist, zu ihrer eigenen Erhaltung ihren Widerspruch, nämlich eine Infrastruktur von nicht warenförmig organisierten Bereichen der Gesellschaft, zuzulassen und hervorzubringen. Vergl. dazu Steinert, 1988.

49 Vielleicht Nicaragua? Dafür ist dort das Problem externalisiert. Die jeweiligen Konterrevolutionen hatten ohnehin regelmäßig »Vernichtung« auf ihre Fahnen geschrieben.

50 Einzig solcher Ermüdung verdankt sich das Delegationsprinzip in der Politik, von dem man immer wieder erhofft, daß die Dinge so erledigt werden, wie man es für vernünftig hält, ohne daß man sich unmittelbar echauffieren muß – nur um immer wieder feststellen zu müssen, daß man doch alles selber tun muß und sich durch die Delegation ein zusätzliches Problem aufgeladen hat.

51 Wir haben dazu fremde und eigene Belege und empirische Materialien zusammengetragen und darüber berichtet in Steinert, 1982, und Hanak, Stehr & Steinert, 1989. Es läßt sich zeigen, daß die Vorstellung einer gesellschaftlichen Welt, die auf Normen und Werten aufgebaut ist und von Normen und Sanktionen zusammengehalten wird, eine Vorstellung, die Juristen wie Sozialwissenschaftlern lieb und wert ist, nicht gehalten werden kann. Gesellschaftliches Leben läuft pragmatischer ab, als Moralphilosophen und anderen Freunden des normierten Handelns plausibel ist.

52 Cohen & Taylor, 1976, beschreiben brillant diesen Doppelcharakter, auch wenn sie insgesamt mehr zu der pessimistischen Haltung neigen mögen, die Kontrolltheoretikern, die sich nicht Sand in die Augen streuen lassen, gut ansteht.

53 Vergl. dazu die Begriffsanalyse und historische Darstellung von Schibel, 1985.

54 Und erst ab da wird von der partei- und gewerkschaftsorientierten Geschichtsschreibung der Arbeiterbewegung deren politische »Reife« datiert.

55 Vergl. dazu Steinert, 1984, sowie Hess et al., 1988.

56 In der »instrumentellen Arbeitshaltung« ist das Abgebot und die implizite Vereinbarung, daß man die Lohnarbeit, bewußt entfremdet, rein als Mittel zum Gelderwerb akzeptiert und daher keine Qualitätsansprüche an sie stellt, um mit diesem Geld das »eigentliche« Leben in der »Freizeit« zu führen. Der Gedanke ist nahelie-

gend, daß es dann auch um die Arbeitszeit schade ist, daß man daher versuchen soll, entweder gar nicht zu arbeiten und sich sonstwie das »eigentliche« Leben zu ermöglichen oder aber das »eigentliche« Leben auch auf die Arbeitszeit auszudehnen – womit dafür besonders hohe Ansprüche entstehen.

Bibliographie

A Werkausgaben

Wo vorhanden, wurden Gesamtausgaben benützt, um Zitate auszuweisen. Dazu wird in den Anmerkungen der Titel des Werkes mit der Jahreszahl der Erstpublikation und die Seitenzahl in der Gesamtausgabe vermerkt. Auf die Gesamtausgabe selbst wird mit einem Kürzel, das im folgenden jeweils angegeben ist, und der Bandzahl verwiesen.

ADORNO, Theodor W., Gesammelte Schriften, Bd. 1–20, Frankfurt (Suhrkamp), 1970 ff. (GS)

BENJAMIN, Walter, Gesammelte Schriften, Werkausgabe, Bd. 1–12, Frankfurt (Suhrkamp), 1980. (Benjamin GS)

BLOCH, Ernst, Gesamtausgabe, Werkausgabe, Bd. 1–16, Frankfurt (Suhrkamp), 1985. (Bloch GA)

DEHMEL, Richard, Gesammelte Werke in drei Bänden, Berlin (S. Fischer), 1913. (Dehmel GW)

EISLER, Hanns, Musik und Politik. Schriften 1924–1962, Gesammelte Werke, Serie III, Leipzig (VEB Deutscher Verlag für Musik), 1973 ff. (Eisler Schriften)

FREUD, Sigmund, Gesammelte Werke, London (Imago) / Frankfurt (S. Fischer), 1940 ff. (Freud GW)

GEORGE, Stefan, Werke, Ausgabe in vier Bänden, München (dtv), 1983. (George Werke)

HEGEL, Georg Wilhelm Friedrich, Werke, Bd. 1–20, Frankfurt (Suhrkamp), 1969. (Hegel Werke)

HORKHEIMER, Max, Gesammelte Schriften, Bd. 1–18, Frankfurt (S. Fischer), 1985 ff. (Horkheimer GS)

KRACAUER, Siegfried, Schriften, Frankfurt (Suhrkamp), 1971 ff. (Kracauer Schriften)

LÖWENTHAL, Leo, Schriften, Bd. 1–5, Frankfurt (Suhrkamp), 1980 ff. (Löwenthal Schriften)

LUKÁCS, Georg, Gesamtausgabe, Neuwied (Luchterhand), 1964 ff. (noch nicht vollständig). (Lukács GA)

MARX, Karl / ENGELS, Friedrich, Werke, Bd. 1–26, Ergänzungsbände, Berlin (Dietz), 1956 ff. (MEW)

SCHÖNBERG, Arnold, Gesammelte Schriften, Frankfurt (S. Fischer), 1976 ff. (Schönberg GS) (Bisher nur Bd. I: Stil und Gedanke. Aufsätze zur Musik, erschienen.)

B Briefe

ADORNO, Theodor W. – BERG, Alban und Helene, unveröffentlicht, Alban Berg-Archiv der Österreichischen Nationalbibliothek, Wien. (Es werden hier nur die Briefe Adornos aufbewahrt. Die Briefe Bergs an Adorno befinden sich im Adorno-Archiv Frankfurt und waren mir nicht zugänglich. Eine Aufstellung der Adorno-Briefe im Berg-Archiv findet sich im Anhang von Hilmar, 1987.)

ADORNO, Theodor W. – KRENEK, Ernst, Briefwechsel, Hg. Wolfgang Rogge, Frankfurt (Suhrkamp), 1974.

ADORNO, Theodor W. – KRACAUER, Siegfried, unveröffentlicht, Nachlaß Siegfried Kracauer, Deutsches Literaturarchiv Marbach.

ADORNO, Theodor W. – TOBISCH, Lotte, unveröffentlicht, im Besitz von Frau Tobisch, Wien.

BENJAMIN, Walter, Briefe, 2 Bde., Hg. Gershom Scholem & Theodor W. Adorno, Frankfurt (Suhrkamp), 1966.

BENJAMIN, Walter – KRACAUER, Siegfried, Hg. Adorno-Archiv Frankfurt, Marbach (Deutsches Literaturarchiv), 1988.
(Viel an Briefwechsel Benjamins ist auch in den Anmerkungen von Benjamin GS enthalten und geeignet, die eine oder andere Lücke in der Briefsammlung zu schließen.)

BLOCH, Ernst, Briefe 1903–1975, 2 Bde., Frankfurt (Suhrkamp), 1985.

HORKHEIMER, Max, Nachlaß und Briefe, noch unveröffentlicht, Max Horkheimer-Archiv, Frankfurt. (Zitiert als MHA plus Signatur.)

GEORGE, Stefan – COBLENZ, Ida, Briefwechsel, Hg. Georg Peter Landmann & Elisabeth Höpker-Herberg, Stuttgart (Klett-Cotta), 1983.

LOOS, Lina, Du silberne Dame du. Briefe von und an Lina Loos, Hg. Franz Theodor Csokor & Leopoldine Rüther, Wien (Zsolnay), 1966.

MAHLER, Gustav, Briefe, Neuausgabe erweitert und revidiert von Hertha Blaukopf, Wien (Zsolnay), 1982.

LÖWENTHAL, Leo, Briefe im Anhang von: Mitmachen wollte ich nie. Ein autobiographisches Gespräch mit Helmut Dubiel, Frankfurt (Suhrkamp), 1980.
Briefe auch in Löwenthal Schriften 4.

SCHÖNBERG, Arnold, Briefe, Hg. Erwin Stein, Mainz (Schott), 1958. Birke, Joachim, (1958/1964), Richard Dehmel und Arnold Schönberg. Ein Briefwechsel, in: Die Musikforschung, 1958, S. 279–285; 1964, S. 60–62.
Vojtech, Ivan, (1965), Arnold Schönberg, Anton Webern, Alban Berg. Unbekannte Briefe an Erwin Schulhoff, Miscellanea musicologica (Prag), 18, S. 31–83.

TORBERG, Friedrich, (1982), Kaffeehaus war überall. Briefwechsel mit Käuzen und Originalen, München (Langen-Müller).

WITTGENSTEIN, Ludwig, Engelmann, Paul, (1970), Ludwig Wittgenstein. Briefe und Begegnungen, Hg. Brian F. McGuiness, Wien (Oldenbourg).
Ludwig Wittgenstein. Briefe an Ludwig von Ficker, Hg. George Henrik v. Wright, Salzburg (Otto Müller), 1969.

C Literatur

ADENSAMER, Eva, (1981), Bergs geistige Umgebung. Briefe aus seinem Nachlaß, in: Alban Berg Studien II, Wien (Universal Edition), S. 181–188.

ADORNO, Theodor W., et al., (1969), Der Positivismusstreit in der deutschen Soziologie, Neuwied (Luchterhand).

BAB, Julius, (1926), Richard Dehmel. Die Geschichte eines Lebens-Werkes, Leipzig (H.Haessel).

BELLER, Steven, (1989), Vienna and the Jews 1867–1938. A Cultural History, Cambridge (Cambridge University Press).

BERG, Erich Alban, (Hg.), (1976), Alban Berg. Leben und Werk in Daten und Bildern, Frankfurt (Insel).

BERICHT 600, (1965), Beitrag der Österreichischen Hochschülerschaft an der Universität Wien zur 600-Jahr-Feier der Alma Mater Rudolphina, Redaktion Manfred Machold & Peter Plien, Wien (Eigenverlag der Österr. Hochschülerschaft).

BERING, Dietz, (1978), Die Intellektuellen. Geschichte eines Schimpfwortes, Stuttgart (Klett-Cotta).

BERKLEY, George E., (1988), Vienna and its Jews. The Tragedy of Success, 1880s-1980s, Cambridge, Ma. (Abt Books).

BERMAN, Russell A., (1982), Literarische Öffentlichkeit, in: Deutsche Literatur: Eine Sozialgeschichte, Hg. Horst Albert Glaser, Bd. 8: Jahrhundertwende: Vom Naturalismus zum Expressionismus, Hg. Frank Trommler, Reinbek (Rowohlt), 1982, S. 69–85.

BERMAN, Russell A., (1986), The Vienna fascination, in: Berman, Modern Culture and Critical Theory. Art, Politics, and the Legacy of the Frankfurt School, Madison (University of Wisconsin Press), 1989, S. 204–241; zuerst in: Telos, no. 68, 1986.

BERMBACH, Udo, & KODALLE, Klaus-Michael, (Hg.), (1982), Furcht und Freiheit, Opladen (Westdeutscher Verlag).

BLAUKOPF, Kurt, (1969), Gustav Mahler oder Der Zeitgenosse der Zukunft, Wien (Molden).

BLESSINGER, Karl, (1944), Judentum und Musik. Ein Beitrag zur Kultur- und Rassenpolitik, Berlin (Hahnefeld); ursprünglich 1938 als: Mendelssohn, Meyerbeer, Mahler. Drei Kapitel Judentum in der Musik.

BOTZ, Gerhard, OXAAL, Ivar, & POLLAK, Michael, (Hg.), (1990), Eine zerstörte Kultur. Jüdisches Leben und Antisemitismus in Wien seit dem 19. Jahrhundert, Buchlohe (Obermayer).

BRANDSTÄTTER, Christian, & SCHWEIGER, Werner J., (Hg.), (1978), Das Wiener Kaffeehaus, Wien (Molden); jetzt auch als Taschenbuch: München (Goldmann), 1983.

BRECHT, Bertolt, Arbeitsjournal 1938–1955, Hg. Werner Hecht, Frankfurt (Suhrkamp), 1983.

BREICHA, Otto, & FRITSCH, Gerhard, (Hg.), (1964), Finale und Auftakt. Wien 1898–1914, Salzburg (Otto Müller Verlag).

BRUNKHORST, Hauke, (1985), Theodor W. Adorno 1903–1969, in: Gall, Lothar, (Hg.), Die großen Deutschen unserer Epoche, Berlin (Propyläen), 1985, S. 171–184.

BUCK-MORSS, Susan, (1977), The Origin of Negative Dialectics. Theodor W. Adorno, Walter Benjamin and the Frankfurt Institute, Hassocks (Harvester Press).

CAMERON, Catherine M., (1985), Fighting with words: American composers' commentary on their work, Comparative Studies in Society and History, 27, S. 430–460.

CANETTI, Elias, (1980), Die Fackel im Ohr. Lebensgeschichte 1921–1931, München (Hanser); zitiert nach der Ausgabe Frankfurt (Fischer Taschenbuch), 1982.

COHEN, Stanley, & TAYLOR, Laurie, (1976), Escape Attempts. The Theory and Practice of Resistance to Everyday Life, London (Allen Lane).

COHN, Norman, (1957), The Pursuit of the Millenium, London (Secker & Warburg).

CSEMPAI, Attila, & HOLLAND, Dietmar, (Hg.), (1985), Alban Berg: Lulu. Texte – Materialien – Kommentare, Reinbek (Rowohlt).

DARNTON, Robert, (1971), The High Enlightenment and the low-life of literature in pre-revolutionary France, Past & Present, no. 51, S. 81–115; jetzt auch deutsch in: Darnton, Literaten im Untergrund, München (Hanser), 1985, S. 11–43.

DEHMEL, Richard, (1926), Bekenntnisse, Hg. Ida Dehmel, Berlin (S. Fischer).

DUBROVIC, Milan, (1985), Veruntreute Geschichte. Die Wiener Salons und Literatencafés, Wien (Zsolnay).

van DÜLMEN, Richard, (1986), Die Gesellschaft der Aufklärer. Zur bürgerlichen Emanzipation und aufklärerischen Kultur in Deutschland, Frankfurt (Fischer Taschenbuch).

DÜMLING, Albrecht, (1975), ›Im Zeichen der Erkenntnis der sozialen Verhältnisse‹. Der junge Schönberg und die Arbeiterbewegung, in: Zeitschrift für Musiktheorie, 1975, H. 1, S. 11–21.

DÜMLING, Albrecht, (1981), Die fremden Klänge der hängenden Gärten. Die öffentliche Einsamkeit der Neuen Musik am Beispiel von Arnold Schönberg und Stefan George, München (Kindler).

DÜMLING, Albrecht, (1985), Laßt euch nicht verführen. Brecht und die Musik, München (Kindler).

DUTSCHKE, Rudi, & WILKE, Manfred, (Hg.), (1975), Die Sowjetunion, Solschenizyn und die westliche Linke, Reinbek (Rowohlt).

EKSTEINS, Modris, (1990), Tanz über Gräbern. Die Geburt der Moderne und der Erste Weltkrieg, Reinbek (Rowohlt).

EUROPA-GESPRÄCH 1960: Die Funktion der Kunst in der modernen Gesellschaft, Wiener Schriften, Heft 14, Wien (Verlag für Jugend und Volk).

EUROPA-GESPRÄCH 1963: Die europäische Großstadt – Licht und Irrlicht, Wiener Schriften, Heft 20, Wien (Verlag für Jugend und Volk).

FETSCHER, Iring, (1976), Herrschaft und Emanzipation, München (Piper).

v. FICKER, Ludwig, (1954), Rilke und der unbekannte Freund, in: Der Brenner, 18. Folge, S. 234–248.

FISCHER, Jens Malte, (1978), Fin de siècle. Kommentar zu einer Epoche, München (Winkler).

FREITAG, Eberhard, (1973), Arnold Schönberg in Selbstzeugnissen und Bilddokumenten, Reinbek (Rowohlt).

v. FRIEDEBURG, Ludwig, & HABERMAS, Jürgen, (Hg.), (1983), Adorno-Konferenz 1983, Frankfurt (Suhrkamp).

FRITZ, Horst, (1969), Literarischer Jugendstil und Expressionismus. Zur Kunsttheorie, Dichtung und Wirkung Richard Dehmels, Stuttgart (Metzler).

GERNHARDT, Robert, (1987), Es gibt kein richtiges Leben im valschen, Zürich (Haffmans Verlag).

GIORDANO, Ralph, (1961), Die Partei hat immer recht, Köln (Kiepenheuer & Witsch).

GÖRTZEN, René, (1983), Theodor W. Adorno. Vorläufige Bibliographie seiner Schriften und der Sekundärliteratur, in: Friedeburg & Habermas, 1983, S. 402 bis 471.

GOTTWALD, Clytus, (1989), Der Ketzer der Wiener Schule. Über die Frauenchöre von Theodor W. Adorno, in: Musik-Konzepte 63/64: Theodor W. Adorno. Der Komponist, München (text + kritik), 1989, S. 111–120.

GREEN, Martin, (1974), The von Richthofen Sisters. The Triumphant and the Tragic Modes of Love, New York (Basic Books).

HABERMAS, Jürgen, (1962), Strukturwandel der Öffentlichkeit, Neuwied (Luchterhand).

HABERMAS, Jürgen, (1971), Philosophisch-politische Profile, Frankfurt (Suhrkamp).

HABERMAS, Jürgen, (1982), Die Verschlingung von Mythos und Aufklärung, in: Bohrer, Karl Heinz, (Hg.), Mythos und Moderne, Frankfurt (Suhrkamp), 1982, S. 415–430. Auch in: Habermas, 1985, S. 130–157.

HABERMAS, Jürgen, (1985), Der philosophische Diskurs der Moderne, Frankfurt (Suhrkamp).

HALL, Murray G., (1985), Adolf Loos und ›Frau Doktor‹, in: Parnass, SH 2: Aufbruch zur Jahrhundertwende. Der Künstlerkreis um Adolf Loos, Linz, S. 92–99.

HANAK, Gerhard, STEHR, Johannes, & STEINERT, Heinz, (1989), Ärgernisse und Lebenskatastrophen. Über den alltäglichen Umgang mit Kriminalität, Bielefeld (AJZ).

v. HASELBERG, Peter, (1971), Denken aus Protest, in: Schweppenhäuser, 1971, S. 39–44.

v. HASELBERG, Peter, (1983), Wiesengrund-Adorno, in: Scheible, 1983, S. 7–21.

HAWLIK, Johannes, (1985), Der Bürgerkaiser. Karl Lueger und seine Zeit, Wien (Herold).

HEER, Friedrich, (1968), Der Glaube des Adolf Hitler, München (Bechtle).

HEINSHEIMER, Hans, (1953), Menagerie in Fis-Dur, Zürich (Pan-Verlag).

HEINZ, Rudolf, (1974) Das Sujet der ›Verklärten Nacht‹. Eine Interpretation des Dehmelschen Gedichts, in: Zeitschrift für Musiktheorie, 1974, H. 1, S. 21–28.

HESS, Henner, et al., (1988), Angriff auf das Herz des Staates. Soziale Entwicklung und Terrorismus, Frankfurt (Suhrkamp).

HESSE, Heidrun, (1984), Vernunft und Selbstbehauptung. Kritische Theorie als Kritik der neuzeitlichen Rationalität, Frankfurt (Fischer Taschenbuch).

HEVESI, Ludwig, (1899), Zwei Jahre Sezession, Ver Sacrum; zitiert nach dem Abdruck in Breicha & Fritsch, 1964, S. 192–194.

HILL, Christopher, (1972), The World Turned Upside Down. Radical Ideas during the English Revolution, London (Temple Smith).

HILMAR, Ernst, (1976), Zemlinsky und Schönberg, in: Studien zur Wertungsforschung, 7: Alexander Zemlinsky. Tradition im Umkreis der Wiener Schule, Graz, S. 55–79.

HILMAR, Ernst, (1985), Schönbergs Kammersymphonie und die Folgen, in: Katalog »Traum und Wirklichkeit«, 1985, S. 276–279.

HILMAR, Rosemary, (1987), »Dr. Adorno war nur ein Schüler von Alban Berg.«, in: Sonntag, Brunhilde, (Hg.), Musik im Diskurs, Bd. 2: Adorno in seinen musikalischen Schriften, Regensburg (Gustav Bosse Verlag), S. 107–137.

HOFFMANN, Rainer, (1984), Figuren des Scheins. Studien zum Sprachbild und zur Denkform Theodor W. Adornos, Bonn (Bouvier).

HOLZ, Hans Heinz, (1968), Herr und Knecht bei Leibniz und Hegel. Zur Interpretation der Klassengesellschaft, Neuwied (Luchterhand).

HONNETH, Axel, & WELLMER, Albrecht, (Hg.), (1986), Die Frankfurter Schule und die Folgen, Berlin (deGruyter).

HORSTMANN, Ulrich, (1983), Das Untier. Konturen einer Philosophie der Menschenflucht, Wien (Medusa).

HURWITZ, Emanuel, (1979), Otto Gross. Paradies-Sucher zwischen Freud und Jung, Zürich (Suhrkamp).

ISAACS, Reginald R., (1983), Walter Gropius. Der Mensch und sein Werk, Berlin (Gebr. Mann); zitiert nach der Ausgabe Frankfurt (Ullstein), 1985.

JANIK, Alan, & TOULMIN, Stephen, (1973), Wittgenstein's Vienna, New York (Simon & Schuster).

JAY, Martin, (1984a), Adorno, London (Temple Smith).

JAY, Martin, (1984b), Marxism and Totality. The Adventures of a Concept from Lukács to Habermas, Berkeley (University of California Press).

JONES, Ernest, (1961), The Life and Work of Sigmund Freud, abridged edition in one volume, New York (Basic Books).

JONES, Jon Sydney, (1980), Hitlers Weg begann in Wien, 1907–1913, Wiesbaden (Limes).

KAGER, Reinhard, (1988), Herrschaft und Versöhnung. Einführung in das Denken Theodor W. Adornos, Frankfurt (Campus).

KARPATH, Ludwig, (1913), Unarten und Rücksichtslosigkeiten, Wien (Verlag Paul Knepler).

KARPATH, Ludwig, (1934), Begegnung mit dem Genius, Wien (FIBA-Verlag).

KATALOG der ALBAN BERG-Ausstellung der Österreichischen Nationalbibliothek, Wien, 1985.

KATALOG der Ausstellung »EXPERIMENT WELTUNTERGANG. Wien um 1900«, Hamburg (Kunsthalle), 1981.

KATALOG der Ausstellung »IDA DEHMEL 1870–1942«, Staats- und Universitätsbibliothek Hamburg, 1970.

KATALOG der Ausstellung »L'APOCALYPSE JOYEUSE. Vienne 1880–1938«, Paris (Centre Pompidou), 1986.

KATALOG der Ausstellung »LE ARTI A VIENNA: Della Secessione alla caduta del l'Impero Asburgico«, Venezia, 1984.

KATALOG der Ausstellung »TRAUM UND WIRKLICHKEIT. Wien 1870–1930«, Wien (Künstlerhaus/Historisches Museum der Stadt Wien), 1985.

KATALOG der Ausstellung »VIENNA 1900. Art, Architecture, Design«, New York (Museum of Modern Art), 1986.

KATALOG »Das WIENER KAFFEEHAUS«, Ausstellung des Historischen Museums der Stadt Wien, 1980.

KELLER, Ursula, (1984), Böser Dinge hübsche Formel. Das Wien Arthur Schnitzlers, Berlin (Guttandin & Hoppe).

KNAPP, Gerhard P., (1980), Theodor W. Adorno, Berlin (Colloquium Verlag).

KOESTLER, Arthur, et al., (1952), Ein Gott, der keiner war, Köln (Rote Weißbücher).

KOLLERITSCH, Otto, (1979), Adorno und Graz. Kontakte und Wirkungsgeschichte unter Berücksichtigung des Einflusses auf das wirkungsanalytische Verfahren Harald Kaufmanns, in: Studien zur Wertungsforschung, 12: Adorno und die Musik, Graz, S. 156–169.

KRACAUER, Siegfried, (1921), Georg von Lukács' Romantheorie, Neue Blätter für Kunst und Literatur, Jg. 4, Nr. 1, S. 1–5. Kracauer Schriften 5.1, S. 117–123.

KRACAUER, Siegfried, (1922a), Die Wartenden, in: Das Ornament der Masse, Frankfurt (Suhrkamp), 1963, S. 106–119. Kracauer Schriften 5.1, S. 160–170.

KRACAUER, Siegfried, (1922b), Prophetentum, Frankfurter Zeitung, 27.8.1922, Nr. 602, S. 1–2. Kracauer Schriften 5.1, S. 196–204.

KUNNEMANN, Harry, & deVRIES, Hent, (Hg.), (1989), Die Aktualität der »Dialektik der Aufklärung«, Frankfurt (Campus).

LANGER, Josef, (Hg.), (1988), Geschichte der österreichischen Soziologie. Konstituierung, Entwicklung und europäische Bezüge, Wien (Verlag für Gesellschaftskritik).

LASH, Scott, (1989), Modernism and bourgeois identity: Paris/Vienna/Berlin, in: Lash, Sociology of Postmodernism, London (Routledge), 1990, S. 201–236; deutsch in: Soziale Welt, 40, 1989, S. 457–480; zitiert nach der deutschen Übersetzung.

LEITNER, Bernhard, (1976), The Architecture of Ludwig Wittgenstein. A Documentation, New York (N.Y. University Press).

LEONHARD, Wolfgang, (1955), Die Revolution entläßt ihre Kinder, Köln (Kiepenheuer & Witsch).

LeRIDER, Jacques, (1990), Das Ende der Illusion. Die Wiener Moderne und die Krisen der Identität, Wien (Österreichischer Bundesverlag).

LEVIN, Walter, (1989), Adornos *Zwei Stücke für Streichquartett* op. 2 (und Gedanken zum gestörten Verhältnis Schönberg/Adorno), in: Musik-Konzepte 63/64: Theodor W. Adorno. Der Komponist, München (text + kritik), 1989, S. 74–99.

LÖBL, Karl, (1965), Das Wunder Karajan, Bayreuth (Hestia).

LOOS, Adolf, (1919), Richtlinien für ein Kunstamt, in: Loos, Die potemkinsche Stadt. Verschollene Schriften 1897–1933, Hg. Adolf Opel, Wien (Prachner), 1983, S. 148–166.

LOOS, Lina, (1947), Das Buch ohne Titel. Erlebte Geschichten, Wien (Wiener Verlag).

LUKÁCS, Georg, (1916), Die Theorie des Romans. Ein geschichtsphilosophischer Versuch über die Formen der großen Epik; zitiert nach der Ausgabe Neuwied (Luchterhand), 1963.

MACPHERSON, C. B., (1967), Die politische Theorie des Besitzindividualismus, Frankfurt (Suhrkamp).

MAEGAARD, Jan, (1974), Schönberg hat Adorno nie leiden können, Melos, 41, S. 262–264.

MANN, Thomas, (1947), Doktor Faustus. Das Leben des deutschen Tonsetzers Adrian Leverkühn erzählt von einem Freunde, Stockholm (Bermann-Fischer).

MANN, Thomas, (1949), Die Entstehung des Doktor Faustus. Roman eines Romans, Stockholm (Bermann-Fischer).

MAHLER-WERFEL, Alma, (1960), Mein Leben, Frankfurt (S. Fischer).

MAHLER-WERFEL, Alma, (1971), Erinnerungen an Gustav Mahler, Hg. D. Mitchell, Frankfurt (Propyläen).

MARTENS, Wolfgang, (1975), Lyrik kommerziell. Das Kartell lyrischer Autoren 1902–1933, München (Fink).

MATTENKLOTT, Gert, (1970), Bilderdienst. Ästhetische Opposition bei Beardsley und Stefan George, München (Rogner & Bernhard).

MAYER, Hans, (1971), Herrschaft und Knechtschaft, in: Jahrbuch der deutschen Schillergesellschaft, 15, S. 251–279.

MAYER, Hans, (1975), Außenseiter, Frankfurt (Suhrkamp).

MAYER, Hans, (1976), Richard Wagner in Bayreuth 1876–1976, Stuttgart (Belser); zitiert nach der Ausgabe Frankfurt (Suhrkamp), 1978.

MAYER, Hans, (1977), Im Dickicht der zwanziger Jahre. Erinnerung und Deutung, in: Nach Jahr und Tag. Reden 1945–1977, Frankfurt (Suhrkamp), 1978, S. 245–277.

deMENDELSSOHN, Peter, (1982), Nachbemerkungen zu Thomas Mann, Frankfurt (Fischer Taschenbuch).

METZGER, Heinz-Klaus, (1979), Adorno und die Geschichte der musikalischen Avantgarde, in: Studien zur Wertungsforschung, 12: Adorno und die Musik, Graz, S. 9–14.

METZGER, Heinz-Klaus, (1984), Mit den Ohren denken. Zu einigen musikphilosophischen Motiven von Adorno, in: Tiedemann, Rolf, (Hg.), Adorno-Noten, Berlin (Galerie Wewerka Edition), 1984, S. 9–24; auch in: Hamburger Adorno-Symposion, Lüneburg (zu Klampen Verlag), 1984, S. 79–85.

MEYSELS, Lucian O., (1984), In meinem Salon ist Österreich. Berta Zuckerkandl und ihre Zeit, Wien (Herold).

MÜLDER, Inka, (1985), Siegfried Kracauer – Grenzgänger zwischen Theorie und Literatur. Seine frühen Schriften 1913–1933, Stuttgart (Metzler).

NAEHER, Jürgen, (Hg.), (1984), Die Negative Dialektik Adornos, Opladen (Leske).

NOTOWICZ, Natan, (1964), Eisler und Schönberg, Deutsches Jahrbuch der Musikwissenschaft für 1963, Jg. 8, Leipzig (Edition Peters), S. 7–25.

PARET, Peter, (1980), Die Berliner Secession. Moderne Kunst und ihre Feinde im Kaiserlichen Deutschland, Berlin (Siedler), 1983; amerikan. Original 1980.

PERLE, George, (1977), Das geheime Programm der Lyrischen Suite, in: Musik-Konzepte 4: Alban Berg, Kammermusik I, München (text + kritik), 1981, S. 49–74; amerikan. Original 1977.

POPPER, Karl R., (1958), Die offene Gesellschaft und ihre Feinde, Bern (Francke).

POPPER, Karl R., (1963), Conjectures and Refutations, London (Routledge).

POPPER, Karl R., (1976), Unended Quest. An Intellectual Autobiography, rev. ed., Glasgow (Fontana); zitiert nach der deutschen Ausgabe Hamburg (Hoffmann & Campe), 1979.

PRAWY, Marcel, (1969), Die Wiener Oper, Wien (Molden); zitiert nach der Ausgabe in drei Bänden, München (Goldmann), 1980.

PULZER, Peter George Julius, (1964), Die Entstehung des politischen Antisemitismus in Deutschland und Österreich 1867–1914, Gütersloh (Mohn), 1966; amerikan. Original 1964.

REICH, Willi, (1968), Arnold Schönberg oder Der konservative Revolutionär, Wien (Molden).

van REIJEN, Willem, (1987), Adorno zur Einführung, Hamburg (Junius); 3., überarbeitete Auflage.

van REIJEN, Willem, & SCHMID NOERR, Gunzelin, (Hg.), (1987), Vierzig Jahre Flaschenpost: ›Dialektik der Aufklärung‹ 1947–1987, Frankfurt (Fischer Taschenbuch).

RITSERT, Jürgen, (1988), Vermittlung der Gegensätze in sich. Dialektische Themen und Variationen in der Musiksoziologie Adornos, Frankfurt (Studientexte zur Sozialwissenschaft).

ROSE, Gillian, (1978), The Melancholy Science. An Introduction to the Thought of Theodor W. Adorno, London (Macmillan).

ROSENMAYR, Leopold, (1988), Erlebte Soziologie-Geschichte ab 1945, in: Langer, 1988, S. 281–316.

ROZENBLIT, Marcia L., (1983), The Jews of Vienna 1867–1914. Assimilation and Identity, Albany (State University of New York Press).

RUPPERT, Wolfgang, (1981), Bürgerlicher Wandel. Die Geburt der modernen deutschen Gesellschaft im 18. Jahrhundert, Frankfurt (Fischer Taschenbuch).

SAATHEN, Friedrich, (Hg.), (1986), Anna Nahowski und Kaiser Franz Josef. Aufzeichnungen, Wien (Böhlau).

SCHEIBLE, Hartmut, (Hg.), (1983), Theodor W. Adorno, München (text + kritik); 2., erweiterte Auflage.

SCHEIBLE, Hartmut, (1984), Literarischer Jugendstil in Wien, München (Artemis).

SCHEIBLE, Hartmut, (1988), Adorno in Amerika. Ein bitter-komisches Kapitel seiner Biographie, Frankfurter Rundschau, 2.1.1988.

SCHEIBLE, Hartmut, (1989), Theodor W. Adorno in Selbstzeugnissen und Bilddokumenten, Reinbek (Rowohlt).

SCHIBEL, Karl-Ludwig, (1985), Das alte Recht auf die neue Gesellschaft. Zur Sozialgeschichte der Kommune seit dem Mittelalter, Frankfurt (Sendler).

SCHIFERER, Beatrix, (1985), Wiener Salon der Jahrhundertwende, Parnass, SH 2: Aufbruch zur Jahrhundertwende. Der Künstlerkreis um Adolf Loos, Linz, S. 86–91.

SCHLEUNING, Peter, (1984) Geschichte der Musik in Deutschland. Das 18. Jahrhundert: Der Bürger erhebt sich, Reinbek (Rowohlt).

SCHLUMBOHM, Jürgen, (1973), Freiheitsbegriff und Emanzipationsprozeß, Göttingen (Vandenhoeck).

SCHMIDT, Arno, (1963), Sitara und der Weg dorthin. Eine Studie über Wesen, Werk & Wirkung Karl Mays, Karlsruhe (Stahlberg).

SCHNEBEL, Dieter, (1971), Komposition von Sprache – sprachliche Gestaltung von Musik in Adornos Werk, in: Schweppenhäuser, 1971, S. 129–145.

SCHÖNBERG, Arnold, (1950), Meine Haltung zur Politik; Abdruck in: Stuckenschmidt, 1974, S. 507.

SCHÖNBERGS VEREIN für musikalische Privataufführungen, (1984), Musik-Konzepte 36, München (text + kritik).

SCHONAUER, Franz, (1960), Stefan George in Selbstzeugnissen und Bilddokumenten, Reinbek (Rowohlt).

SCHORSKE, Carl E., (1980), Fin-de-siècle Vienna. Politics and Culture, New York (Knopf); deutsch Frankfurt (S. Fischer), 1982.

SCHWEPPENHÄUSER, Hermann, (Hg.), (1971) Theodor W. Adorno zum Gedächtnis. Eine Sammlung, Frankfurt (Suhrkamp).

SEMBDNER, Helmut, (Hg.), (1968), Kleist-Preis 1912–1932. Eine Dokumentation, Berlin (Erich Schmidt Verlag).

SIEMONEIT, Martin A., (1978), Politische Interpretationen von Stefan Georges Dichtung, Frankfurt (P. Lang).

SPECHT, Richard, (1913), Gustav Mahler, Berlin (Schuster & Loeffler).

SPIEL, Hilde, (1987), Glanz und Untergang. Wien 1866–1938, Wien (Kremayr & Scheriau); zit. nach der 2. erg. Auflage München (Paul List), 1988.

SPIEL, Hilde, (1989), Die hellen und die finsteren Zeiten. Erinnerungen 1911–1946, München (Paul List).

SPITZER, Rudolf, (1988), Des Bürgermeisters Lueger Lumpen und Steuerträger, Wien (Österr. Bundesverlag).

SPITZER, Stephen, (1979), The rationalization of crime control in capitalist society, in: Contemporary Crises, 3, S. 187–206.

STAUBER, Paul, (1909), Vom Kriegsschauplatz der Wiener Hofoper: Das wahre Erbe Mahlers. Kleine Beiträge zur Geschichte der Wiener Hofoper nebst einem Anhang: Dokumente zum Fall Hirschfeld; Wien (Huber & Lahme Nachfg.).

STEFAN, Paul, (1908), Gustav Mahlers Erbe. Ein Beitrag zur neuesten Geschichte der deutschen Bühne und des Herrn Felix von Weingartner, München (Hans von Weber Verlag).

STEFAN, Paul, (Hg.), (1910), Gustav Mahler. Ein Bild der Persönlichkeit in Widmungen, München (Piper).

STEFAN, Paul, (1910), Gustav Mahler. Eine Studie über Persönlichkeit und Werk, München (Piper).

STEFAN, Paul, (1913), Das Grab in Wien. Eine Chronik 1903–1911, Berlin (Erich Reiß Verlag).

STEFAN, Paul, (1922), Frau Doktor. Ein Bildnis aus dem unbekannten Wien, München (Drei Masken).

STEINERT, Heinz, (1972), Die Strategien sozialen Handelns. Zur Soziologie der Persönlichkeit und der Sozialisation, München (Juventa).

STEINERT, Heinz, (1982), Das Ende der Rechtschaffenheit. Eine kriminalpolitische Utopie, in: Kriminalsoziologische Bibliografie, 9, Heft 36/37, S. 243–286.

STEINERT, Heinz, (1984), Sozialstrukturelle Bedingungen des »linken Terrorismus« der 70er Jahre. Aufgrund eines Vergleichs der Entwicklungen in der Bundesrepublik Deutschland, in Italien, Frankreich und den Niederlanden, in: Sack, Fritz, & Steinert, Heinz, Protest und Reaktion. Analysen zum Terrorismus 4/2, Opladen (Westdeutscher Verlag), S. 387–603.

STEINERT, Heinz, (1987), »Enteignung der Konflikte«. Zur soziologischen Kritik an Psycho- und anderen Experten, in: Springer-Kremser, Marianne, & Ekstein, Rudolf, (Hg.), Wahrnehmung – Fantasie – Wirklichkeit. Fragen der Psychotherapie heute, Wien (Deuticke), S. 157–184.

STEINERT, Heinz, (1988), Subkultur und gesellschaftliche Differenzierung, in: Haller, Max, et al., (Hg.), Kultur und Gesellschaft. Verhandlungen des 24. Deutschen Soziologentags, des 11. Österreichischen Soziologentags und des 8. Kongresses der Schweizerischen Gesellschaft für Soziologie in Zürich 1988, Frankfurt (Campus), 1989, S. 614–626.

STUCKENSCHMIDT, Hans Heinz, (1974), Schönberg. Leben – Umwelt – Werk, Zürich (Atlantis).

SZIBORSKY, Lucia, (1979), Adornos Musikphilosophie. Genese – Konstitution – Pädagogische Perspektiven, München (Fink).

SZIBORSKY, Lucia, (1984), Dialektik aus dem Geist der Musik. Verborgene werkgeschichtliche Voraussetzungen der Negativen Dialektik, in: Naeher, 1984, S. 90 bis 129.

SZMOLYAN, Walter, (1981), Alban Bergs Tätigkeit im ›Schönberg-Verein‹, in: Alban Berg Studien II, Wien (Universal Edition), S. 224–231.

TREIBER, Hubert, & STEINERT, Heinz, 1980, Die Fabrikation des zuverlässigen Menschen, München (Moos).

VONDUNG, Klaus, (Hg.), (1980), Kriegserlebnis. Der Erste Weltkrieg in der literarischen Gestaltung und symbolischen Deutung der Nationen, Göttingen (Vandenhoeck & Ruprecht).

WAGNER, Nike, (1982), Geist und Geschlecht. Karl Kraus und die Erotik der Wiener Moderne, Frankfurt (Suhrkamp).

WALZER, Michael, (1985), Exodus and Revolution, New York (Basic Books).

WAISSENBERGER, Robert, (1971), Die Wiener Secession, Wien (Jugend & Volk).

WAISSENBERGER, Robert, (1985), Die ›heroischen Jahre‹ der Secession, in: Katalog »Traum und Wirklichkeit«, 1985, S. 464–471.

WARNKE, Martin, (1985), Hofkünstler. Eine Sozialgeschichte des modernen Künstlers, Stuttgart (Dumont).

WESSLING, Berndt Wilhelm, (1974), Gustav Mahler. Prophet der neuen Musik, Hamburg (Hoffmann & Campe); zitiert nach der Ausgabe München (Heyne), 1980.

WESSLING, Berndt Wilhelm, (1983), Alma. Gefährtin von Gustav Mahler, Oskar Kokoschka, Walter Gropius, Franz Werfel, Düsseldorf (Claassen).

WIGGERSHAUS, Rolf, (1986), Die Frankfurter Schule. Geschichte – Theoretische Entwicklung – Politische Bedeutung, München (Hanser).

WIGGERSHAUS, Rolf, (1987), Theodor W. Adorno, München (Beck).

WIND, Hans E., (= Kurt Blaukopf), (1935), Die Endkrise der bürgerlichen Musik und die Rolle Arnold Schönbergs, Wien (Krystall-Verlag).

WITTGENSTEIN, Hermine, (o. D.), Auszüge aus den Kapiteln V und VI der Familienerinnerungen; geschrieben von Hermine Wittgenstein Anfang der vierziger Jahre, in: Leitner, 1976, S. 25–32.

WITTGENSTEIN, Karl, (1913), Zeitungsartikel und Vorträge, Wien (o. V.).

WORBS, Michael, (1983), Nervenkunst. Literatur und Psychoanalyse im Wien der Jahrhundertwende, Frankfurt (EVA).

ZMEGAC, Viktor, (1986), Adorno und die Wiener Moderne der Jahrhundertwende, in: Honneth & Wellmer, 1986, S. 321–338.

ZUCKERKANDL, Berta, (1908), Zeitkunst Wien 1901–1907, Wien & Leipzig (Hugo Heller & Cie).

ZUCKERKANDL, Berta, (1939), Ich erlebte dreißig Jahre Weltgeschichte, Stockholm (o. V.).

ZUCKERKANDL, Berta, (1970), Österreich intim. Erinnerungen 1892–1942, Hg. Reinhard Federmann, Frankfurt (Propyläen).

Quellenverzeichnis der Abbildungen

Heinz Steinert: 14, 55
Alban-Berg-Stiftung (mit besonderem Dank an Frau Adamiak): 22
Archiv der Stadt Wien: 28
Kunstmuseum Basel: 38
Bayerische Staatsgemäldesammlungen, München. Neue Pinakothek © Galerie Welz, Salzburg: 43
Katalog »Traum und Wirklichkeit«: 63, 78 (Datierung nach Scherliess 1975, S. 90), 147
Lichtbildsammlung der Österreichischen Nationalbibliothek: 68 (Datierung nach Auskunft Atelier Fayer), 89, 139
Katalog »Alban Berg«: 102, 154
Stadtarchiv München: 114
Museum moderne Kunst, Wien: 128
Ullstein Bilderdienst, Berlin: 132
Privatsammlung, Genf: 167
Museum of Modern Art, New York: 175
Staatsgalerie Stuttgart: 188
Musée National d'Art Moderne, Paris: 199
Hubertus Gojowczyk, Krefeld: 213

Anmerkung zur Informationslage und Danksagung

Die hier verarbeitete Information stammt außer aus den schriftlichen Zeugnissen, Berichten und Interpretationen, die in der Bibliographie angeführt sind, aus Gesprächen mit Persönlichkeiten, die Adorno unterschiedlich lange und gut gekannt haben. Die meisten dieser Gespräche habe ich auf Tonband aufgenommen und (zumindest zusammenfassend) schriftlich fixiert. Folgende Interviews wurden geführt:

Alexander Auer (Wien), 7.6.1985
Georg Eisler (Wien), Frühjahr 1986
Peter von Haselberg (Frankfurt), 17.2.1986
Hans Heinsheimer (New York), 22.11.1985
Ernst Krenek (Mödling/Wien), 17.9.1985
Leo Löwenthal (Berkeley), November 1985
Elisabeth-Charlott von Martiny (Graz), 27.4.1985
Dan Morgenstern (New York), November 1985
Lotte Tobisch von Labotyn (Wien), 12.4. und 18.5.1985

Dazu kamen zahlreiche mehr informelle Gespräche mit ehemaligen Schüler/inne/n und Kolleg/inn/en Adornos in Frankfurt. Am wichtigsten davon waren die mit Ludwig von Friedeburg.

Ich bin allen diesen Damen und Herren für ihre Offenheit und Freundlichkeit sehr dankbar. Am meisten verdanke ich Peter von Haselberg, Elisabeth-Charlott von Martiny und Lotte Tobisch, die ausdauernd und farbig erzählten und mich in dem Projekt ermutigten. Frau Tobisch hat mir außerdem ihren Briefwechsel mit Adorno 1962–1969 zugänglich gemacht, was eine unschätzbare Hilfe war. Dan Morgenstern hat mir die Erinnerungen seines Vaters, Soma Morgenstern, die auch ein Kapitel über Adorno enthalten, leider nur zur schnellen Durchsicht überlassen können.

Sehr hilfreich waren auch die Betreuer/innen der verschiedenen Archive, in denen ich unveröffentlichte Briefwechsel einsehen konnte, nicht zuletzt auch bei den Problemen der Entzifferung. (Daß ich jetzt ziemlich fließend Adornos Kurrent-Handschrift lesen kann, ist ein Gewinn fürs Leben, nehme ich an.) Nur vom Adorno-Archiv Frankfurt wurde ich mit allen Bitten um Hilfestellung konsequent abgewiesen.

Die Lektüre solcher Briefwechsel und generell die indiskrete Beschäftigung mit einem fremden Leben ist eine seltsame Erfahrung für den Wissenschaftler, der eigentlich auf Verallgemeinerbares aus ist. Die psychoanalytischen Kompetenzen, nicht im Theoretischen (was sich aus Adornos Familienkonstellation als Einzelkind mit zwei Müttern machen ließe, ist zu offensichtlich), sondern einfach im geduldigen Verstehen-Wollen und -Können, sind mir dabei sicher zugute gekommen. Aber ich habe zuletzt das Biographische doch weitgehend aus dem Manuskript herauszensuriert, auch meine eigene Reaktion darauf. Nicht, daß da irgendwas Besonderes wäre, nur ist Adorno offenbar noch zu nahe: Was, über z. B. Schopenhauer erzählt, schon ein »Ergebnis« wäre, ist über Adorno noch Tratsch. Und den tratscht man vielleicht weiter, aber man schreibt ihn nicht auf.

Insofern danke ich auch allen, die sich in den letzten Jahren geduldig (meistens aber auch interessiert und amüsiert) meine »Geschichten von Professor A.« angehört und mir damit etwas wie Supervision gegeben haben. Zu danken ist ferner den verschiedenen Rechte-Besitzern für Abdruckerlaubnisse. (Auf den einen Fall von verweigerter Erlaubnis will ich nicht mehr zu sprechen kommen.) Monika Kripgans und Marianne Neubauer haben verschiedene Versionen des Manuskripts in unterschiedlich technisch avancierte Maschinen getippt.

Die Kommentare zu einer ersten Version dieses Textes habe ich alle dankbar zur Kenntnis genommen und mit Gewinn verarbeitet. Besonders hilfreich, weil detailliert und genau, waren die von Peter von Haselberg, Henner Hess und Claudia Honegger. Wie üblich soll dieser Dank für erwiesene praktische Freundschaft die Verantwortung für das Produkt nicht unzulässig streuen. Die Mitarbeiter/innen beider nun beteiligter Verlage haben sich in ebenfalls freundschaftlich zu nennender Weise um die »materielle Grundlage« des Textes bemüht.

Damit soll es dann aber auch gut sein. Den meisten über das Gesagte hinausgehenden Danksagungen in Büchern merkt man deutlich genug an, daß sie wenig mit Dankbarkeit und viel mit am Schreibtisch versäumtem Leben zu tun haben. Ich will die Sache nicht gleich umdrehen und diejenigen namentlich aufführen, die mich am zügigen Arbeiten und damit auch am bunten Leben jenseits der Werkbank gehindert haben. Aber erwähnt sollte es vielleicht schon einmal werden, daß jemand, der gern schreibt und auch gern lebt, seine Ressentiments ansammelt gegen Kleinquerelen über Berufungsvorschläge, Strukturpläne und Studienordnungen und gegen die vielerlei »unterlassenen Hilfeleistungen«, durch die völlig überflüssige Erschwernisse aufgebaut werden, seine Ressentiments schließlich auch darüber, daß sich das »bunte Leben« häufig genug auf das nächtliche Glas Rotwein vor dem Einschlafen reduziert. (Aber immerhin: Lieber Rotwein als tot sein!)

Ich widme das Buch dem Andenken an Adele Mechtler, die »Tante Adele« meiner Mutter. Sie arbeitete in »jenen zwanziger Jahren«, zur Zeit von »Adorno in Wien«, als Lehrerin am »Pädagogischen Institut der Stadt Wien«, sorgte dafür, daß ein begabtes Mädchen aus ziemlich ärmlichen Verhältnissen trotzdem das Gymnasium besuchen konnte, und fand überhaupt die Glöckelsche Schulreform wichtiger als Probleme der Hochkultur.

Wien, im Herbst 1992

Personenregister

Das Register verzeichnet die *handelnden* Personen (mit Ausnahme der Hauptperson – Theodor W. Adorno). Es enthält daher *nicht* die Namen der Autoren von verwendeter Sekundärliteratur.

Sozialwissenschaften

Julien Benda
Der Verrat der Intellektuellen
Band 6637

Peter L. Berger /
Thomas Luckmann
Die gesellschaftliche Konstruktion der Wirklichkeit
Eine Theorie der Wissenssoziologie. Band 6623

Ernest Borneman
Das Patriachat
Band 3416

Hans Bosse
Der fremde Mann
Jugend, Männlichkeit, Macht
Eine Ethnoanalyse. Band 11469

Elias Canetti
Masse und Macht
Band 6544

Uwe von Dücker
Die Kinder der Straße
Überleben in Südamerika
Band 11347

Richard van Dülmen
Religion und Gesellschaft
Beiträge zu einer Religionsgeschichte der Neuzeit. Band 6644

René Girard
Das Heilige und die Gewalt
Band 10970

Ausstoßung und Verfolgung
Eine historische Theorie des Sündenbock
Band 11090

Jens Heise (Hg.)
Die kühle Seele
Selbstinterpretationen der japanischen Kultur. Band 10520

Karl Otto Hendrich /
Claudia Koch-Arzberger
Gesellschaftliche Solidarität heute. Band 11246

Michael Kausch
Kulturindustrie und Populärkultur
Kritische Theorie der Massenmedien. Band 6636

Peter Kemper (Hg.)
»Postmoderne« oder Der Kampf um die Zukunft
Die Kontroverse in Wissenschaft, Kunst und Gesellschaft. Band 6638

Macht des Mythos – Ohnmacht der Vernunft?
Band 6643

Sozialwissenschaften

Rolf Kloepfer / Hanne Landbeck
Ästhetik der Werbung
Der Fernsehspot in Europa als Symptom neuer Macht
Band 10720

Rolf Knieper
Nationale Souveränität
Versuch über Ende und Anfang einer Weltordnung
Band 10719

Dieter Lenzen
Krankheit als Erfindung
Medizinische Eingriffe in die Kultur
Band 10559

Judith LeSoldat
Freiwillige Knechtschaft
Masochismus und Moral
Band 6640

Francoise Loux
Das Kind und sein Körper in der Volksmedizin
Eine historisch-ethnographische Studie
Band 10269

Christine Morgenroth
Sprachloser Widerstand
Zur Sozialpathologie der Lebenswelt von Arbeitslosen
Band 10240

Horst Petri
Erziehungsgewalt
Zum Verhältnis von persönlicher und gesellschaftlicher Gewaltausübung in der Erziehung. Band 6639

César Rodriguez Rabanal
Überleben im Slum
Psychosoziale Probleme peruanischer Elendsviertel
Band 6646

Heinz Steinert
Adorno in Wien
Über die (Un-)Möglichkeit von Kunst, Kultur und Befreiung
Band 11468

Rolf Vogt
Psychoanalyse zwischen Mythos und Aufklärung
oder Das Rätsel der Sphinx
Band 6642

Carl Friedrich von Weizsäcker
Der Garten des Menschlichen
Beiträge zur geschichtlichen Anthropologie. Band 6543

Philosophie

Jean Le Rond D'Alembert
Einleitung zur 'Enzyklopädie'
Günther Mensching (Hg.)
Band 6580

Jean Le Rond D'Alembert
Denis Diderot u.a.
Enzyklopädie
Eine Auswahl. Herausgegeben von Günther Berger. Band 6584

Francis Bacon
Weisheit der Alten
Philipp Rippel (Hg.). Band 6588

Seyla Benhabib
Kritik, Norm und Utopie
Die normativen Grundlagen der Kritischen Theorie. Band 10723

Henri Bergson
Die beiden Quellen der Moral und der Religion
Band 11300

Petra Braitling,
Walter Reese-Schäfer (Hg.)
Universalismus, Nationalismus und die neue Einheit der Deutschen
Philosophen und die Politik
Band 10963

Ernst Cassirer, Jean Starobinski,
Robert Darnton
Drei Vorschläge, Rousseau zu lesen
Band 6569

René Descartes
Ausgewählte Schriften
Ivo Frenzel (Hg.). Band 6549

Denis Diderot
Über die Natur
Jochen Köhler (Hg.). Band 6583

Hans-Georg Gadamer (Hg.)
Philosophisches Lesebuch
3 Bände: 6576/6577/6578

Horst Günther
Zeit der Geschichte
Welterfahrung und Zeitkategorien in der Geschichtsphilosophie
Band 11472

Jens Heise
Traumdiskurse
Band 6585

Thomas Hobbes
Behemoth oder Das Lange Parlament
Herfried Münkler (Hg.). Band 10038

Max Horkheimer (Hg.)
Zur Kritik der instrumentellen Vernunft
Band 7355

Martin Jay
Dialektische Phantasie
Die Geschichte der Frankfurter Schule und des Instituts für Sozialforschung. Band 6546

Fischer Taschenbuch Verlag

fi 69 / 13 a